Gerhard Uhlhorn

Der Kampf des Christentums mit dem Heidentum

Bilder aus der Vergangenheit als Spiegelbilder für die Gegenwart

Gerhard Uhlhorn

Der Kampf des Christentums mit dem Heidentum
Bilder aus der Vergangenheit als Spiegelbilder für die Gegenwart

ISBN/EAN: 9783743414532

Hergestellt in Europa, USA, Kanada, Australien, Japan

Cover: Foto ©Lupo / pixelio.de

Manufactured and distributed by brebook publishing software (www.brebook.com)

Gerhard Uhlhorn

Der Kampf des Christentums mit dem Heidentum

Der
Kampf des Christentums
mit
dem Heidentum.

Bilder aus der Vergangenheit als Spiegelbilder
für die Gegenwart

von

Gerhard Uhlhorn, Dr. theol.,
Abt zu Loccum.

Offenb. Joh. 6, 2: Und ich sahe,
und siehe, ein weiß Pferd, und der
darauf saß, hatte einen Bogen; und
ihm ward gegeben eine Krone; und
er zog aus zu überwinden und daß
er siegete.

Sechste verbesserte Auflage.

Stuttgart.
Verlag von D. Gundert.
1899.

Vorwort

zur vierten Auflage.

———

Auf den Wunsch des Herrn Verlegers, eine billige Ausgabe dieses Buches zu veranstalten, bin ich gern eingegangen. War ja das Buch seiner ganzen Anlage nach von Anfang an nicht bloß für Theologen, sondern für weitere Kreise bestimmt, wie ich denn auch dementsprechend in der ersten Auflage allen gelehrten Apparat beiseite ließ und erst den späteren Ausgaben auf mehrfach mir geäußerten Wunsch eine Reihe von Anmerkungen mit Quellennachweisungen hinzufügte. Daß ich dieselben jetzt wieder weggelassen habe, wird in der Bestimmung dieser Auflage seine Begründung finden. Sonst habe ich in der Anlage des Buches nichts geändert, dasselbe jedoch unter Verwertung der zahlreichen seit der letzten Ausgabe über die römische Kaiserzeit und insonderheit die Christenverfolgungen erschienenen Arbeiten einer eingehenden Durchsicht unterzogen.

Möchte Gottes Segen das Buch auch in seiner neuen Gestalt begleiten, möchte der Blick in die Heldenzeit der Kirche vielen Lesern lebendig zum Bewußtsein bringen, was wir am Christentum haben, und in ihnen die freudige Gewißheit wecken, daß auch heute noch das Wort gilt: „Unser Glaube ist der Sieg, der die Welt überwunden hat."

Kloster Loccum, 1. August 1885.

G. Uhlhorn D.

Vorwort

zur sechsten Auflage.

———

Tiefer eingreifende Änderungen habe ich auch dieses Mal nicht vorgenommen, wohl aber das Buch mit Rücksicht auf die seitdem veröffentlichten historischen Arbeiten einer abermaligen Durchsicht unterzogen und einzelnes verbessert und ergänzt. In der Hoffnung, daß ein Blick in die Vergangenheit der Kirche den Einen oder Andern, wie es gegenwärtig besonders nötig ist, in dem Glauben bestärken werde, daß der HErr seine Kirche geführt hat und führen wird bis zum letzten völligen Siege, habe ich dieses Buch und die seitdem unter dem Titel „Kämpfe und Siege des Christentums in der germanischen Welt" erschienene Fortsetzung geschrieben; in dieser Hoffnung und mit der Bitte, daß der HErr es dazu segnen wolle, lasse ich's jetzt auch zum sechsten Male hinausgehen.

Hannover, im Oktober 1898.

G. Uhlhorn D.

Erstes Buch.

Die kämpfenden Mächte.

1 Joh. 4, 4: Der in euch ist, ist größer, denn der in der Welt ist.

Erstes Kapitel.

Der religiöse Zustand der Heidenwelt.

Gal. 4, 4: Da aber die Zeit erfüllet ward, sandte Gott seinen Sohn, geboren von einem Weibe.

1. Die Völkermischung im römischen Reiche.

Schon einer der ältesten Apologeten, Melito von Sardes, hat es bemerkenswert gefunden, daß das Christentum gleichzeitig mit dem römischen Kaisertum geboren ist. In der That, bestimmter kann nicht darauf hingewiesen werden, „daß die Zeit erfüllet war," als es in der Geburtsgeschichte unseres Herrn ganz einfach durch die Erinnerung an den Schatzungsbefehl des ersten römischen Kaisers geschehen ist. Der Name des Kaisers Augustus bezeichnet die Mittagshöhe der alten Welt, denn die Höhe der alten Welt bildet Rom, und die Höhe der römischen Geschichte die Entstehung des Kaisertums. Gerade da aber, wo die alte Welt auf ihrer Höhe steht, damit freilich zugleich am Anfang ihres Verfalls, da erscheint der, dessen Kommen die Wende bildet von der alten zur neuen Zeit, überhaupt die Wende der Zeiten. Wie in der Natur die neuen Keime nicht dann erst aufsprossen, wenn das Alte schon gänzlich abgestorben ist, sondern in das sich zersetzende und auflösende alte Leben drängt sich bereits das neue, zu seinem demnächstigen Ersatz bestimmte ein, wächst schon auf, während das alte noch äußerlich kräftig dasteht, hilft selbst den Verfall beschleunigen und zieht daraus Kräfte des Wachstums, um mit dem Verschwinden des alten nachwachsend sofort dessen Stelle einzunehmen: so ist es auch hier. Nicht dann erst erschien die neue christliche Welt, als die alte schon völlig verfallen war; sondern während diese, vor Menschenaugen wenigstens, noch in voller Herrlichkeit und Blüte prangt, obwohl sie schon den Keim des Todes in sich trägt, und die zersetzenden Mächte bereits ihr noch verborgenes Zerstörungswerk begonnen haben, wird der Keim des Neuen mitteninein gepflanzt, und neben einander gehen nun, in steter Wechselwirkung auf einander, der fortschreitende Verfall des Alten und das aufstrebende Wachstum des Neuen.

Roms Aufgabe ist, zu sammeln, sagen wir gleich bestimmt, zu sammeln für Christum. Gleichzeitig geboren sind die beiden, das römische Kaiserreich und die christliche Kirche, auch providentiell für einander bestimmt. Das Himmelreich ist gleich einem Samenkorn. Soll das Samenkorn gesäet werden, so muß der Acker bereit sein. Das römische Reich ist der für das Samenkorn bereitete Acker. Das Himmelreich ist gleich einem Sauerteige. Soll der Sauerteig unter das Mehl gemengt werden, so muß das Mehl zusammengeschüttet sein. Das römische Reich ist der zusammengeschüttete Haufen Mehl, der den Sauerteig zunächst aufzunehmen bestimmt ist. Alle die Völker der alten Welt, die bisher von einander gesondert gelebt und gearbeitet haben, alles was sie erarbeitet und geschaffen, alle ihre Schätze und Reichtümer, ihre Kunstwerke und die Ergebnisse ihrer Wissenschaft, ihre alten Traditionen und Überlieferungen, ihre Götter und deren Kulte, alle vorhandenen Bildungselemente und Kulturmächte — das alles wird jetzt in Ein Reich befaßt. Es hat räumlich ausgedehntere Reiche, es hat Reiche von größerer Seelenzahl gegeben, aber nie zum zweitenmale im ganzen Verlauf der Weltgeschichte ein Reich, das so wie das römische alle Kulturvölker einer Zeit in sich vereinigt hätte.

Dieses Reich herzustellen ist die weltgeschichtliche Aufgabe der Römer. Schon die geographische Lage der Stadt Rom giebt ihr die Anwartschaft, das Haupt eines solchen Reiches zu werden. Rings um das mittelländische Meer, das Zentralmeer der alten Welt, lagern sich die Kulturvölker. Mitten in dieses Meer ragt langgestreckt die italienische Halbinsel hinein, und wiederum in der Mitte dieser Halbinsel liegt Rom als das Zentrum des Zentrums. Von hier aus wird die Welt erobert und zusammengefaßt. Dazu sind die Römer begabt, kein Volk des Friedens, sondern des Krieges, kein Volk von Denkern aber ein Volk der That, nicht reich an Künsten aber in Tapferkeit groß und in staatsmännischer Klugheit, ausgerüstet mit seltener Assimilationskraft, mit wunderbarer Organisationsgabe und mit einem starken Sinn für Rechtsbildung und Verwaltung. Sie stellen keine philosophischen Systeme auf, aber das Recht bringen sie zur höchsten Ausbildung; sie bauen kein Parthenon, aber Straßen und Brücken, die Länder zu verbinden, Mauern und Kastelle, sie zu schirmen. Sie sind „die Räuber des Erdkreises," aber das Rauben hat, ohne daß sie es wissen, nach göttlichem Ratschlusse ein höheres Ziel; ihr mit rücksichtsloser Gewaltthat zusammengebrachtes Reich muß nach Gottes Willen dem Reiche dienen, welches die ewige Liebe in der Welt zu gründen unternommen hat.

Mit dem Ende der Republik ist die Eroberung der Welt wenigstens in der Hauptsache vollbracht. Jetzt bekommt sie im Kaiser Einen Herrn, und von da an beginnt erst die Verschmelzung der zunächst nur äußerlich zusammengebrachten so verschiedenartigen Masse von Ländern und Völkern. Der erste Kaiser, Augustus, errichtete auf dem Forum in Rom einen goldenen Meilenstein. Er steht da als Symbol, daß hier der Mittelpunkt der Welt ist. Ein schon damals ziemlich vollendetes Netz von Kunststraßen durchzieht von hier aus das ganze römische Reich. Von Gades in Spanien durch Frankreich, durch Italien hindurch bis zu den Katarakten des Nil, von den Donauländern bis zu den Säulen des Herkules konnte man auf wohlgebauten Straßen reisen, an denen überall in gewissen Entfernungen Stationen zum Wechseln der Pferde und Herbergen zum Nachtlager sich befanden. Diese Straßen sind einerseits die Fäden, welche die eroberte Welt an den Mittelpunkt Rom ketten, andererseits die Kanäle, durch welche nach allen Seiten hin die Impulse ausströmen. Auf diesen Straßen marschieren die

Legionen, um die unterworfene Welt im Zaume zu halten und
die Grenzen zu schirmen; auf diesen Straßen begeben sich die
Prokonsuln und Prätoren in die Provinzen, um Recht und
Gerechtigkeit zu handhaben, und tragen Eilboten die Befehle des
Kaisers schnell bis in die äußerste Peripherie des weiten Reiches;
auf diesen Straßen bewegt sich der Handelsverkehr und reisen
die vornehmen Römer, um die Welt kennen zu lernen, aber
auf diesen Straßen wandern auch die Boten des Evangeliums,
von Stadt zu Stadt die frohe Kunde tragend von dem er=
schienenen Erlöser.

Ein großartiger Austausch beginnt nun im ganzen Reiche.
Hatte bisher nur der Krieg die Menschen zusammengebracht, so
bringt sie jetzt eigentlich zum erstenmale der Friede zusammen,
denn nach den furchtbaren Stürmen und Umwälzungen der
Bürgerkriege ist das Kaisertum wirklich der Friede. „Sicher
ist jetzt Land und Meer, die Städte blühen in Eintracht und
Frieden," rühmt eine zu Ehren des Augustus gesetzte Inschrift.
„Alles was bisher verborgen war, kommt jetzt in allgemeinen
Gebrauch," sagt Plinius, und Philo rühmt: „Die schädlichen
Elemente sind in die äußerste Ferne vertrieben, die heilsamen
von den Grenzen der Erde in das Weltreich zusammengeführt."
Zwar verglichen mit dem heutigen Handelsverkehr war der der
römischen Welt nur ein geringer. Während z. B. im Jahre
1890 die Einfuhr an Waren aus dem Auslande allein in England
8413 Millionen Mark, die Ausfuhr 6565 Millionen betrug,
bezog das ganze römische Reich nach einer Berechnung, die
sich bei Plinius findet, nur ungefähr für $21^3/_4$ Millionen Mark
Waren aus dem Oriente. Aber verglichen mit den früheren
Zeiten war der Aufschwung des Handels in der Kaiserzeit ein
überaus großer, und seine Bedeutung für die Annäherung der
Völker an einander ist um so wichtiger, weil damals der
Handelsverkehr noch viel mehr als heute ein persönlicher war.
Neben den großen Handelsstädten des Ostens, Alexandrien,
Antiochien, Ephesus, Smyrna, Korinth, war Rom in einem
Maße das Zentrum des Verkehrs, wie es keine Stadt je vor=
her oder nachher gewesen ist. Nach Rom drängte alles. Wer
irgend etwas geltend zu machen hatte in Kunst und Wissenschaft,

wer in der Nähe der Machthaber etwas zu gewinnen hoffte, wer sein Recht in höchster Instanz suchte, wer durch ehrliches Geschäft oder auch durch Abenteuer und Schwindel reich zu werden hoffte, oder wer reich geworden die Wunder der Haupt= stadt mit Augen zu sehen, an dem Vergnügen und dem üppigen Genuß, den sie bot, teil zu haben wünschte, — der ging nach Rom. Auf den Straßen dieser Weltstadt ohnegleichen begeg= neten einander der feingebildete Grieche, der hier die Quellen für ein geschichtliches Werk suchte, und der halbgebildete Pro= vinziale, der gern ganz als Römer gelten wollte; der alexan= drinische Kaufmann, den der Getreidehandel hinführte, und der halbwilde Afrikaner, der etwa einen Transport Löwen für die nächste Tierhetze begleitet hatte; der verschmitzte Syrer, der für einen neuen Gott Propaganda zu machen hoffte oder Amulette verkaufte und Zauberformeln, und der Gallier, der stolz auf das ihm kürzlich geschenkte römische Bürgerrecht der ewigen Stadt seine Huldigung darbrachte; der Jude, der um irgend eines Geldgeschäftes willen oder auch um Proselyten zu werben, die weite Reise nicht gescheut, und der Illyrer und der Thrakier, der den römischen Adlern folgte.

Dem Zuströmen nach Rom entsprach ein Abströmen in die Provinzen, welches nicht minder wie jenes das Zusammen= schmelzen der Nationen förderte. Die Beamten, die hinaus= gingen, um nach römischen Normen die eroberten Länder zu verwalten, die Ritter, welche durch ihre Finanzoperationen in die Provinzen gezogen wurden, die Heere und die Kolonien, die Rom aussandte: sie alle dienten dem großen Assimilationsprozeß, der sich jetzt mit wunderbarer Schnelligkeit vollzog. In seinen zahlreichen Kolonien streckte sich Rom in die Provinzen hinaus, sie waren ein Stück Rom mitten in Spanien, in Gallien oder in Griechenland. Die Kolonisten nahmen ihr Bürgertum und ihr römisches Recht mit. Oft wurden Peregrinen in die Kolonie aufgenommen, und auch wenn sie neben derselben ein besonderes Gemeinwesen bildeten, standen sie doch unter dem fortdauern= den Einflusse des römischen Geistes. Die Standlager der Le= gionen am Rhein und in Syrien, in Britannien wie an der Donau waren ebenso viele Stützpunkte für die Romanisierung

ber unterworfenen Völker. Da die Legionen ihren Ersatz in
steigendem Maße aus den Provinzialen nehmen mußten, so
bildeten sie für diese um so mehr eine Schule der Zivilisation, als
es Grundsatz war, die Zuzugsmannschaft nie in ihre heimat=
lichen Kantonnements zu verlegen. In langjährigem Dienste
vom heimatlichen Boden losgerissen, wurden die Fremden zu
Römern, und das römische Bürgerrecht galt ihnen als höchster
Lohn. Welch rasche Fortschritte die Romanisierung in den Pro=
vinzen machte, kann man an Britannien sehen. Seit dem
Jahr 43 war dieses Land wieder besetzt; aus dem Jahre 61
haben wir eine Schilderung desselben bei Tacitus. Wie hat sich
in den 18 Jahren alles verändert! Ein Netz von Lagern und
Kastellen spannt sich über den unterworfenen südlichen Teil aus,
einzelne Häuptlinge sind schon ganz in römisches Wesen ein=
gegangen und regieren als Statthalter; der blutige Druidenkult
ist ausgerottet, römische Sitte verbreitet; die Kolonie Camulo=
dunum ist zu einer erheblichen Stadt herangewachsen, in ihrer
Mitte erhebt sich ein Tempel des Divus Claudius, wir finden
Zirkus, Theater, marmorne Siegesgöttinnen; Londinium ist eine
bedeutende Handelsstadt, in der die Erzeugnisse römischen Kunst=
fleißes und die Produkte Galliens einen Markt haben, und wo
man sich bereits an italische Genüsse gewöhnt hat.

Natürlich mußte die Romanisierung rascher und eingreifen=
der in den Ländern vor sich gehen, die bis dahin noch keine
oder nur eine geringe Kultur gehabt hatten. Spanien, Gallien,
Nordafrika erscheinen bald völlig romanisiert. Anders steht es
nach Osten zu. Hier stößt Rom in Griechenland auf eine höhere
Kultur als die eigene, und äußerlich Sieger wird es innerlich
mehr und mehr vom griechischen Geiste überwunden. Was eine
Zeit lang Frankreich für Europa gewesen ist, das wurde Griechen=
land für die damalige Welt. Als Philosophen und Rhetoren,
als Schulmeister und Ärzte, als Künstler und Handwerker, aber
auch als Kammerdiener und Dirnen kommen zahlreiche Griechen
nach Italien und Rom, dort griechische Sprache und Philo=
sophie, griechische Sitte und Unsitte zu verbreiten. Umgekehrt
gehört es bald zum guten Ton, die alten griechischen Bildungs=
stätten zu besuchen. Wie man im vorigen Jahrhundert nach

Paris ging, um dort den feinsten Schliff zu bekommen, so gehen Scharen von jungen Leuten nach Athen oder auch nach Rhodus und Massilia, um sich dort in hellenische Wissenschaft und Kunst, oft genug auch in hellenische Ausschweifungen einweihen zu lassen. Schon gegen Ende der Republik Raum gewinnend, macht der Hellenismus in der Kaiserzeit besonders unter Nero immer raschere Fortschritte.

So wird das römische Wesen, während es die Welt unterwirft, selbst immer mehr von griechischem Wesen durchdrungen. Aus dem Zusammenflusse zweier Strömungen ergiebt sich ein drittes, ein neues, das weder altrömisch noch altgriechisch ist, sondern griechisch-römisch, und diese griechisch-römische Kultur ist es, welche, die alten Unterschiede ausgleichend, das große Reich erfüllt. Zwar wird das Lateinische nur in den westlichen Provinzen Volkssprache, völlig in Spanien, in Gallien so weit, daß die alte Volkssprache zum Dialekt herabsinkt. Aber verstanden wird es als die Sprache des herrschenden Volks auch in Palästina und am Nil. Fast mehr noch als das Lateinische ist das Griechische zur Weltsprache erhoben. Wer es sprach, durfte darauf rechnen, überall im Osten und Westen sich verständlich machen zu können. In dem gemeinsamen Recht giebt Rom der Welt ein weiteres gemeinsames Band, das um so mächtigeren Einfluß übte, je ausgebildeter dieses Recht war. Auf dieser festen Grundlage gewöhnte Rom die Welt mehr und mehr an gleiche Formen des sozialen Lebens.

Am stärksten bewahrt der Orient, seinem bis auf den heutigen Tag stabilen Charakter getreu, seine Eigentümlichkeiten. Waren hier auch die hellenisierten Städte Antiochien, Nikomedien, vor allen Alexandrien, einflußreiche Träger der griechisch-römischen Kultur, so ging doch die Umwandlung bei weitem nicht so tief wie im Westen. Dagegen macht sich, seit Anfang der Kaiserzeit leise, dann im zweiten und dritten Jahrhundert stärker und stärker spürbar, als drittes Element neben dem römischen und griechischen das orientalische bemerklich, und zwar vorwiegend auf religiösem Gebiete. Während römischer Geist auf dem Gebiete des Staats- und Rechtslebens, griechischer Geist auf dem Gebiete der Kunst und Wissenschaft die Herrschaft führt, beeinflußt das Gebiet des religiösen Lebens mehr und mehr orientalischer Geist. So hat auch dieses Stück des gewaltigen Reiches seinen Anteil an der Entwicklung desselben, und einen um so bedeutsameren, als der eigentliche und höchste Zweck, um deswillen dieses Reich da ist, gerade in der religiösen Entwicklung zu suchen ist.

Denn kaum erst braucht darauf aufmerksam gemacht zu werden, welche Förderungen eben für diese religiöse Entwicklung, namentlich für die Ausbreitung des Christentums, in dem allem liegen. Ein Anstoß für das geistige Leben, der jetzt an einem Punkte gegeben wird, läuft nicht mehr, wie es einige Jahrhunderte früher gewesen wäre, Gefahr, in dem kleinen Kreise eines einzelnen Volkes zu verkümmern. Wohnt ihm nur selbst die genügende Kraft bei, so pflanzt er sich mit Leichtigkeit durch das ganze Reich fort. Nirgends findet er eine Schranke; die reichlich vorhandenen Kommunikationsmittel, das weitverbreitete Verständnis der beiden Hauptsprachen, des Lateinischen und Griechischen, die Gemeinschaft der Interessen, das gleiche Recht, die wenigstens verhältnismäßige Gleichheit der äußern Lebensformen: das alles kommt ihm zu Hülfe. Wir brauchen nur einen Blick in das Leben und Wirken des Paulus zu thun, um das bestätigt zu finden. Eine Missionsthätigkeit wie die seine war eben nur in einem Reiche wie das römische möglich.

Aber so wichtig hier alles Einzelne ist, die Hauptsache ist es doch nicht. Unendlich wichtiger noch ist es, daß sich jetzt im römischen Reiche ein der Welt bisher gänzlich fremder Universalismus herausbildet, der die Vorstufe für den Universalismus des Christentums ist. An keinem Punkte tritt die providentielle Bedeutung des römischen Reichs schlagender hervor als an diesem.

Die Menschheit entwickelt sich in Völkern, in der christlichen Zeit so gut wie in der vorchristlichen. „Gott hat Ziel gesetzt zuvor versehen, wie lange und weit sie wohnen sollen," mit diesem Worte eröffnet uns St. Paulus in der Rede zu Athen einen Blick in die göttliche Regierung und die ihnen selbst unbewußte Leitung der Völker. Aber in beiden Zeitabschnitten, vor Christo und nach Christum, ist die Bedeutung des Volkstums eine ganz verschiedene. In der alten Zeit sind die Völker gegen einander streng abgeschieden. Jedes Volk lebt für sich und arbeitet für sich. Es ist keine gemeinsame Kulturarbeit da, in der die Völker, sich gegenseitig ergänzend, in gemeinsamer Entwicklung mit einander fortschreiten, sondern die Entwicklung vollzieht sich so, daß ein Volk dem andern die Arbeit zur Fortsetzung über= liefert. Von den orientalischen Völkern geht sie an die Griechen, von diesen an die Römer über. In der neuen Zeit dagegen sind die Nationen auf einander angewiesen; keine ist die alleinige Trägerin der Kultur, so daß die andern alle von dieser Einen nehmen müßten, sondern die Kulturarbeit ist jetzt eine gemeinsame, und alle Kulturvölker stehen zu einander in beständiger Wechsel= beziehung, einander gebend und von einander nehmend. Obwohl sie staatlich gesondert sind, und jedes seine Eigentümlichkeit be= wahrt, ist doch ihre Kultur eine gemeinsame. Gliedlich verbunden bilden die christlichen Kulturvölker ein Ganzes, und was sie im tiefsten Grunde innerlich verbindet, ist, so wenig man dies auf manchen Seiten heutigen Tags anzuerkennen geneigt sein mag, das gemeinsame Christentum. Rom bildet nun das Mittelglied zwischen beiden Ausgestaltungen des Völkerlebens, den Übergang von der einen zur andern. In der alten Zeit nur gesonderte Nationalitäten und kein Gemeinsames; in der neuen Zeit gesonderte Nationalitäten aber über ihnen ein Gemeinsames; in Rom keine gesonderten Nationalitäten mehr, sie sind äußerlich alle in ein gemeinsames Staatswesen zusammengefaßt, aber eine wirkliche innere Einheit, ein innerlich Gemeinsames ist noch nicht vor= handen, sondern soll erst werden.

Im römischen Reiche gehen die alten Nationalitäten mehr und mehr unter, nicht bloß die der unterworfenen Völker, son= dern in Wahrheit ebensogut die römische. Die altrömischen Familien sterben aus, Provinzialen treten an ihre Stelle, bald sind auch die Kaiser Provinzialen. Der Unterschied zwischen Römern und Nicht=Römern gleicht sich aus, und in immer wei= terem Kreise wird das römische Bürgerrecht auch den Provinzialen zu teil. Wie die altrömische Art und Sitte, so zersetzt sich auch das altgriechische Wesen. Das reine Griechentum tritt zurück, der Hellenismus tritt an seine Stelle. Die römische Kolonie

Korinth überflügelt Athen, die hellenisierten Städte Vorderasiens sind wichtigere Mittelpunkte als die alten Kulturstädte des eigentlichen Griechenlands. Völliger noch geben die unterworfenen Nationen des Westens ihre Nationalität auf. Man kann sagen: die Geschichte des Kaiserreichs ist die Geschichte des allmählichen Ausgleichs zwischen Rom und Italien auf der einen und den Provinzen auf der andern Seite und ihrer Verschmelzung in ein Ganzes, freilich so, daß sich gleichzeitig auch bereits die Sonderung des morgenländischen und abendländischen Kaisertums anbahnt. Einen sehr wesentlichen Hebel für die Ausgleichsbestrebungen bildet der Welthandel. Seit Vespasian und mehr noch seit Hadrian wird die Gleichstellung der Provinzen mit dem Mutterlande auch in fortschreitendem Maße durch die Gesetzgebung herbeigeführt. Rom und Italien verlieren nach und nach ihre Privilegien, die Provinzen erhalten ein Recht nach dem andern, bis der Prozeß unter Caracalla durch Erteilung des Bürgerrechts an alle Provinzialen sich vollendet.

Weil alle Entwicklung lediglich national verläuft, haftet dem antiken Leben eine gewisse Enge an. Maß ist die Haupttugend des Altertums. Darin wurzelt eben so sehr der Kunstsinn des alten Griechen wie die strenge Tugend des alten Römers. Diese Enge schwindet jetzt; unter dem großartigen Austausch des alle umfassenden Reichs erweitert sich das Nationalbewußtsein zum Weltbewußtsein. Auf allen Lebensgebieten zeigt sich eine Entschränkung, die nach der einen Seite ein Verschwinden der alten festen Formen, nach der andern ein Weiterwerden des Blicks, des ganzen Gedankenkreises zur Folge hat. Die scharf unterschiedenen philosophischen Systeme gehen ineinander über, es bildet sich eine praktische Philosophie heraus, die an Schärfe und Konsequenz des Denkens weit hinter der älteren zurückbleibt, dafür aber das Gemeingut eines viel weiteren Kreises wird. Die Kunststile fließen ineinander. Griechische Glätte und orientalische Massenhaftigkeit reichen sich in den Kolossalbauten der Kaiserzeit die Hand. Aber wenn damit die Reinheit der Kunst verloren geht, und die Zeit nichts mehr zu schaffen imstande ist, was an die klassische Zeit hinanreichte, so gewinnt die Kunst dafür eine vorher nie dagewesene Verbreitung. Nie

vorher und nie nachher hat die Welt einen solchen Reichtum
an Kunstschätzen besessen wie damals. Von Rom gar nicht zu
reden, selbst Provinzialstädte beschlossen eine Fülle von großen
Bauten, von Statuen und andern Bildwerken, an die selbst
unsere kunstreichsten Hauptstädte nicht entfernt hinanreichen.
„Pompeji allein,“ sagt Göthe einmal, „deutet auf eine Kunst=
und Bilderlust eines ganzen Volkes, von der jetzt der eifrigste
Liebhaber weder Begriff noch Gefühl noch Bedürfnis hat.“
Niemals wieder ist die Kunst so ins häusliche Leben einge=
drungen, auch alle Geräte des täglichen Lebens und die ganze
Umgebung verschönernd, wie damals. In den Donauländern
und am Rhein arbeiteten Fabriken von Thonwaren nach griechi=
schen Mustern, und die Straßen und öffentlichen Plätze römischer
Koloniestädte mitten unter barbarischen Völkern waren mit Nach=
bildungen griechischer Kunstwerke geschmückt, deren Originale
vielleicht irgend einen Platz oder Palast Roms zierten.

Überhaupt verallgemeinert sich jetzt die Bildung. Zahl=
reiche Schulen vermitteln weiten Kreisen das Wissen, welches
bisher nur wenigen zugänglich gewesen war. Die Billigkeit der
Bücher, leicht zugängliche öffentliche Bibliotheken dienten dem=
selben Zwecke. Martial redet von Büchern, die 4 oder 6 Sester=
zien kosten, etwa 80 ₰ oder 1,20 ℳ. Eine Druckseite kostete
ungefähr 8—10 ₰. Die Verbreitung der Bücher war aber
auch eine große. Plinius freut sich, daß seine Bücher von den
Buchhandlungen in Lyon verkauft werden. In Rom hatte schon
Cäsar den Plan verfolgt, eine Bibliothek anzulegen. Asinius
Pollio führte ihn aus. In dem Tempel der Libertas gründete
er die erste öffentliche Bibliothek Roms. Augustus gründete zwei
andere, denen später noch eine ganze Anzahl hinzugefügt wurde.
Das Wissen bekommt jetzt etwas Encyklopädisches; ein Ge=
bildeter dieser Zeit muß überall Bescheid wissen. Alle Zweige
der Wissenschaft werden bearbeitet, Grammatik, Altertümer,
Landbau und Kriegswissenschaft. Charakteristisch ist die besonders
eifrige Pflege, die jetzt der Universalgeschichte zu teil wird, und
die Vorliebe für Geographie. Der Blick ist eben weiter geworden,
und während der alte Grieche und Römer nur für sein Volk
und Land Interesse hat, hat der Römer der Kaiserzeit für

alles Interesse, für fremde Völker und Länder, für die Pflanzen
und Tiere ferner Zonen. In Rom werden unbekannte Tiere
und andere Merkwürdigkeiten ferner Länder unter großem Zu=
lauf zur Schau gestellt. Selbst die Kaiser sorgen dafür. Man
macht glückliche Versuche mit Akklimatisierung ausländischer
Pflanzen und Tiere. Die Naturprodukte der verschiedenen
Länder werden ausgetauscht; Obstarten aus südlicheren Gegenden
werden nach Rom und noch weiter nach dem Norden zu verpflanzt.
So erhielt Gallien den Öl= und Weinbau. Reisen wird jetzt
Modesache. Wer nicht Griechenland gesehen und den Orient
besucht hatte, wer nicht in Athen gewesen war und in Alexan=
brien, zählte kaum zu den Gebildeten, und so gut wir heute
unsere Reisehandbücher haben für Italien und die Schweiz, so
gut hatte auch der römische Tourist sein Reisehandbuch, in dem
auf allerlei Sehenswürdigkeiten hingewiesen war, in dem die
Tempel, die Statuen, die Gemälde, die Altertümer verzeichnet
standen, die besonderes Interesse einflößten. Auch in der Roman=
litteratur, deren Aufkommen an sich schon ein Zeichen des ver=
änderten Geistes ist, spiegelt sich die Vorliebe für Reisen wieder.
Sie behandelt besonders gern das Gebiet der erdichteten Reisen,
und „Die unglaublichen Dinge jenseits Thule“ oder ähnliche
Bücher werden mit Eifer gelesen.

Man hat darüber gestritten, ob diese ganze Entwicklung
als Verfall zu betrachten sei oder als Fortschritt. Daß Rom
auf seiner Höhe und damit am Anfang seines Niedergangs stand,
davon hatten auch die Zeitgenossen eine deutliche Ahnung.
„Möchte es dem Himmel gefallen, daß ich ein Lügner wäre,
aber ich sehe Rom, das stolze Rom fallen als ein Opfer seines
Glücks,“ sagt Properz, und Tacitus hat mit wahrhaft prophe=
tischem Blicke vorausgesehen, daß die Germanen Rom zerstören
werden. Gefährlicher als die Macht der Parther dünkt ihm die
Freiheit der Germanen. Dennoch ist der Streit über die Frage,
ob Verfall oder Fortschritt? ein unnötiger. Gewiß ist die
Zeit, verglichen mit der Blütezeit Griechenlands und Roms,
eine Zeit des Verfalls. Produktiv wie früher ist sie nicht
mehr. Die Empfindung und Reflektion ist stärker als die
Energie des Wollens. Eigentlich neues schafft die Zeit nicht.

Aber muß denn nicht die Blüte abfallen, wenn die Frucht reifen soll? Das in der Kaiserzeit sich vollziehende Ineinander= fließen der Nationen wie der philosophischen Systeme und Kunst= stile ist zwar, wenn man will, Verfall, aber zugleich der früheren Abgeschlossenheit gegenüber eine gesunde Frucht der gegenseitigen Berührung. Das Weiterwerden des Blicks, des Gedankenkreises, des Interesses über die antike Enge hinaus ist freilich nicht mehr echt antikes Leben, und weder ein Sophokles noch ein Phidias, weder ein Perikles noch ein Scipio hätte damals aufstehen können, und doch, wer will es leugnen, daß diese Erweiterung des Wissens, diese Verallgemeinerung der Kunst auch ein Fortschritt ist? Ist denn die Wissenschaft und Kunst nicht dazu da, daß möglichst viele ihre Frucht genießen? Am wenigsten läßt sich leugnen, daß dieser ganze sich jetzt heraus= bildende Universalismus eine Vorstufe der neuen christlichen Zeit ist. Das Altertum geht über sich selbst hinaus und streckt der neuen Zeit die Hände entgegen. Selbst in einer Strömung aus der antiken Enge des Lebens in die universalistische Weite begriffen, wurde die alte Welt fähig, den Universalismus des Christentums aufzunehmen. An den Felsmassen der ungebrochenen Nationalitäten einer früheren Zeit hätte der Gedanke einer nicht nationalen Religion, einer Religion für alle Völker abprallen müssen. Jetzt, da die alten Nationalitäten zertrümmert sind, kann der Gedanke eines alle Völker umfassenden Gottesreiches Wurzel schlagen, und, was dem alten Griechen und Römer ganz unfaßbar gewesen wäre, die Idee einer Universalkirche, ist dem Römer der Kaiserzeit, wenn auch noch fremd, doch un= faßbar nicht mehr, nachdem er im Kaiserreich ein Universalreich vor Augen hat.

Freilich mehr als Vorbereitung ist das alles auch nicht. Den christlichen Universalismus aus sich selbst zu erzeugen, war die alte Welt nicht fähig. Was aus dem großen Zerreibungs= prozesse, der sich in dem weiten Gefäße des römischen Reichs vollzieht, hervorgeht, ist zunächst nur Uniformität, nicht wahre Einheit. Die wahre Einheit setzt Mannigfaltigkeit voraus, ist die Zusammenfassung des Mannigfaltigen als eines gegliederten Ganzen unter ein Höheres. Hier stoßen wir auf die Schranke,

die der alten Welt unübersteiglich ist. Es fehlt ihr der Ge=
danke der Menschheit, und weil sie das Ganze nicht kennt, kann
sie auch die Teile nicht richtig als Glieder des Ganzen würdigen.
Die Einheit des Menschengeschlechts und die Gliederung des
ganzen Geschlechts in Völker — die großen Wahrheiten, die Paulus
im Mittelpunkte der alten Weisheit, in Athen, predigt — sind ihr
verborgen. Deshalb wird die Bedeutung des Volkstums nicht
richtig erkannt. Zuerst wird sie überspannt; es giebt nur natio=
nales Leben, nichts darüber hinaus. Dann wird sie unter=
schätzt; im römischen Reiche kommen die Nationalitäten zu gar
keinem Rechte mehr, sie gehen in dem Ganzen völlig unter.
Was herauskommt ist nicht ein lebendiger Universalismus,
sondern nur ein schattenhafter, ein abstrakter Kosmopolitismus,
der die Bedeutung des Volkstums als eines gliedlichen Orga=
nismus nicht zu würdigen weiß.

Der letzte Grund liegt noch tiefer. Es fehlt die religiöse
Einheit. Was heute die Kulturvölker bei aller Verschiedenheit
doch zu einer Einheit zusammenhält, ist im tiefsten Grunde das
ihnen allen gemeinsame Christentum. Würde das weggenommen,
so müßte die Kulturentwicklung unaufhaltsam Schritt um Schritt
auseinandergehen, und die Völker würden wieder wie die antiken
Nationalitäten sich feindlich gegenübertreten, es sei denn, daß
einem von ihnen die Macht gegeben würde, sie alle in Ein Reich
zusammenzuzwingen. Das wird man heute von manchen Seiten
nicht zugeben. Man beruft sich auf die vervielfältigte Kom=
munikation und die dadurch bedingte Annäherung der Völker,
man legt Gewicht auf die gemeinsame Bildung, ganz abgesehen
vom religiösen Leben — als ob äußere Verbindung an sich
schon Gemeinschaft des Lebens schaffen könnte! als ob nicht der
Kern dieser ganzen gemeinsamen Bildung das Christliche wäre!
Der Gedanke Einer Menschheit, die sich in Völker gliedert, ist
nur möglich im Glauben an Einen Gott und Einen Erlöser.
So lange der Polytheismus herrscht, so lange auch die Religion
lediglich national ist, so lange zersplittert sich die Eine Mensch=
heit in eine Vielheit gegen einander starr abgeschlossener Natio=
nalitäten. Selbst der Universalismus des römischen Reichs war
nur möglich, weil bereits in der religiösen Entwicklung, noch

innerhalb des Heidentums, eine monotheistische Strömung be=
gonnen hatte, eine Strömung, die freilich auch nicht über einen
schattenhaften Monotheismus hinauskommen konnte. Die ab=
strakte pantheistische Gottheit, die das Ergebnis dieser Strömung
ist, entspricht ganz dem abstrakten, auch pantheistisch gefärbten,
Kosmopolitismus, der an die Stelle des früheren kräftigen
Nationalbewußtseins tritt. Erst als statt der toten Gottheit
der lebendige Gott, der Schöpfer Himmels und der Erde, der
Vater unseres Herrn Jesu Christi, geprebigt wurde, erst da
konnte die Menschheit den Schritt über diesen abstrakten Kos=
mopolitismus hinaus thun zu dem wahren Universalismus, der
die nachchristliche Zeit beherrscht.

Das führt uns von selbst auf die religiösen Zustände der
Kaiserzeit.

2. Verfall der Religion.

Als Paulus durch Athen gegangen ist, mit aufmerksamen
Augen das Leben und besonders, was ihm am nächsten lag,
das gottesdienstliche Leben der berühmten Stadt beobachtend,
faßt er den Eindruck, den er davon gehabt, nachher zu Eingang
seiner Rede in das Wort zusammen, welches Luther nicht ganz
genau mit „allzu abergläubig" wiebergiebt, während man es wohl
richtiger „allzu götterfürchtig" oder „gottheitsfürchtig" übersetzen
würde. Denselben Eindruck muß ein Überblick über das religiöse
Leben des römischen Weltreichs hervorrufen. Welch eine Fülle
von Göttern und Göttinnen, denen die Völker dienen! wie zahl=
reich sind die Tempel und heiligen Stätten, mit allem Reichtum
und herrlicher Kunst geschmückt, wie unendlich mannigfaltig die
Gottesdienste und Kultushanblungen! In der That, kein Vor=
wurf würde weniger zutreffen, als wenn man der alten Welt
nachsagen wollte, sie sei irreligiös gewesen. Im Gegenteil, die
Christen mußten den Heiden als irreligiös erscheinen, und oft
genug ist ihnen dieser Vorwurf wirklich gemacht, weil in ihrem
Leben die bei den Heiden üblichen, täglich und stünblich wieder=
kehrenden, auf Schritt und Tritt das Leben begleitenden Kultus=
hanblungen fehlten. Die ganze Welt war voll von Göttern. Ihre
Tempel erhoben sich allerorten, große und prächtige Gebäude

und kleine Kapellchen, in Städten und Dörfern, in Feld und
Wald, am Rande der Wüste und auf der Paßhöhe des großen
St. Bernhard, wo ein Jupiterstempel den bis dahin gelangten
Reisenden aufforderte, sein Dankgebet zu thun und seine Ge=
lübbe für eine glückliche Heimkehr. „Unser Land ist so be=
völkert mit Göttern," läßt Petronius eine Frau aus Kam=
panien sagen, „daß es viel leichter ist, dort einem Gott zu
begegnen als einem Menschen." Oder es sind wenigstens heilige
Bäume, Steine und Felsen, die von heidnischer Frömmigkeit mit
Kränzen und Bändern geschmückt werden, und an denen keiner
vorübergeht ohne irgend ein Zeichen der Verehrung. Das ganze
Leben ist von Religion durchzogen.

Der Staat ist auf Religion gegründet. Man weiß es
recht wohl, daß etwas vorhanden sein muß, was die Gewissen
bindet und die Menschen zum Gehorsam gegen die Gesetze
innerlich willig macht. Das ist der Glaube an die Götter,
an die Vorsehung, an die vergeltende Gerechtigkeit. „Es mag
eher," sagt Plutarch, „eine Stadt ohne Haus und Boden be=
stehen, als ein Staat ohne den Glauben an die Götter. Dieser
ist das Bindemittel der Gemeinschaft, die Stütze aller Gesetz=
gebung." Polybius rühmt besonders an den Römern ihre
Frömmigkeit. „Bei ihnen," sagt er, „steht um des Eides willen
die Verwaltung öffentlicher Gelder sicherer als anderswo durch
die ausgedehnteste Kontrole." Bei jeder bedeutenden Staats=
handlung wurden die Götter gefragt, niemals fehlten Opfer
und Gottesdienst, jede Volksversammlung wurde mit Gebet
eröffnet. Augustus verordnete ausdrücklich, daß jeder Senator,
ehe er sich auf seinen Platz setzte, an den Altar des Gottes,
in dessen Tempel man sich versammelte, treten, eine Libation
darbringen und Weihrauch streuen sollte. Noch zu den Zeiten
der ausgehenden Republik war es der Aufblick zu den väter=
lichen Göttern, der das Heer begeisterte. Als vor einer Schlacht
Pompejus zu den Soldaten von der Kriegskunst redete, blieben
diese kalt, als Cato aber an die vaterländischen Götter erinnerte
(freilich ohne selbst noch an sie zu glauben), da entflammte er
das ganze Heer, und die Schlacht war siegreich. Und wie der
ganze Staat, so hatte auch jedes bürgerliche Gemeinwesen, jede

Stadt, jeder Kreis von Städten seine besonderen Kulte, gut= fundierte Stiftungen, reiche und vornehme Priesterkollegien, besondere Festtage und Opfer. Jede Provinz, jede Stadt, jedes Dorf verehrte in Lokalkulten eine schützende Gottheit, und überall waren die Kulte mit der bürgerlichen Verfassung des Gemeinwesens aufs engste verflochten und von Lokalpatriotismus getragen.

Ebenso ist das ganze häusliche und Familienleben religiös gefärbt. Jeder Abschnitt des Lebens, jedes bedeutsame Ereignis wird gottesdienstlich gefeiert. Bezeichnen die Namen der zahl= reichen Gottheiten, die als dem häuslichen Leben vorstehend genannt werden, auch mehr Funktionen der Gottheit überhaupt als selbständig gedachte göttliche Wesen, schon diese Namen selbst liefern für das Obige den Beweis. Da ist die Göttin Lucina, die des Kindes Geburt überwacht; Candelifera, der bei der Geburt Lichter angezündet werden; Rumina, die auf das Säugen achtet; Nundina, die man bei der Namengebung am neunten Tage anruft; Potina und Eduka, die das Kind an Speise und Trank gewöhnen. Der Statina ist der Tag heilig, an dem das Kind zuerst auf den Boden tritt; Abeona lehrt es gehen; Farinus lehrt es stammeln, Locutinus reden; Cunina wendet von dem in der Wiege liegenden Kinde bösen Zauber ab. Da ist ein Thürengott (Forculus), ein Schwellengott (Limentinus), eine Angelgöttin (Cardea). Da ist ein Gott für die Blinden (Caeculus), eine Göttin für die Kinderlosen (Orbana). „Haben doch," ruft Tertullian aus, „selbst die Bordelle und Garküchen und Gefäng= nisse ihre Götter." Jedes häusliche Fest war zugleich Gottes= dienst, jeder Stand hatte seine Götter, die er anrief und von denen er Hülfe und Schutz für seine Arbeit erwartete. Aus der Nische eines Balkens sieht Epona, die Pferdegöttin, auf den Stall herab; auf dem Schiffe steht das Bild Neptuns; die Kaufleute beten zu Merkur um glückliche Handelsgeschäfte. Jede Arbeit auf dem Felde beginnt mit Gebet. Vor der Ernte wird der Ceres ein Schwein geopfert, und man fängt nicht an, einen Wald abzuholzen, ehe man nicht die unbekannten Götter, die etwa darin wohnen möchten, um Verzeihung gebeten.

Dieses ganze reiche religiöse Leben der alten Welt macht zunächst den Eindruck der größten Mannigfaltigkeit. Welche

Verschiedenheit, je nachdem wir es an den Ufern des Nil oder
Orontes, in den griechischen Städten oder auf dem römischen
Kapitol beobachten. Zu wie ganz verschiedenen Göttern ruft
der Ägypter und Syrer, der Grieche und Römer.

Der Orient zieht die Gottheit herab in die Natur. Es
ist ein materialistischer Zug, der durch die Kulte Ägyptens und
Vorderasiens geht, darum finden sie auch in der materialistischen
Kaiserzeit so viele Anhänger. Das geschlechtliche Leben, Zeugung
und Tod ist in das Leben der Gottheit aufgenommen, und der
Dienst dieser ungestalteten Götter ist daher auf der einen Seite
trübe und ernst, finster und grausam wie sie selbst, auf der
andern Seite voll berauschender Lust. Moloch hat seine Freude
an den Jammertönen der ihm zu Ehren verbrannten Kinder,
während in Melyttas Tempel Buhldirnen zur Unzucht locken,
und Jungfrauen der Göttin ihre Keuschheit opfern. Der Osiris=
mythus in Ägypten, der Adonismythus in Syrien spiegeln die
Gedanken des Sterbens und des Auferstehens wieder, welche
diese Religionen beherrschen. Adonis ist auf der Jagd von
einem Eber getötet. Die rasch welkenden Adonisgärtchen, die
man an seinem Feste pflanzt, sind ein Symbol seines Schick=
sals. Neben der Bahre, auf der das Bild des Adonis mit
der offenen, blutenden Wunde liegt, begeht man einen Kultus
der Totentrauer mit den Ausdrücken des rasendsten Schmerzes.
Da klagen die Weiber: „Weh, Herr, hin ist seine Herrlichkeit!"
zerraufen sich das Haar und zerschneiden sich die Brüste. Sieben
Tage währt die Trauer; dann erhebt sich der Ruf: „Adonis lebt!
Adonis ist aufgefahren!" und an die Stelle der Trauer treten
die ausgelassensten Freudenfeste.

Die Griechen gehen den umgekehrten Weg, sie idealisieren
die Natur. Wie im Orient ein materialistischer Zug, so be=
herrscht in Griechenland ein idealistischer Zug den Kultus. Der
heilige Gott ist auch ihnen verborgen, an die Stelle der Heilig=
keit tritt als das Höchste die Schönheit. Nicht als ungestaltete
Wesen, wie der Orientale, vielmehr als Menschenbilder von
vollendeter Schönheit verehrt der Grieche seine Götter. Heiter
und licht ist ihr Kult. Es fehlt der Ernst, der die orientalischen
Gottesdienste erfüllt, die bei aller Verzerrung doch tiefer gehen

und unbewußte Ahnungen des Gottes enthalten, der wirklich in Geburt und Tod herabsteigt, uns zu erlösen, aber es fehlt auch das grob Materialistische, das Grausame und Unzüchtige, das uns in den Tempeln Asiens beleidigt. Dem Griechen dämmert die Ahnung einer sittlichen Weltordnung auf. Ist Baal im Grunde nur die Leben schaffende und dann das geschaffene Leben selbst wieder versengende und tötende Sonne, so ist Zeus auch der Hüter des Rechts. Stellt sich in Aschera nur der sinnliche Naturtrieb dar, so ist Here die Hüterin der Ehe und des häuslichen Lebens. Alles ist hier reiner, denn die japhetidischen Völker haben vor den früh gesunkenen Hamiten die Keuschheit voraus. Am frühesten vergeuden die Griechen dieses ihr schönstes Erbe, und die Folge davon ist, daß nun bei ihnen das gerade Gegenteil des orientalischen Ernstes zu Tage kommt, die leichtfertige Frivolität. Seinen vermenschlichten Göttern dichtet der Grieche in einer reich ausgestalteten Mythologie auch menschliche Fehler und Laster an, und der Olymp mit seinen Festgelagen und Kämpfen, mit List und Gewalt, mit Liebesintriguen und ehrgeizigem Streben ist nur ein Abbild des griechischen Volkslebens selbst. Während der Orientale unter der Macht seiner Götter steht, weiß sich der Grieche als Herr seiner Götter. Er hat ja die Götter selbst geschaffen; ihre Bilder sind das Produkt seiner Künstler, ihre Legenden das Produkt seiner Dichter. Griechenland ist auch das Land, von dem der Unglaube ausgeht, und als die Griechen und die von ihnen angesteckten Römer nicht mehr an die Olympier glauben, werden die Ungestalten der orientalischen Gottheiten wieder mächtiger. Eben weil an sie noch geglaubt wird, gewinnen sie eine wunderbare Anziehungskraft für die, welche den Glauben an Zeus und Here, an Jupiter und Juno verloren haben.

Noch anders gestaltet und entwickelt sich das religiöse Leben Roms. In Rom ist der Staat alles, deshalb auch die Religion in einem Maße mit dem Staatsleben verflochten, wie es sonst nie eine Religion gewesen ist. „Unsere Vorfahren,“ sagt Cicero einmal sehr bezeichnend, „waren nie weiser und nie mehr von den Göttern inspiriert, als indem sie bestimmten, daß dieselben

Personen den Vorsitz bei Religionshandlungen haben sollten, die auch den Staat regieren." Der Priester, der im Orient einen so bedeutsamen Einfluß hat, tritt in Rom vor dem Staats=beamten zurück. Der Konsul opfert, und ist er dabei auch von Priestern umgeben, so sind diese doch mehr nur Zeremonien=meister, die angeben, was zu geschehen hat, und welche Worte zu gebrauchen sind. Ja, in Rom wird im Grunde der Staat selbst, Rom selbst als höchste Gottheit verehrt. Repräsentiert wird der Staat in den Zeiten der Republik durch den Kapi=tolinischen Jupiter. Zu seinem Tempel ziehen die Triumphatoren hinauf und bringen ihm das Dankopfer. Als dann an die Stelle der Republik die Alleinherrschaft, das Cäsarentum, trat, wurden die Kaiser die Repräsentanten des Staats und treten beshalb auch gewissermaßen an die Stelle des Kapitolinischen Gottes. In ganz folgerichtiger Entwicklung werden die Kaiser selbst zu Göttern, und der offizielle Kult der Kaisergötter die eigentliche Staatsreligion.

Ganz dem Charakter der Römer entsprechend hat die römische Religion etwas Nüchternes, Abstraktes. Sie ist phantasielos. Die römischen Götter haben nicht wie die griechischen eine reich ausgestattete Legende. Alles ist hier praktisch und von einem stark juristischen Zuge beherrscht. Seine religiösen Pflichten sind dem Römer aufs genaueste und bis ins einzelste vorgeschrieben: welcher Gott, in welcher Weise, mit welchen Worten er anzu=rufen ist, das alles steht nach alter Tradition fest. Darin ist der Römer überaus pünktlich, um den Zustand der Seele bei Vollziehung der Zeremonien kümmert man sich dagegen nicht. Religiös ist, wer am besten den Ritus kennt und ihn am pünkt=lichsten vollzieht. Dann erwartet man aber auch als sein Recht, daß die Götter den ihnen Dienenden Gutes bescheren. „Welchem Menschen die Götter günstig sind, dem lassen sie Gewinn zufallen." Es ist ein Kontrakt, den man mit den Göttern macht. Beim Beginn des zweiten punischen Krieges verspricht Rom den Göttern Opfer und Spiele, wenn sie ihm den Sieg bescheren; wenn nicht, nicht. Alles ist äußere Zeremonie (Ceremoniae Romanae ist der bezeichnende Ausdruck für die römische Religion) ohne Phantasie, ohne Gefühlserregung. Der

Römer hat Respekt vor seinen Göttern, Furcht, aber keine Liebe zu ihnen. Wenn Galenus sagt, es sei besser, den Schöpfer wegen seiner Weisheit zu loben, als viele Opfer zu bringen und Wohlgerüche zu spenden, wenn Epikur auffordert, sie zu lieben und unaufhörlich zu loben, so ist das nicht mehr alt= römisch, sondern schon ein Zeichen einer neuen, dem Christentum entgegenkommenden Strömung. Deshalb hat der echte Römer auch eine so tiefe Scheu vor allem Übermaß in religiösen Dingen. Superstitio, Überfrömmigkeit, ist ihm ebenso ver= haßt, wie impietas, Unfrömmigkeit. Er hält seine Rechnung mit den Göttern in Ordnung, will ihnen nichts schuldig bleiben, aber will auch nicht mehr thun, als seine Schuld ist. Es ist wichtig, sich diesen Charakter der römischen Religion zu ver= gegenwärtigen, denn die Römer sind das herrschende Volk, und schon von hier aus läßt sich ermessen, wie unverständlich, ja wie verwerflich dem echten Römer das Christentum erscheinen mußte, das in seinen Augen nur eine verwerfliche super- stitio war.

So mannigfaltig aber, so bunt und reich das Heidentum in der alten Welt sich auch ausgebildet hat, im tiefsten Grunde ist es doch überall dasselbe. „Sie haben geehrt und gedient dem Geschöpf mehr als dem Schöpfer," das ist sein in allen Gestalten gleiches innerstes Wesen. Eben weil sie im innersten Wesen alle verwandt sind, können denn auch diese verschieden= artigen Gestalten sich untereinander vermischen, ineinander über= gehen, sich zu neuen Gestalten kombinieren. Während der Mono= theist alle anderen Götter neben dem Einen nur als verwerfliche Götzen ansehen kann, ist der Polytheist bereit, überall Götter anzuerkennen, wenn sie auch nicht seine Götter sind, ja er hat eine Neigung, überall seine Götter auch in der fremdartigsten Verhüllung wiederzufinden, seine Götter in die fremden Götter hineinzudenken. Der Römer überzeugt sich leicht, daß die olym= pischen Götter eigentlich seine Götter sind. Zeus ist derselbe wie Jupiter, Here ist Juno, ja selbst die wunderlichen Götter des Orients sind ihm keine fremden; überall sucht und findet er seine heimischen Götter wieder. Leicht fließen ihm auch die Göttergestalten ineinander. Die Symbole wie die Namen der

einen werden auf die andern übertragen. Cäsar findet bei den
Galliern Merkur, Mars, Apollo wieder, ja Plinius erzählt,
daß die Bewohner der fernen Insel Tapobrane (Ceylon) den
Herkules verehren. Es entsteht eine Göttermischung, die zuletzt
zu einer Allgottheit führt. Ein abstrakter Monotheismus schwebt
mehr oder minder deutlich über dem Polytheismus. Wie die
Mischung der Nationen einen abstrakten Universalismus hervor=
bringt, die Vorstufe des christlichen Universalismus, so die
Mischung der Religionen einen abstrakten Monotheismus, die
Vorstufe des christlichen Monotheismus.

Auch da zeigt sich Roms Bedeutung als des sammelnden.
Arnobius nennt Rom mit Recht „die Verehrerin aller Gott=
heiten". Römische Staatsmaxime war es, gegen alle Religionen
Toleranz zu üben. Bei Eroberung einer Provinz oder Stadt
wurden die Götter derselben mit einer feierlichen Formel ab=
gerufen und eingeladen, ihren Sitz in Rom zu nehmen. „Wenn
es einen Gott giebt oder eine Göttin, welche dies Volk oder
die Stadt N. N. unter ihren Schutz genommen hat: Gottheit,
welche du auch seist, ich bitte dich, ich beschwöre dich, zu ver=
lassen das Volk und die Stadt, auszuziehen aus der Stadt und
den Tempeln und nach Rom zu kommen zu mir und den Meinen,
daß unsere Stadt, unsere Tempel und Opfer dir angenehm sein
mögen. Wenn du das thust, gelobe ich deiner Gottheit Tempel
und Geschenke." Die Götter wurden nicht mit gefangen ge=
nommen, und während das ganze eroberte Volk und Land als
zur freien Verfügung des Eroberers stehend angesehen wurde,
erkannte Rom seine Götter an. Die Athener behielten ihre
Athene, die Syrer ihre syrische Göttin, die Juden ihren Je=
hovah. Die eroberten Gebiete und Städte bewahrten ihre
religiösen Besonderheiten, ihre pontifices und flamines, ihre
Lokalkulte und Stiftungen, die ihrem Zwecke nicht leicht ent=
fremdet werden konnten. Es war das nicht bloß Staatsklug=
heit, sondern es lag dem der Gedanke zu Grunde, daß die
Götter anderer Völker auch Götter sind, die schlecht behandelt
den Römern schaden könnten. Deshalb hielt man es auch für
Pflicht, sie selbst zu ehren. Augustus erklärte den Alexandrinern,
daß er ihre Stadt verschone zu Ehren des großen Gottes

Serapis; er sandte auch dem Tempel in Jerusalem Geschenke und ließ dort für sich opfern.

Lag es so den Römern fern, den unterjochten Völkern ihre Religion zu nehmen, so trugen sie doch auch ihrerseits die eigenen Götter in die Provinzen. Die Heere, die Verwaltungs= beamten, die Kolonien brachten den Kapitolinischen Jupiter, brachten die ceremoniae Romanae mit und forderten für diese so gut Anerkennung, wie sie ihrerseits die lokalen Gott= heiten anerkannten. Dieses umsomehr, als die offizielle römische Religion jetzt in der göttlichen Verehrung der Kaiser gipfelte, und sich aus der Verehrung des Divus Augustus und der übrigen Divi eine allgemeine Staatsreligion bildete, die von tiefergehender Bedeutung gewesen ist, als man gewöhnlich an= nimmt. So vollzieht sich in den Provinzen eine seltsame Mischung der römischen und der Lokalgottheiten. Namentlich hatten die Soldaten daran großen Anteil. Sie waren in der Regel sehr abergläubisch. Hielten sie sich in einem Lande länger auf, so beteten sie auch dessen Götter an und nahmen sie bei ihrer Rückkehr mit. Sehr oft werden auch die römischen und die Landesgottheiten zusammengestellt. Ein Reiteroffizier dankt auf einer Inschrift zwischen Siena und Phylä für die ihm gelungene Auffindung neuer Marmorbrüche dem Jupiter Ammon Anubis und der Juno regina, der Beschützerin der Berge. Ein anderer „eifrig für alle heiligen Dinge" thut in Ägypten ein Gelübde „für das Heil seiner Frau und seiner Kinder" dem sehr großen Gott Hermes Paytnuphis. Andrerseits waren dann auch die Provinzialen geneigt, die römischen Götter anzuerkennen und zu ehren, indem sie wiederum diesen die einheimischen hinzufügten. So errichtet unter Tiberius die Korporation der Schiffer in Paris dem Jupiter Kapitolinus einen Altar, auf dessen Sockel man zugleich die Namen der alten keltischen Götter Esus und Tarvus sieht. Es finden sich Tempel, die zugleich dem Apollo und der gallischen Göttin Sirona, dem Merkur und der Ros= merta geweiht sind.

Aus den Provinzen wanderten dann aber auch die dort angebeteten Götter nach Rom ein. In Rom, sagt Tacitus einmal, strömt von allen Seiten her alles Nichtswürdige und

Schmähliche zusammen und wird dort verehrt. Die Götter des Erdkreises sammeln sich in der Welthauptstadt, und mochte sich anfangs der echt römische Geist, wie er aus Tacitus spricht, noch so streng abweisend gegen die Fremdkulte verhalten, mochten noch so viele Verordnungen erlassen werden, sie zu verdrängen oder doch einzuschränken, unaufhaltsam vollzieht sich in der Kaiserzeit die schon zu den Zeiten der sinkenden Republik be= ginnende Göttermischung, die mehr als alles andere die Zeit des untergehenden Heidentums charakterisiert. Wie die Na= tionalitäten sich auflösen und in eine Masse zusammenschmelzen, so lösen sich auch die Religionen auf. An die Stelle der Nationalreligionen tritt ein religiöses Chaos sondergleichen in der Geschichte, damit auch aus diesem Chaos eine neue Welt geschaffen werde.

Dieser ganze Prozeß hat zur Voraussetzung, daß der heid= nische Glaube schon im Verfall war. Hätte er noch in jugend= lich frischer Kraft dagestanden, dann wäre eine solche Bewegung, ein solches Hin= und Herfluten nicht möglich gewesen. Andrer= seits darf man aber auch nicht übersehen, daß dieser Prozeß doch aus einem starken religiösen Bedürfnis hervorging und in gewissem Sinne selbst wieder zur Stärkung des Heidentums diente. Das vielgestaltige Heidentum einigt sich dem gemein= samen Feind, dem Christentum, gegenüber. Indem die römi= schen Götter etwas von den orientalischen annehmen, werden sie geeigneter, das religiöse Bedürfnis zu befriedigen, und damit wächst auch ihre Widerstandskraft gegen den neuen Glauben.

Überhaupt muß man sich vor der Vorstellung hüten, als habe das Christentum bei seinem Auftreten das religiöse Leben der Heidenwelt schon abgestorben oder doch in völligem Verfall begriffen vorgefunden. So leicht ist ihm der Sieg nicht gemacht. Was man vom religiösen Verfall in der ersten Kaiserzeit ge= wöhnlich liest, ist nach meiner Überzeugung stark übertrieben und bedarf nach mehr als einer Seite hin wesentlicher Ein= schränkungen. Das ist allerdings richtig, der Verfall hat bereits begonnen, aber er vollzieht sich sehr langsam, und nicht ohne daß immer noch starke Mächte ihn aufhalten, ja nicht ohne daß er auch wieder von Zeiten neuen Aufschwungs unterbrochen wird.

Verglichen mit der Periode der ausgehenden Republik ist gerade die Kaiserzeit eine solche Periode zeitweiligen Aufschwungs. Machen wir den Versuch, ein Bild der damaligen religiösen Zustände zu entwerfen, so werden wir wohl thun, uns vorher zu vergegenwärtigen, wie schwer es ist, den allgemeinen Glaubens- stand einer Zeit zu messen. Es ist das schon dann eine der schwierigsten Aufgaben, wenn uns aus der Zeit ein reichhaltiges Material zu Gebote steht, um wieviel schwieriger noch, wenn wir nur Bruchstücke ihrer Litteratur und einzelne mehr zufällige Überbleibsel, Inschriften und dergleichen besitzen. Die Litteratur der Zeit, die allerdings einen stark ungläubigen und aufkläreri- schen Charakter trägt, ist kein sicherer Maßstab, da im Volke noch mehr Glaube vorhanden sein kann, als die immer nur aus einer Schicht des Volkes hervorgegangene Litteratur zeigt, während man bei Heranziehung der Inschriften und ähnlicher Denkmäler immer beachten muß, daß in öffentlichen Dokumenten nach hergebrachter Sitte oft ein Glaube noch bekannt wird, der in Wirklichkeit nicht mehr vorhanden ist. Man muß beide Arten von Quellen miteinander vereinigen, um einen richtigen Einblick in den damaligen Bestand des heidnischen Glaubens- lebens zu gewinnen.

Gewiß würde man irren, wollte man sich den heidnischen Kult damals schon äußerlich in offenbarem Verfall denken. Im Gegenteil, äußerlich war noch kein Zeichen des Verfalls wahr- nehmbar. Die Tempel standen noch in voller Pracht, von Tausenden besucht; was die Bürgerkriege verwüstet hatten, war bald aufs glänzendste hergestellt. Feste und Opfer wurden mit großem Prunk gefeiert, von Bittenden und Hülfesuchenden wur- den die Altäre nicht leer. Die Orakel waren noch im Gange, und hatten sie auch ihre politische Bedeutung verloren, so gab doch die Pythia in Delphi und zahlreiche andere Orakel fragenden Privatpersonen noch immer Antwort. Wie groß die Zahl der Opfer war, mag man daraus entnehmen, daß beim Regierungs- antritt des Kaisers Caligula allein in Rom in drei Monaten 100 000 Opfertiere geschlachtet wurden. Zahlreiche Inschriften beweisen genugsam, daß sich noch immer Gläubige fanden, die den Tempeln und Priestern reiche Gaben zuwandten. Da schenkt

ein Offizier 100 000 Sesterzien (21 750 *M.*), um einen neuen
Prozessionswagen der Göttin zu erbauen; da schenkt jemand
dem Vater Liber ein goldenes Halsband, 3 Unzen schwer, ein
anderer eine silberne Statue der Felicitas. Erwägt man, wie
verhältnismäßig wenig von solchen Weihe=Inschriften auf uns
gekommen ist, so kann man aus dem wenigen auf die ungeheure
Menge von Schenkungen, Bauten, Stiftungen, Vermächtnissen
zu Kultuszwecken schließen, die noch täglich vorkamen.

Ausgelebt hatte sich das Heidentum noch lange nicht,
vielmehr war manches vorhanden, was ihm noch auf Jahr=
hunderte ein zähes Leben sicherte. Zuerst die Verbindung mit
dem Staatsleben. Überall war die Religion mit den Ein=
richtungen des römischen Staatslebens innig verflochten; auf
ihr ruhte die äußere Sittlichkeit, und selbst die Aufgeklärten,
die persönlich nicht mehr an die Götter glaubten, sondern nur
die Natur anerkannten, mußten römisch fromm sein, wenn es
sich um die ganze Masse von althergebrachten Bräuchen, um
die Heiligtümer der Nation, um das Feuer der Vesta, um
Haruspizien und Vogelschau handelte, wenn eine Gedächtnis=
feier der Toten begangen wurde, oder wenn sie als Beamte
Opferhandlungen beiwohnten, diese wohl gar selbst leiten
mußten. Die Kaiser selbst vollzogen feierliche Lustrationen
der Stadt; bei besondern Ereignissen, z. B. unter Nero nach
der Pisonischen Verschwörung, wurden die Götter mit reich=
lichen Spenden bedacht. Mit welcher Feierlichkeit wurde das
im Bürgerkriege nach Neros Tode zerstörte Kapitol wieder
errichtet. Große Opfer, die sogenannten Suovetaurilien, wur=
den dargebracht, um den Grund und Boden zu reinigen,
das ganze Volk nahm daran teil. Mochten auch die Kreise
der römischen Aristokratie innerlich dem Kultus längst ent=
fremdet sein und im Stillen darüber lächeln, offiziell legten
auch sie Wert darauf, ihr Römertum durch Festhalten an
der Staatsreligion zu beweisen. Hatten sie doch an deren
Aufrechterhaltung persönlich ein Interesse, schon deshalb, weil
sie als Mitglieder in den zahlreichen höheren Priesterkollegien
saßen. Wie in Rom, so war überall in den Städten das
religiöse Leben mit der Munizipalverfassung aufs engste

verflochten, und auch hier lag es im wohlverstandenen Interesse
der Machthaber, das Bestehende zu konservieren.

Daß die Masse des Volks an den bestehenden Kulten fest=
hielt, ist schon nach dem in diesem Stücke immer konservativen
Sinne der Menge nicht zu bezweifeln. In den Städten bildeten
die zahlreichen Associationen (collegia, sodalitates) ebenso viele
Mittelpunkte für die Verehrung dieses oder jenes Gottes. Alle
die Beerdigungsgenossenschaften, die Genossenschaften der Hand=
werker, der Kaufleute, der Geschäftstreibenden verschiedener Art,
die für das soziale Leben der Kaiserzeit eine steigende Bedeu=
tung gewannen, trugen zugleich einen religiösen Charakter. Sie
hatten alle irgend einen Gott zum Patron, und die Verehrung
dieses Gottes gehörte zu ihren Zwecken. Des Gottes Bild und
sein Altar stand in ihrem Versammlungslokal, und jede Zu=
sammenkunft begann mit einem Opfer. Daß die Landbewohner
noch fester an dem alten Glauben hingen, bedarf kaum der
Erwähnung. Da erzählte man noch mit naivem Glauben die
alten Sagen weiter, da fürchtete man noch in der Mittags=
stunde dem Pan auf dem Felde zu begegnen, oder bei der
Rückkehr ins Haus am Herde einen Faun zu finden. Nach
alter Sitte feierte man noch die Feste der Götter, das Fest
der Anna Perenna oder der Juno in Faleria, das uns Ovid
nach eigener Teilnahme beschreibt. Im Dunkel eines alten Hains
stand der rohe Altar der Göttin, ihr Bild wurde in Prozession
herbeigetragen, die Opfer wurden angezündet, und dann brachte
man den Tag in Hütten von Zweigen hin, essend, trinkend,
scherzend und tanzend in ausgelassener Lust.

Nicht minder bot Sitte und Brauch des Hauses der alten
Religion noch starke Stützen. Im Hause bestimmt vorwiegend die
Frau die Sitte, und die Frauen hingen meist noch fest an dem alten
Glauben. Cicero, der selbst oft genug über die Götterfabeln
spottet, findet es ganz natürlich, daß seine Frau fromm ist,
und thut nichts, sie zu seinen Anschauungen zu bekehren. Wo
Plautus einmal das Ideal einer Frau schildert, da fehlt neben
der gravitas, der weiblichen Würde, der Achtung vor den
Eltern, dem Gehorsam gegen den Mann auch nicht die Furcht
vor den Göttern. „Sie war fromm ohne Aberglauben" ist das

höchste Lob, das ein Ehemann seiner verstorbenen Frau auf einer Grabinschrift giebt. Eine achtbare Matrone mußte noch immer ihre religiösen Pflichten treu erfüllen, die Gebete und Opfer nicht versäumen und die Tempel fleißig besuchen.

Überhaupt macht sich ein Mensch eher vom Glauben als von der Sitte los. Der kleine Mann hatte seine Laren und Genien. Sie waren in jedem Hause, an sie wandte er sich mit jedem Anliegen und stand meist noch in einem kindlichen Vertrauensverhältnis zu ihnen. Aber auch in den vornehmen Häusern, auch wo der Hausvater zu den Fortgeschrittenen ge= hörte, wurde den Laren die ihnen gebührende Ehre zu teil, und fehlten gewiß die bräuchlichen Kultushandlungen bei Verlobung und Ehe, bei Geburt und Tod nicht. Lucrez wird wohl Recht haben, wenn er von solchen redet, die, so lange es ihnen gut geht, über die Götter spotten, beim ersten Umschlag des Glücks aber zu den Tempeln eilen, um zu opfern, und auch bei manchen mochte das Bild zutreffen, das Plutarch einmal von einem Manne zeichnet, der, obwohl ihnen innerlich entfremdet, doch äußerlich noch die religiösen Zeremonien mitmacht. „Aus Furcht vor der Menge heuchelt er Gebete, ohne daß er ein Bedürfnis hat, und spricht Worte aus, die mit seiner Philosophie in Wider= spruch stehen. Wenn er opfert, tritt er neben den schlachtenden Priester wie neben einen Koch, und hat er geopfert, so geht er hinweg mit den Worten des Menander: ‚Geopfert hab ich den Göttern, die auf mich nicht achten‘." Giebt doch derselbe Plutarch den Gebildeten, den Freidenkern den Rat, die Spenden, die sie zu machen beabsichtigen, an religiöse Feste anzuknüpfen, denn die Menge werde in ihrem Glauben bestärkt, wenn sie sehe, daß auch die Vornehmen auf die Götterverehrung etwas geben.

Endlich waren es die unzähligen Lokalkulte, in denen der alte Glaube trotz aller Aufklärung unverändert fortlebte. Die wieder aufgefundenen Protokolle eines römischen Lokalkults, des der Arvalen, lassen uns einen interessanten Blick in die Zähigkeit dieser Kulte thun. Unverändert geht dieser Kult durch alle Wandelungen der Stadt und des Staates hindurch bis in die späteren Jahrhunderte. Dieselbe Litanei, der schon die Könige Roms gelauscht, ertönte noch aus dem Munde der

Arvalbrüder, als Elagabal, der Sonnenpriester aus Syrien, auf dem Throne der Cäsaren saß. Noch immer standen in ihrem Tempel die alten ohne Töpferscheiben verfertigten Töpfe, die man gebrauchte, als man noch kein Brot buk, sondern das Korn nur zu Brei zerstampfte. Rom war aus einem Bauerndorfe zur Welthauptstadt geworden, sein Morgen war dahin, sein Mittag auch, sein Abend dämmerte bereits herauf, und noch immer sangen sie beim Nahen jedes Frühlings in einem Latein, das keiner mehr verstanden hätte, wäre es in Rom auf der Straße gesprochen, das uralte Lied:

> Uns, Lasen, helfet!
> Nicht Sterben und Verderben, Mars, Mars,
>   Laß einstürmen auf uns:
> Satt sei, grauser Mars.

Die Gesänge und Gebete des Priesterkollegiums der Salier waren bereits in der ersten Kaiserzeit so unverständlich geworden, daß man Kommentare darüber verfaßte, aber selbst die Gelehrten wußten sie nicht mehr vollständig zu deuten. Dennoch wurden sie unverändert beibehalten, und Marc Aurel weiß sie schon in seinem achten Jahre auswendig. Der zäh konservative Sinn der Römer zeigt sich auch in religiösen Dingen.

Ähnlich war es überall. Vom Orient gar nicht zu reden, dessen durch und durch stabiler Charakter sich auch im Kultus bewährt: wie viele uralte Götterbilder, wie viel seit unvordenklichen Zeiten unverändert geübte Kulte hatte Griechenland! In Sparta zeigte man noch immer das Bild der Artemis, das der Sage nach Orestes aus dem Taurischen Tempel entführt hatte, und alle Jahre fanden sich noch Jünglinge, die sich vor diesem Bilde blutig geißeln ließen. Wie vor Jahrhunderten üblich, fuhr in Patrae noch immer der Priester in der jährlichen Festprozession auf einem mit Hirschen bespannten Wagen, um auf dem Altare der Göttin lebendige Tiere zu verbrennen, und noch immer sangen in Arkadien die Priesterinnen vor den Altären die alten Zauberlieder, die schon Medea gesungen haben sollte.

Ist aber auch äußerlich wenig oder nichts vom Verfall der

alten Religion zu spüren, es liegt doch etwas wie Abenddämme=
rung über dem Ganzen. Die Zeiten, in denen Perikles die
Prozessionen zum Parthenon hinaufgeleitete, oder die Feldherrn
der Republik als Triumphatoren dem Kapitolinischen Jupiter das
Dankopfer gebracht hatten, sind unwiederbringlich dahin. Ge=
wiß hat es auch damals heidnisch fromme Seelen gegeben,
die mit mystischer Innigkeit die Tempel betraten, Opfer
brachten und Gebete sprachen; gewiß waren deren noch viel
mehr, auf welche die sinnenberauschende Pracht des Kultus
wenigstens einen augenblicklichen Eindruck machte: im ganzen
wurde ohne Zweifel der Kult mehr von Gewohnheit als von
Glauben getragen, und eine größere Rolle als mystische
Innigkeit spielte bei seiner Übung die ruhige Überlegung und
kühle Berechnung, die Rücksicht auf die Menge und der Ge=
danke, daß es ja immer so gewesen. Wenigstens in den
höheren Ständen fand sich viel offenbarer Unglaube, der mehr
und mehr in die unteren Schichten des Volks herabsickerte
und auch hier die Zweifel weit verbreitete, während daneben
in steigendem Maße ein Aberglaube aufwucherte, der ebensosehr
wie der offene Unglaube davon zeugt, daß die Zeit des naiven
Glaubens vorüber ist. Dunkler oder heller wacht das Ge=
fühl auf, daß das Alte nicht mehr genügt. Neue Ideen
regen sich, und während die einen sich von allen Göttern all=
mählich losmachen, suchen die andern nach neuen Göttern, um
bald genug zu finden, daß die neuen ebenso wenig die tiefsten
Bedürfnisse des Herzens zu befriedigen vermögen wie die alten.

Der Unglaube datierte nicht erst von gestern und ehe=
gestern. In Griechenland hatte die Philosophie längst den
Glauben an die alten Götter untergraben, und schon Aristo=
phanes hatte die Olympier auf der Bühne verspottet. Der
leichtfertige Grieche lachte des Abends in der Komödie über
dieselben Götter, denen er am andern Morgen in ihren Tempeln
opferte. Mit der griechischen Bildung und Philosophie war
dann der Unglaube zu den Römern gekommen, ganz ähnlich
wie im vorigen Jahrhundert die Aufklärung von Frankreich
zu uns. Gleich die ersten römischen Schriftsteller, welche die
Griechen nachahmten, nahmen auch ihren Unglauben mit herüber.

Schon Ennius spricht sich dahin aus: „Ich glaube, daß es
Götter giebt im Himmel, aber ich behaupte, daß sie sich um
das menschliche Geschlecht nicht kümmern. Wenn sie dafür
sorgten, so würden die Guten glücklich, die Bösen unglücklich
sein. Nun aber ist das Gegenteil der Fall.“ Ein praktisches
Argument, das damals ebenso oft dem heidnischen Glauben
gegenüber angewendet wurde, wie heute dem christlichen gegen=
über. Cato und Cäsar bekannten im Senat offen ihren Un=
glauben, und zahlreiche Zeugnisse in der Litteratur der ersten
Kaiserzeit beweisen es deutlich genug, daß damals in den
Kreisen der Gebildeten die meisten mehr oder minder mit dem
alten Glauben innerlich zerfallen waren. Mit glühendem Hasse
hatte schon Lucrez jeden Glauben verfolgt. Er ist ihm nichts,
als ein von der Erde zum Himmel aufragendes Riesengespenst,
dessen schwerer Fuß das Menschengeschlecht schmählich zu Boden
trat, während sein Antlitz drohend aus der Höhe herabblickte,
bis der kühne Geist Epikurs ihm Trotz bot. Er erschloß die
Pforten der Natur, drang weit über die flammenden Mauern
des Weltalls ins Grenzenlose, und als Überwinder brachte er
der Menschheit die Erkenntnis der letzten Gründe alles Seins.
So hat er den Glauben besiegt und uns durch seinen Sieg
in den Himmel erhoben. Man meine nicht, durch Annahme
dieser Lehre den Weg des Frevels und der Gottlosigkeit zu
betreten. Im Gegenteil, gerade der Glaube hat oft zu gott=
losen und verbrecherischen Thaten geführt. Agamemnon opferte
seine eigene Tochter der Diana. „Zu so viel Unheil konnte
der Glaube den Antrieb geben!“ Dem Lucrez sind die Götter
nichts als Ausgeburten der Furcht, die Vorsehung eine Ein=
bildung; die Welt ist durch Verbindung, Vermengung und
Verflechtung der Atome, das Leben durch Urzeugung ent=
standen. Fast tiefer noch als dieser Fanatismus des Unglaubens
berührt uns die Ruhe, mit der Plinius es als sicheres Er=
gebnis der Wissenschaft hinstellt, daß es keine Götter giebt,
denn, sagt er, nur die Natur ist Gott, die Mutter aller Dinge,
das heilige unermeßliche Weltall, und mit eisiger Kälte zieht
er das trostlose Resultat dieser Weltanschauung: „Es giebt
nichts gewisses, als daß nichts gewiß ist, und kein jammer=

volleres und doch hochmütigeres Wesen als der Mensch. Das Beste, was dem Menschen bei den vielen Qualen dieses Lebens geschenkt ist, besteht darin, daß er sich selbst den Tod geben kann." Stellen wir neben den Fanatiker und den Mann der Wissenschaft den Höfling, den vollendeten Lebemann Petronius, der an Neros Hofe als Schiedsrichter des feinen Geschmacks galt, und durch seine Kunst und Erfindungsgabe im Arrangement von Lustbarkeiten eine Zeit lang die höchste Gunst des Kaisers besaß, so haben wir den Unglauben in drei Typen, die sich ohne Zweifel oft genug, wenn auch weniger geistreich und glänzend wiederholten. Ein Leben ohne Gott, ein Leben des Glücks und Genusses bis zum äußersten Raffinement, nicht grob materiell, sondern fein gebildet und kunstliebend, doch ohne jeden tieferen Inhalt, das ist es, was sich im Leben und in den Werken des Petronius abspiegelt. Sein Tod ist eines solchen Lebens würdig. In die Pisonische Verschwörung verwickelt, beschließt er, sich selbst den Tod zu geben. Als schon die Adern geöffnet sind und das Blut fließt, unterhält er sich noch mit seinen Freunden, aber nicht über ernste Dinge, über Unsterblichkeit, wie Paetus Thrasea, sondern über frivole Gegenstände. Er läßt sich Gedichte leichtfertigen Inhalts vorlesen, und wenn etwas besonders Lustiges vorkommt, läßt er sich die Adern wieder verbinden, um es erst recht auszukosten.

Nicht alle waren so fanatisch wie Lucrez, so ihres Unglaubens gewiß wie Plinius, so frivol wie Petronius. Es begegnen uns auch Männer, die den alten Glauben festzuhalten sich bemühen. Zu ihnen gehört Tacitus, der große Geschichtschreiber, der entschieden der Überzeugung lebt, daß die Götter die Weltordnung vollziehen, handelnd in den Gang der Dinge eingreifen und durch Vorzeichen, deren Tacitus so viele erzählt, die Zukunft vorherverkünden. Dionysius von Halikarnaß, der kurz vor Christi Geburt eine römische Geschichte schrieb, bewundert an Romulus vor allem, daß er für den Grund des Staatswesens etwas hielt, von dem viele Staatsmänner reden, das aber wenige zu bewirken suchen, das Wohlwollen der Götter, welches, wo es vorhanden ist, alles den Menschen zum Besten

lenkt. Trotzdem viele darüber lachen, hält er daran fest, daß
die Götter sich um die Menschen kümmern, und erzählt ·in
vollem Glauben einen Fall solcher Fürsorge, wo durch das
Eingreifen der Götter die Unschuld einer fälschlich angeklagten
Vestalin ans Licht gebracht wird. Besonders Plutarch zeigt sich
durchaus heidnisch gläubig und fromm. Aber gerade bei ihm
kann man sich dem Eindrucke nicht entziehen, daß diese Gläubig=
keit mit ihrem forcierten Wesen, ihren fortwährenden Klagen
über den Unglauben der Gegenwart und ihrem Zurückblicken auf
bessere Zeiten etwas Erkünsteltes hat, während bei Tacitus, wie
seine Verachtung des Christentums und aller Fremdkulte zeigt,
ohne Zweifel auch politische Motive mitwirkten.

Die meisten werden damals wie zu allen Zeiten einen
Mittelweg gesucht haben. Ohne den Volksglauben ganz zu ver=
werfen und offen mit ihm zu brechen, reserviert man sich für
seine Person die höhere Erkenntnis der Gebildeten. Selbst
glaubte man an die Götter nicht mehr, aber daß das Volk
daran glaubte, fand man nützlich und konservativen Interessen
dienlich. So hütete man sich, offen seinen Unglauben zu be=
kennen, und machte heuchlerisch die Zeremonien mit, während
man sich innerlich hoch über dem alten überlieferten Kram
erhaben dünkte. Der unvernünftige Haufe, meint Strabo,
wird mit den Götterfabeln wie die Kinder gelockt. „Denn das
ist dem Philosophen unmöglich, den Haufen der Arbeiter und
niedrigen Volksklassen zu Verstande zu bringen und sie durch
philosophische Lehren zur Frömmigkeit, Gottesfurcht und Gewissen=
haftigkeit zu führen. Das muß durch Aberglauben geschehen,
und der kann nicht sein ohne Fabeleien und Wundergeschichten.
Denn der Donnerkeil, der Dreizack, die Drachen der Götter sind
Fabeln wie die ganze alte Götterlehre. Dies haben die Gründer
der Staaten wegen der kindisch Gesinnten als einen Popanz
angenommen." „Jenen ganzen Haufen der Götter, welchen in
einem langen Zeitraume ein vervielfältigter Aberglaube zusammen=
gebracht hat, werden wir in dem Sinne anbeten," sagt Seneca,
„daß wir eingedenk bleiben, die Verehrung gehöre mehr zur
Sitte als zum Wesen der Sache. Alles dieses wird der Weise
beobachten als etwas durch die Gesetze Gebotenes, nicht als

etwas den Göttern Wohlgefälliges." In ein förmliches Syſtem
hat Varro dieſe Anſchauung gebracht, indem er drei Arten der
Religion unterſcheidet, die mythiſche für die Dichter, die phyſiſche
(die Naturreligion) für die Philoſophen und die Volksreligion
für den großen Haufen. Ähnlich unterſcheiden die meiſten
eine eſoteriſche Erkenntnis der Gebildeten und eine exoteriſche
Religion der unwiſſenden Menge. Sextus Empirikus iſt vol=
lendeter Skeptiker. Seine ganze Lehre läuft darauf hinaus,
daß man nichts wiſſen könne, daß alles ungewiß ſei, auch das
Daſein der Götter, und doch ſetzt er hinzu: „Der Gewohnheit
folgend, nehmen wir an, daß Götter ſind und daß ſie eine
Vorſehung üben, und verehren ſie." Auch die Epikuräer teilen
nicht alle den Haß des Lucrez, ſondern ſtehen meiſt auf dem
Standpunkt der Indifferenz. Sie leugnen nicht die Exiſtenz
der Götter an ſich, ſondern nur, daß ſie ſich um dieſe Welt
kümmern. So konnte man das Volk ruhig bei ſeinen Göttern
laſſen, während der Gebildete ein Recht hatte, ſich auch ſeiner=
ſeits um die Götter nicht zu kümmern. Die eigentliche Ver=
mittelungstheologie finden wir aber erſt in der ſtoiſchen Schule,
damals der verbreitetſten aller. Sie ſucht Glauben und Philo=
ſophie mit einander zu verſöhnen, indem ſie neben dem einen
höchſten Gott, den ſie als pantheiſtiſchen Allgott denkt, eine
große Zahl von Untergöttern annimmt. Das ſind die Götter
der Volksreligionen. So kann der Stoiker nun dieſe mit ihren
unzähligen Göttern, Opfern, Orakeln und Mirakeln, Vorzeichen
und Weihungen gelten laſſen, auch wenn es ſein muß an
ihnen ſich beteiligen, und doch daneben ſeine eſoteriſche Gottes=
erkenntnis feſthalten.

Sehen wir auf die Kreiſe der Gebildeten, ſo dürfen wir
als Ergebnis wohl dieſes hinſtellen, daß der Glaube an die
Götter der alten Religion verſchwunden iſt. An die Stelle
getreten iſt wohl nur bei einzelnen (wenigſtens wagen es nur
einzelne offen auszuſprechen) völliger Atheismus und Nihilis=
mus, bei den meiſten ein gewiſſer, meiſt pantheiſtiſch gefärbter
Monotheismus. Man denkt ſich ein Göttliches über den Göt=
tern, ein göttliches Urweſen, oder man ahnt es wenigſtens,
ohne es klar zu erkennen, und namentlich ohne es beſtimmt

von der Welt unterscheiden zu können. Der sich auflösende Polytheismus führt eben naturgemäß zum Pantheismus. Sind die vielen Götter der Heiden alle Naturgötter, so kann auch der Eine Gott, in den alle die Einzelgestalten der Götter zusammenfließen, nur ein Naturgott sein. Die Natur selbst ist Gott, und was Strabo als seine Überzeugung ausspricht, war wohl die Überzeugung vieler: „Das eine höchste Wesen ist das, was uns alle umfaßt, was wir Himmel, Welt und die Natur der Dinge nennen." Gewiß, auch in diesem Monotheismus liegt eine Ahnung des wahren Gottes, ein Sichsehnen und Sichstrecken des Heidentums nach Höherem, ein Zeugnis der von Natur christlichen Seele, wie Tertullian sagt; aber der Eine ist doch nur „der unbekannte Gott, dem ihr unwissend Gottesdienst thut". Darüber kommen die Heiden nicht hinaus. Der Monotheismus, bei dem man zuletzt anlangt, bleibt unlebendig. Der Gott, den man über den Göttern ahnt, ist kein Gott, der mit den Menschen geredet hat, und den man nennen und anrufen kann. Deshalb erweist sich diese Überzeugung, soweit sie auch in den Kreisen der Gebildeten verbreitet ist, doch im Grunde als machtlos. Einfluß auf die öffentliche Überzeugung und Sitte gewinnt sie nicht. Die Gebildeten, welche diese Überzeugung teilten, kamen dadurch nicht zu einem Gottesdienst höherer Art, sondern blieben beständig in der Schwebe zwischen dieser ihrer eigenen besseren Überzeugung und einer heuchlerischen (anders kann man es doch nicht nennen) Teilnahme an den offiziellen Kulten. Dem Unglauben gesellt sich oft auch in widerlicher Mischung ein kindischer Aberglaube zu. Cäsar, der im Senat aus seinem Unglauben kein Hehl machte, stieg nie in den Wagen, ohne vorher eine Zauberformel auszusprechen, die ihn vor jedem Unfall bewahren sollte. Augustus, dem man nacherzählte, er habe bei einem Gelage die Götter offen verspottet, fürchtete den ganzen Tag ein Unglück, wenn er morgens beim Aufstehen den linken Schuh an den rechten Fuß gezogen hatte. Er unternahm nie eine Reise am Tage der Nundinen und begann nichts ernstliches am Tage der Nonen. Plinius glaubte an nichts mehr, aber an Talismane glaubte er doch. Gar das Volk, den großen Haufen, zu

besserer Einsicht zu bringen, daran dachte keiner, das achtete
man im Stolz seiner esoterischen Weisheit geradezu für unmöglich.   So weit diese Weisheit trotzdem auf das Volk ein-
wirkte, konnte sie deshalb nur zerstörend wirken.

Die Linie scharf zu ziehen, bis zu der hin das wirklich
der Fall war, ist nicht möglich.   Zwar lassen sich aus den
Schriftstellern der Zeit eine Reihe von Stellen anführen, nach
denen man annehmen sollte, daß eigentlich kein Mensch mehr
an die Götter glaubte.   Spottet doch Juvenal einmal, alles das,
was von den Unterirdischen erzählt werde, glaubten selbst die
kleinsten Kinder nicht mehr.   Aber wir kennen solche Redensarten, wie: „Das glaubt heute kein Mensch mehr!" aus eigener
Erfahrung zu gut, um nicht zu wissen, wie wenig Beweiskraft
sie haben.   Der Unglaube hat es zu allen Zeiten verstanden,
seine Anschauungen als die allein gültigen, allgemein verbreiteten
hinzustellen.   Die Annahme, daß schon im ersten Jahrhundert
die Masse des Volks dem heidnischen Glauben innerlich entfremdet gewesen wäre, widersprechen zu sehr alle Thatsachen.
Andererseits haben wir aber doch auch unverdächtige Zeugen, die
darüber keinen Zweifel lassen, daß der Unglaube schon über die
Kreise der Gebildeten hinaus in das Volk einzudringen anfing.
Der Geschichtschreiber Livius sagt einmal, von der früheren
Zeit redend: „Damals war noch nicht die Geringschätzung gegen
die Götter eingerissen, die im jetzigen Zeitalter herrscht," und
Quinctilian, der berühmte Lehrer der Redekunst, dessen eigene
Überzeugungen sehr schwankend gewesen zu sein scheinen, äußert:
„Selbst unter unsern Landleuten sind nur wenige, die nicht
etwas von den natürlichen Dingen wüßten oder davon zu
erfahren suchten."   Es ist doch ein schlechtes Zeichen und deutet
auf weit verbreitete Gleichgültigkeit gegen den alten Kult, daß
schon unter Augustus sich keine Jungfrauen aus freien römischen
Familien mehr fanden, die Vestalinnen werden wollten.   Man
mußte Freigelassene nehmen, und Tiberius sah sich, um zu
diesem sonst so hochgeehrten Dienste anzulocken, genötigt, die
Freiheiten und Vorrechte der Vestalinnen zu vermehren.   Auch
in den Kreisen des Volks hatten die alten Götter bereits viel
an Vertrauen verloren und verloren täglich mehr.   Es konnte

nicht anders sein. Das Beispiel der höheren Stände ist für
die unteren immer maßgebend, und das Streben, das dumme
Volk in einem Glauben zu erhalten, den man selbst nicht mehr
teilt, ist noch nie gelungen.

Andererseits darf man doch auch nicht unterschätzen, was
von oben herab zur Pflege der alten Religion geschah. Augustus
richtete mit vollem Bewußtsein sein Augenmerk auf die Wieder=
belebung der Staatskirche. Vieles, was in der wüsten Zeit der
Bürgerkriege zerstört war, wurde hergestellt, Tempel restauriert
und neu gebaut, die Priesterkollegien ergänzt, die Feste und
Opfer wieder in Gang gebracht, alte Traditionen hervorgesucht.
Virgils Gedichte dienen mit ihrer Frömmigkeit auch diesem
Zwecke, und Ovid hatte es schwer zu büßen, daß er in diesen
Zug nicht einging. Selbst die schlechten Kaiser aus dem Juli=
schen Hause hielten an der Maxime fest, die Staatsreligion
durch Gesetze und eigenes Beispiel zu beleben. So indifferent
Tiberius für seine Person war, sorgte er doch eifrig für den
offiziellen Kult, er war sehr unterrichtet in den alten Bräuchen
und duldete nicht, daß etwas daran geändert wurde. Claudius
stieg bei seinem Triumph auf den Knieen die Treppen zum
Kapitol hinan. Als sich eines Tages ein Vogel von übler
Vorbedeutung auf den Tempel des Jupiter setzte, wurde das
ganze Volk zusammengerufen, um eine feierliche Sühnung vorzu=
nehmen, und der Kaiser selbst sprach als Pontifex maximus
von einer Tribüne herab die Gebetsformel vor, die dann das
ganze Volk wiederholte. Auch Nero, der selbst nur ein kleines
Götzenbild anbetete, das ihm ein Mann aus dem Volke gegeben
hatte, hielt an diesem Grundsatze des Julischen Hauses fest.
Als der Blitz einen Tempel auf dem Kapitol beschädigte,
veranstaltete er große Zeremonien, um den Zorn des Gottes
zu beschwichtigen.

Gewohnt, die Religion als ein inneres Leben zu betrachten,
das sich durch keine kaiserlichen Edikte hervorrufen läßt, liegt
es uns nahe, derartige Restaurationsbestrebungen von vorn=
herein als unfruchtbar zu verurteilen. Sie waren es nicht
in dem Maße, wie wir glauben möchten. Die römische
Religion bestand eben nicht aus Glaubensartikeln, sondern aus

Zeremonien. Glauben läßt sich nicht von oben herab dekretieren,
wohl aber können Zeremonien restauriert werden, und es ist
nicht zu verkennen, daß nach der Seite hin die Politik des
Julischen Hauses, die dann auch spätere Kaiser, namentlich
Vespasian, fortsetzten, nicht wirkungslos blieb. Es ist wohl
zu beachten, daß in derselben Zeit, in der das Christentum
geboren wird, auch die heidnische Religion noch einmal einen
neuen Aufschwung nimmt. Verglichen mit der Zeit der aus=
gehenden Republik, beginnt in der That mit der Monarchie
auch die Religion sich wieder zu befestigen.

Ein sicheres Zeichen, daß die heidnische Religion noch
keineswegs so abgestorben war, wie man gewöhnlich annimmt,
ist die starke Bewegung, die auf diesem Gebiete noch herrscht.
Einzelne Götter gewinnen an Ansehen, ihr Kult an Aus=
dehnung. So, seit Augustus ihn besonders gepflegt hatte, der
Kult des Apollo und all der Götter, welche die Sonne repräsen=
tieren. Ähnlich steht es mit dem Kult des Äskulap. Die
Soldaten verehren vielfach den großen Eroberer Alexander.
Sie tragen sein Bild am Wehrgehänge. Ja geradezu Neu=
bildungen kommen vor. Dahin gehört z. B. die Verehrung
der Göttin Annona, der Getreideversorgerin. Als die Ver=
sorgung der Stadt Rom mit Getreide eine so viel größere
Bedeutung, verglichen mit früheren Zeiten, gewann, schuf der
bei den Römern vorhandene Trieb, jeden Zweig des Lebens
einer besonderen Gottheit zu unterstellen, sofort auch diese neue
Göttin. Hierher gehört dann als das wichtigste Stück solcher
Neubildungen der Kaiserkult.

Die Vergötterung der Kaiser erscheint uns beim ersten
Anblick wie eine Ausgeburt des Wahnsinns, mindestens wie
eine alle Grenzen überschreitende Schmeichelei. Deshalb sind
wir geneigt, sie als wenig bedeutend anzusehen, zumal wir
uns schwer vorstellen können, daß jemand an die Gottheit des
Kaisers ernstlich geglaubt haben sollte. Dem widerspricht aber
schon die Thatsache, daß die erste Apotheose, die Cäsars, vom
Volke selbst ausging; und wurde Augustus auch durch Dekret
des Senats sozusagen regelrecht deifiziert, so gab doch erst
das Verhalten des Volks dem Dekrete wirklichen Wert. In

der That wäre es auch ſehr verkehrt, den Kaiſerkult lebiglich
als ein Symptom zu betrachten, wie weit ſich die menſchliche
Thorheit verirren kann, ihn bloß zu verſpotten und zu belachen.
In Wirklichkeit hat er auf das Leben jener Zeit, und nicht
bloß auf das religiöſe, ſondern auch auf das ſoziale Leben,
den allergrößten Einfluß geübt, und iſt gerade für den Kampf
des Chriſtentums mit dem Heidentum von der weittragendſten
Bedeutung geworden.

Die Vergötterung der Kaiſer, die uns ſo fremd vorkommt,
wurzelt tief in den heidniſchen Anſchauungen. Bei den Orien=
talen war es längſt üblich, Fürſten wie Götter zu verehren.
In Agypten wurde Ptolemaeus Epiphanes, wie eine Inſchrift
bezeugt, als Gott, der Sohn eines Gottes und einer Göttin,
verehrt. In allen Tempeln ſtand ſein Bild, und mit den Bil=
dern der andern Götter wurde es in Prozeſſion umhergetragen.
Den Griechen war der Gedanke, daß ein Menſch durch große
Thaten zum Gott werden könne, durchaus nicht fremd (denken
wir nur an den Heroenkultus), und wenn bei den Römern
ſeit Romulus auch kein Beiſpiel der Apotheoſe vorkommt, ſo
war doch die Verehrung der Vorfahren, der Kultus der dii
manes, ganz allgemein. Es lag in der That nicht ſo fern,
daß das Volk, als der von ihm hochgefeierte Cäſar den Dolch=
ſtichen ſeiner Feinde erlag, ſofort einen Kultus des divus
Julius begann, ihm einen Altar errichtete und göttliche Ehre
erwies, daß die nach den furchtbaren Stürmen der Bürger=
kriege enblich zur Ruhe gekommene Welt dem Auguſtus ſchon
zu ſeinen Lebzeiten Tempel und Altäre weihte.

Die göttliche Verehrung der lebenden Kaiſer blieb aller=
bings zunächſt auf die Provinzen beſchränkt, während in Rom
ſelbſt nur die verſtorbenen und vom Senat zu Göttern er=
hobenen Kaiſer Tempel und Prieſter hatten, wie denn über=
haupt in den Provinzen der Kaiſerkult die größte Ausbildung
erlangte. In Rom war man dem Kaiſer zu nahe, dort war es
allerbings ſchwer, an die Gottheit des Claudius zu glauben,
ben, wie Juvenal ſpottet, ſeine Frau in den Himmel geſchickt
hatte, oder an die Gottheit der diva virgo, einer wenige Tage
alt geſtorbenen Tochter des Nero, die er unter die Göttinnen

aufgenommen hatte. Anders lag es in den Provinzen. Und auch in Rom wurde es anders, als es sich nicht um die Ver= ehrung eines Caligula oder Claudius, sondern nur um die eines Titus oder Trajan handelte, und nachdem die Monarchie sich so weit eingelebt hatte, daß man sie allgemein als die einzig mögliche Regierungsform ansah. Es liegt doch dem Kaiser= kult auch das Bewußtsein zu Grunde, daß man in dem Auf= kommen des Prinzipats eine göttliche Fügung zu verehren habe. Ja, man sieht in den Kaisern geradezu etwas Gött= liches oder wenigstens Dämonenartiges. Schreibt man ihnen doch in vollem Glauben die Macht wunderbarer Heilungen zu. Vespasian beweist in Agypten sich als der rechte Imperator auch dadurch, daß er Lahme und Blinde heilt, und dem Hadrian wurden noch auf dem Totenbette Blinde zugeführt, denen er durch Handauflegen das Gesicht wiedergeben sollte. Vollends war es den Provinzialen Ernst, wenn sie der Göttin Roma und dem Augustus Tempel bauten. Sie verehrten darin die Macht, die der Welt den Frieden gegeben, der sie die Sicher= heit und die Zivilisation dankten. Für sie war der Dienst dieser divi das öffentliche Zeugnis, daß sie sich unter der Herrschaft der Römer glücklich fühlten. Und sie hatten alle Ursache dazu. Namentlich die reich gewordenen Freigelassenen, die als Handeltreibende oder sonst in ihren Geschäften den Frieden des Reichs besonders zu schätzen wußten, waren auch besonders eifrige Verehrer der Kaisergottheit. Die Soldaten, die gewohnt waren, zu ihren Fahnen mit der von einer strengen Disziplin getragenen Achtung vor ihrem kaiserlichen Kriegsherrn aufzublicken, sahen in diesen zugleich die Götter, die ihr ganzes Geschick in Händen hatten. Und wenn der große Haufe die neuen Götter mit derselben naiven Unwissen= heit verehrte wie die alten, so gab es auch für die Gebil= deten Wege, sich mit dieser Verehrung innerlich abzufinden. Sie gehörte zur Pflicht eines guten römischen Bürgers, sie war ein Stück Patriotismus und, wenn sie einem guten Kaiser galt, ein Akt der Dankbarkeit. Gerade unter den tüch= tigen Kaisern, die von Trajan an fast ein Jahrhundert den Staat beherrschten, lebte sich der Kaiserkult tief ein. Es ist das eine althergebrachte Art, seine Dankbarkeit zu bezeugen, sagt Plinius.

Dazu kam, daß der Kult, was wohl zu beachten ist, große politische und soziale Bedeutung gewann. Mit dem Provinziallandtage (κοινόν — concilium) verband sich zuerst in Kleinasien die jährliche Festfeier für den Kaiser. Augustus hatte 29 v. Chr. den Landtagen von Asien und Bithynien gestattet, ihm an ihren Versammlungsorten in Pergamon und in Nikomedien einen Tempel zu errichten. Hier wurde jährlich in Verbindung mit der Versammlung des Landtags ein großes Fest zu Ehren der verstorbenen und des regierenden Kaisers mit großem Pomp, prächtigen Aufzügen, Opfern und Spielen gefeiert. Diese Einrichtung dehnte sich dann über das ganze Reich aus, und die Verschmelzung der sacralen Institution mit der administrativen wurde leitender Grundsatz für die provinziale Organisation. Für den Kaiserkult wurde alle Jahre ein Hoherpriester gewählt; er ist der vornehmste Würdenträger der Provinz, nach ihm wird in der ganzen Provinz das Jahr benannt. Später, als die Geschäfte des Landtags hinter dem zum großen Volksfest gewordenen Kaiserfeste zurücktraten, verschmolz mit dem Amte des Hohenpriesters das des Vorsitzenden im Landtage, und diese Würde zu erlangen, im Purpurgewand, den Kranz auf dem Haupte, das Rauchfaß schwingende Knaben voran, in die Stadt einzuziehen, war das höchste Ziel des Ehrgeizes für einen Provinzialen. So ausgebildet war der Kult in andern Provinzen nicht, aber auch hier war überall mit dem Provinziallandtage das Kaiserfest verbunden, und der Kaisertempel bildete in gewissem Sinne den Mittelpunkt des provinzialen Lebens. In Gallien stand der Tempel in Lugdunum, da wo sich die Saone in die Rhone ergießt. Dort hatte am 1. August 12 v. Chr. Drusus der Roma und dem Genius des Kaisers einen Altar geweiht, und an demselben Tage kamen hier jährlich die Vertreter Galliens zusammen, brachten die Kaiseropfer dar und feierten Spiele. In den neu eroberten Provinzen war die Errichtung des Kaiseraltars sozusagen das Siegel ihrer Romanisierung

und durch ihre Teilnahme am Kaiserkult bezeugten die
unterworfenen Völker ihre Zugehörigkeit zum römischen
Reich. In Obergermanien erhoben sich die Arae Flaviae
bei dem heutigen Rottweil, in Untergermanien die Arae
Ubiorum bei Köln. An diesem Altar waltete der Che-
ruskerfürst Segimundus, des Segestes Vater, des Priester-
amts. Nichts hat so sehr dazu beigetragen, die Provinzen in das Ganze des Reichs fest einzugliedern, wie der
Kaiserkult.

Auch nach der sozialen Seite kommt demselben eine große
Bedeutung zu. Der breiten Schicht der Bevölkerung, welche
der stark aristokratische Zug der früheren Zeit gar nicht hatte
aufkommen lassen, allen denen, welche an den munizipalen
Ämtern, an den Priesterkollegien der alten Götter keinen Teil
hatten, stand der Dienst der Kaisergötter offen, und sie betrieben ihn mit Eifer. In allen Städten finden wir Kollegien
der Augustalen oder Claudialen, zu denen auch sie gehören
konnten, und die Mitgliedschaft eines solchen Kollegiums war
für sie der Weg, auch sozial wieder Bedeutung zu erlangen.
Bei dem Wiederaufkommen eines Mittelstandes, wie wir es in
diesen Jahrhunderten beobachten können, hat der Kaiserkult
sichtlich stark mitgewirkt.

Die Hauptsache für uns ist, es bildet sich im Kaiserkult
ein dem ganzen römischen Reich gemeinsamer Kultus heraus.
Alle anderen Kulte behielten doch immer etwas Lokales. Jedes
Land, jede Stadt hielt mit einer gewissen Eifersucht ihre Gottheit für die höchste. Für die Einwohner von Ephesus gab es
nichts Höheres als die große Göttin Diana, für die von Pergamon war der erste Gott der dort verehrte Askulap. Nie
hätte man sich über die Verehrung einer der alten Gottheiten
einigen können. Die Kaisergötter verehren alle. In ihrem Dienste
entsteht eine Einheit des Kultus, wie sie frühere Zeiten gar
nicht gekannt hatten. So stellt denn auch thatsächlich der Kaiserkult die alten Kulte stark in den Schatten. „Die Statuen der
Kaiser werden mehr verehrt als die der alten Götter,“ bezeugt
Melito. In Spanien ist die Zahl der auf Inschriften vorkommenden Götterpriester gegen die der Kaiserpriester verschwin-

bend klein, und auch in Afrika sieht man, daß die letzteren die ersteren an Ansehen weit überragen. Selbst an den alten Kultusstätten Griechenlands erheben sich die Kaiserbilder. In Delphi hatten sie die alten Götter stark bei Seite geschoben, in Elis, in Korinth, in Sparta fanden sich Kaisertempel, sogar im Tempel des olympischen Zeus stand neben der berühmten Statue des Gottes das Bild des Kaisers. Vielfach vermischt sich auch der alte Kult mit dem neuen und geht in ihn über. Hadrian wird in Griechenland als olympischer Zeus verehrt und seine Gemahlin als Demeter, der von Hadrian vergötterte Antinous als Bacchus. In Gallien verehrt man den Kaiser= gott mit Gebräuchen, die dem Kult der alten Götter entlehnt sind, und die Arvalen in Rom, so zäh sie sonst das Alte pflegen, verschließen sich dieser Neuerung nicht; auch sie weisen dem Kaisergott eine Stelle unter den alten Göttern an.

Man kann in gewissem Sinne sagen, im Kaiserkult gipfelt die religiöse Entwicklung der alten Welt; er bildet ihre eini= gende Spitze, und insofern liegt in ihm eine Stärkung des Heidentums. Jetzt erst ist vorhanden, was es bis dahin nicht gab, eine förmliche allgemeine Staatsreligion, an der teil= zunehmen die Pflicht des Bürgers, die zu verletzen zugleich ein Verbrechen gegen den Staat ist. So tolerant man sonst war, in diesem Stücke war man rücksichtslos. Wie hatte man sonst die Juden in ihrer religiösen Eigentümlichkeit geschont. Mußten doch die Legionen, wenn sie die Stadt Jerusalem betraten, ihre Feldzeichen zurücklassen, damit es nicht scheine, als brächten sie Götzenbilder in die heilige Stadt. Aber der Kaiserkult wurde auch von ihnen gefordert. In Alexandrien kam es zu einem blutigen Aufstande, als in der dortigen Synagoge ein Bild des Kaisers errichtet werden sollte, und der Befehl Caligulas, seine Statue auch im Tempel zu Jerusalem aufzustellen, hätte ohne Zweifel großes Unheil angerichtet, wäre nicht die Er= mordung des Kaisers dazwischengetreten.

Besonders beachtenswert ist, daß dem Hohenpriester der Provinz zugleich die Aufsicht über den Kaiserkult in der ganzen Provinz oblag. Er hatte darauf zu sehen, daß der Kult überall sorgsam und richtig geübt wurde. Ja es scheint fast, als habe

sich daraus, wenigstens in Kleinasien, eine Oberaufsicht über
die Religionsangelegenheiten überhaupt entwickelt. Hier findet
sich also auch ein Ansatz wenigstens zu einer kirchenartigen
Organisation des Heidentums, ein Ansatz, der um so mehr
Beachtung verdient, als in dem Mangel einer solchen Organi=
sation die größte Schwäche des Heidentums gegenüber der
christlichen Kirche lag. Zwar eine Strafgewalt stand dem
Hohenpriester nicht zu, aber es war seine Pflicht, da, wo er
eine Vernachlässigung des Kaiserkultus wahrnahm, die weltliche
Gewalt zu Hülfe zu rufen, und es ist Grund vorhanden,
anzunehmen, daß dies auch den Christen gegenüber öfter ge=
schehen ist, als wir heute noch nachweisen können. Es ist doch
gewiß nicht zufällig, daß zwei der heftigsten Verfolgungen des
2. Jahrhunderts gerade in Städten zum Ausbruch kamen, die
wie Smyrna und Lugdunum Hauptsitze des Kaiserkults waren,
und daß beide Verfolgungen offenbar mit dem Kaiserfeste zu=
sammenhingen. Überhaupt mußte gerade an diesem Punkte das
aufwachsende Christentum mit dem Heidentum am schärfsten
zusammenstoßen. Daß die Christen diesen oder jenen Gott
nicht anbeteten, das konnte man tragen, beteten doch auch die
Heiden verschiedene Götter an; daß sie sich aber weigerten,
dem Kaiser die schuldige göttliche Ehre zu geben, das konnte
man nicht tragen. Nicht an der Unterlassung sonstiger heid=
nischer Kultushandlungen, sondern daran, daß sie es ablehnen,
dem Kaiser Weihrauch zu streuen, entscheidet sich das Schicksal
der meisten Märtyrer.

War aber der Kaiserkult nach der einen Seite hin, sofern
er ihm eine einheitliche Spitze gab und wie ein zusammen=
haltender Kitt für den vielgestalteten Kultus wirkte, eine Stär=
kung des Heidentums, so war er andrerseits eine empfindliche
Schwächung desselben. Man sah hier doch zu deutlich, was
die Götter waren, denen man Tempel errichtete und Verehrung
erwies. Als der Kaiser Claudius, wie das Gerücht ging durch
Pilze vergiftet, starb, wurde auch er unter die Götter versetzt.
Wie es Sitte war, hatten dazu bestellte Zeugen mit einem
feierlichen Eide beschworen, daß sie die Seele des Kaisers
hätten in den Himmel aufsteigen sehen; Seneca hatte die Rede

gehalten, die den Kaiser als Gott pries, die Apotheose war mit
allem Pomp gefeiert. Und unmittelbar nachher ließ derselbe
Seneca, des neuen Kaisers Lehrer und Minister, eine Spott=
schrift auf die Vergötterung unter dem Titel: „Verkürbissung
des Claudius“ ausgehen, in der nicht nur das Andenken des
Kaisers mit schlechten Witzen beschmutzt, sondern auch ziemlich
unverhüllt angedeutet wurde, wie es mit dem Tode des Kaisers
zugegangen war. Nero selbst witzelte, die Pilze müßten eine
göttliche Speise sein, da sich Claudius an ihnen zum Gott ge=
gessen. In Rom lachte man darüber, aber nichtsdestoweniger
erhoben sich in der Hauptstadt und in den Provinzen die
Tempel des neuen Gottes, und es gehörte zur offiziellen
Frömmigkeit, ihm den üblichen Dienst zu erweisen. Nero hatte
von Poppaea Sabina eine Tochter, die nach drei Monaten
starb. Auch sie wurde unter die Divae versetzt, erhielt Tempel
und Opfer. Ebenso Poppaea Sabina selbst. Hadrian setzte
nachher allem die Krone auf, indem er seinen Pagen und Buhl=
knaben Antinous vergötterte, ihm unzählige Tempel und Sta=
tuen, ja eine eigene, seiner Verehrung besonders bestimmte Stadt
widmete. Freilich werden wir uns hüten müssen, derartige
Vorkommnisse nach unsern Gedanken zu beurteilen und sie zu
hoch anzuschlagen. Einem frommen Heiden war es doch mög=
lich, den Hadrian als Zeus und den Antinous als Bacchus zu
verehren, und der große Haufe dachte über solche Dinge über=
haupt nicht nach. Aber mancher tiefer angelegten und suchenden
Seele mußte sich doch der Gedanke aufdrängen: Was sind das
für Götter? und der Zweifel, ob die andern, die man von
alters her anbetete, besser waren und mehr Vertrauen verdienten.

3. Fremdkulte und Erlösungssehnsucht.

Nichts bezeugt sicherer, daß auch das Volk bereits das
Vertrauen auf seine Götter zu verlieren begann, als die in
steigendem Maße sich eindrängenden fremden Kulte. Denn beim
Volke tritt an die Stelle des verlorenen Glaubens nicht eine
philosophische Überzeugung wie bei den Gebildeten, sondern ent=
weder völlige Gleichgültigkeit gegen jeden Gottesdienst oder

es werden, da eine solche Leere nicht lange zu ertragen ist, die alten Götter mit neuen vertauscht in der Hoffnung, daß die neuen mehr vermögen als die alten.   Wie hat sich das religiöse Leben Roms schon in der ersten Kaiserzeit gegen früher verändert!   Es sind nicht mehr bloß die altehrwürdigen Priesterkollegien, die man da sieht, strenge Vestalinnen, die das heilige Feuer hüten, Auguren und Haruspices, welche die Zukunft erforschen: da laufen auf den Straßen auch die Gallen umher, die Priester der nach Rom übergesiedelten großen Göttin Chbele. Heulend, mit fliegenden Haaren geißeln sie sich mit Riemen blutig, schlagen dazu die schallenden Becken und erbieten sich gegen eine Gabe von hundert Eiern die Krankheiten des Herbstes abzuwenden.   Da sieht man die Priester der ägyptischen Isis in langen linnenen Gewändern, die Hundsmaske vor dem Gesicht, die charakteristische Klapper (das Sistrum) in den Händen. Da drängen sich die römischen Damen in die Synagoge der verachteten Juden, und mancher Römer feiert den jüdischen Sabbath in der Hoffnung, sich dadurch den großen Jehovah geneigt zu machen.   Da finden sich allerlei Wahrsager, Chaldäer, Astrologen, Leute, die im Besitz morgenländischer Weisheit zu sein vorgeben.   Da verehren römische Soldaten, wenn auch nur erst im Verborgenen, während sie offiziell den Kult der römischen Gottheiten pflichtmäßig mitmachen, einen ganz neuen Gott, den sie aus dem Seeräuberkriege mitgebracht haben, den persischen Lichtgott Mithras.   Es ist ein wahres Babel von Religionen.   Kaum eine Gestalt des Gottesdienstes ist zu finden, die hier nicht ihre Anhänger hätte.   Ja, die niedrigste Gestalt des Heidentums, der Fetischismus, taucht wieder auf. Der Kaiser Nero verehrte, nachdem er der Göttin Astarte überdrüssig geworden war, gar keine Gottheit mehr, sondern nur noch ein Amulet, das ihm geschenkt war.   Der Herrscher des Weltreichs, das alle Kultur in sich beschloß, ist zum Fetischdiener geworden.

Die römischen Gesetze gegen Fremdkulte waren sehr strenge. Cicero führt eine Bestimmung an, wornach niemand Götter für sich haben oder neue, anderswoher geholte Götter, wenn sie nicht öffentlich aufgenommen sind, privatim verehren soll.

Darnach war es nicht nur verboten, öffentlich einen neuen Kultus einzuführen, sondern auch ihn privatim im Hause und in der Stille auszuüben. Livius giebt die Bestimmung etwas milder gefaßt. Nach ihm waren Fremdkulte nur, sofern sie öffentlich oder an einem heiligen Orte geübt wurden, verboten. Beide Angaben sind wohl so zu vereinigen, daß Cicero das strenge Recht, Livius die gewöhnliche Übung darstellt. Die Römer waren religiös ängstlich, den Kult irgend eines Gottes geradezu zu verbieten. Bezeichnend ist in dieser Hinsicht ein Ausspruch des Livius: „Wo die Verehrung der Götter als Vorwand benützt wird, um Verbrechen zu begehen, überkommt die Seele die Furcht, man möchte, indem man die menschliche Schlechtigkeit straft, zugleich irgend ein göttliches Recht, das damit vermischt ist, verletzen." Selbst bei der grausamen Unter=drückung der Bacchanalien wagte man nicht, den Kult selbst ganz zu verbieten. Wem der Kult Gewissenssache war, konnte vom Prätor die Erlaubnis dazu erhalten, nur durften nicht mehr als fünf Personen dem Opfer beiwohnen. Hieraus er=klärt sich, weshalb die Gesetze gegen Fremdkulte so wenig halfen. Man wagte doch nicht, sie streng durchzuführen. Das Recht hätte man gehabt, selbst in die Häuser zu bringen und auch da den Gottesdienst zu verhindern, allein man that es nicht, und so kamen die Fremdkulte aus den Häusern auf die Straßen und öffentlichen Plätze. Es war doch auch ein Widerspruch, wenn man den fremden Gott in seinem Lande anerkannte, in Rom dagegen nicht, wenn z. B. Augustus ausdrücklich erklärte, er verschone die Stadt Alexandria zur Ehre des großen Gottes Serapis, und dann den Tempel desselben Gottes in Rom zer=störte. Jedes Volk, jede Provinz sollte ihre Götter für sich behalten. Aber diese religiöse Dezentralisation vertrug sich nicht mit der straffen Zentralisation in politischen Dingen. So gut das römische Reich in politischer Beziehung verschmolz, die ver=schiedenen Nationen darin untergingen, mußte es auch religiös verschmelzen. Daher kam es, daß, obwohl der Staat einen Versuch nach dem andern machte, die Fremdkulte zu unter=drücken, alle Bemühungen doch vergeblich waren. Mag man auch bald die Chaldäer und Astrologen oder die Juden aus

Rom vertreiben, bald den Isistempel oder den Tempel eines
andern Fremdgottes schließen, bald die Gesetze gegen verbotene
Gottesdienste aufs neue einschärfen, die Strömung wächst fort
und fort, und ein Jahrhundert später, dann bauen die römischen
Kaiser selbst der Isis und dem Serapis Heiligtümer neben den
Tempeln des Jupiter und der Vesta; dann schreiten auch vor=
nehme römische Damen in der Isisprozession einher, kostbare
goldene Sistra rührend, und durchwachen, um Sühne für ihr
leichtfertiges Leben zu erlangen, die Nacht im Isistempel bar=
fuß in linnenen Gewändern. Und noch etwas später, dann
wird man die Heiligtümer der stolzen Roma selbst, das Pal=
ladium und das heilige Feuer, in den neuerbauten Tempel
eines obskuren Gottes tragen, den man weit her aus dem
Orient herbeigeholt hat.

Es ist eine der bedeutsamsten Erscheinungen, vor der wir
hier stehen. Die alte Welt ist an ihren Jahrhunderte lang
verehrten Göttern irre geworden und wird täglich mehr daran
irre. Die Zeit des sicheren Bestandes ist vorüber, eine Zeit
des Suchens und Fragens ist angebrochen. Die Menschen
suchen und fragen nach neuen Göttern, nach Göttern, die halten
können, was man sich von den alten vergeblich versprochen.
Je ferner hergeholt ein Gott, je älter, je geheimnisvoller und
seltsamer sein Kultus, desto besser, desto größer die Hoffnung,
er werde der rechte sein. Vor allem, beachten wir das wohl,
sind es orientalische Götter, welche die meisten Anhänger finden.
Die religiöse Strömung geht spürbar von Osten nach Westen,
Es ist eine Rückströmung. War seit den Tagen Alexanders
des Großen griechisch=römische Bildung tief in den Orient ein=
gedrungen, hatten die olympischen Götter ihre Tempel neben
den phantastischen Göttern Syriens, neben den Tiergöttern
Ägyptens gehabt, diese zum Teil verdrängend oder doch in
den Schatten stellend: jetzt flutet der Strom zurück, und die
Götter vom Orontes und vom Nil gewinnen in Griechenland
und Rom, in Gallien und an der Donau Raum. Auch diese
Strömung ist eine Vorbereitung für das Christentum. Der
nach mächtigeren Göttern suchenden Welt sollte der wahre Gott
gepredigt werden. Von Osten erwartet man einen neuen Gott,

von Often sollte er nach Gottes Rat wirklich der Welt ver=
kündigt werden als der Vater unseres Herrn Jesu Christi.

Doch treten wir dieser wichtigen Bewegung noch näher.
Wie geht es zu, daß die alte Welt an ihren Göttern irre wird?
Die Thatsache ist eine viel zu gewaltige und bedeutsame, als
daß wir auch nur einen Versuch machen dürften, sie aus allerlei
vereinzelten Ursachen oder gar aus dem Treiben einzelner
Menschen zu erklären. Der Hohn und Spott einer ungläubigen
Litteratur hätte gewiß den Glauben nicht zerstört, wenn er noch
kräftig vorhanden gewesen wäre. Umgekehrt dieser Hohn und
Spott stellt sich gerade ein, weil der alte Glaube untergraben
ist. Nur daraus vielmehr läßt sich die wunderbare Erscheinung
erklären, daß in der ganzen Weltanschauung der Menschen, in
den treibenden und bewegenden Grundideen sich eine Umwand=
lung vollzogen hat. Die Götter sind noch dieselben, die sie
immer gewesen, aber den Menschen können sie nicht mehr das=
selbe sein, was sie ihnen bisher waren, weil die Menschen selbst
andere geworden sind, nach etwas anderm suchen und fragen
und etwas anderes von ihren Göttern begehren. Versuchen
wir es, uns diese Umwandlung klar zu machen. Hier vor allem
werden wir erkennen, daß die Heidenwelt für die Aufnahme
des Christentums vorbereitet, daß die Zeit erfüllet war.

Das Leben des antiken Menschen ist auf das Diesseits
gerichtet, nicht aufs Jenseits. Die Lust am Dasein, die Freude
an der immer neuen Herrlichkeit der Welt, an der Schönheit
und der Größe des Menschenlebens ist sein Grundzug. Der dabei,
wenigstens so lange der heidnische Glaube noch lebendig war,
entschieden festgehaltene Unsterblichkeitsglaube ändert hieran
nichts, denn man denkt sich auch die Verstorbenen noch immer
diesem Leben zugewandt. Deshalb begräbt man die Toten so
gern an den Straßen, wo viele Menschen vorübergehen (man
denke nur an die Gräberreihen der Appischen Straße in Rom);
sie sollen gleichsam mit den Lebenden im Verkehr bleiben. Als
noch beständig mit den Lebenden verkehrend, stellen denn auch
manche Grabinschriften die Toten dar, etwa wie die: „Titus
Lollius Musculus ist hier an den Weg gelegt, damit die Vor=
übergehenden sagen: Titus Lollius sei gegrüßt!" Eine andere

Grabinschrift enthält ein förmliches Zwiegespräch des im Grabe Ruhenden mit den Vorübergehenden: „Lebe wohl, Viktor Fabianus! — Die Götter mögen euch mit Gütern überschütten, meine Freunde. Und auch ihr, Reisende, die Götter mögen euch beschützen zum Dank dafür, daß ihr einen Augenblick ver= weilt habt am Grabe des Fabianus. Eure Reise und eure Rückkehr geschehe ohne Unfall. Und ihr, die ihr mir Kronen und Blumen gebracht habt, möchtet ihr's thun können noch lange Jahre." Es war Sitte, daß die an einem Grabe Vor= übergehenden sagten: Die Erde sei dir leicht! „Welcher Wanderer vorübergeht, der sage an diesem Grabhügel: Rufinus! sei ge= grüßt, die Erde sei dir leicht! damit nach seinem Tode man auch ihm wünsche: Die Erde sei dir leicht!" lautet eine andere Inschrift. Auch Opfer und Spenden wurden gebracht, und Mahlzeiten an den Gräbern gehalten. Man bekränzt die Ruhestätten mit Rosen und Veilchen, und die Toten sollen sich des Lichtes der Grabeslampe und des von ihrem wohl= riechenden Öle aufsteigenden Duftes freuen. Die Schrecken des Todes sind den Menschen verschleiert. Sie leben fröhlich der Gegenwart, ohne sich um Tod und Ewigkeit viel zu kümmern. Sie kennen das Wort nicht: „Der Tod ist der Sünden Sold."

Auch die Sünde ist den Menschen noch verschleiert. Es ist die Zeit der Unwissenheit, wie Paulus sagt (A.=G. 17, 30), denn wie aufs Diesseits nicht aufs Jenseits, so geht der Zug des antiken Lebens auch nach außen, nicht nach innen. Daher der Sinn für die Kunst, mamentlich die Architektur und die Plastik. Daher der Sinn für das Dekorative, daher die Bühnen= lust, die Vorliebe für Schaustellungen aller Art, Prozessionen und Triumphzüge. Daher auch das Aufgehen des Menschen in den Bürger. Der Mensch als Mensch gilt nichts, der unend= liche Wert einer Menschenseele ist noch nicht erkannt. Das Wort des Herrn: „Was hülfe es dem Menschen, so er die ganze Welt gewönne und nähme doch Schaden an seiner Seele," ist eine dem Altertum verborgene Weisheit. Der Mensch blickt nach außen, nicht nach innen, nicht ins eigene Herz; darum findet er die Sünde nicht. Auch in die Natur wagt er nicht tiefer hineinzublicken. Es ist eine gewisse Scheu vor den geheimnisvollen dort waltenden Mächten, die ihn zurückhält. Daß Nero die begonnene Durchstechung des Isthmus von Korinth plötzlich wieder aufgiebt, hat seinen Grund in dieser Scheu. Den Knidiern giebt Pythia auf ihre Anfrage, ob sie ihre Landenge durchstechen sollen, eine abwehrende Antwort. „So schwierig ist es für den Menschen, dem Göttlichen Gewalt an= zuthun." Die Naturwissenschaft der Alten ist nur äußerliche Naturbeschreibung. Bei allem Sinn für Naturschönheit, fehlt doch der Sinn für das Große und Erhabene in der Natur. Die Herrlichkeit der Alpenwelt ist den Römern nie aufgegangen. Sie lieben nur anmutige und freundliche Landschaftsbilder. Erst das Christentum hat den Sinn für die Natur erschlossen, indem es die mit uns seufzende Kreatur uns verstehen lehrt und den Zusammenhang der Natur mit uns und unserm Leben aufweist. Erst wer gelernt hat, daß der Schöpfer aller Dinge unser Vater ist, und daß deshalb alle Kreaturen uns dienen müssen, wagt es, der Natur den Schleier abzureißen, ihre Gesetze zu erforschen und ihre Kräfte sich dienstbar zu machen.

Die große Umwandlung, die sich jetzt vollzieht, ist nun die Wendung von außen nach innen, vom Diesseits zum Jenseits. Gehen wir dieser Wendung bis in ihre Anfänge nach, so können wir sagen, sie beginnt mit dem Worte des Sokrates: „Erkenne dich selbst!" Von dem Worte her kann man die Auflösung des antiken Lebens datieren, von da ab wendet es sich einem neuen zu, das mit dem Ruf, von dem jenes Wort des größten griechischen Weisen nur ein Vorhall war, in die Welt tritt: „Thut Buße! denn das Himmelreich ist nahe herbei= gekommen." Der Mensch als Mensch kommt jetzt zur Geltung, das eigene Ich tritt in den Vordergrund, die Ausbildung der eigenen Persönlichkeit wird die Hauptsache. Wenn auch zu= nächst noch ganz heidnisch gefaßt und auf das Diesseits be= zogen, taucht doch die Heilsfrage auf: Wie werde ich glücklich? wie komme ich zum Frieden? und das ist von jetzt an die große Frage, welche die Weisen beschäftigt, an der die Jahrhunderte sich abarbeiten, um zuletzt zu dem Resultat zu kommen, daß doch alles vergeblich ist. Aber wenn die alte Welt an diesem

Punkte angelangt sein wird, dann wird sie auch fähig sein,
die Botschaft von dem Heil aus Gnaden zu vernehmen.

Wer glücklich werden will, der muß nach dem Wissen
streben. Der Weise, der Wissende ist der Glückliche. Ihm
ist die innere Natur der Dinge erschlossen, und für ihn, den
Erkennenden, ist das Übel wesenlos geworden. Aber können
wir etwas wissen? gewiß wissen? Eine philosophische Schule
löst die andere ab, was die eine für Wahrheit ausgiebt, wird
von der nachfolgenden geleugnet; das Ende ist völlige Skepsis,
Zweifeln und Verzweifeln an der Wahrheit. „Was ist Wahr=
heit?" fragt Pilatus und mit ihm unzählige seiner Zeitgenossen.
In langer Reihe führt Cicero die Lehren der verschiedenen
Philosophen über die menschliche Seele auf und setzt dann
hinzu: „Welche von diesen Meinungen wahr sei, mag ein Gott
wissen; schon welche nur wahrscheinlich sei, ist eine schwierige
Frage." Ja, wenn man einen Führer zur Wahrheit hätte!
seufzt Seneca. So schaut man nun nach Führern aus, Plato,
Pythagoras, die alten Weisen sollen es sein. Man geht über
die Griechen hinaus; ägyptische, indische Weisheit scheint noch
mehr Bürgschaft zu bieten. So etwas recht Geheimnisvolles,
fern hergeholtes flößt noch am ersten Vertrauen ein. Auch
da sieht man sich getäuscht. „Wir wollen warten," hatte schon
Plato gesagt, „auf Einen, sei es ein Gott oder ein gott=
begeisterter Mensch, der uns unsere religiösen Pflichten lehrt
und, wie Athene bei Homer zu Diomedes sagt, die Dunkelheit
vor unsern Augen wegnimmt," und an einer andern Stelle:
„Wir müssen eben die beste menschliche Ansicht ergreifen, um,
von ihr getragen wie von einem Floße, das gefahrvolle Meer
des Lebens zu durchschiffen, wenn es nicht einen sicheren und
gefahrloseren Weg auf einem festeren Fahrzeug oder eine gött=
liche Offenbarung giebt, um diese Fahrt zurückzulegen." Nach
dem festeren Fahrzeug verlangt jetzt, von der Gebrechlichkeit
ihrer selbstgezimmerten Flöße überzeugt, die alte Welt; an
ihrer eigenen Weisheit irre geworden, sehnt sie sich nach
Offenbarung.

Zwei Hauptwege sind es, auf denen man die Glückseligkeit
sucht. Genieße! sagt Epikur. Die Güter dieses Lebens nach

Möglichkeit auskoſten, das iſt der Weg zum Glück. Entſage! mahnt die Stoa oder, um mit dem Hauptvertreter dieſer Schule in der Kaiſerzeit, mit Epiktet, zu reden: Enthalte dich und halt aus! Das wahre Glück iſt nur in der Gemütsruhe zu finden, da der Menſch, allem entſagend und ruhig hinnehmend, was das Schickſal über ihn beſtimmt, ſich von nichts anfechten läßt. Die ſtoiſche Schule wird in der Kaiſerzeit die vorherrſchende, ihr gehört mehr oder minder alles an, was noch mit ernſteren Fragen ſich beſchäftigt. Im Genießen iſt das Glück nicht zu finden, ſo ſucht man's denn im Entſagen. Auch die Skepſis, von der wir vorhin ſprachen, iſt ja eigentlich ein Entſagen, man verzichtet darauf, eine gewiſſe Erkenntnis zu erlangen. Die Zeit iſt auch nicht mehr zum Genießen gemacht, ſie predigt laut genug Entſagung. Denn trüber und trüber iſt die ſonſt ſo heitere Welt geworden. Die Zeiten ſind vorüber, in denen man im ſonnigen Griechenland das Parthenon baute und ſich der Schöpfungen eines Phidias und Praxiteles erfreute, und in Rom auch die Zeiten republikaniſcher Größe, da man für das Vaterland lebte und ſtritt. Der Eine, der Kaiſer, iſt ja jetzt alles, und kein Raum mehr da für Geſtalten wie die Gracchen und Scipionen. Zwar es ſieht aus, als ſei die Geſellſchaft der erſten Kaiſer= zeit, die noch von den Schätzen der eroberten Welt ſchwelgte, eine überaus fröhliche geweſen. Im Grunde war ſie nicht ſo fröhlich, wie es den Anſchein hat. Befriedigt war man nicht. Dieſer raffinierte Luxus, dieſe üppigen Mahlzeiten, dieſe Orgien wurden ſelbſt zur Qual. Ein Symptom davon, daß man doch unbefriedigt war, iſt die in dieſer Zeit ſtark verbreitete Neigung, ſich in einfachere Zeiten zurückzuträumen, als die Kühe noch am Palatin weideten und die Senatoren in Tierfelle gekleidet auf der Wieſe beratſchlagten. Es iſt ganz ähnlich wie im vorigen Jahrhundert, als man von Rouſſeau entzückt war. Die Zeit, in der man die Schätze der Welt in üppigem Genuß verſchwelgte, läuft auch raſch genug ihrem Ende zu. Unter Kaiſern wie Caligula und Nero wird jeder Beſitz, jeder Genuß, wird das Leben ſelbſt unſicher, und während allerdings die einen das unſichere Leben um ſo raſcher auszukoſten ſich angelegen ſein laſſen, und für das Höhere, was das Leben nicht mehr bietet, Erſatz ſuchen in

der raffiniertesten Schwelgerei, hört man aus dem Munde der
anderen um so mehr Klagen über die Verderbtheit der Welt,
über die Nichtigkeit alles Irdischen. Die allgemeine Lebens=
anschauung wird mehr und mehr pessimistisch.

Selbst in seiner Blütezeit ist dem Griechentum ein pessi=
mistischer Zug nicht fremd. Von Homer her klingt durch alle
Herrlichkeit eine leise und doch vernehmliche Klage hindurch,
zum Zeugnis, daß man eine Ahnung davon hat, es fehle
etwas, die Lösung des Welträtsels, die man gefunden zu haben
glaubte, könne nicht die rechte sein. Wie seufzt Homer über
die Hinfälligkeit der Menschen. Den Blättern gleich welken sie,
kein Wesen ist elender. Wie Schatten, sagt Pindar, traum=
ähnlich, sagt Aeschylus, gehen sie dahin. Immer wieder be=
gegnet uns der Gedanke, daß das beste ist, nie geboren zu sein,
das zweitbeste früh zu sterben, und tief wehmütig giebt So=
phokles im Oedipus Kolonos diesem Gedanken Ausdruck:

> „Selig nimmer geboren sein!
> Doch dem Lebenden ist fürwahr,
> Rascher woher er gekommen ist
> Wieder zu gehen, der Güter zweites.“

Aber unverkennbar stärker und stärker werden diese Töne,
lauter wird die Klage. Die Resignation nimmt zu. Nach
Homer stehen im Saale des Zeus zwei Gefäße, eins mit den
bösen, eins mit den guten Gaben für die Menschen. Später
sind es zwei mit bösen und nur noch eins mit guten Gaben,
und noch später sagt Simonides: „Leid folgt so schnell auf
Leid, daß nicht einmal die Luft zwischen Leid und Leid ein=
bringen kann.“ Nicht mehr Glückseligkeit ist das Ziel der
Philosophie, daran verzweifelt man. „Der Zweck aller Philo=
sophie,“ sagt Seneca, „ist das Leben zu verachten.“ Auch hier
verläuft das Heidentum ohne Ergebnis in voller Verzweiflung,
und zuletzt tröstet man sich nur dessen, daß es ja dem Men=
schen freistehe, durch Selbstmord aus dieser elenden Welt zu
scheiden. Patet exitus! Der Ausgang aus diesem Leben
steht offen! das ist des sterbenden Heidentums letzter Trost.
„Siehst du,“ ruft Seneca, „jene schroffe Höhe? Von dort

herab geht der Weg zur Freiheit. Siehst du jenes Meer,
jenen Fluß, jenen Brunnen? da unten wohnt die Freiheit in
der Tiefe. Siehst du jenen niedrigen verdorrten Baum? da
hängt die Freiheit. Siehst du deine Kehle, deine Gurgel, dein
Herz? das sind die Rettungsorte gegen die Knechtschaft." Kann
die Bankerott=Erklärung des Heidentums deutlicher ausgesprochen
werden als in diesen Worten? An jeder Glückseligkeit verzwei=
felnd, hat es weiter keinen Trost gegen die Übel dieser Welt
als den Selbstmord, und kennt keinen andern Sieg über die
Welt als Flucht aus der Welt. Aber wer hörte nicht auch,
wie aus der Heidenwelt immer lauter der Seufzer sich los=
ringt: „Ich elender Mensch! wer will mich erretten von dem
Leibe dieses Todes?"

Ist im Diesseits das Glück nicht zu finden, so richten sich
die Blicke um so sehnsüchtiger auf das Jenseits. Auch den alten
Griechen und Römern fehlt der Gedanke an ein Jenseits nicht,
aber das Jenseits ist für sie nur eine Schattenwelt. Dieses
Leben allein hat wahre Realität, bietet wahre Freuden, jen=
seits ist nur die finstere, freudenlose Unterwelt. Wie Schatten
sieht Odysseus bei Homer die Verstorbenen gierig das Blut
trinken, das ihnen auf Augenblicke wenigstens wieder reales
Leben giebt, und lieber möchte er hier auf Erden in der
niedrigsten Stellung weilen, als bei den Schatten König sein.
Man graut sich vor dieser jenseitigen Welt. Die Heiden sind
Knechte der Todesfurcht ihr Leben lang. „Grau sind mir die
Schläfen," singt Anakreon, der lebenslustige Sänger, „und
weiß das Haupt, hin ist die liebliche Jugend. Vom süßen
Leben ist nicht viel mehr übrig. Darum seufze ich oft, fürch=
tend den Tartarus, des Hades furchtbare Höhle. Grauenvoll
ist das Hinabsteigen, und wer einmal hinabgestiegen ist, kommt
nimmer wieder." Aber je weniger diese Welt hält, was sie
verspricht, je mehr man das Übel und die Not dieser Welt
empfindet, je resignierter die Stimmung wird, desto mehr kehrt
sich nun die Anschauung um. Man fängt an, umgekehrt das
Leben in dieser Welt als ein Schattenleben anzusehen und
das wahre Leben erst im Jenseits zu suchen. Die Freude am
Dasein, an der Schönheit und Herrlichkeit der Erde und des

Menschenlebens schwindet; das Bewußtsein der Schwäche, der Beschränktheit der menschlichen Natur, das Gefühl der Nichtigkeit alles Irdischen nimmt zu. Jetzt redet man vom Leibe als von dem Kerker der Seele, und der Tod, den Anakreon als das grauenhafte Hinabsteigen in den Tartarus fürchtet, wird als Befreiung gepriesen. „Erst nach dem Tode," sagt Cicero, „werden wir wahrhaft leben." Wie oft wird in den Schulen der Rhetoren das Thema verhandelt: Der Tod kein Übel! wie oft kehrt bei Seneca der Gedanke wieder, daß der Leib nur die Herberge des Geistes ist, jene Welt die wahre Heimat. Nennt er doch ganz wie die alten Christen den Todestag den „Geburtstag der Ewigkeit." Während aber die Herrlichkeit dieser Welt vor den Augen der Menschen erblaßt, nimmt die jenseitige Welt mehr und mehr reale Gestalt an, und öfter stoßen wir jetzt in Schriften und Kunstwerken auf Ausmalungen des Jenseits als eines Freudenlebens, eines Symposions, eines Gastmahls, wo die Verstorbenen mit den Göttern, den Helden und Weisen zusammen sich ergötzen. Schon Cicero hat im Traum des Scipio das Jenseits so beschrieben, und noch lebendiger malt es Seneca aus. Gern beschäftigt sich Plutarch damit und freut sich dessen, daß dann „Gott unser Führer und König sein wird, an den wir uns anschließen, um sehnsuchtsvoll die unaussprechliche und für Menschen unnennbare Schönheit zu schauen."

Giebt es denn ein Jenseits? Nun steht die Heidenwelt vor der großen Frage, die zu beantworten sie ganz unfähig ist. Viele beantworten sie mit einem resignierten Nein! Hatte es doch einst Cäsar im Senat mit kalter Ruhe ausgesprochen: „Im Jenseits ist kein Raum weder für Freude noch für Sorge," und Cato hatte beifällig erwidert: „Schön und trefflich hat Cajus Cäsar in dieser Versammlung über Leben und Tod gesprochen, indem er für falsch erklärt, was von der Unterwelt erzählt wird." Finden wir doch Grabinschriften genug, die das apostolische Wort bestätigen, daß die Heiden „keine Hoffnung haben". Da lesen wir: „Dem ewigen Schlaf!" „Der ewigen Ruhe!" oder das oft wiederkehrende Distichon: „Ich war nicht und ward, ich war und bin nicht mehr. So viel ist wahr, wer anders sagt, der lügt, denn nicht werde ich sein!"

ober: „Wir alle, die der Tod hinabgeführt, sind morsche Knochen und Asche, sonst nichts!" oder: „Ich war nichts und bin nichts. Der du dieses liesest: Iß, trink, scherze, komm!" Manche In= schriften mischen in die Resignation auch einen Ton der Frivolität. So lesen wir auf dem Grabstein eines Veteranen der V. Legion: „So lange ich gelebt habe, habe ich gern getrunken, trinkt ihr, die ihr lebt!" und noch schlimmer eine Inschrift, die ich nicht wörtlich zu übersetzen wage: „Alle, die ihr dieses leset, ermahne ich: Füllet den Mischkrug, umarmt schöne Mädchen! Alles andere verschlingt nach dem Tode die Erde und das Feuer." Bei Trimalchios Gastmahl wird mitten in der wüsten Orgie ein kleines, aus Silber gearbeitetes Skelett umhergereicht, und Trimalchio sagt dazu: „So werden wir bald sein, deßhalb laßt uns lachen, so lange wir es dürfen." Die Erinnerung an den Tod dient nur, umsomehr zur Lust zu reizen. Die volle Re= signation findet ihren Ausdruck bei Plinius: „Welche Thorheit ist es, das Leben über den Tod hinaus zu verlängern! Wo sollen denn die Kreaturen zur Ruhe kommen, wenn ihr annehmt, daß die Schatten in der Hölle und die Seelen im Himmel irgend ein Gefühl bewahren? Ihr raubt uns das letzte Gut des Menschen, den Tod. Laßt uns doch in der Ruhe, die unserem Dasein voraufgegangen ist, die Bürgschaft finden für die Ruhe, die ihm folgen wird." Noch entschiedener Lucrez: „Man muß vor allem die Furcht vor der Unterwelt austreiben. Sie vergiftet das Leben bis auf den Grund des Bechers, aus dem wir trinken, sie verbreitet über alles die Schatten des Todes, sie läßt uns keine Freude ganz und rein schmecken." Womit Lucrez sich tröstet, ist völlige Vernichtung. „Wenn wir auf= gehört haben zu sein, kann nichts unser Gefühl erregen, nichts unsere Ruhe stören, und wenn auch Himmel, Erde und Meer sich in einander mischten." Aber schon Plutarch hat darauf erwidert: „Was gewinnt man damit, wenn man an die Stelle der Angst vor der Unterwelt die Angst vor der Vernichtung setzt? Das ist ein Trost, wie wenn jemand den Passagieren eines Schiffes, die sich beim Sturm fürchten, sagen wollte: Seid nur stille, gleich geht das Schiff unter." Andere lassen es ungewiß, ob es mit dem Tode aus ist oder nicht. Gewiß

hat der berühmte Arzt Galenus nur die Überzeugung Tausender
ausgesprochen, wenn er sich nicht getraut, die Frage zu ent=
scheiden, und sagt, er beabsichtige ebensowenig die Unsterblichkeit
zu behaupten als zu leugnen; und fast rührend liest es sich,
was Tacitus im Leben des Agricola schreibt: „Wenn es eine
Stätte für die Geister der Frommen giebt, wenn, wie die Weisen
annehmen, große Seelen nicht mit den Körpern erlöschen.“
„Wenn“ — in dem „wenn“ liegt die ganze Trostlosigkeit, die
ganze peinigende Ungewißheit und doch auch wieder die brennende
Sehnsucht des Heidentums.   Wenn? ja, wer giebt Antwort?
Auf einem Grabstein steht Oedipus mit der Sphinx.   Das ist
bezeichnend. Der Tod ist und bleibt den Alten ein großes Rätsel.
Man sucht und fragt hier und dort, keine Frage beschäftigt alle
tieferen Seelen so wie die Frage nach der Unsterblichkeit; man
glaubt, die morgenländischen Religionen werden hier Klarheit
schaffen, denn diese Religionen drehen sich ja ganz um Geburt
und Tod; man klopft an die Pforten der Unterwelt mit Zauber=
formeln, mit Beschwörungen, mit Weihungen. Aber keine Ant=
wort!   Je freudloser das Diesseits wird, je mehr alles, was
in Jugendfrische glänzend gestrahlt, erbleicht, Staat, Kunst,
Wissenschaft keine Befriedigung mehr bieten, das öffentliche
Leben kein Feld der Thätigkeit mehr, je mehr das Privatleben,
Besitz, Genuß, das Leben selbst unsicher wird, desto mehr sehnt
man sich nach einem Jenseits, und steht doch vor verschlossenen
Thüren.   Wie mußte da die Predigt einschlagen: „Christ ist
erstanden! der Tod ist der Sünden Sold, aber die Gabe
Gottes ist das ewige Leben in Christo Jesu unserm Herrn!“
Nichts hat dem Christentum mehr Gläubige zugeführt auch
aus den Kreisen der Gebildeten als dieses, daß es gewisse
Antwort gab auf die Frage nach dem Jenseits, und denen
eine Hoffnung des ewigen Lebens bot, denen die Hoffnungen
dieses Lebens zu schanden geworden waren.

  Aber die Frage nach dem Jenseits ruft notwendig noch
eine andere Frage hervor.   Giebt es ein Jenseits, welches
wird dann das Schicksal des Menschen dort sein? wie kommt
er in die Gemeinschaft der Seligen?   Auch das Sünden=
bewußtsein, wenn auch noch heidnisch gefärbt, fängt jetzt an

aufzuwachen und damit diese Frage. Die alte Welt weiß eigentlich nichts von Sünde. Sie beklagt die Not, das Elend, die Vergänglichkeit des Menschenlebens, aber von der Sünde als der Ursache alles Elends weiß sie nichts. Die Sünde als Abfall von Gott, die Sünde als Schuld ist ihr verborgen. Das bleibt freilich auch jetzt so; denn weil der Heide den heiligen Gott nicht kennt, kann er auch die Sünde diesem ihrem eigentlichen Wesen nach nicht erkennen; aber mehr und mehr verbreitet sich jetzt die Überzeugung, daß in der mensch= lichen Natur schlechte, unreine Elemente liegen. Man weiß sie sich nur zu erklären aus der natürlichen Anlage des Menschen, man denkt ganz dualistisch die Materie als Quelle des Bösen, den Geist als Prinzip des Guten; die Sünde als freie That und darum als Schuld des Menschen vermag man noch nicht zu erkennen. Aber das furchtbare Problem des Bösen ist der Welt doch aufgegangen, und Philosophie und Religion beginnen, sich mit ihm abzumühen. Schon Seneca redet von der Verderbt= heit des Menschen in Worten, aus denen man oft Paulinische Anklänge herauszuhören glaubt. „Gefehlt haben wir allzumal, der eine schwerer, der andere leichter, der eine mit Vorsatz, der andere vom Zufall getrieben oder verführt, und nicht nur, daß wir Fehltritte gethan haben, wir werden auch straucheln bis zum äußersten Lebensalter." „Es war die Klage unserer Voreltern, es ist unsere Klage, es wird die Klage der Nach= welt sein, daß die Sitten verkehrt seien, daß Verdorbenheit herrsche." Die Ursache sucht Seneca in uns selbst. „Das menschliche Gemüt ist von Natur widerspenstig und zum Ver= botenen strebend. Nicht außer uns ist unser Gebrechen, es ist in uns und haftet in unserm Innersten." Ja, Plutarch spricht den Gedanken eines bösen Prinzips offen aus. „Denn da nichts ohne Ursache entstehen, das Gute aber nicht Grund des Bösen sein kann, so muß das Böse wie das Gute einen be= sonderen Ursprung haben." So, wie man ist (das Bewußtsein wacht jetzt auf), kann man nicht in die Gemeinschaft der Seligen eintreten, sondern nur, wenn man von Sünden gereinigt, wenn man geweiht, umgewandelt und erneuert ist. Dazu reichen aber die alten Götter und ihre Kulte nicht aus. Die Olympier

waren Götter für die Glücklichen, sie genügten den Menschen,
so lange das Leben in heiterem Glanze einer schönen Gegen=
wart strahlte: dem Menschen, der seine Sünde erkennt, der
nach dem Heile ausschaut, genügen sie nicht mehr. Der kapito=
linische Jupiter, die Vesta, die Viktoria waren Staatsgötter.
Sie genügten dem Menschen, so lange der Mensch im Bürger
aufging. Sie waren Götter für die Öffentlichkeit; dem Men=
schen, der in sich einkehrt, der einen Blick gethan hat in die
Verderbtheit seines Herzens, der nun nach Frieden sucht,
genügen sie nicht mehr. Hier liegt der tiefste Grund, warum
die Heiden an ihren Göttern irre werden, warum man vor
allen den morgenländischen Kulten mit ihrer düstern Traurig=
keit, mit ihren Bußübungen und Reinigungen sich zuwendet,
warum jetzt die Mysterien aus lokalen zu allgemeinen werden,
und zu den alten Mysterien neue, immer wunderlichere hinzu=
kommen. Es ist das aufwachende Erlösungsbedürfnis, das in
dem allem sich abspiegelt. Besinnen wir uns nur auf den
oben dargelegten Charakter der römischen Religion. Sie ist
vorwiegend Zeremoniendienst, man hält durch pünktliche Er=
füllung der vorgeschriebenen Riten seine Rechnung mit den
Göttern in Ordnung. Eigentliche Priester, Vermittler zwischen
Gott und den Menschen kennt man nicht, der Staatsbeamte
opfert, der Priester ist nur Zeremonienmeister. Eigentliche
Sühnungen fehlen, man bedarf ihrer nicht; denn man hat kein
Bewußtsein davon, daß der Mensch durch die Sünde von der
Gottheit geschieden ist. Nach einer Annäherung an die Götter
verlangt man nicht; nichts liegt dem trockenen nüchternen römi=
schen Kultus ferner, als solche mystische Erregungen. Deshalb
konnte der römische Kultus jetzt immer weniger genügen, je
mehr das Sündenbewußtsein aufwachte. Was ihm fehlte, boten
die orientalischen Kulte in reichstem Maße. Da war eine Priester=
schaft, die es übernahm, den Menschen mit der Gottheit zu
versöhnen, da waren Reinigungen und Sühnungen, da ver=
sprach die Religion dem Menschen, was er jetzt verlangte, ihn
in unmittelbare Berührung mit Gott zu bringen. Deshalb diese
Strömung von Osten nach Westen, deshalb gewinnen jetzt die
Religionen des Orients solche Macht über die Gemüter.

In weiten Kreisen ist dabei die Ahnung verbreitet, daß bald die Erlösung anbrechen wird. Die Blicke wenden sich auch in dieser Beziehung nach Osten. Von dort soll die Hülfe kommen. Die Ahnungen kleiden sich teils in heidnisches Gewand. Der Kreislauf der Zeiten, heißt es da, ist vollendet. Auf das goldene Zeitalter ist das silberne, auf dieses das eiserne gefolgt. Nun ist auch dieses im Ablaufen; dann wird der Kreislauf von neuem beginnen, Saturn wird abermals das Regiment übernehmen, und das goldene Zeitalter wiederkehren. Teils tragen die Ahnungen aber auch jüdische Färbung, und man erkennt mehr oder minder ihren Ursprung in der Weissagung Israels. Sueton und Tacitus berichten beide von einem weitverbreiteten Gerüchte, der Orient werde mächtig werden, und den Juden sei vom Schicksal die Weltherrschaft bestimmt. Selbst in den römischen Legionen, die Titus gegen Jerusalem führte, ließen sich solche Gedanken spüren. Mit einer gewissen abergläubischen Scheu blickten sie auf die heilige Stadt, die zu zerstören sie gekommen waren, und noch während der Belagerung fehlte es nicht an Überläufern, die doch nichts anderes zu der bereits mit eisernen Armen umklammerten Stadt hinüberziehen konnte, als die Erwartung einer wunderbaren göttlichen Hülfe und die Hoffnung, an der ihr verheißenen Herrschaft teil zu haben. Überaus merkwürdig klingen diese Ahnungen wieder in der IV. Ecloge Virgils. Dort besingt der Dichter ein Kind, welches das goldene Zeitalter zurückbringen wird, in Bildern, die mittelbar oder unmittelbar aus Jesaja 9 und 11 entnommen sind. Vom Himmel steigt der Knabe nieder, dann waltet Friede auf Erden, ohne Mühe spendet diese ihre Gaben, die Rinder fürchten sich nicht mehr vor dem Löwen, dem Pflugstier wird das Joch abgenommen, und der Winzer arbeitet nicht mehr im Schweiße seines Angesichts. Man nimmt an, daß die Worte einem Sohne des Asinius Pollio gelten sollten. Ist das richtig, dann war die Täuschung allerdings groß. Eben dieses Kind, das Virgil als Messias besingt, ist, zum Manne herangewachsen, eines der zahlreichen Opfer Neros geworden und im Kerker freiwillig Hungers gestorben.

So tönt von Israel herüber die Weissagung des künftigen

Heils in die Heidenwelt hinein. Damit kommen wir auf ein
bisher von uns noch nicht beachtetes und doch für die religiöſen
Zuſtände jener Zeit hochwichtiges Element, das Judentum.

4. Das Judentum.

Israels Aufgabe war eine doppelte. Es ſollte die Geburts=
ſtätte werden für die chriſtliche Kirche, es ſollte ihr aber auch
die Wege bahnen in die Heidenwelt. Beide Aufgaben wider=
ſprechen auf den erſten Blick einander und ſetzen ſcheinbar Un=
vereinbares voraus, und doch finden wir dieſes Widerſprechende
in Israel wunderbar vereinigt. Um die Geburtsſtätte des
Chriſtentums zu werden, mußte Israel ein in ſich geſchloſſenes
Volk ſein, abgeſondert von allen Heiden, ja den Heiden ſcharf
entgegengeſetzt als das Volk der Offenbarung, das allein von
allen Völkern den lebendigen Gott kennt, und dem er ſeinen
Willen kundgethan hat im Geſetz; und wieder, um dem
Chriſtentum die Wege zu bahnen, mußte es unter den Heiden
verbreitet ſein, mitten unter ihnen wohnen, mit ihnen in ſtetem
Verkehr. Dieſen dem erſten Anſcheine nach unvereinbaren
Forderungen gerecht zu werden, darauf iſt bei dieſem Volke
alles angelegt. Dem entſpricht das Land, das ihm zum Wohnſitz
angewieſen wird. Paläſtina iſt ein abgeſchloſſenes Land, einem
Garten gleich eingezäunt durch Gebirge, Wüſte und Meer, und
doch gehen von hier die Wege nach allen Seiten, und leicht
ſind die Zentralpunkte der damaligen Welt zu erreichen. Dem
entſpricht ſein Charakter. Kein Volk iſt ſo partikulariſtiſch,
keines zugleich ſo univerſaliſtiſch angelegt; keines bewahrt ſo
zähe ſeine Eigenart, bleibt auch mitten unter andern Völkern
ſo in ſich abgeſchloſſen, und keines verſteht es doch wieder ſo,
ſich überall anzuſchmiegen und den Verhältniſſen anzupaſſen.
Der Jude bürgert ſich an allen Orten ein, weiß überall Raum
für ſich zu gewinnen und bleibt doch überall Jude. Dem
entſprechen die Führungen des Volks. „Gehe aus deinem
Väterlande und aus deiner Freundſchaft!" mit dieſem Befehl
Gottes an Abraham beginnt ſeine Geſchichte, ſie beginnt mit
Ausſonderung, und jahrhundertelang gehen alle Wege Gottes

mit ihm eben dahin, es auszusondern, es abzuschließen, seinen Volkscharakter zu befestigen. Dann aber wendet sich's, und nun zielt alles darauf ab, es unter die Völker zu zerstreuen. Den Wendepunkt bildet die Gefangenschaft. Von da an tritt neben das palästinensische Judentum das Judentum der Zerstreuung, die Diaspora; neben den Tempel, den Kultusmittelpunkt des ganzen Volks, die Synagoge, mehr der Lehre als dem Kultus dienend, aber in allen Ländern und Städten neue Mittelpunkte jüdischen Lebens schaffend; neben das hebräische Alte Testament die griechische Übersetzung, die Septuaginta, bestimmt, auch den Heiden Gesetz und Propheten und die Töne davidischer Psalmen nahe zu bringen. Das palästinensische Judentum mit dem Tempel und dem hebräischen Alten Testament ist eine im höchsten Maße zentralisierende Macht, dahin gravitieren alle die unzähligen zerstreuten Judengemeinden. Die Diaspora mit der Synagoge und der Septuaginta ist eine weithin wirkende zentrifugale Macht; durch sie wird Israel ein Bote Gottes, ein Missionar in der Heidenwelt.

Nur ein Teil des jüdischen Volkes war aus der Gefangenschaft zurückgekehrt, die Mehrzahl war teils in Babylon geblieben, teils in andere Länder ausgewandert. Dazu kamen fortwährend neue Auswanderer, teils solche, die nach dem Rechte des Kriegs als Kriegsgefangene weggeführt, dann durch ihre Rührigkeit und, weil die Römer mit den wunderlichen, abergläubischen Menschen nichts anzufangen wußten, frei geworden und im fremden Lande geblieben waren, teils solche, die das übervölkerte Palästina freiwillig verließen, um anderswo dem Gewinn nachzugehen. So waren die Juden über das ganze römische Reich und noch weiter hin zerstreut. „Bereits in jede Stadt," sagt der Geograph Strabo, „ist eine Judenschaft eingedrungen, und man kann nicht leicht einen Ort in der Welt auffinden, der diesen Stamm nicht aufgenommen hat und von ihm behauptet wird." Am stärksten waren sie natürlich in den östlichen Ländern, Babylonien und Ostsyrien, vertreten. In Ägypten machten sie mehr als $1/8$ der ganzen Bevölkerung aus, besaßen auch in Leontopolis einen Tempel, dessen Erbauung freilich von den Palästinensern gemißbilligt wurde, doch ohne eine eigentliche Spaltung herbeizuführen. In der Weltstadt Alexandrien bewohnten die Juden von fünf Quartieren zwei ganz allein und waren auch in den übrigen noch zerstreut zu finden. Nicht minder zahlreich waren sie in der auf der andern Seite Palästinas liegenden Weltstadt, in Antiochien. Schon Antiochus der Große hatte Tausende von jüdischen Familien nach Phrygien und Lydien verpflanzt, und von da hatten sie sich über ganz Kleinasien, dann auch über Griechenland ausgebreitet. Tarsus in Cilicien, Ephesus in Asien waren Mittelpunkte jüdischen Lebens. Schwächer ist ihre Verbreitung im Abendlande, auch haben sie hier nie die volle Unabhängigkeit ihrer Gemeinden erlangt, die im Orient ihr Erbteil schon aus der griechischen Zeit war und von den Römern ihnen belassen wurde. Doch fehlten auch in Nordafrika, in Sizilien, in Italien ihre Gemeinden nicht. In Rom darf man zur Zeit des Augustus vielleicht 40 000, zur Zeit des Tiberius vielleicht 80 000 Juden rechnen. Sie bewohnten hier die XIV. Region jenseit der Tiber und einen Stadtteil an der Porta Capena, dem Ausgang der Appischen Straße; aber auch mitten in den elegantesten Teilen der Welthauptstadt stoßen wir auf jüdische Häuser. Sieben Synagogen sind in Rom mit Bestimmtheit nachgewiesen, es gab ihrer aber wohl noch mehr. In Spanien, in Gallien, bis nach Britannien hin finden wir Vertreter des Volkes; in den Donauländern hat erst kürzlich die Auffindung eines jüdischen Kirchhofes aus dem ersten Jahrhundert ihre Anwesenheit bezeugt.

Ihr Hauptgeschäft war der Handel. Der Kleinhandel, das Hausiergeschäft, namentlich aber der kleine Geldverkehr (den großen besorgten die römischen Ritter, die Bankiers der damaligen Zeit) lag fast ganz in ihren Händen, und mit der ihnen eigentümlichen Rührigkeit wußten sie ihn so zu nutzen, daß sich z. B. kleinasiatische Städte beim Kaiser beschwerten, sie würden von den Juden ganz ausgesogen. Auch des Großhandels hatten sie sich an manchen Orten bemächtigt. In Alexandrien ging fast der ganze Kornhandel durch ihre Hand, und sie waren es meist, die den Verkehr mit dem fernen Osten vermittelten. Aber auch sonst war der Jude, namentlich der aufgeklärte, überall zu

finden, wo Geld zu machen war. Wir begegnen ihm in Rom
als Gelehrten, als Dichter, als Schauspieler, sogar als Sänger.
„Verkaufen Juden doch alles," sagt Juvenal.

Erscheinen bei dem eben genannten wie bei andern römi=
schen Dichtern ·die Juden oft als ein bettelhaftes Geschlecht, der
Vater altes Glas und sonstige Abfälle einhandelnd, die Kinder
mit Schwefelhölzchen hausierend, so brachten es doch auch viele
zu großem Reichtum; und einerseits dieser Reichtum, andererseits
die Gewandtheit, jede Gunst des Augenblicks zu benutzen, wobei
sie sich, im Grunde dem ganzen Staatswesen abhold und gleich=
gültig gegen sein Wohl und Wehe, der jedesmal herrschenden
Staatsgewalt unbedingt zur Verfügung stellten, hatten ihnen
erhebliche Privilegien verschafft. Sie waren vom Kriegsdienst
frei, brauchten gewisse Abgaben nicht zu entrichten, durften am
Sabbath nicht vor Gericht geladen werden. So weit ging die
Rücksichtnahme auf sie, daß die Stadtgemeinden ihnen statt der
für sie unreinen Naturallieferungen an Korn und Öl Geld, und
zwar, wenn die Lieferung auf einen Sabbath fiel, dieses an
einem andern Tage zu zahlen verpflichtet waren. Die Haupt=
sache war, sie hatten vollkommene Freiheit der Religionsübung.
Wo ihrer nur eine einigermaßen genügende Zahl zusammen=
wohnte, hatten sie eine Synagoge oder doch einen Gebetsort
(eine Proseuche, Apostelgeschichte 16, 13), bildeten eine eigene
Gemeinde unter gewählten Vorstehern und übten eine weit=
gehende Selbstverwaltung, deren Gebiet sich wenigstens im
Orient nicht bloß auf religiöse Dinge erstreckte, sondern bei der
religiösen und nationalen Abgeschlossenheit gegen die Heiden, in
deren Mitte sie lebten, weit darüber hinausging.

Alle diese Judengemeinden hingen nun wieder unter sich
und mit dem Zentralpunkte des Judentums, mit Jerusalem,
aufs engste zusammen. Jeder Jude, mochte er noch so fern
wohnen, fühlte sich als Glied des auserwählten Volkes und
war bemüht, die Bande, die ihn damit verknüpften, fest und
lebendig zu erhalten. Er bezahlte seine Tempelsteuer, sandte
Opfer und Gaben nach Jerusalem; einmal wenigstens im Leben
zog er selbst hinauf, die heilige Stadt zu besuchen, dort das
Fest zu feiern. Der hohe Rat in Jerusalem schickte jährlich

ben Festkalender an die Diasporagemeinden, teilte ihnen wichtige
Entscheidungen mit und trug Sorge, daß sie von allen Er=
eignissen, die das jüdische Volk betrafen, Kenntnis erhielten.
Da die Juden als Handelsleute viel reisten, kamen auch oft
reisende Brüder, die von andern Gemeinden Kunde brachten,
und gern ließ man in den Synagogen solche Gäste zu Worte
kommen. Kurz, mochte die einzelne Judengemeinde auch am Ufer
der Donau wohnen oder am Rande der Lybischen Wüste, sie
stand doch in einem großen Weltzusammenhange. Vortrefflich
verstanden die Juden es auch, diesen Zusammenhang in ihrem
Interesse zu vertreten. Wurde an einem Orte die Juden=
gemeinde gekränkt, gleich gerieten alle in Aufruhr, und nicht
am wenigsten dieser Kunst, Lärm zu schlagen, verdankten sie es,
daß sie trotz dem allgemeinen Hasse und der Verachtung, unter
der sie zu leiden hatten, von jedem römischen Beamten bis zum
Prokonsul hinauf mit der größten Rücksicht behandelt wurden.

Sonst freilich war Haß und Verachtung ihr gewöhnliches
Teil. Die ganze Erscheinung dieses Volkes war den Heiden
etwas fremdes, völlig unverständliches. Waren sie doch in allen
Stücken so gänzlich von den übrigen Völkern verschieden. Will
man sich überzeugen, wie eigenartig dieses Volk in der Geschichte
dasteht, will man einen unmittelbaren Eindruck davon haben,
daß es mit diesem Volke eine ganz besondere Bewandtnis hat,
so braucht man sich nur die Urteile der Heiden über sie zu
vergegenwärtigen. Was für wunderliche Sagen liefen über dieses
Volk um! Bald sollten sie von dem Berge Ida auf Kreta
stammen, bald sollten ihre Vorväter Aussätzige gewesen sein, die
aus Ägypten vertrieben wurden. In der Wüste habe bei großem
Wassermangel ein Esel ihnen eine Quelle gezeigt; deshalb beteten
sie einen Eselskopf als Gott an. Tacitus, der freilich schon
unter dem Eindrucke des jüdischen Krieges schreibt, meint,
um sich des Volks zu versichern, habe Moses ihnen neue, aller
menschlichen Sitte zuwiderlaufende Bräuche gegeben. „Bei ihnen
ist unheilig, was bei uns heilig ist, dagegen gestattet, was bei
uns als abscheulich gilt." Wie lächerlich erschienen den Römern
die Speisegebote und das Fasten. Das Verbot des Schweine=
fleisches war ein unerschöpfliches Thema für den römischen

Witz. Die Sabbathfeier wissen die Römer nur aus Faulheit zu erklären. Juvenal spottet über einen Müßiggänger:

„Der Vater ist Schuld, der stets am siebenten Tage
Faul war und vom Geschäft auch nicht das Geringste berührte,"

und Tacitus erzählt ganz ernsthaft: „Nachher, als die Unthätig= keit behagte, wurde auch das siebente Jahr (das Sabbathjahr) dem Müßiggange geweiht." Besonders anstößig war der bild= lose Kult. Der ganze jüdische Glaube war den Heiden der Gipfel des Aberglaubens und der Leichtgläubigkeit. „Credat Judaeus Apella" „das mag der Jude glauben," sagt Horaz, um etwas gänzlich Unglaubliches zu bezeichnen.

Gewiß war dieser weitverbreitete Judenhaß, dem namentlich in der Zeit des jüdischen Krieges so unzählige blutige Opfer ge= fallen sind, auch mit Folge des Heidenhasses der Juden, und die Verachtung wurde zum Teil von ihnen selbst hervorgerufen durch die Verachtung, mit der sie ihrerseits auf die unreinen Heiden herabsahen. Dem Juden ist ein großes Selbstbewußtsein eigen. Er weiß sich als Glied des erwählten Volkes, im Besitz der Offen= barung gegenüber den blinden Heiden. Die messianischen Hoffnungen hoben das Selbstbewußtsein noch höher. Sie betrachteten sich schon als die, denen bald die Weltherrschaft zufallen werde, und hielten damit auch den Heiden gegenüber nicht zurück. Je weniger ihre gedrückte und geknechtete Gegenwart mit dieser Hoffnung für die Zukunft stimmte, desto lächerlicher mußte es dem stolzen Römer vorkommen, daß dieses schmutzige Bettelvolk von solchen Dingen träumte. Man braucht nur einen Blick in die Schriftsteller der Kaiserzeit zu werfen, überall begegnen uns Witzeleien über die be= schnittenen Juden. Wo der Jude ging und stand, war er von heidnischem Spott umgeben; auf dem Theater Gegenstand plumper Ausfälle, die aber sicher Lachen hervorriefen, hatte er auf der Straße oft genug brutale Mißhandlungen zu erdulden.

Der Haß und die Verachtung mochte wohl dadurch noch mehr gesteigert werden, daß die Heiden sich nicht verbergen konnten, welchen weitgreifenden und tiefgehenden Einfluß diese Juden übten. Sagt doch Seneca von ihnen, die Besiegten hätten den Siegern Gesetze gegeben. In einer Zeit, in der die alten

Götter den Heiden nicht mehr genügten, in der so viele sehn=
süchtige, heilsbegierige Gemüter bei fremden Göttern, in Geheim=
lehren und Sühnungen ihren Frieden suchten, wie mußte da das
Judentum anziehen! Hier war der Monotheismus, den die
Weisen als esoterische Religion der Gebildeten lehrten, als Volks=
religion, hier war ein geistiger Kult, den wüsten und oft unsitt=
lichen heidnischen Kulten unendlich überlegen, hier war ein
geoffenbartes Gotteswort, hier waren Opfer und Sühnungen.

Zwar nur eine kleine Zahl von Heiden trat durch die
Beschneidung ganz zum Judentum über, so viele Mühe sich die
Pharisäer auch gaben, die Land und Meer durchzogen, um einen
Judengenossen zu machen (Matth. 23, 15). Solche von ihnen
Gewonnene wurden meist ganz Knechte des pharisäischen Wesens,
die sich von ihren blinden Leitern blindlings leiten ließen, Fa=
natiker, stolze Heilige, später die eifrigsten Verfolger der Christen.
Oft mochten auch irdische Vorteile mit ins Spiel kommen,
namentlich die Befreiung vom Militärdienst, wie es denn gewiß
seinen besonderen Grund hatte, daß Tiberius im Jahr 19 n. Chr.
die jüdische Gemeinde in Rom gerade mit einer Rekrutierung
strafte. Auch der HErr fällt in der vorhin angeführten Stelle ein
hartes Urteil über diese Proselyten. Der so ganz Juden Ge=
wordenen waren jedoch nur wenige, die größte Mehrzahl derer,
die das Judentum an sich zog, wurden nur sogenannte Prose=
lyten des Thors. Ohne die Beschneidung anzunehmen, und
damit zu dem ganzen Zeremonialgesetz sich zu verpflichten, waren
diese nur verbunden, den Gözendienst zu vermeiden, dem Einen
Gott zu dienen und die sogenannten noachischen Gebote zu halten,
hatten dann aber doch an den Segnungen des Judentums teil.
Es sind das die gottesfürchtigen Männer und Weiber, von
denen in der Apostelgeschichte so oft die Rede ist. Das waren
meist heilsbegierige Seelen, die in der Synagoge suchten,
was sie in den stolzen Tempeln Griechenlands und den be=
rauschenden Kulten des Orients nicht gefunden hatten, den
Frieden ihres Herzens. Solcher gab es in allen Städten eine
große Zahl, vorwiegend Frauen. Im Damaskus sollen fast alle
Frauen zu ihnen gehört haben, in Rom viele auch aus den
vornehmen Kreisen. Auf den Grabsteinen der jüdischen Kirchhöfe

lefen wir Namen aus manchem erlauchten altrömischen Ge=
schlechte, aus der Gens Fulvia, Flavia, Valeria u. a. Selbst
von der Kaiserin Poppaea Sabina ging das Gerücht, sie sei
eine Proselytin. Aber auch ohne geradezu Proselyten zu werden,
hielten sich viele zur Synagoge, fasteten, beteten, feierten den
Sabbath, zündeten an jüdischen Feiertagen Lichter an. Dabei
mag viel Aberglaube im Spiel gewesen sein. Man versuchte
es, wie mit so manchem andern Gott, auch einmal mit Jehova.
Andererseits fand doch auch manche nach dem lebendigen Gott
dürstende Seele da ihre Zuflucht, und es bildete sich um die
Synagoge ein Kreis, der nicht heidnisch mehr und auch nicht
jüdisch, noch in einer schwebenden, zuwartenden Stellung so recht
für die Predigt des Evangeliums vorbereitet war. Die ihm
angehörten, hatten dem Götzendienst entsagt, hatten gelernt, auf
eine Offenbarung zu hören, das Alte Testament war ihnen be=
kannt, das Gesetz hatte in ihnen Sündenbewußtsein geweckt und
die Weissagung Heilsverlangen, und doch fand sich bei ihnen
nicht, was bei den eigentlichen Juden der Aufnahme des Wortes
vom Kreuz so große Hindernisse bereitete, der Stolz auf die
jüdische Abkunft und die pharisäische Gesetzesgerechtigkeit. Gerade
diese gottesfürchtigen Heiden waren überall, wie in Philippi
(Apostelg. 16, 14) und Thessalonich (Apostelg. 17, 4), die ersten,
welche die Botschaft von Christo annahmen.

Wie wunderbar ist auch hier alles vorbereitet für das Evan=
gelium. Was Palästina für die ganze Welt war, das war die
Synagoge für jede einzelne Stadt. Wie hätte das junge Christen=
tum ohne die Diaspora des Judentums sich durch die starre
Felsmasse des Heidentums die Wege bahnen sollen? Nun aber
findet es die Rinnsale überall schon gegraben, ein über das ganze
römische Reich sich ausbreitendes Netz von Kanälen, und rasch kann
es nach allen Seiten hin sich ergießen. Weiß man die Hauptsitze des
Judentums, so kennt man auch schon im voraus die Hauptsitze des
jungen Christentums. Überall sind ihm die Wege bereits gebahnt,
die Mittelpunkte bereits bestimmt. Und dazu, übersehen wir das
nicht, kommen der christlichen Kirche zunächst auch die Privilegien
des Judentums zu gute. So lange das Christentum den Heiden
als jüdische Sekte gilt, erscheint es auch als erlaubte Religion.

Das Judentum wird der jungen Pflanzung zur schützenden Hülle, bis sie so weit erstarkt ist, die Stürme ertragen zu können.

Wahrhaftig, die Zeit ist erfüllt, die alte Welt ist bereit, das Christentum, zwar nicht aus sich hervorzubringen, aber es aufzunehmen. In Griechenland, in Rom hat sich gezeigt, was der menschliche Geist aus eigener Kraft vermag. Er vermag Großes, und Herrliches hat er geschaffen, aber all das Große sinkt in Trümmer, all die Herrlichkeit erbleicht, und Eins hat der Menschengeist aus sich nicht vermocht, die jedem Menschen inne=wohnende Sehnsucht nach dem Ewigen, nach Gott zu stillen. Das Ende des Heidentums ist auf religiösem Gebiete völlige Ergebnislosigkeit, völliges Verzweifeln an sich selbst. Der Mensch kann nichts Gewisses wissen, das ist das Ende alles Fragens; patet exitus! das ist das Ende alles Suchens nach Glück=seligkeit, der Selbstmord der letzte Trost. Aber sterbend streckt das Heidentum sich dem Neuen entgegen, das Gott schaffen will. Überall wirft das Kommende schon seinen Schatten vor sich her, der Universalismus des Christentums ist schattenhaft vorgebildet in dem Universalismus des römischen Reichs, der Glaube an des Einen lebendigen Gott in dem Monotheismus, der durch die Arbeit der Philosophie und durch die Mischung der National=götter in immer weiteren Kreisen sich Bahn bricht. Innerhalb des Heidentums läßt sich deutlich eine Strömung erkennen, die dem Christentum, obwohl unabhängig von ihm, entgegenkommt. Überall zeigt sich ein Suchen und Fragen, das seiner Erfüllung harrt und sie finden wird, das Suchen nach Erlösung in dem Heiland aller Völker, das Fragen nach dem Jenseits in der Predigt von dem Auferstandenen. Und mitten in der suchenden Heidenwelt steht Israel als Prophet, erfüllt auch hier seine Bestimmung, dem der da kommen soll, die Stätte zu bereiten. Wenn irgendwo, so kann man hier erkennen, um nicht zu sagen, mit Händen greifen, daß alles in der Geschichte unseres Ge=schlechts nach dem Plane und Ratschlusse des gnadenreichen Gottes auf den abzielt, in dem alle Gottesverheißungen Ja und Amen sind, auf Christum den HErrn.

Zweites Kapitel.

Der sittliche Zustand der Heidenwelt.

Tit 3, 3: Wir waren auch weiland
unweise, ungehorsame, irrige, dienende
den Lüsten und mancherlei Wollüsten,
und wandelten in Bosheit und Neid
und haßten uns untereinander.

1. Glaube und Moral.

Eine Zeit, die am Glauben irre geworden ist, pflegt um
so größeres Gewicht auf die Moral zu legen. Denken wir
nur an die Zeit der Aufklärung bei uns, wie viel ist da
moralisiert. Welche dickleibigen Kompendien der Moral, welche
Flut von Moralpredigten, moralischen Erzählungen, moralischen
Liedern; welchen Raum nimmt in den Katechismen die Lehre
von den Tugenden ein, deren man nicht genug aufzählen kann.
Man fühlt, daß man etwas verloren hat und möchte den Ver=
luft doch nicht eingestehen; man ahnt, daß mit dem Glauben
auch die Sittlichkeit fallen muß, und möchte wenigstens mit
Wort und Schrift den Beweis führen, daß dem nicht so ist.
Man möchte die Frucht gern behalten, obwohl man die Wurzel
selbst abgeschnitten hat. Darum redet man so viel von der
Frucht, um sich einzureden, es stehe noch gut mit ihr. Aber
bald genug zeigt es sich, daß mit der Wurzel auch die Frucht
unrettbar verloren ist.

So ähnlich ist auch die Zeit des ersten Jahrhunderts.
Überblicken wir die Litteratur, so sollten wir uns versucht fühlen,
die Zeit für eine in besonderem Maße moralische zu halten.

Moralisiert wird reichlich. Die ganze Philosophie geht in Moral auf; bis in die kleinsten Details wird eine Kasuistik aus= gearbeitet, wie der Weise sich in allen Verhältnissen und bei allen Ereignissen des Lebens verhalten soll. Seneca will weniger Philosophie lehren, als zu einem glücklichen Leben erziehen. Wie charakteristisch ist z. B. sein Verhältnis zu Annaeus Serenus, dem Kommandanten der Vigiles, der Nacht= und Feuerpolizei, unter Nero. Er regelt dessen Leben bis ins kleinste, giebt ihm Vorschriften, was er lesen, wie er den Tag hinbringen soll. Serenus legt ihm seinen Seelenzustand vor, und Seneca erörtert denselben wie ein Beichtvater. So soll Serenus zur Seelenruhe kommen, zu dem glücklichen Zustand der Seele, daß sie in sich Frieden hat und durch nichts mehr bewegt wird. Ähnliche Verhältnisse finden wir oft, ja es wird Sitte, Philosophen als Erzieher, man möchte bald sagen, als Beicht= väter und Seelsorger, ins Haus zu nehmen, um sich bei ihnen für die ganze Einrichtung des Lebens Rat und Weisung zu holen. Und wie schön und trefflich wissen diese Philosophen von allen möglichen Tugenden zu reden. Sind doch Senecas Tugendreden (um nur den Einen zu nennen) später manchem so vortrefflich erschienen, daß man sie nur aus christlichem Einflusse erklären zu können glaubte, und die Sage von einem Verkehr des heidnischen Philosophen mit dem Apostel Paulus aufkam. Aber was sind diese Moralpredigten? Worte, nichts als Worte. Derselbe Seneca, der so schön von der Enthalt= samkeit und Genügsamkeit des Philosophen zu reden weiß, der überall die Verachtung des Irdischen als des Nichtigen und Eitlen zur Schau trägt, brachte in den vier Jahren seiner höchsten Machtstellung ein Vermögen von 300 Millionen Sesterzien (über 45 Millionen Mark) zusammen und, während er einen Traktat über die Armut schrieb, hatte er in seinem Hause 500 Citrustische, Tische mit kostbaren gemaserten Holzplatten, die aus dem Atlas kamen, und von denen einzelne mit 90 000 $M.$, ja mit 300 000 $M.$ bezahlt wurden. Demselben Seneca, der so viel über Sittenreinheit predigt, wird öffentlich Ehebruch mit Julia und Agrippina vorgeworfen, und seinen Zögling Nero leitete er zu noch schändlicheren Dingen an. Er schrieb

einen Traktat über die Gnade, und hat doch ohne Zweifel ein
gut Teil der Neronischen Greuel auf seinem Gewissen. War
er es doch, der den Brief verfaßte, in welchem Nero den Mord
der eigenen Mutter vor dem Senate rechtfertigt! Was wirken
denn solche Moralpredigten wie die Senecas? Auch abgesehen
davon, daß es diesen Philosophen ganz fern liegt, auf die
Menge des Volkes einzuwirken, was für Früchte schaffen sie
bei den Einzelnen? Sie setzen die Gemüter in eine fieber=
hafte Erregung, krankhaft beobachtet man sich selbst, aber die
Kraft zu einer sittlichen Erneuerung ist nicht da. Eben jener
Serenus, den Seneca so beichtväterlich leitet, hatte nicht die
Kraft, der Ansteckung des Neronischen Hofes zu widerstehen;
war er es doch, der das Liebesverhältnis Nero's mit der Akte
vermittelte. Auch diese Zeit liefert einen Beweis für die Un=
zertrennlichkeit von Glauben und Sittlichkeit. Handelt es sich
auch nur um unvollkommene heidnische Sittlichkeit, auch die
muß fallen, nachdem der Glaube gefallen ist. Erst wenn wir
ein Bild von ihren sittlichen Zuständen gewonnen haben, wird
sich uns der ganze tiefe Verfall der Heidenwelt zeigen.

Aber ein solches Bild ist schwer zu gewinnen. Zwar
könnte ich mich einfach auf Schilderungen von Zeitgenossen
berufen, die ein Bild der sittlichen Zustände entwerfen, und
was für ein Bild! Seneca sagt einmal: „Alles ist voll von
Verbrechen und Lastern. Es wird mehr begangen, als sich
mit Gewalt heilen läßt. Ein ungeheurer Wettstreit der Ver=
worfenheit wird gestritten. Tagtäglich wächst die Lust an der
Sünde, tagtäglich sinkt die Scham. Wegwerfend jede Achtung
vor dem Erhabenen und Heiligen stürzt sich die Lust wohin
es sei. Das Laster verbirgt sich nicht mehr, es tritt vor aller
Augen. So öffentlich ist die Verworfenheit geworden, so mächtig
lodert sie in allen Gemütern auf, daß die Unschuld nicht mehr
selten, daß sie gar nicht mehr vorhanden ist.“ Etwas später
ruft Lucian aus: „Wer Reichtum liebt und Geld bewundert,
wer das Glück des Lebens in Purpur und Macht findet, wer
unter Schmarotzern und Sklaven nie einen Begriff gehabt hat
von Freiheit, Freimut und Wahrheit, wer den Lüsten, vollen
Tischen, Trinkgelagen, Hurerei, Zauberei, Lug und Trug huldigt,

der mag nach Rom gehen!" Oder wollen wir neben diesen
etwas rhetorischen Schilderungen einen nüchternen und ruhigen
Ausspruch, so mag der des Historikers Livius hier stehen:
„Durch Tugenden ist Rom groß geworden bis jetzt, da wir
weder unsere Laster noch deren Gegenmittel ertragen können."
Aber man würde mir antworten können: das sind aus pes=
simistischen Anschauungen hervorgegangene allgemeine Schilde=
rungen; die in ihrer Allgemeinheit wenig Wert haben, denn
niemand wird leugnen können, daß sie nicht überall zutreffen,
und neben dem hier allein hervorgehobenen Dunkel doch auch
das Licht nicht fehlt.

So könnte ich nun statt ganz Allgemeines ganz Spezielles
geben, eine Blumenlese von Greueln, die in jener Zeit begangen
sind. Ich könnte das Bild einer Messalina zeichnen oder er=
zählen, wie Nero den Bruder, die Gattin, die eigene Mutter
mordet, wie er sie zuerst mit seinen Ränken umspinnt, versteckter
Weise ihren Tod suchend, wie er dann, als das mißlingt, zu
brutaler Gewalt greift und selbst die Mörder hinschickt, ihr
das Schwert in den Leib zu stoßen, der ihn geboren; wie er
dann das Geschehene vor dem Senat mit Lügen rechtfertigt,
und dieser, so leicht die Lügen zu durchschauen waren, in
sklavischer Unterwürfigkeit neue Ehren für den Kaiser beschließt
und in den Tempeln den Göttern Dankgebete darbringt; wie
der Muttermörder, vom Senat begrüßt, von dem Volke, nach
Tribus geordnet, mit Weibern und Kindern in festlichem
Schmucke bewillkommnet, als Triumphator in Rom einzieht.
Ich könnte den Kaiserwahnsinn eines Caligula schildern oder
die Regierung der Freigelassenen unter Claudius und dann
sagen: Das ist die Zeit! Allein mit Grund würde man mir
antworten, daß zu allen Zeiten einzelne Greuelthaten vorkom=
men, daß man aber nicht in den Fehler verfallen darf, dar=
nach ohne weiteres eine ganze Zeit zu beurteilen. Zwar könnte
ich dem wieder entgegenhalten, daß solche Greuel nur die
Spitze einer Pyramide sind, die ihre breite Basis im Volks=
leben hat, daß Gestalten wie die der Messalina doch nicht zu
allen Zeiten zu finden sind, und daß ein Kaiser, der seine
Mutter mordet, ein Senat, der dafür Dankgebete beschließt,

ein Volk, das den Mörder als Triumphator einholt, doch einen
schrecklichen, allgemeinen Sittenverfall voraussetzen, um auch
nur möglich zu sein; aber ich gebe zu, daß es keine schlechtere
Art giebt, eine Zeit zu charakterisieren, als die, allen Schmutz,
den man finden kann, auf einen Haufen zu kehren. Da mag
jedes Detail richtig sein, das Gesamtbild ist dennoch falsch.

So viel ist wohl klar, wollen wir ein einigermaßen zu-
treffendes Bild der Zeit gewinnen, so dürfen wir weder zu
sehr bei allgemeinen Urteilen stehen bleiben, denn ihre Allgemeinheit bringt es mit sich, daß es auch Ausnahmen giebt,
noch auch zu sehr bloß auf Einzelnes sehen, denn es fragt
sich noch, wie weit das Einzelne für die ganze Zeit Bedeutung
hat. Am besten werden wir den Weg einschlagen, daß wir die
verschiedenen Lebensgebiete durchgehen und uns so zuletzt aus
einer Menge von Einzelheiten ein Gesamtbild zusammensetzen.

2. Ehe und Familienleben.

Beginnen wir mit dem Lebensgebiete, in dem alle anderen
wurzeln, dessen Gesundheit daher Vorbedingung für die Gesundheit des Volkslebens überhaupt ist, dessen Bestand eben
aus diesem Grunde aber auch wie sonst nichts einen Maßstab
für das sittliche Leben einer Zeit bietet: mit der Ehe und dem
Familienleben.

Die japhetitischen Völker haben als bestes Erbteil Scham,
Keuschheit und Zucht mitbekommen. Das ist es, was sie so
bestimmt von den Nachkommen Hams unterscheidet und hoch
über diese erhebt; aber sie machen es wie der verlorene Sohn,
sie vergeuden ihr Erbteil. Am frühesten die Griechen. Auch
bei ihnen fehlt in ihrer Jugendzeit Keuschheit und Zucht nicht
(denken wir nur an Penelope), aber schon in der Blütezeit
Griechenlands ist sie dahin. Fast alle ihre großen Männer,
von Alkibiades, dem sie nachsagten, er sei der Mann aller
athenischen Weiber und das Weib aller athenischen Männer,
gar nicht zu reden, selbst ein Themistokles und ein Perikles
sind in diesem Stücke nicht rein. Das weibliche Geschlecht steht
in Griechenland niedrig, ist von der Bildung ausgeschlossen

und nimmt an allem, was den Mann beschäftigt, am öffent=
lichen Leben, am Vaterlande und dessen Ergehen, keinen Teil.
Plato stellt es als das Bild eines ganz verkehrten Staates
hin, wenn die Sklaven ihren Herren nicht gehorsam sind, und
wenn die Frauen ihren Männern gleichstehen; Aristoteles be=
zeichnet die Frauen ausdrücklich als Wesen untergeordneter Art.
Ein Familienleben kennt der Grieche eigentlich nicht. Man ist
so wenig wie möglich zu Hause und sucht sein Vergnügen
anderswo als am eigenen Herde. „Giebt es irgend einen
Menschen," so fragt Sokrates einmal einen seiner Freunde,
„mit dem du weniger redest als mit deiner Frau?" und
Demosthenes sagt ganz unbefangen: „Wir haben Freundinnen
zu unserem Vergnügen, Gattinnen, um uns Kinder zu geben
und das Hauswesen zu versorgen." So wird die Kurtisane
das Komplement zur Ehefrau, und leicht ist es zu verstehen,
weshalb die ganze Geschichte Griechenlands fast gar keine
großen Frauen aufweist, dagegen die Stellung, welche die
Buhlerinnen einnehmen, und die Rolle, die sie im Leben
des Volkes spielen, um so hervorragender ist. Sie besuchten
die Hörsäle der Philosophen, sie schriftstellerten und standen im
Verkehr mit hervorragenden Staatsmännern. Auch Sokrates
ging, die Aspasia zu hören. Berühmte Männer sammelten ihre
witzigen Gedanken und schrieben ihre Geschichte. Aristophanes
von Byzanz erwähnt ihrer 135, Apollodor noch mehr. Sie
gaben auch die Modelle ab zu den Götterbildern. Dem
Praxiteles diente Phryne, dieselbe Buhlerin, die den Thebanern
ihre Mauern wieder aufzubauen versprach, wenn sie mit goldenen
Buchstaben daran schreiben wollten: „Alexander hat sie zerstört,
Phryne wieder erbaut," als Modell zu einer berühmten Statue
der Venus Gnidia. Also zu Dirnen erhoben die Griechen ihre
Hände, wenn sie in ihren Tempeln beteten, und wie weit alle
Scham untergegangen war, dafür genüge als Beleg, daß eben
diese Phryne bei dem Feste des Poseidon in Eleusis als Venus
Anadyomene auftrat und vor den Augen des jubelnden Griechen=
lands ganz nackt mit aufgelösten Haaren ins Meer stieg.
    Viel länger bewahrten die Römer ihr Erbteil. Zu den
Wurzeln der römischen Kraft gehört auch die Keuschheit, Zucht

und strenge Sitte der älteren Zeit. Nichts Unzüchtiges wurde
geduldet, keine nackten Götterbilder verletzten die Scham. Die
Ehe ward heilig gehalten, und die Kinder wuchsen unter den
Augen züchtiger Mütter und unter ihrer Pflege in den ein=
fachen Verhältnissen des Hauses auf. Nach Plutarch war in
den ersten 230, nach andern sogar in den ersten 520 Jahren
Roms keine Ehescheidung vorgekommen. Die Römer kennen
ein wirkliches Familienleben. Sind die Geschäfte zu Ende,
so gehen sie zu Haus und verweilen gern im Schoße ihrer
Familie. Ein genialer Wüstling wie Alkibiades hätte in Rom
keinen Boden gefunden, eine Aspasia oder Phryne keine Rolle
spielen können.

Das wurde anders, als mit griechischer Bildung auch
griechische Leichtfertigkeit in Rom einzog, als die Reichtümer
der eroberten Welt hier zusammenflossen, und an die Stelle
der republikanischen Einfachheit der Luxus der Kaiserzeit trat.
Die alte schlichte Häuslichkeit ist dahin, Keuschheit und Zucht
geht unter. Ein Luxus der Toilette reißt ein, eine Raffiniert=
heit und Unnatürlichkeit zugleich, wie die Welt etwas derartiges
wohl zu keiner Zeit wieder gesehen hat. Mit einem künstlich
bereiteten feinen Teige, den sie nachts auf das Gesicht legte,
schützte die vornehme römische Dame ihren Teint; dann badete
sie in Eselsmilch; der künstlichen Waschmittel, wohlriechenden
Öle, Salben, Parfümerien, verschiedenfarbigen Schminken waren
unzählige. In allen Toilettenkünsten ausgelernte Sklavinnen
standen ihr zu Gebote und wurden beim Ankleiden oft roh
und grausam behandelt, mit langen Nadeln gestochen oder
geschlagen. Für jede besondere Schminke war eine besondere
Sklavin angestellt, die darauf ganz eingeschult war, die Augen=
brauen schwarz oder die Wangen rot zu färben. Die Haare
wurden aufs künstlichste frisiert, gefärbt oder ganz abgeschnitten
und durch fremdes Haar ersetzt. Besonders beliebt war in der
ersten Kaiserzeit rötliches Haar; die Händler konnten dessen
nicht genug aus Deutschland beschaffen. Welche Pracht, welcher
Wechsel der Kleider, welche Fülle von Gold, Perlen und Edel=
steinen, Ohrringen und Armspangen! Lollia Paulina, die Ge=
mahlin des Caligula, trug bei einem Verlobungsfeste einen

Schmuck von Smaragden, der, wie sie sogleich durch Vor-
zeigung von Dokumenten zu beweisen bereit war, 40 Millionen
Sesterzien (8 790 840 Mark) wert war. Das berühmte Halsband der Königin Marie Antoinette, das in der französischen
Revolution so verhängnisvoll wurde, kostete nur 1 600 000 Frank,
also nur etwa den sechsten Teil. Ganze Landgüter, zwei oder
drei, sagt Seneca, tragen sie in den Ohren.

Natürlich wollte man den Schmuck auch zeigen. Hatte
früher die römische Frau sich zu Hause gehalten, nur selten
und dann verschleiert oder in verschlossener Sänfte sich auf
der Straße sehen lassen, jetzt wird die Losung nach Tertullians
Worten: „Sehen und gesehen werden." Auf Spaziergängen,
im Theater, im Zirkus, bei Gastmählern trugen sie sich und
ihren Schmuck zur Schau. Für die, welche nicht selbst besaßen, was dazu nötig war, gab es Rat: Kleider, Schmuck,
einen Tragsessel, Kissen, selbst eine alte Wärterin oder eine
blonde Zofe konnte man in Rom für einen Tag im Theater
oder im Zirkus mieten. Wie entsittlichend das wirken mußte,
liegt auf der Hand; um so mehr wirkte es so, als die Auf-
führungen im Theater durch und durch sittenlos waren. „Eine
Frau," sagt Cyprian einmal, „die keusch ins Theater geht,
kehrt unkeusch aus dem Theater zurück." Auch beim Gastmahl
umgaben überall die der Mythologie entnommenen Bilder an
den Wänden des Saals, auf den Tischen, an den Speise-
geräten, nackte Gestalten, oft geradezu unzüchtige Bilder, die
Speisenden, von den Tänzen, den Schaustellungen, der Musik
und dem Gesange ganz zu schweigen.

Die Folge war das fast gänzliche Verschwinden häuslicher
Zucht und Sitte. Mögen die Schilderungen der Satiriker,
des Juvenal und des Persius, auch übertrieben sein, mag
manches der dichterischen Ausschmückung angehören, was wir
bei Horaz und vor allem bei Ovid lesen, immer bleibt genug
übrig, um dieses Urteil zu begründen. Ehen werden jetzt
ebenso leichtfertig geschlossen wie leichtfertig aufgelöst. Neigung
kommt nicht ins Spiel; für den Mann ist die Ehe ein Finanz-
geschäft, für das Mädchen das ersehnte Mittel, aus den engen
Schranken der Kinderstube (denn meist fast unmittelbar aus

der Kinderstube trat sie in die Ehe) herauszukommen und frei zu werden. „Es giebt Frauen, die ihre Jahre nicht nach Konsuln, sondern nach Männern zählen," sagt Seneca einmal. „Sie lassen sich schon wieder scheiden," spottet Juvenal, „ehe noch die Kränze von der Hochzeitsfeier verwelkt sind," und Tertullian: „Sie heiraten nur, um sich scheiden zu lassen." Freunde wechseln die Frauen, und man sieht darin nichts entehrendes, den Namen der Freundschaft zu benutzen, um dem Freunde das Weib zu verführen. Seneca geht so weit, zu behaupten, die Ehe werde nur geschlossen, weil der Ehebruch ein neuer pikanter Reiz sei. Eheliche Treue war zum Gespött geworden. „Wer nicht Liebeshändel hat, wird verachtet," behauptet derselbe Seneca. Nicht das Theater allein und der Zirkus boten Gelegenheit, Liebeshändel anzuknüpfen und fortzuspinnen, auch die Tempel waren nicht zu heilig und die Bordelle nicht zu schmutzig dazu. Es kam vor (ein schrecklicheres Symptom der Versunkenheit ist kaum denkbar), daß vornehme Damen sich in das Polizeiverzeichnis der öffentlichen Dirnen aufnehmen ließen, um sich ganz den zügellosesten Ausschweifungen ergeben zu können. So häufig wurde dieser Skandal, daß mit Gesetzen dagegen eingeschritten werden mußte! Kindersegen war nur eine Last. Kindesmord und noch Schändlicheres galten als keine Sünde, da nach heidnischer Anschauung der Vater volle Gewalt über die Kinder hat. Häusliche Arbeiten waren verächtlich, und die aufwachsenden Kinder wurden den Sklaven überlassen. Die Mütter kümmerten sich mehr um ihre Toilette oder darum, welcher Flöten= oder Zitherspieler im nächsten Wettkampf den Kranz erhalte, welches Pferd beim nächsten Rennen, welcher Athlet oder Gladiator im Aphitheater siegen werde, als um die Erziehung der Kinder.

So mußte natürlich die Ehe selbst immer tiefer in Verachtung geraten. Wer wollte denn noch heiraten, nur um einer zuchtlosen Frau die Mittel zu ihrer Verschwendung zu bieten? Auch die Männer zogen die Freiheit des ehelosen Standes vor. In solchem Maße nahm die Ehelosigkeit und die Kinderlosigkeit überhand, daß der Staat einzuschreiten für nötig achtete. Schon Augustus gab Gesetze, welche die über

ein bestimmtes Alter hinaus Ehelosen mit Strafen und höheren
Steuern belegte. Im Senat widersprach man anfangs und
machte zu gunsten der Abneigung gegen die Ehe die Zucht=
losigkeit der Frauen geltend. Die später noch verschärften,
immer wieder aufgefrischten Gesetze konnten freilich das tief=
liegende Übel nicht beseitigen. Viele zogen es vor, die von
den Gesetzen über Ehelose und Kinderlose verhängten Strafen
über sich zu nehmen. War doch das ehelose Leben ein ganz
ungebundenes, hatte doch selbst die Kinderlosigkeit ihre Vorzüge;
denn in diesem Falle hatte man etwas zu vererben und wurde
von solchen, die darauf rechneten, im Testamente bedacht zu
werden, umschmeichelt und mit allerlei Gunstbezeugungen geehrt.
Die Erbschleicherei ist in der ersten Kaiserzeit ein eingewurzeltes
Übel, sie ist so sehr an der Tagesordnung, wird auch so wenig
als verächtlich empfunden, daß z. B. Seneca in einem Briefe,
in dem er eine Mutter über den Verlust ihres einzigen Sohnes
tröstet, als Trostgrund ganz unbefangen auch den hervorhebt,
daß sie nun als kinderlose Witwe um so mehr von solchen
werde geehrt und geliebt werden, die auf eine Erbschaft
hofften.

Es ziemt sich nicht, den Schleier zu lüften von den Un=
zuchtssünden, deren die Heidenwelt voll war. „Gott hat sie
dahingegeben in ihrer Herzen Gelüste, in Unreinigkeit zu schän=
den ihre eigenen Leiber an ihnen selbst," schreibt St. Paulus
Röm. 1, 24, und zu jedem Zuge des furchtbar düstern Bildes,
welches er dann entwirft, ließen sich leicht Belege beibringen.
Selbst ein sonst so edler Charakter wie Trajan ist von diesen
Sünden nicht frei, und was schlimmer war, man nahm keinen
Anstoß daran. Kann man doch an Gestalten wie Nero recht
erkennen, wie Blutdurst und Wollust Hand in Hand gehen;
kommt doch bei den Orgien der Zeit, z. B. bei dem großen
Feste, das der Präfekt Tigellinus auf einer künstlichen Insel
im See des Agrippa gab, die Schamlosigkeit so offen zu Tage,
daß etwas auch nur Ähnliches selbst die wüstesten Gelage
späterer Zeiten nicht bieten. Man weiß nicht, was entsetzlicher
ist, die Frechheit, mit der die Wollust auftritt, oder das Raffine=
ment, mit der sie nach immer Unnatürlicherem sucht. Selbst

die Tempel dienten der Unzucht, die Priesterinnen waren Buhl=
dirnen, und was schändlich ist zu sagen, das wird bei den
Heiden als Teil des Gottesdienstes geachtet und geübt.

Gewiß gab es auch viele Ausnahmen. Selbst wenn es
die Grabinschriften nicht bewiesen, müßten wir annehmen, daß
es namentlich in den Mittelklassen auch noch gute Hausfrauen
und in Treue geführte Ehen gab, während die höheren Stände
viel tiefer verderbt waren. Oft liest man auf einem Grab=
stein, den ein Mann seiner Frau setzt: „Nie habe ich von ihr
ein Leid erfahren, als da sie mir starb," und das Lob der
Häuslichkeit, der Frömmigkeit und Keuschheit wird häufig aus=
gesprochen. „Sie war einmal verheiratet, sie diente allen,"
heißt es, oder: „Sie hütete das Haus, sie spann Wolle," auch:
„Ich erwarte meinen Mann." Aber so viel darf man als
sicheres Ergebnis hinstellen, daß das eheliche und häusliche
Leben in weiten Kreisen verderbt und bis ins Innerste zer=
stört, und eine Zuchtlosigkeit und Liederlichkeit eingerissen war,
die selbst das Schlimmste, was in dieser Beziehung unsere
heutigen Großstädte bieten, noch weit übertrifft. Edlere Seelen
fühlten das. Mit welchem Ernste hat Tacitus seinen Zeit=
genossen die Keuschheit und Zucht deutscher Frauen als Spiegel
vorgehalten. Man machte auch immer wieder Versuche, dem
Übel zu steuern, aber breiter und breiter riß der Strom des
Verderbens ein. Wurde er doch auch durch die ganzen Zeit=
verhältnisse begünstigt. Die Welt war erobert, nun sollte das
Gewonnene genossen werden. Genuß ist für ein Jahrhundert
und mehr noch die Losung bei Hoch und Niedrig, und nicht
eher ist auch in diesem Stücke mehr Ernst wiedergekehrt, als
bis die Zeit des Genießens vorüber war, und die steigende
Not, das wachsende Elend gegen Ende des zweiten und im
dritten Jahrhundert die Welt überhaupt wieder ernster stimmte.

3. Arbeit und Luxus.

Welche Reichtümer waren aus den eroberten Provinzen
nach Rom geflossen, und welche Summen mußten noch
immer, auch als das kaiserliche Regiment eine geordnetere

Finanzwirtschaft einführte, von den Provinzen aufgebracht werden. Namentlich als die im Orient seit Jahrhunderten aufgehäuften Schätze den Siegern zufielen, strömte das Gold in noch nie geahnter Fülle zu. Allein aus dem Tempel in Jerusalem hatte Crassus 10 000 Talente (47 152 500 ℳ.) geraubt. Als Prokonsul von Syrien erpreßte Gabinius 100 Millionen Denare (70 164 000 ℳ.). Dem Ptolomäus Auletes hatte derselbe Gabinius 10 000 Talente abgenommen, nachdem ihm vorher Cäsar schon 6000 genommen hatte, zusammen also ungefähr 75 000 000 ℳ. Auch die anderen Provinzen, Spanien, Gallien steuerten erheblich bei. Hatte doch Q. Lentulus Caepio allein aus der Tektosagenstadt Tolosa 15 000 Talente (70 728 750 ℳ.) weggeschleppt.

Reichtum ist nicht bloß für den einzelnen, er ist auch für ein Volk gefährlich, doppelt gefährlich, wenn er wie in Rom plötzlich zuströmt und nicht die allmählich angesammelte Frucht der Arbeit ist. In Rom war die Folge Untergang des Mittelstandes, Anhäufung kolossaler Vermögen in wenigen Händen und Verarmung der Massen, dann maßloser Luxus und Üppigkeit.

Einen Mittelstand wie die neuere Zeit kennt das Altertum überhaupt nicht, denn die Arbeit, die Grundlage eines gesunden Mittelstandes, gilt nicht als Ehre, sondern als Schande. Plato hält es für recht, die Menschen zu verachten, denen es ihre Beschäftigung nicht gestattet, sich ihren Freunden und dem Staate zu widmen. Nach Aristoteles sind alle Arbeiten, welche physische Kraft erfordern, für den freien Mann erniedrigend. Die Natur hat dafür eine eigene Menschenklasse geschaffen; es sind die, welche wir uns unterwerfen, damit sie als Sklaven oder Taglöhner für uns arbeiten. Deutlich läßt sich in Athen verfolgen, wie der Mittelstand durch die Sklaverei vernichtet wird. In früherer Zeit hatte Athen einen Mittelstand aus freien Arbeitern, aber diese konnten sich, als der Reichtum wuchs, vor der Konkurrenz des Kapitals im Bunde mit der Arbeit nicht halten. Die Reichen besaßen große Fabriken, in denen die Leiter wie die Arbeiter Sklaven waren. Dem freien Arbeiter blieb nichts übrig, als neben dem Sklaven in der

Fabrik zu arbeiten oder müßig zu gehen und sich vom Staate ernähren zu lassen. So hatte man statt, wie es Solon gewollt, eines Volkes, das von der Arbeit lebte, und in dem die Arbeit geachtet war, ein Volk zum Müßiggang geneigt, durch die Berührung mit den Sklaven korrumpiert, in alle Laster des athenischen Lebens verflochten.

Einen ähnlichen Weg geht es in Rom. Auch da wird die Arbeit immer mehr zur Schande. Auch da gilt jede Arbeit, mit der Geld verdient wird, als unwürdige Knechtschaft. Ausgenommen ist nur die ärztliche Kunst, die Architektur und der Großhandel als eines freien Mannes würdige Beschäftigung. Aber „des Handwerkers Verrichtung ist eine schmutzige Arbeit, mit der Werkstatt verträgt sich nichts Edles." Es ist wieder der Fluch der Sklaverei. Wo sie besteht, kann die freie Arbeit nicht geachtet werden, ein aus freien Arbeitern bestehender Mittelstand nicht aufkommen.

Auf dem Lande hatte Italien früher einen solchen in den freien Bauern besessen, die auf kleinen Gehöften mit fleißiger Arbeit den Acker bestellten, wie der Boden Italiens einen solchen Anbau im Kleinen fordert. Diesen freien Bauernstand, der auch den Kern der Legionen bildete, hatten die Bürgerkriege vernichtet. Mehr als einmal wurden die abgedankten Legionen der Sieger mit Ländereien in Italien belohnt. Schon Sulla hatte an 23 Legionen solche Munizipien, die sich ihm feindlich gezeigt, verteilt. Mit klingendem Spiele zogen die Soldaten in Florenz, in Präneste und den andern ihnen angewiesenen Orten ein, vertrieben die Bewohner und nahmen Häuser und Acker in Besitz. Ähnlich hatte es Octavian mit 34 Legionen gemacht. Die alten Soldaten wurden nur selten zu fleißigen Bauern. Das leicht Erworbene wurde leicht vergeudet. Spekulanten kauften die Äcker auf. Die im Orient oder in Gallien reich gewordenen römischen Großen legten hier ihre Kapitalien an. So entstanden große Latifundien, ungeheure, oft Quadratmeilen umfassende Güter. Diese ließen sich nutzbringender mit Sklaven als mit freien Arbeitern bewirtschaften. Der Sklave vertreibt den freien Arbeiter überall. Nur in entfernten Gegenden, wo sich die Sklaven nicht kon-

trollieren ließen, hielt sich noch der freie Mann als villicus
unter harten Bedingungen. Höchstens erhielt er $\frac{1}{5}$ des
Ertrags. Oder man beließ ihn auch da, wo das Land un=
gesund war, und man die kostbare Kapitalanlage in Sklaven
scheute. Bei der Größe des Grundbesitzes und bei den schlechten
Arbeitskräften (ein unfreier Arbeiter ist immer ein schlechter
und teurer Arbeiter) lohnte der Ackerbau nicht mehr.   An
seine Stelle trat Viehzucht, die nicht so viel Arbeit erforderte
und sicheren Gewinn bot. Wo früher reiche Kornfelder wogten,
reiche Obstgärten gestanden hatten, sah man jetzt meilenweit
nur eine von Vieh beweidete Öde.   Wo früher zahlreiche Dörfer
inmitten wohlbebauter Felder und Gärten das Auge erfreut
hatten, erhoben sich jetzt nur in weiten Entfernungen die
Ergastula, kerkerartige Wohnungen, die Hunderte von elenden
Sklaven bargen. Die beiden damals oft gehörten Sätze: „Ein
gekaufter Arbeiter ist besser als ein Lohnarbeiter" und „Weide
ist einträglicher als Ackerbau" bezeichnen die Stufen des fort=
schreitenden Verderbens.   Am stärksten litt Süditalien.   Städte
wie Capua und Tarent, inmitten der fruchtbarsten Landstriche,
konnten nur durch künstliche Mittel vor dem gänzlichen Ver=
fall bewahrt werden.   Besser stand es in Norditalien, wo das
Pachtsystem mit freien Pächtern sich erhielt.   Sizilien war schon
ganz verödet.

Der Entvölkerung des platten Landes entsprach die Über=
völkerung der großen Städte.   Was sich auf dem Lande nicht
mehr halten konnte, strömte in die Städte, namentlich nach
Rom.   Und welche Bevölkerung war es, die sich hier zusammen=
drängte!   Wir kennen die Einwohnerzahl Roms in der ersten
Kaiserzeit nicht ganz genau.   Einige schätzen sie auf $1\frac{1}{2}$,
andere, z. B. Hoeck, auf 2 Millionen und höher.   Darunter
waren nur etwa 10000, die den höheren Ständen angehörten,
Senatoren und Ritter; dann zählt Hoeck 1 Million Sklaven
und etwa 50000 Fremde; die übrigen bildeten die Plebs
urbana.   Diese war durchweg arm. Verdienst gab es in Rom
wenig, denn auch hier hatte der freie Arbeiter die Konkurrenz
des Sklaven zu bestehen, auch hier nahm ihm dieser den Ver=
dienst weg.   Die Reichen ließen, was sie bedurften, im Hause

durch die Scharen ihrer Sklaven herstellen. Auch große Bauten wurden von den Bauunternehmern durch Sklaven ausgeführt. So hatten die Handwerker nur geringe Leute zu Kunden. Sonst boten nur die Stellen der Unterbediensteten bei den Magistraten, der Diener bei den Priesterkollegien, der Dienst bei Leichenbestattungen u. s. w. Gelegenheit zum Verdienst. Ein eigentlicher Mittelstand fehlte. Viele suchten ihr Brot als Klienten bei den Großen, ein Brot, das kümmerlich genug war, wenig besser als Sklaverei. Von früh morgens bis spät abends mußten die Klienten, mochte es heiß sein oder mochte es schneien, in der Toga ihrem Patron zum Dienst bereit sein, ihm im Hause aufwarten, ihn auf seinen Wegen begleiten. Dafür erhielten sie dann eine Gabe und wurden bei Festlichkeiten im Hause des Patrons eingeladen, um den Pomp vermehren zu helfen. Sonst wurden sie oft auf das schmählichste und wegwerfendste behandelt, selbst von den Freigelassenen und Sklaven ihres Herrn. Der große Haufe des Volks lebte in fast völligem Müßiggang und wurde vom Staate unterhalten.

Schon in früheren Zeiten war den römischen Bürgern Getreide gegen einen mäßigen Preis geliefert. Clodius hatte im Jahr 695 der Stadt ein Gesetz durchgebracht, wornach es ihnen unentgeltlich geliefert werden sollte. In den Zeiten der Bürgerkriege mehrte sich die Zahl der Getreide-Empfänger erheblich, da natürlich jeder Gewalthaber um die Gunst des großen Haufens buhlte. Zu Cäsars Zeit waren ihrer 320000. Nachher wurde die Zahl durch Aussendung von Armenkolonien auf 130000, unter Augustus auf 100000 herabgedrückt, wuchs aber immer wieder an. Die Bedürftigkeit sollte untersucht werden; Rücksicht auf die Sitten und den Lebenswandel wurde nicht genommen. „Die Getreidespende,“ sagt Seneca, „empfängt der Dieb so gut wie der Meineidige und der Ehebrecher; ohne Rücksicht auf die Sitten ist jeder Bürger.“ An einem bestimmten Tag des Monats nahm jeder in die Listen Eingeschriebene die tessera frumentalis, eine Anweisung auf 5 Scheffel Weizen, in Empfang. Dieses Maß wurde dann in den Magazinen jedem, der die tessera brachte und vorzeigte, zugemessen. Deshalb wurden die Anweisungen auch oft verkauft, zumal das

Maß so groß war, daß es für mehr als Einen genügte. Außer=
dem wurden auch Geldgeschenke (congiaria) ausgeteilt. Diese
waren entweder Almosen, dann kamen sie nur den Getreide=
empfängern zu gute, oder eigentliche Geschenke, dann erhielten
sie alle Bürger bis auf die Knaben herab. So z. B. in den
Jahren der Stadt 725, 730, 742, wo jeder 400 Sesterzien
(ungefähr 60 ℳ) empfing. Ein derartiges Congiarium kostete
dem Staate 250 Millionen Sesterzien, ungefähr 39 Millionen
Mark.

Solch eine Freigebigkeit hat die Welt nicht wieder gesehen,
aber beachten wir es wohl, Liebesthätigkeit ist das nicht.
Nicht der Mensch, sondern der römische Bürger wird bedacht;
nicht Bedürftige erhielten die Gabe, sondern kräftige, arbeits=
fähige Männer; nicht der Einzelne, sondern der Staat ist der
Schenkende; nicht Liebe, sondern Recht ist das Maßgebende.
Es ist im Grunde nur sein Anteil an der Beute der eroberten
Welt, den der einzelne Bürger in Form eines Congiariums
erhält, man könnte auch sagen, es ist eine Prämie, welche die
Furcht der Reichen dem Müßiggange zahlt. ·Deshalb steigerte
das Empfangene nur die Ansprüche. Zu Augustus Zeiten forderte
das Volk zu dem Getreide stürmisch auch Wein. Der Kaiser ließ
ihm zur Antwort geben: „Es sei durch Wasserleitungen hinreichend
gesorgt, daß keiner Durst leide.“ Später wurde man in der That
weiter gedrängt. Septimius Severus ließ auch Öl verteilen.
Aurelian gab bei seinem Triumphe Brot. Das blieb dann,
als das Volk es forderte, dauernd. Selbst Wein wollte der
Kaiser jetzt geben. Als ihm der Präfektus Prätorio darauf
erwiderte: „Geben wir dem Volke Wein, so bleibt nichts übrig,
wir werden ihm auch Eier und Hühner auftischen müssen,“
stand er zwar davon ab, aber er sorgte doch dafür, daß dem
Volke Wein zu billigeren Preisen geliefert wurde. Mit der
Ausdehnung des römischen Bürgerrechts dehnte sich auch die
Getreideverteilung aus. Getreideanweisungen, kleine Blechstücke
mit Angabe des zu liefernden Quantums (die Tesserae),
werden durch das ganze Reich bis nach Palmyra hin auf=
gefunden. Dieses System von Schenkungen konnte nur entsitt=
lichend wirken. Die Liebe hebt den Armen, solche Schenkungen

erniebrigen ihn. Erst das Christentum hat wahre Liebesthätig=
keit gebracht, und wie es die Arbeit geadelt hat, so hat es
auch die unverschuldete Armut geehrt.

Während der große Haufe von Almosen lebte, schwelgten
die wenigen Besitzenden in unerhörtem Luxus. Bis auf
Augustus war Rom, verglichen mit dem was es später wurde,
eine ziemlich ärmliche Stadt gewesen. Augustus konnte sich
rühmen, statt der Backsteinstadt, die er vorgefunden, eine
Marmorstadt zurückgelassen zu haben. Nicht bloß die öffent=
lichen Gebäude, auch die Privatwohnungen zeigen von nun an
eine unvergleichliche Pracht. Eine Wohnung, die mit Zubehör
(Gärten u. s. w.) vier Morgen umfaßte, galt noch als enge.
Welchen glänzenden Anblick boten die Atrien mit ihren hohen
Säulen, zu benen die kostbarsten Steine aus der ganzen Welt
zusammengeholt wurden. Balken von hymettischem Marmor
ruhten auf Säulen von afrikanischem; die Wände bildeten kost=
bare Tafeln von geflecktem Marmor oder Alabaster mit Leisten
von grünem Serpentin eingefaßt, der weit her aus Ägypten
oder vom schwarzen Meere kam. Die Gewölbe glänzten von
Glasmosaik, die Fußböden waren künstlich ausgelegt. Da=
zwischen grünes Gebüsch und plätschernde Springbrunnen,
während in der Höhe, von Säulenbach zu Säulenbach, zum
Schutz gegen die Sonnenstrahlen eine purpurne Decke sich
spannte, den Mosaikfußboden und den Moosteppich mit röt=
lichem Schimmer übergießend.

Alles übertraf Neros goldenes Haus. Es war an Größe
einer Stadt gleich; die dazu gehörenden Säulengänge hatten
die Länge von einer Meile. Vor der Front stand eine Kolossal=
statue des Kaisers, 110 Fuß hoch. Dem entsprachen die übrigen
Dimensionen. Es umfaßte Felder und Gärten, Wiesen und
Wälder, selbst ein See fehlte nicht. Säle und Zimmer waren
mit Gold überzogen, mit Edelsteinen und Perlmutter ausgelegt
oder auch mit Spiegelglas, das dem Beschauer sein Bild viel=
fach zurückwarf. Kleinere Gemächer hatten Wände, die ganz
mit Perlen bedeckt waren. Besonders prächtig waren die Speise=
zimmer dekoriert, und die Bäder boten den ausgesuchtesten
Luxus. Die Speisezimmer hatten vergoldete, geschnitzte und

bemalte Plafonds, die nach den Gängen des Mahls wechselten und so eingerichtet waren, daß Blumen und wohlriechende Wasser über die Gäste ausgeschüttet werden konnten. Zu den Bädern wurden in großartigen Wasserleitungen das Seewasser vom Meere und das Schwefelwasser der Thermen von Tibur hergeleitet und ergoß sich aus goldenen und silbernen Krahnen in Bassins von buntfarbigem Marmor, der es bald rot, bald grün, bald weiß erscheinen ließ. „Nun fange ich doch an, wie ein Mensch zu leben," hatte Nero gesagt, als er eingezogen war. Otho bewilligte drei Millionen zum Weiterbau, und dennoch fand Vitellius den Palast eines Kaisers noch nicht würdig. Natürlich verteuerten diese umfangreichen Häuser die Bauplätze ungemein, und für die Armen war in Rom so wenig Raum, wie in unseren großen Städten. Unter Nero wurde ein Gesetz gegeben, welches verbot, Häuser auf Abbruch zu kaufen, um mit den Plätzen zu spekulieren.

Außer seiner Stadtwohnung besaß der reiche Römer auch eine Anzahl von Landhäusern in den Bergen oder am Meer, in Südizalien oder im Norden zur Auswahl. Meilenweit er= streckten sich da die herrlichsten Parkanlagen, wie sie nur der sehr ausgebildete Sinn für Naturschönheit mit den zu Gebote stehenden ungeheuren Mitteln schaffen konnte. Hatte man auf Reisen Landschaften gesehen und besonders schön gefunden, so ließ man sie wohl dort nachbilden, oder man suchte auch seine Befriedigung darin, etwas zu schaffen unter Verhältnissen und an Orten, wo jede Vorbedingung dafür fehlte. Wo Meer war, schuf man Land und legte da eine Villa an, nur um sagen zu können, daß man sie dem Meere abgetrotzt habe; oder es wurde mit ungeheuren Kosten Erde auf nackte Felsen gebracht, um dort einen Garten oder Wald zu pflanzen. Natur und Kunst, Geldmittel und Geschmack vereinigten sich, um in einem Lande, dessen Klima zauberhaft schön ist, dem Reichen ein be= neidenswertes Dasein zu verschaffen. Daß diese großen Villen die Ärmeren von Grund und Boden vertrieben, den Acker seiner natürlichen Produktion, dem Korn=, Wein= und Obstbau, ent= zogen und so das Proletariat mehren halfen, was kümmerte das die Reichen!

Und nun erst die öffentlichen Bauten! Eine wahre Bau=
wut beherrscht die Zeit, und wenn die echte Kunst schon im
Sinken war, so strebte man, was an wirklich künstlerischer
Durchbildung fehlte, durch Massenhaftigkeit und überreiche
Dekoration zu ersetzen. Wir können uns jetzt in der That
kaum noch eine Vorstellung machen von der Herrlichkeit und
Pracht einer Stadt wie Rom. Selbst die schönsten und reichsten
Weltstädte der Gegenwart kommen dem auch nicht entfernt nahe.
Dieser Fülle von Kunstwerken, von Palästen und Tempeln, von
Theatern und Bädern, von Triumphbögen und nach Tausenden
zählenden Statuen gegenüber erscheinen sie geradezu arm. Und
denken wir dann an die zahlreichen übrigen Großstädte, von
denen manche, wie z. B. Antiochien und Alexandrien, mit Rom
rivalisierten, denken wir selbst an die kleineren Städte wie
Pompeji, das uns durch ein günstiges Geschick erhalten ist:
wie ist auch da alles von der Kunst reich geschmückt und bei
einzelnen Verirrungen des Geschmacks doch durchweg so ge=
fällig, so sauber und zierlich, daß es uns noch immer zum
Vorbilde dient. Machen wir uns dann auch nur eine an=
nähernde Vorstellung von der Großartigkeit der Nützlichkeits=
bauten, der Brücken, Straßen, Wasserleitungen im ganzen
Reiche, deren Trümmer in Afrika und in der Eifel, in Frank=
reich und in Syrien noch heute unsere Bewunderung erregen,
so ist das Gesamtbild in der That staunenerregend, und wir
bekommen einen Eindruck davon, welche Kraft auch in dem
kaiserlichen Rom, dem das meiste davon seinen Ursprung ver=
dankt, noch vorhanden war.

Das Innere der Wohnungen bot zwar nicht, was wir
heute Komfort nennen, aber desto mehr Reichtum und Pracht.
Auch da zeigt sich, daß das Leben der antiken Welt nach
außen gerichtet ist, nicht nach innen. Wir suchen im Hause
vor allem ein gemütliches, behagliches Heim; die Neigung der
alten Welt geht überall, auch im Hause, aufs Repräsentieren.
Der Besitzer des Hauses will vor allem seinen Reichtum und
seine Würde glänzend zur Schau stellen. Die Räume des
Hauses sind mit unsern Räumen verglichen leer, sie enthalten
statt vieler Mobilien zum täglichen Gebrauch nur wenige, aber

desto wertvollere Prachtstücke. Man sah dort kostbare Tische
mit Citrusplatten auf Elfenbeinfüßen. Da standen Ruhebetten
mit Gold und Silber ausgelegt und mit babylonischen Teppichen
bedeckt, Prachtvasen aus korinthischer Bronce oder dem rätsel=
haften Stoff Murrha, von dem Gefäße 30000 ja 150000 ℳ.
an Wert vorkommen, äginetische Kandelaber, Schenktische mit
alten Silberarbeiten, Statuen und Gemälde berühmter Künstler.
Alles, bis zum gewöhnlichen Hausgeräte herab, war in unver=
gleichlich höherem Maße als bei uns künstlerisch durchgebildet
und ausgestaltet.

Dann das Leben in diesen prächtigen Häusern. Genuß=
sucht, Weichlichkeit und Üppigkeit führten hier das Regiment.
Zahlreiche Sklaven standen des Winkes ihres Herrn gewärtig
zu allen Dienstleistungen bereit, um ihm jede auch die geringste
Mühe abzunehmen. Hatte man doch selbst Sklaven, die den
Homer oder Virgil auswendig wußten und, hinter dem Stuhle
ihres Herrn stehend, diesem ein Citat aus den klassischen
Dichtern zuflüsterten, wenn er für gut fand, ein solches in
die Unterhaltung einzuflechten. Von ernster Arbeit war keine
Rede, höchstens von bilettantischer Beschäftigung mit den schönen
Künsten. Sonst war das Leben eine große Orgie. Gastmähler
und Feste jagten einander, eines noch ausgesuchter und raffi=
nierter als das andere. Aus allen Weltteilen schleppte man
die Genüsse zusammen, und je seltener und kostspieliger, desto
höher wurden sie geachtet. Man überbot sich in der Kunst,
bei einem einzigen Gastmahl Hunderttausende zu vergeuden,
bis der Kaiser Vitellius alles übertraf, indem er in den wenigen
Monaten seines Kaisertums 150 Millionen durchbrachte. Um
von neuem essen zu können, gebrauchte man Brechmittel. „Sie
speien um zu essen und essen um zu speien," sagt Seneca,
„und wollen die aus allen Weltteilen zusammengebrachten
Mahlzeiten nicht einmal verdauen." Welche Verschwendung
wurde außerdem bei diesen Gelagen getrieben; für Blumen,
mit denen die Gäste überschüttet wurden, Rosen und Veilchen
mitten im Winter, für Salben und wohlriechende Wasser gab
man an einem Tage Tausende aus. Alles wird übertrieben bis
zur Unnatur, und oft mutet es uns an, als wären wir in einem

Zauberschlosse, wie die Märchen davon erzählen, wo alles von Silber und Gold ist. So z. B. wenn wir hören, daß Poppäa Sabina, die Gemahlin des Nero, auf der Reise 500 Eselinnen mit sich führt, um aus deren Milch ihre Schönheitsbäder zu bereiten, und daß diese Tiere goldene und silberne Hufbeschläge haben, während ihr Gemahl, wenn er sich am Fischen ergötzt, sich dabei goldburchwirkter Netze bedient.

Auf solch ein Treiben konnte nur eine Zeit verfallen, der aller Ernst des Lebens entschwunden, in der jedes Streben nach Höherem untergegangen, und nur noch der bloße sinnliche Genuß die Losung war. Und umgekehrt mußte ja dieses Genußleben die Zeit noch immer mehr sittlich entleeren. „Durch die Schwelgerei," klagt ein Zeitgenosse, „sind die Geister einer thatenlosen Jugend schlaff geworden, und niemand wacht mehr in der Mühe und Arbeit einer anständigen Beschäftigung. Schlaf und Mattigkeit und, was schlimmer ist als beides, Eifer im Schlechten hat die Gemüter ergriffen. Nun macht das schimpfliche Studium des Gesanges und Tanzes sie weibisch, nun ist die Sucht die Haare zu kräuseln, die Stimme zu weiblichen Schmeichellauten abzuschwächen, mit den Weibern in körperlicher Verzärtelung zu wetteifern, in den unreinsten Lastern groß zu sein, das Gepräge unserer Jünglinge. Wer von euren Altersgenossen ist denn voll Geist? voll Lernbegierde? geschweige denn ein Mann?" Das war das Geschlecht, wie es uns Plinius und der Arzt Galen, hierin ein kompetenter Zeuge, schildern „mit blassen Gesichtern, hängenden Wangen, geschwollenen Augen, zitternden Händen und dicken Bäuchen, von schwachem Verstande und ohne Gedächtnis." Das waren die Leute, die sittlich verkommen, völlig erschlafft im Senate vor dem Kaiser krochen und jeden Fußtritt mit neuen ausgesuchten Schmeicheleien beantworteten, diese Aristokraten, die auf ihren alten stolzen Namen oder auf ihre Reichtümmer pochten und doch einem Nero gegenüber nur Sklaven waren, höchstens im Vereine mit emanzipierten Frauen Verschwörungen anzettelten, und dann doch nicht den Mut finden konnten, sie auszuführen, auch im Tode noch Feiglinge oder Wüstlinge.

Wie langweilig, wie schal erschien bei dem allem diesem

blafierten Geschlecht das Leben! Von Genuß und Sinnenluft
umrauscht, in der Lage, jede, auch die bizarrste, Laune zu be=
friedigen, sind sie doch durch und durch unbefriedigt und suchen
vergeblich durch immer neues Raffinement dem Leben neuen
Reiz zu geben. Das Leben der Kaiserzeit ist im Grunde lang=
weilig und inhaltslos. Sie hatten ja auch nichts mehr, was
ihr Herz wahrhaft zu erheben im stande gewesen wäre. Das
Interesse am Gemeinwesen war untergegangen, seit der Kaiser
allein die Welt nach seinen Launen regierte oder, wie es kam,
auch durch Weiber oder Kammerdiener regieren ließ. Das
religiöse Leben war geschwunden, die Philosophie in eitlen
Wortkram ausgeartet, für eine schaffende, weiterstrebende Arbeit
gab es keinen Raum zwischen einer überreichen Aristokratie
und einem Pöbel, der gewohnt war, sich von seinem Herrn
füttern zu lassen. Der Mangel an ernster Beschäftigung hatte
zur Folge, daß das Leben mit lauter Nichtigkeiten ausgefüllt
wurde. Wirkliche Arbeit kannte dieses Geschlecht nicht mehr.
Welche Bedeutung hatten früher die Gemeindeämter gehabt,
nicht bloß in Rom die hohen Ämter der Republik, sondern
auch die Ämter in den Munizipalstädten. Jetzt ist nichts da=
von übrig geblieben als eine inhaltslose lächerliche Ambition
im Jagen nach nichtigen Ehrenbezeugungen, gegen welche die
moderne Titel= und Ordenssucht nichts ist. Der Senat gab
darin ein Vorbild, das nicht wirkungslos blieb. Wie wird da
jeder Kaiser, auch der schlechteste, mit Ehrenbezeugungen, mit
neuen Titeln, Beschlüssen wegen zu errichtender Bilder und
Statuen, mit Huldigungen aller Art begrüßt, ja überschüttet.
Die Landtage, die Munizipalräte der Städte beschließen eine
Fülle von Ehrenbezeugungen der mannigfaltigsten Art, Belobi=
gungen mit Heroldsruf, Purpurgewänder und Diadem, Statuen
zu Fuß und zu Roß, und glücklich schätzt sich jeder, etwas
davon zu erhaschen. Vielfach wurde damit ein förmlicher
Handel getrieben; es war, sagte Plutarch, ein Geschäft wie
zwischen der Kurtisane und ihren Kunden. Die mit der Ehre
einer Statue Bedachten übernahmen oft die Kosten der Statue
selbst, jedenfalls mußten sie sich mit Festen und Spenden
revanchieren. Die verderblichen Folgen zeigen sich deutlich

genug. Die Ausgaben für Ehrendenkmäler, Ehrengesandt=
schaften u. s. w. haben mehr als eine Stadt finanziell ruiniert,
und der große Haufe wurde durch die Spenden, Speisungen,
Spiele sittlich heruntergebracht. Bettelhaftigkeit und Arbeits=
scheu, ein Leben auf fremde Kosten nimmt fortwährend zu.

Neben dieser inhaltslosen Ambition ist es charakteristisch
und recht ein Zeichen, wie leer das Leben geworden war, daß
die Pflichten der Gesellschaft eine übertriebene Wichtigkeit be=
kommen. „Es ist erstaunlich,“ schreibt Plinius in einem Briefe,
„womit man in Rom die Zeit hinbringt. Nimm jeden Tag
für sich, und es ist keiner, der nicht ausgefüllt wäre, oder
doch ausgefüllt zu sein schiene; geh sie alle zusammen durch,
und du wirst erstaunt sein, wie leer sie sind. Wenn du einen
fragst: Was hast du heute gethan? so wird er dir antworten:
Ich war bei einem Freunde, der seinem Sohne die toga virilis
gab; man bat mich, ein Testament mit zu unterschreiben,
Zeuge bei einem Geschäft zu sein. Alle diese Dinge erscheinen
uns an dem Tage, wenn man sie thut, sehr nötig. Wenn man
aber bedenkt, daß das immer von neuem anfängt, findet man
sie sehr unnötig.“ Füllte man nicht in frivoler Weise sein
Leben mit Orgien aus, so war das allerwichtigste die Be=
schäftigung mit den Wissenschaften, schreiben, das Geschriebene
vorlesen, vorlesen hören, dichten, und die Dichtungen anderer
bewundern. „Jeden Tag,“ berichtet Plinius, „war im April
die Vorlesung irgend eines Dichters.“ „Wir leiden an einem
Übermaß der Wissenschaften,“ hatte schon Seneca gesagt. Statt
aufs Forum oder sonst zu wichtigen Geschäften ging man jetzt,
irgend einen Rhetor über Moral deklamieren zu hören, oder
in die Bäder, die Salons der damaligen Zeit, um über allerlei
zu schwatzen. Oder man war von einem Freunde eingeladen,
ein historisches Werk oder eine Dichtung vorlesen zu hören.
Man deklamierte sein ganzes Leben lang. Für wahre Schön=
heit ging der Sinn mehr und mehr verloren. Gelang es dem
Dichter oder Rhetor die alten Werke glücklich nachzuahmen,
dann wurde am stärksten applaudiert.

Ein bezeichnendes Dokument für den Seelenzustand vieler
in jener Zeit ist der Anfang eines Traktats des Seneca über

die Gemütsruhe. Der oben schon genannte Kommandant der
Vigiles Serenus hat ihm seinen Seelenzustand dargestellt und
bittet ihn, das Übel zu nennen, an dem er leidet. Nun schil=
dert Seneca, wie es damals in vielen Seelen aussah. Es ist
eine nicht zu beschreibende Mischung von Energie und Schwach=
heit, von Ehrgeiz und Ohnmacht, ein schnelles Aufeinander=
folgen von unbestimmten Hoffnungen und unbegründeten Ent=
mutigungen, eine verzehrende Langeweile, ein Ekel vor sich
selbst, der uns nicht an derselben Stelle bleiben läßt und zuletzt
alles verhaßt macht. Die Welt erscheint uns eintönig, das
Leben ohne Abwechslung, die Vergnügungen ermüden, die ge=
ringste Mühe erschöpft die Kräfte, und diese unbestimmte
Traurigkeit wird zuletzt so schwer lastend, daß man daran
denkt, ihr durch den Tod zu entgehen.

Gern räume ich ein, daß die gegebene Schilderung des
sittlichen Lebens jener Zeit nach der einen oder andern Seite
der Einschränkung bedarf, daß gewiß auch noch gesundere, edlere
Elemente da waren, daß man vieles auch durch Vergleichung
mit anderen Zeiten, die ähnliches bieten, in ein milderes Licht
rücken kann; das Eine, von dem alle jene Einzelheiten nur ein
Symptom sind, und das selbst wieder das untrüglichste Symp=
tom der Gesunkenheit der alten Welt ist, wird man jedenfalls
zugestehen müssen: die Entleerung des ganzen Lebens von
jedem höheren Zweck.

4. Spiele.

Überaus bezeichnend dafür ist auch die Erscheinung, daß
damals in den höheren Ständen die Sucht weit verbreitet
war, auf dem Theater, im Zirkus, beim Wagenrennen und bei
den Gladiatorenspielen aufzutreten. War doch Nero darin mit
bösem Beispiel vorangegangen. Stolzer als je ein. römischer
Triumphator war er mit seinen 1808 in den griechischen Spielen
errungenen Siegeskränzen in Rom eingezogen und hatte sie an
dem Obelisk in Zirkus Maximus aufgehängt, während schon
die Nemesis seiner Bluttaten an die Thore pochte. So ver=
breitet zeigt sich diese Neigung, daß ernstere Kaiser ihr durch
Gesetze zu wehren suchten. Zu erklären ist sie nur aus dem

Haschen nach neuen pikanteren Reizmitteln. Im Zirkus und in der Arena suchten die von allen möglichen Genüssen Blasierten eine Aufregung, die sie sonst nirgends mehr fanden, und setzten, gegen alles gleichgültig geworden, in den Gladiatorenspielen ein Leben aufs Spiel, das für sie keinen Wert mehr hatte. Überhaupt ist die leidenschaftliche Teilnahme dieser Zeit an allen Arten von Schaustellungen im höchsten Maße charakteristisch, und es lohnt sich der Mühe, ihr etwas eingehender unsre Aufmerksamkeit zuzuwenden, da sich von hier aus tiefe Blicke in den Bestand des sittlichen Lebens jener Zeit wie des ganzen Altertums thun lassen.

Schauspiele (das Wort zunächst im weitesten Sinne genommen) haben für das antike Leben schon im allgemeinen eine höhere Bedeutung als für die Gegenwart. Auch hier erkennen wir den schon öfter berührten Zug des antiken Lebens nach außen wieder in der Freude an künstlerischer Darstellung, daher auch an öffentlichen Aufzügen und Schaustellungen aller Art. Auch im Gottesdienst zeigt sich das; der ganze Kultus hat etwas theatralisches, Prozessionen spielen darin eine große Rolle. Welche bedeutsame Stelle nimmt im griechischen Volksleben das Theater ein! Liegen doch auf diesem Gebiete zum Teil die höchsten Leistungen des griechischen Geistes in den Dramen eines Aschylus, Sophokles und Euripides. Freilich die Zeit, in der man sich an solchen Geistesschöpfungen erfreute, war jetzt längst vorüber. Die hohen Gestalten im Kothurn und mit der Maske, mit feierlichem Gange und feierlicher Sprache waren von den Bühnen verschwunden. An dem Oedipus oder an der Antigone hätten nicht einmal mehr die damaligen Griechen, geschweige denn die Römer Geschmack gefunden. Am längsten hielt sich noch die neuere Komödie, in der wenigstens die Feinheit des Spiels anziehend wirkte. Possen und Pantomimen nahmen die Stelle ein. Die Attellana, eine Art Policinell-Komödie mit grotesker Komik und derben Späßen, der Mimus, ein lose zusammenhängendes Charakterbild aus dem gewöhnlichen Leben, mit Spaßmachern und vieler Bühnenkunst, mit reichen Dekorationen und staunenerregenden Verwandlungen, das war's, woran man sich jetzt ergötzte. Nicht

mehr die großen Thaten der Helden wurden da zur Nachahmung
vorgestellt, nicht mehr die Zeitthorheiten verspottet; die Aben=
teuer betrogener Ehemänner, Ehebrüche und Liebesintriguen
bildeten den Stoff. Man moquierte sich über die Tugend und
spottete über die Götter; alles Heilige und Ehrwürdige wurde
in den Kot gezogen. An Obscönität, unverhüllter und unzwei=
deutiger, an unkeuschen Reden und die Scham verletzenden
Schaustellungen überboten diese Spiele alles. Ballettänzerinnen
warfen ihre Kleider ab und tanzten halb nackt, ja völlig
nackt auf der Bühne. Von Kunst war keine Rede mehr, alles
war lediglich auf Sinnenkitzel berechnet.

Übrigens tritt das eigentliche Theater damals stark zurück.
Die Neigung des Volks geht vorwiegend auf die Spiele im
Zirkus und im Amphitheater.   Diese, ursprünglich religiöse
Feste und immer noch mit religiösen Zeremonien verbunden,
hatten in der Kaiserzeit auch eine politische Bedeutung ge=
wonnen. Für die Gewalthaber kam viel darauf an, das Volk
zu beschäftigen und zu unterhalten.   Brot und Spiele! war
die Forderung, und so lange Rom satt zu essen hatte und sich
amüsierte, war für den Kaiser wenig zu fürchten.   Deshalb
wurde mit so großer Sorgfalt über die Kornzufuhr gewacht,
deshalb auch mit so ungeheuren Kosten für Spiele gesorgt.
Je mehr das politische Leben verfällt, desto mehr Raum nehmen
diese Spiele ein. Ohne Unterschied haben die Kaiser, gute und
schlechte, darauf große Summen verwendet.   Die sparsamsten
mußten doch dafür Geld haben, und die strengsten und ein=
fachsten mußten darin der Lust des Volkes nachgeben.

In bescheidenen Grenzen hatte schon die Republik die
Spiele gekannt. Unter Augustus wurden bereits 66 Tage im
Jahre mit Spielen gefeiert, unter Marc Aurel war die Zahl
auf 135 Tage gesteigert. Dazu kamen dann aber noch außer=
ordentliche Feste.   Titus gab dem Volke bei der Einweihung
des flavischen Amphitheaters ein Fest von 100 Tagen, Trajan
bei Gelegenheit seines dacischen Triumphes ein solches von
123 Tagen. So war es in Rom, wo freilich alles auf den
Gipfel getrieben wurde. Aber auch in den Provinzen fehlten
die Spiele, wenn auch in bescheidenerem Maße, nicht.   Die

Trümmer zahlreicher und oft kolossaler Amphitheater in allen dem römischen Reiche angehörenden Ländern beweisen es. Selbst in Palästina hatte der König Agrippa zum Entsetzen der Juden einen Zirkus bauen lassen, und seine Rennpferde sollen mit den römischen gewetteifert haben. An den Mauern von Pompeji sehen wir noch heute die Anschläge, in denen die Abhaltungen von Spielen angekündigt wird. Es gehörte zu den lästigsten und drückendsten Pflichten der städtischen Beamten, auch in den Mittelstädten, auf eigene Kosten Spiele zu geben, und wir wissen zufällig von einem Gladiatorenspiel in einer italienischen Stadt mittleren Ranges aus dem Anfange der Kaiserzeit, das drei Tage währte und 87000 *M.* kostete.

Oft wurde das Volk bei den Spielen auch gespeist, und ganze Tage waren zu großartigen Schmausereien bestimmt. Auf umfangreichen Schüsseln und in großen Körben trugen kaiserliche Sklaven die Speisen und den Wein umher. Das ganze Volk, Männer, Weiber und Kinder, Senatoren und Ritter, der Hof und der Kaiser selbst speisten an großen Tafeln auf den weiten Plätzen Roms. Oder es wurden Feigen, Datteln, Nüsse und Kuchen unter das Volk geworfen, es regnete gebratene Hühner und Fasanen. Lotterielose wurden verteilt, auf die Kleines und Großes zu gewinnen war, etwa Kleidungsstücke oder Hausrat, Gold und Silber, aber auch Häuser und Landgüter. Wer Glück hatte, konnte an einem Tage ein reicher Mann werden. Da drängte sich denn das Volk zu; oft genug kamen Menschen in dem Gedränge um.

Am meisten interessierte sich das Volk für das Wagenrennen im Zirkus; hier am furchtbarsten waren die Leidenschaften erregt. Welche von den vier nach den Farben, welche die Pferde und die Wagenlenker trugen, genannten Parteien bei dem nächsten Rennen siegen wird, ob die rote oder die grüne, die blaue oder die weiße, war eine Frage, die schon Tage lang vorher Rom beschäftigte. Wetten wurden geschlossen oft um Hunderttausende, um ganze Landgüter, Opfer wurden gebracht, Wahrsager befragt, auch Zauberkünste angewendet, um der bevorzugten Partei den Sieg zu verschaffen. „Verlieren die Grünen," sagte Juvenal, „dann ist Rom so bestürzt, wie nach

der Niederlage von Cannä." „Mochte ein Nero das Reich
regieren oder ein Marc Aurel," ſo beſchreibt Friebländer, beſſen
Schilberungen des römiſchen Lebens ich manches entlehne, die
Stimmung, „mochte das Reich Frieden haben oder im Bürger=
kriege auflobern, mochten die Barbaren an die Grenzen ſtürmen,
in Rom war für Freie und Sklaven, für Senatoren, Ritter
und Volk, für Männer und Weiber die Frage von der größten
Wichtigkeit, ob die Blauen ſiegen würden oder die Grünen."

Schon in der Nacht vorher ſtrömte das Volk in den Zirkus,
um ſich Plätze zu ſichern, denn ſo ungeheuer der Raum war,
ſo ſchwer war es doch, einen Platz zu bekommen. In Cäſars
Zeit hatte der Zirkus 150000 Plätze, Titus vermehrte ſie auf
250000, zuletzt waren es 385000.

Eine gottesbienſtliche Feier leitete das Spiel ein. Vom
Kapitol her kam unter dem Schalle der Tuben und Flöten
eine große Prozeſſion, voran die Magiſtratsperſon, welche die
Spiele gab, als Triumphator auf dem Wagen ſtehend, die
Götter= und Cäſarenbilder auf Bahren getragen, von den
Prieſterkollegien in vollem Schmuck begleitet. Durch das
Hauptthor zog die pompa diaboli, wie Tertullian ſagt, in
den Zirkus und bewegte ſich feierlich langſam durch die Bahn,
von der Verſammlung mit Aufſtehen, mit jubelndem Zuruf
und Händeklatſchen empfangen. Dann richten ſich aller Augen
in atemloſer Spannung auf den Balkon, von dem herab der
Prätor das Zeichen zum Anfang des Rennens giebt. Jetzt
fliegt das weiße Tuch in die Bahn. Misit! miſit! er hat's
geworfen! ruft einer dem andern zu, und wie nun die Seile,
welche die Bahn bis bahin abſperrten, fallen, wie die Wagen
hervorbrechen und in Staub gehüllt die Bahn durchlaufen, wie
balb dieſe, balb jene Partei einen Vorſprung hat, von den
Parteigenoſſen unter den Zuſchauern je nachdem mit Jubel
begrüßt, mit Zurufen angeſpornt oder mit Verwünſchungen
überſchüttet, wie bic Wagen oft an den Zielſäulen zerſchellen
und Roſſe und Wagenlenker in einem wüſten Knäuel ſich an
der Erbe wälzen: wächſt mit jedem Augenblicke die Leiben=
ſchaft bis zur Raſerei und macht ſich in Toben und Gebrüll
Luft. Endlich iſt der Sieger am Ziele, von bonnerndem Zuruf

empfangen. Bänder, Schleifen, Kränze fliegen ihm zu." Vor dem Sitze des Kaisers empfängt er die mit Gold gefüllte Preis= börse und den Palmzweig und fährt feierlich langsam unter dem Jauchzen des Volks durch die Bahn der porta triumphalis zu. Das Rennen ist zu Ende, aber nur um bald aufs neue zu beginnen. Oft folgten an einem Tage 24 Rennen nach einander mit einer kurzen Pause zu Mittag. Selbst dann gingen viele nicht zu Haus! sie aßen im Zirkus und harrten auf ihren Plätzen aus, bis der Abend dem Schauspiel ein Ende machte.

Einer andern Art von Schaustellungen dienten die Amphi= theater. Hier fanden die Gladiatorenkämpfe statt, die Tierhetzen, die Darstellungen von Land= und Seeschlachten, und wenn wir in den Pferderennen der Gegenwart noch etwas den Wagen= rennen im Zirkus ähnliches haben, so sind uns die Schauspiele des Amphitheaters etwas ganz fremdes. Innerhalb der christ= lichen Welt kann man höchstens noch in den Stierkämpfen Spaniens einen, auch nur leisen, Nachklang derselben finden.

An den Mauern Pompejis lesen wir noch heute die In= schrift: „Wenn es die Witterung erlaubt, wird die Gladiatoren= bande des Ädilen Suetius Certus am 30. Juli in der Arena zu Pompeji einen Gladiatorenkampf aufführen. Auch sollen Tiere gehetzt werden. Der Zuschauerraum ist gedeckt und wird besprizt." Es muß ein prächtiger Anblick gewesen sein, solch ein Amphiteater, die aufsteigenden Sitze alle gefüllt, unten die vornehme Welt, Senatoren, Ritter, die Damenwelt in reichster Toilette, funkelnd von Gold und Edelsteinen, die Vestalinnen in priesterlichem Schmuck; dann weiter aufwärts die übrigen Stände, ganz oben der Haufe des Volkes, Landleute, Soldaten, Haussklaven. Weit über die Arena spannt sich ein Zeltdach von bewimpelten Masten getragen, bunte Teppiche bedecken Lehnen und Brüstungen, von Säule zu Säule ziehen sich Rosenguir= landen, dazwischen schimmernde Götterbilder, vor denen auf Dreifüßen Wohlgerüche dampfen. Alles atmet Lust und Freude. Man lacht, man schwazt, man tauscht Höflichkeiten aus, man spinnt auch Liebeshändel an, oder man wettet für oder gegen diesen und jenen Kämpfer. Und doch, welch grausiges Schau= spiel ist es, dessen die Menge harrt!

Es beginnt mit einem Parabeaufzuge der Gladiatoren in vollem Waffenschmuck. Vor dem Kaiser neigen sie die Waffen und rufen: „Heil dir, Imperator! die zum Tode gehen, grüßen dich!" Zuerst findet nur ein Scheingefecht statt, dann giebt der düstere Schall der Tuben das Signal zum Gefecht mit scharfen Waffen. Die mannigfaltigsten Szenen lösen sich in beständigem Wechsel ab. Einzeln oder in Scharen treten die Retiarier auf, fast nackt, ohne Rüstung, nur mit Dolch und Dreizack bewaffnet, und suchen den Schwergerüsteten das Netz über den Kopf zu ziehen, um ihnen dann mit Dolch oder Dreizack den Todesstoß zu geben. Die Samniten, mit großen Schilden und kurzen geraden Schwertern, fechten gegen die Thrakier mit kleinen runden Schilden und krummen Schwertern. Kämpfer ganz in Eisen zielen nach den Fugen in der Rüstung des Gegners, Reiter rennen mit langen Lanzen gegen einander, und wieder andere führen den Kampf nach Art der Britannier auf Streitwagen stehend.

Das alles nicht etwa zum Schein und Spiel, sondern in ganzem furchtbaren Ernst. Fiel einer lebend in die Hand des Gegners, so überließ der Festgeber die Entscheidung über Leben und Tod den Zuschauern. Der Überwundene bat diese um sein Leben, indem er einen Finger in die Höhe hielt. Schwenkten sie mit den Tüchern, so war ihm das Leben geschenkt, kehrten sie den Daumen um, so galt das als Befehl zum Todesstoß. Selbst Frauen, schüchterne Jungfrauen auch, gaben leichthin und ohne Bedenken das Zeichen, das einem Menschen den Tod brachte. Tapfere, die den Tod verachteten, fanden reichen Bei= fall, Zaghafte erregten die Erbitterung des Volkes, das es als eine Beleidigung ansah, wenn ein Gladiator nicht gern sterben wollte. Waren sie doch dazu in der Gladiatorenschule aus= gebildet und hatten dort auch gelernt, mit theatralischem An= stande ihr Leben auszuhauchen. Hatte sie doch der Festgeber dazu von dem Lanista, dem Besitzer der Schule, gedungen. In den Institutionen kommt einmal folgende Rechtsfrage vor. Ein Lanista überläßt einem Privaten eine Anzahl Gladiatoren mit der Bedingung, daß er für jeden, der gesund und ohne schwere Verwundung aus dem Kampfe zurückkehrt, 20 Denare, für jeden Getöteten oder schwer Verwundeten 1000 Denare zahlt. Die Frage entsteht: Ist das Kauf oder Miete? Cajus ent= scheidet: Bei den ersteren ist es Miete, denn sie kehren zu ihrem Herrn zurück; bei den letzteren Kauf, sie gehören dem, dem sie gedient haben, denn was soll der Lanista mit den Toten oder Verstümmelten? Man hatte also ein erkauftes Recht auf ihren Tod, und so wurden denn die, welche etwa zu sterben zögerten, mit Peitschen und glühendem Eisen in den Kampf getrieben. Zur Wut entflammt, schrieen die Zuschauer: „Töte! peitsche! brenne! Warum führt der den Todesstoß so wenig herzhaft? Warum stirbt der so verdrossen?"

War das erste Blut vergossen, so steigerte sich das Gebrüll und der Beifallsruf der Menge, die förmlich nach Blut lechzte. Ehe die Überwundenen noch Zeit hatten, um Gnade zu flehen, erscholl schon der Ruf nach Blut, und erfolgte der Streich, der ihrem Leben ein Ende machte. Den noch zuckenden Körper schleiften Schergen in der Maske des Gottes der Unterwelt mit in die Brust eingesenkten Haken in die Totenkammer, während die Sieger stolz ihre Palmzweige schwenkten, und die Zuschauer, in höchster Erregung auf den Bänken stehend, ihnen Beifall zujauchzten. In den Zwischenpausen wurde der blutgetränkte Boden der Arena umgeschaufelt, Mohrensklaven schütteten frischen Sand auf und glätteten den Kampfplatz wieder. Dann begann das Blutvergießen aufs neue.

Neben den eigentlichen Gladiatorenspielen waren auch Tierkämpfe höchst beliebt und wurden in großartiger Weise ausgeführt. In allen Teilen der Welt jagte man den wilden Tieren nach, um die Amphitheater in Rom und den anderen großen Städten damit zu versorgen. Aus Ägypten holte man das Flußpferd, vom Rhein den wilden Eber, aus Afrika den Löwen, aus Indien den Elefanten. Selbst das Rhinozeros, Strauße und Giraffen fehlten nicht. Nicht einzeln, zu Hun= derten brachte man die Tiere der Wildnis in die Arena. Sechs= hundert Bären, fünfhundert Löwen werden bei einem Feste erwähnt. Bei den Spielen, die Trajan zu Ehren des dacischen Triumphs im Jahre 106 gab, kämpften im ganzen 11 000 Tiere der verschiedensten Art. Auch hier gab es mannigfaltige Ab=

wechselungen. Bald kämpften die Tiere unter einander, bald
mit eigens dazu abgerichteten Hunden, bald traten Menschen
zu Fuß oder zu Pferd ihnen entgegen.

Noch großartiger waren die Schlachten, namentlich die
Seeschlachten, die in dem dazu eingerichteten Amphitheater oder
auf besonders zu diesem Zwecke ausgegrabenen Seen geliefert
wurden. Ganze Flotten kämpften da gegen einander. Claudius
gab auf dem Fuciner See das Schauspiel einer Seeschlacht
zwischen Drei= und Vierruderern, die im ganzen 19000 Mann
Besatzung hatten. Domitian ließ einen neuen größeren See
ausgraben, auf dem Flotten gegen einander kämpften, die den
damals im Kriege üblichen an Größe fast gleichkamen. Das
alles waren nicht Scheingefechte, sondern wirkliche Schlachten,
in denen Tausende fielen oder im Wasser umkamen.

Machen derartige Schauspiele noch den Eindruck des Groß=
artigen, so dagegen nur den des Gräßlichen und Widerlichen
die Hinrichtungen, die auch wie Schauspiele im Amphitheater
vollzogen wurden. An Pfähle gebunden, völlig wehrlos, oder
auch, nur zur Verlängerung ihrer Qual, mit Waffen ausgerüstet,
wurden da die Verurteilten den ausgehungerten Bestien gegen=
übergestellt. Blutend, mit zerrissenen Gliedern lagen sie da,
und das Volk jubelte dazu vor Lust. Noch Schlimmeres kam
vor. Die Verurteilten wurden zu theatralischen Schaustücken
benutzt mit Aufbietung aller Dekorationskünste, in denen es
jene Zeit weit gebracht, nur daß in diesen Schauspielen der
Tod, die Leiden und Qualen nicht fingiert, sondern wirklich
erduldet wurden. Da erschienen die Unglücklichen in goldburch=
wirkten Gewändern, Kränze auf dem Haupte, aber plötzlich
brachen aus den Kleidern Flammen hervor und verzehrten sie.
Da sah man den Mucius Scävola die Hand über ein Kohlen=
becken halten, den Herkules auf dem Oeta den Scheiterhaufen
besteigen und verbrennen, da wurden Räuber am Kreuze hängend
Glied um Glied von Bären zerrissen. Das alles mit vollen=
deter theatralischer Maschinerie zur Ergötzung eines schaulustigen
Volkes.

Wir wenden uns mit Abscheu von solchen Schauspielen
weg; das Altertum kannte diesen Abscheu nicht. Vergebens

würden wir in der Litteratur nach Aussprüchen suchen, welche dieses Blutvergießen tadeln und verwerfen. Selbst ein Mann wie Plinius, der sich sonst von einem edleren, humaneren Geiste beseelt zeigt, lobt in dem Panegyrikus auf Trajan die Spiele, „welche die Gemüter der Männer nicht verweichlichen, sondern zu schönen Wunden und Verachtung des Todes ent= zünden, da man in ihnen selbst bei Sklaven und Schädlichen Liebe des Lobes und Begierde nach Sieg wahrnimmt." Seneca nennt sie eine leichte Zerstreuung. Nur einmal, als er zufällig gesehen, daß man in der Zwischenpause ungeübte Gladiatoren mit einander kämpfen ließ, ohne Kunst ein bloßes Morden, äußert er sich ungehalten darüber, daß man Menschen einander abschlachten lasse, nur um den während der Pause im Amphi= theater Zurückgebliebenen ein Amüsement zu bereiten. Ovid lehrt sogar, die bei diesen Schauspielen gebotene Gelegenheit zu Liebeshändeln zu benutzen. Man redet mit der Nachbarin und berührt im Eifer des Gespräches ihre Hand, man erbittet sich von ihr das Programm und geht eine Wette ein über den Ausgang des Kampfes. Also auch Frauen sahen diesen Schau= spielen zu; und während unten in der Arena das Blut in Strömen floß, Menschen mit dem Tode rangen, knüpfte man oben leichtfertige Liebeshändel an. So begierig war man nach diesen Schauspielen, daß selbst bei Gastmählern Gladiatoren= kämpfe gehalten wurden, und oft genug bei den Orgien das vergossene Blut sich in den verschütteten Wein mischte.

Das ist das Heidentum und, merken wir wohl, nicht das ungebildete, rohe, sondern das Heidentum auf der Höhe seiner Bildung. Ich weiß recht gut, was an der antiken Bildung Grundlegendes ist und Vorbildliches für alle Zeiten, weshalb wir, und mit Recht, auf unseren Schulen die Klassiker der Griechen und Römer lesen und der Jugend den Blick in die Schönheit und Herrlichkeit der alten Welt erschließen, aber es wäre einseitig und unwahr, wollten wir dabei übersehen, was der alten Welt fehlt. Es fehlt ihr die wahre Herzensbildung. Bei aller Vollendung der Form bleibt doch das Herz das alte natürliche, rohe Menschenherz. Umwandlung des Herzens, Heiligungsarbeit des Menschen am eigenen Herzen, das sind dem Heidentum ganz fremde Begriffe. Herbart hat einmal gesagt, es sei auch Aufgabe des klassischen Unterrichts, der Jugend zu zeigen, daß sich auf die Dauer in Griechenland und Rom nicht leben läßt. Das Herz wird nicht befriedigt.

Gerade hier thun wir einen erschreckenden Blick in die völlige Entleerung des Lebens von sittlichen Zwecken. Das Leben hatte eigentlich keine Aufgabe mehr. Die einzig große Aufgabe, die das antike Leben kennt, die Ausbildung des Staatswesens, war nicht mehr vorhanden. Seit der Kaiser sagen konnte: „Der Staat bin ich!" hatte das politische Leben aufgehört. Was davon noch vorhanden war, die Volksver= sammlungen, der Senat, die aus der Republik stammenden Ämter, war alles nur noch Scheinleben. Kein Wunder, wenn das Leben ganz in Genuß aufgeht, und „Brot und Spiele" eigentlich in allen Ständen die Losung wird. Tiefer liegt der Grund dieser Entleerung des Lebens darin, daß das Heiden= tum kein Ziel im Jenseits kennt und darum auch kein wahres Ziel im Diesseits. Einem Menschen, der das Ziel seines Lebens im Jenseits erkannt hat, bleibt immer, wie auch sonst sein Leben sich gestalte, die eine große Aufgabe der Arbeit am eigenen Herzen, für ihn behält das Leben immer die große Be= deutung einer Schule fürs Jenseits, und wie trübe die Zeiten sein mögen, nie wird ihm das Leben leer und bedeutungslos. Davon wissen die Heiden nichts, deshalb bleibt ihnen in Zeiten des Verfalls, wie in der Kaiserzeit, nichts übrig als Amüse= ment. Das treibt sie in den Zirkus und in das Theater, das macht es in ihren Augen zu einem Ereignis, ob die Pferde mit roten oder mit grünen Farben zuerst ans Ziel kommen, ob dieser oder jener Gladiator siegt.

Und wenn damals, was uns jetzt ganz undenkbar scheint, Männer und Frauen, Vornehme und Geringe ihre Augen an Mord und Blutvergießen weideten und darin nichts sahen, als „eine leichte Unterhaltung", so erklärt sich das nur daraus, daß in ihren Augen diejenigen, welche in der Arena unter grau= samen Martern starben, eigentlich gar keine Menschen waren, sondern nur Barbaren, Fremde, Kriegsgefangene, Sklaven, Ver= brecher, vom Menschengeschlecht ausgestoßene, schädliche und unnütze. Es fehlt dem Altertum der echte Begriff der Humanität. Die Würde des Menschen als Menschen, die allen zukommt, auch dem Fremden, dem Barbaren, die allen unverlierbar bleibt, auch dem gesunkensten Verbrecher, die an allen zu ehren ist, auch an den Feinden: diese Würde ist den Heiden verborgen. Darin wurzelt auch die Sklaverei, die im Altertum überall verbreitet, Griechen und Römern als eine vollberechtigte, unentbehrliche Institution gilt.

5. Sklaverei.

Der Sklave ist in den Augen der Alten kein Mensch, er hat weder einen freien Willen, noch besitzt er irgend einen Anspruch auf Recht, noch ist er der Tugend fähig. Plato, der edelste unter allen Denkern des Altertums, schwankt darüber etwas. Er gesteht zu, daß es Sklaven giebt, die Tugend geübt, die ihre Herren, sich selbst opfernd, gerettet haben; er erklärt die Frage, wie man über die Sklaverei urteilen soll, für schwierig, kommt aber zuletzt doch darauf hinaus, daß sie eine natürliche Einrichtung ist, da die Natur selbst die einen zum Herrschen, die andern zum Dienen bestimmt habe. Aristoteles hat gar keine Bedenken. In einer wohleingerichteten Haushaltung, meint er, giebt es zweierlei Instrumente, leblose und lebende. Die ersteren sind Sklaven ohne Seele, die letzteren (die Sklaven) sind Instrumente mit einer Seele. Aber wenn hier auch den Sklaven eine Seele zugesprochen wird, so wird diese doch für unvollkommen erklärt, es ist eine Seele ohne Willen. Ganz ähnlich reden die Römer. Florus bezeichnet die Sklaven als ein anderes Geschlecht von Menschen, und nach Varro in seinem Buche über den Ackerbau giebt es dreierlei Geräte für den Ackerbau, stumme, z. B. Wagen, solche, die unartikulierte Töne von sich geben, z. B. Ochsen, und solche, die reden, das sind die Sklaven. Selbst ein Mann wie Cicero erhebt sich darüber nicht. Als ihm sein Sklave Sositheus, der ihm sehr nahe stand, gestorben war, schreibt er an Atticus: „Sositheus ist gestorben, und sein Tod hat mich mehr bewegt, als es der Tod eines Sklaven thun sollte, ganz wie wir

uns etwa entschuldigen, wenn uns der Tod eines Hundes oder
eines Kanarienvogels betrübt. Der Prätor Domitianus hatte
einen Sklaven, der auf der Jagd sich ein Versehen zu schulden
kommen ließ, indem er einen Eber zur Unzeit tötete, zur Strafe
dafür kreuzigen lassen. Cicero urteilt darüber nur: „Es könnte
das vielleicht hart erscheinen."

Am schärfsten ist diese Anschauung im römischen Recht
ausgeprägt. Der Sklave ist keine Person, sondern eine Sache,
in bezug auf welche ihrem Besitzer das volle Eigentumsrecht,
das Recht, sie zu gebrauchen oder zu mißbrauchen, zusteht. Der
Sklave selbst hat kein Recht. Er kann kein Eigentum besitzen.
Was er hat, gehört seinem Herrn. Deshalb kann der Herr
auch keinen Sklaven wegen Diebstahls belangen. Nimmt ein
Sklave seinem Herrn etwas, so bleibt die gewonnene Sache
ja doch im Rechte des Herrn. Der Sklave kann keine Ehe
schließen. Eine Klage wegen Ehebruch giebt es gegen Sklaven
nicht. Bei ihm ist auch von keiner Vaterschaft oder Verwandt=
schaft die Rede. Man gebraucht die Namen wohl, sagt wohl,
der Sklave hat einen Vater, Verwandte, aber vor dem Rechte
hat das keine Bedeutung. Er gilt auch nichts als Zeuge vor
Gericht. Bedarf man seines Zeugnisses, so wird er der Tortur
unterworfen. Nur so hat sein Zeugnis Bedeutung.

War auch in vielen Fällen die Behandlung der Sklaven
im Leben milder als das Recht, im ganzen entspricht sie doch
diesen Anschauungen. Sie werden wie eine Sache gekauft und
verkauft, verschenkt und vertauscht, vererbt und vermacht, nach
Laune oder Bedürfnis. Sie werden auch verliehen und ver=
mietet. Behandelt der Mieter den Sklaven schlecht, leidet dieser
darüber Schaden, wird er verstümmelt oder dergleichen, so fällt
das lediglich unter den Gesichtspunkt der Deteriorierung einer
gemieteten Sache. Der Schaden wird dem Herrn ersetzt, und
es ist wieder gut; nach dem Sklaven selbst wird nicht gefragt.
Schon auf dem Sklavenmarkte geht es ähnlich zu wie bei uns
auf einem Viehmarkte. Die Sklaven und Sklavinnen stehen
da, die wertvolleren besonders, oft auf einer Tribüne, die
minder wertvollen in Haufen. Der Verkäufer preist seine Ware
an, gebraucht auch allerlei Mittel, um sie besser aussehend zu

machen; die Käufer besehen die Sklaven, betasten und befühlen
sie, um sich zu überzeugen, daß sie gesund sind. Der Sklave
muß gehen, laufen, springen, den Mund aufmachen, seine Zähne
zu zeigen u. s. w. Sind die Sklaven gekauft, so werden sie je
nach ihren Fähigkeiten oder nach Gelegenheit für ein Handwerk
bestimmt oder eine Kunst, für den Ackerbau oder zum Betteln,
aber ebenso auch für die Gladiatorenspiele oder das Bordell.
Sie werden als Thürhüter vor der Pforte an die Kette ge=
legt, wie bei uns ein Haushund, nachts in die Ergastula ein=
geschlossen, wie Tiere im Stalle. Man läßt sie wie diese
brandmarken und zeichnen, man läßt sie prügeln und ans
Kreuz schlagen oft schon beim geringsten Anlaß, schont ihrer,
solange man Vorteil von ihnen zu ziehen hofft, und wirft sie
zu den toten Tieren in die Grube, wenn sie gestorben sind,
es sei denn, daß man sie nach dem Rate des Cato mit den
alten Ochsen und Kühen schon vorher verkauft. Wie heute
zur Bildung eines Landmanns auch ein Kursus in der Tier=
arzneikunde gehört, so damals für einen großen Gutsbesitzer
einige Kenntnis der Medizin zur Behandlung kranker Sklaven.
Meist ließ man übrigens die alten und kranken laufen, ohne
sich um sie zu kümmern, oder tötete sie einfach, wie man ein
Tier tötet. In der Stadt Rom wurden sie gewöhnlich auf
einer Tiberinsel ausgesetzt. Claudius gab ein Gesetz, daß die
so ausgesetzten frei sein sollten und, wenn genesen, nicht ver=
pflichtet, zu ihren Herren zurückzukehren. Wer sie tötete, statt
sie auszusetzen, sollte darüber angeklagt werden können.

Nicht daß die Sklaven gerade systematisch gequält worden
wären, sie waren ja ein Stück Eigentum, ein kostbares Kapital,
mit dem man möglichst schonend umging; aber ohne Rücksicht
darauf, daß dieses Kapital aus Menschen bestand, suchte man
es doch möglichst auszunutzen. Deshalb Arbeit bis an das
möglichst große Maß der Leistung und Unterhalt bis an das
möglichst geringe Maß des Nötigsten. Der geringste Arbeiter
hat es heute unendlich besser, als damals der Sklave.

Am schlimmsten hatten es diejenigen, welche zur Feld=
arbeit verwendet wurden; und deren waren viele tausende, denn
die ausgedehnten Plantagen der römischen Großen wurden nur

Uhlhorn, Kampf. 8

mit Sklaven bewirtschaftet. Es kommt vor, daß ein reicher
Römer, C. Cäcilius Claudius Isidorus, über 4000 Sklaven
hinterläßt, und gewiß hatten andere nicht weniger. Nur wenige
gingen frei umher und fanden ihre Schlafstätte etwa, wo Cato
sie ihnen anweist, neben dem Futterplatze im Ochsenstall. Die
meisten arbeiteten an der Kette, um dann die Nacht auf dem
feuchten Boden des Ergastulums zuzubringen. Diese ergastula,
Sklavenzwinger, waren zum Teil unterirdische, schmutzige und
ungesunde Kerker. Augustus ließ sie einmal untersuchen, aber
nicht, wie wir denken sollten, im Interesse der Menschlichkeit,
sondern lediglich um zu sehen, ob nicht etwa Fremde wider=
rechtlich darin gefangen gehalten würden. Von einer Ver=
besserung des Loses der Sklaven war keine Rede, obwohl zu
Tage kam, wie schrecklich ihr Los war. Fast noch schlechter
hatten es die Sklaven, welche in der Stadt in großen Fabriken
und andern Geschäften arbeiteten. Der Feldsklave genoß doch
immer noch die freie Luft, diese mußten, kaum bekleidet, den
Kopf halb geschoren, an der Stirn gebrandmarkt, den ganzen
Tag in der dumpfen Werkstatt arbeiten ohne jede Erholung.
Dagegen waren die Hausfklaven, deren es in den Palästen Roms
oft viele hunderte gab, in mancher Beziehung besser gestellt.
Sie waren bisweilen sogar, namentlich am kaiserlichen Hofe,
vornehme reiche Leute und hatten selbst, schon als Sklaven,
mehr noch als Freigelassene, großen Einfluß auf ihre Herren.
Dennoch war auch ihr Los hart, in manchen Fällen schrecklich.
Stumm und nüchtern mußte ein solcher Sklave ganze Nächte
hindurch hinter dem Sessel seines schwelgenden Gebieters stehen,
den Speichel abwischen oder den Auswurf des sich in der
Trunkenheit Übergebenden schnell beseitigen. Wehe ihm, wenn
er durch Flüstern, oder auch nur durch Niesen oder Husten
die Ruhe des Schwelgers störte. Er war jeder Laune seines
Gebieters preisgegeben. Ein Wort, und er wurde zu den
Feldsklaven auf eine der zahlreichen Besitzungen seines Herrn
in den Sklavenzwinger geschickt, er wurde bis aufs Blut ge=
peitscht oder grausam getötet, oder, wie es auch vorkam, den
Fischen zum Fraß vorgeworfen. Caligula ließ einen Sklaven,
der bei einem öffentlichen Schauspiel ein geringes versehen, in

den Kerker werfen, mehrere Tage nacheinander furchtbar peitschen und erst hinrichten, als daß das faulende Gehirn des Armen dem Wüterich zu viel Gestank verbreitete. Ein römischer Großer verurteilte einen Sklaven, der bei einem Gastmahle in Gegenwart des Augustus aus Unvorsichtigkeit ein kostbares Gefäß zerbrach, den Fischen vorgeworfen zu werden, und selbst des Kaisers Fürbitte konnte ihn nicht retten. Nicht bloß die Willkür eines launischen Herrn, auch das Gesetz verfuhr so strenge mit den Sklaven. Nach altem römischem Rechte wurden, wenn ein Herr in seinem Hause ermordet und der Thäter nicht herauszubringen war, sämtliche Sklaven, die mit ihm die Nacht unter seinem Dache zugebracht hatten, hingerichtet. Noch in der Kaiserzeit wurde diesem Gesetze gemäß gehandelt. Als unter Nero der Stadtpräfekt Pedanius Sekundus ermordet war, wurden 400 Sklaven jedes Geschlechts und Alters bis zu den kleinsten Kindern herab hingerichtet. Zwar erhob sich im Senat Widerspruch dagegen, aber ein angesehener Senator C. Cassius hielt eine Rede zu Gunsten des alten Brauchs und brachte es dahin, daß der Senat beschloß, das Gesetz streng durchzuführen, ja sogar noch eine Verschärfung dahin beantragte, daß alle Freigelassenen, die im Hause gewesen, aus Italien verbannt werden sollten. Die Rede des C. Cassius, die uns Tacitus aufbewahrt hat, läßt uns ebenso tiefe Blicke in die damalige Sitte wie in die verderblichen Folgen der Sklaverei thun. Er erinnert daran, in welcher Gefahr alle Herren von Sklaven schweben würden, wenn man in diesem Stücke von der väterlichen Sitte abweiche. Wen wird seine Würde noch verteidigen, wenn die Würde der Stadtpräfektur nichts geholfen hat? wen wird die Zahl seiner Sklaven schützen, wenn den Pedanius Sekundus seine 400 Sklaven nicht geschützt haben? Unmöglich hat doch der Mörder, ohne Verdacht zu erregen, den Mord planen und ausführen können. Die Sklaven im Hause müssen etwas davon gemerkt haben, aber sie haben es nicht verraten. Man muß die Sklaven durch Furcht dahin bringen, daß sie es thun. „Wenn die Sklaven verraten, was sie wahrnehmen, dann können wir als Einzelne unter vielen, sicher unter den Ängstlichen, und wenn einmal gestorben sein muß, nicht ungerächt unter den Schuldigen leben.

Unsern Vorfahren waren die Sklaven verdächtig, selbst dann, wenn sie auf demselben Gute, in demselben Hause mit ihnen geboren waren und die Liebe ihrer Herren von klein auf er= fahren hatten. Nachdem wir aber ganze Nationen in die Sklavenfamilien aufgenommen haben, Nationen mit verschiedener Religion, mit fremden Göttern oder auch ohne alle Götter, wirst du diesen Mischmasch von Menschen nur durch Furcht zusammenhalten und regieren." Also Mißtrauen auf Seiten der Herren, Furcht auf Seiten der Sklaven: das sind die Prinzipien, nach denen die Sklavenhalter handeln sollen, und in ihrem Interesse auch der Staat. Wendet man aber ein, daß so auch Unschuldige umkommen, so erwidert Cassius: „Wenn aus einem geschlagenen Heere je der Zehnte getötet wird, ziehen auch Tapfere das Todeslos. Jedes große Exempel hat etwas Ungerechtes an sich, was aber durch den gemeinen Nutzen wieder aufgewogen wird."

Nie hat ein Gegner der Sklaverei die demoralisierenden Wirkungen derselben so klar dargestellt, wie hier der Vertreter der Sklavenhalter im Senat. Mit Notwendigkeit mußte die Sklaverei entsittlichend auf die höheren Stände wirken. Dem Tier gebietet der Mensch, ohne sich zu erniedrigen, denn es ist ihm untergeordnet, aber seinem Mitmenschen wie einem Tiere befehlen, das muß den Menschen selbst sittlich erniedrigen. Weil da nichts ihm Rücksichten auferlegt, ist er immer in Gefahr, seinen Leidenschaften die Zügel schießen zu lassen. Die Herren machte die Sklaverei grausam und hart, und nicht selten finden wir sogar Frauen, die jede weibliche Milde verleugnend, ihre Freude daran haben, ihre Sklavinnen zu martern. In den Sklaven fanden die Herren fügsame Werkzeuge jeder Schand= that, und namentlich die Unzuchtssünden hätten nie bis zu diesem furchtbaren Grade sich steigern können, hätte nicht jeder Herr an seinen Sklavinnen, jede Herrin an ihren Sklaven alle= zeit bereite Diener ihrer Lust und schlaue Zwischenträger für jede Liebesintrigue gefunden. Was der Herr gebietet, ist nie= mals schimpflich! lautet ein römischer Grundsatz, und bei einem römischen Redner lesen wir: „Die Unzucht ist für den Frei= gebornen Verbrechen, für den Sklaven Notwendigkeit, für den

Freigelaſſenen Dienſt." Der niedrige Stand der Frauen im
Altertum iſt auch Folge der Sklaverei. Schlimmer noch wirkte
dieſelbe auf die Kinder ein. Dieſe waren ganz den Sklaven
überlaſſen, und der Sklave hatte keine Auktorität. Der Sklave
war dem Kinde in allem gefällig, ſonſt hatte er ja den Zorn
ſeines Herrn oder ſeiner Herrin zu fürchten. Väter, wie ſie in
der Komödie auftreten, wo ein Vater ſeinem Sklaven zuruft:
„Elender, du haſt meinen Sohn verdorben!" mochte es genug
geben. Die ſchlimmſte Folge der Sklaverei war, daß jede ehr=
liche Arbeit in Verachtung kam und als Sklavendienſt zum
Schimpf wurde. Einen Mittelſtand ließ die Sklaverei nicht
aufkommen, und ſo fehlte der Damm, der die Verbreitung der
in den höheren Ständen herrſchenden ſittlichen Verkommenheit
in weitere Kreiſe hätte aufhalten können. Wenn in Rom das
von dem Kaiſerhofe und einer geſunkenen Ariſtokratie ausgehende
Verderben ſo raſch und ſo tief das ganze Volk durchdrang, ſo
iſt daran nicht zum wenigſten die Sklaverei ſchuld.

Die Sklaven dagegen mußten gerade ſo werden, wie man
ſie behandelte. Achtete man ſie jeder Tugend unfähig, behan=
delte man ſie willkürlich und launenhaft, ſo wurden ſie auch
niedrig in ihrer Geſinnung, faul, lügenhaft, betrügeriſch. Der
ſchlaue betrügeriſche Sklave iſt eine ſtets wiederkehrende Perſon
ſowohl in der griechiſchen als in der römiſchen Komödie. Daran,
die Sklaven moraliſch zu beſſern, dachte niemand. Für ſie gab
es ja nur Eine Tugend, ihrem Herrn unbedingt gehorchen, es
ſei im Guten oder im Böſen. Irgend eine moraliſche Verant=
wortung hatte der Sklave nicht. Umgekehrt betrachteten die
Sklaven ihre Herren auch nur als ihre Feinde und waren,
wenn immer nur eine Möglichkeit ſich bot, zur Rache und zum
Aufruhr geneigt. So viel Sklaven einer hat, ſo viel Feinde
hat er auch, war eine oft gehörte Rede.

Ein ſehr ſchlechtes und verderbliches Element des römiſchen
Volkslebens waren ſodann die Freigelaſſenen. Die Zahl der=
ſelben war groß. In den Bürgerkriegen hatten viele Sklaven
im Heere gedient und waren dann vom Sieger mit der Frei=
heit belohnt. Auch ſonſt kamen Freilaſſungen oft vor, ſeltener
freilich wohl aus Dankbarkeit für treue Dienſte, öfter aus

Eigennuß, indem den Freigelaſſenen ein hohes Löſegeld oder
auch die Verpflichtung auferlegt wurde, von ihrem Verdienſte
ihren Herren eine Abgabe zu leiſten, und aus Eitelkeit, damit
recht große Scharen von Freigelaſſenen im Leichenzuge ihres
Herrn paradierten. Es mußte dem ſogar durch Verordnungen
Maß und Ziel geſetzt werden. In allen Kreiſen der Bevölkerung finden ſich denn auch Freigelaſſene. Aus ihnen rekru-
tiert ſich das niedere Beamtentum, das Kleingewerbe und der
Kleinhandel. Einzelne bringen es auch zu großem Vermögen
und glänzen als Parvenüs durch ebenſo geiſtloſe wie übertriebene Verſchwendung. Manche bleiben in der Familie ihres
ehemaligen Herrn als Kammerbiener, als Sekretäre oder Ver-
walter, und nicht bloß in den Häuſern römiſcher Großen, auch
am Kaiſerhofe ſpielen ſie eine bedeutende Rolle. Der freie
Römer ſcheute ſich noch vor jedem Dienſtverhältnis; ſelbſt dem
Kaiſer zu bienen ſchien ihm ein Schimpf. Lieber ließ er ſich
als Proletarier vom Staate füttern. So mußten die Kaiſer
ihre Diener unter den Freigelaſſenen ſuchen. Die Poſten der
Sekretäre, der Schatzmeiſter ſind unter den Juliſchen Kaiſern
regelmäßig von ihnen beſetzt, und mehr als einmal haben Freigelaſſene in Wirklichkeit den Staat regiert. Dennoch klebte
ihnen immer der Makel der unfreien Geburt an, die Würde
eines freien Mannes kam ihnen nicht zu. So fehlte denn auch
durchweg die Geſinnung des freien Mannes. Sie blieben
ſklaviſch geſinnt auch als Freigewordene. Unter ihnen fanden
die Tyrannen ihre gefügigſten Werkzeuge, und zu jeder Frevel-
that konnte man aus ihrer Zahl leicht Helfer finden. In allen
Kreiſen der Bevölkerung heimiſch, haben die Freigelaſſenen an
ihrem Teile beſonders viel zur Verbreitung des ſittlichen An-
ſteckungsſtoffes beigetragen.

Wir würden übrigens irren, wenn wir meinten, im Altertum ſei nie jemandem der Gedanke an das Menſchenrecht des
Sklaven gekommen. Schon bei den älteren griechiſchen Dichtern
findet er ſich klar und ſchön ausgeſprochen. „Viele Sklaven
führen wohl den häßlichen Namen, aber ihr Sinn iſt freier
als der der Nichtſklaven,“ ſagt Euripides einmal, und ein
anderer griechiſcher Dichter ſagt noch beſtimmter: „Wenn er

auch ein Sklave ist, er ist doch nichts weniger als sein Herr, er ist ein Mensch." Viel energischer fängt dann die Stoa an, das Menschenrecht der Sklaven geltend zu machen. Es ist das die Konsequenz der stoischen Lehre von der Einheit des Menschen= geschlechts. „Der Mensch ist dem Menschen etwas Heiliges," sagt Seneca, „alle sind wir aus denselben Elementen gebildet und haben denselben Ursprung." „Man täuscht sich, wenn man meint, daß die Sklaverei den ganzen Menschen ergreife. Das beste Teil entgeht ihr. Der Leib ist dem Herrn unter= worfen, die Seele bleibt frei." Er betrachtet es als ein Un= glück, wenn ein Mensch als Sklave geboren wird, aber Be= stimmung der Natur ist das nicht, er nennt sogar einmal die Sklaven „seine niedriger gestellten Freunde". Wir werden später sehen, daß derartige Gedanken in der Heidenwelt immer mehr Raum gewinnen, auch mehr und mehr auf das römische Recht und die Sitte umbildend einwirken. Aber zunächst waren sie doch von geringem Einfluß. Im Leben galt die Sklaverei als unbedingt notwendig und damit gerechtfertigt. Sie hatte trotz alledem den thatsächlichen Bestand, das Gesetz und die öffentliche Meinung für sich.

Erst als gepredigt wurde: „Welche der Sohn frei macht, die sind recht frei," erst als der verkündigt wurde, der selbst die Gestalt eines Knechtes angenommen hat und den Sklaventod am Kreuze gestorben ist, erst da brach auch für die Sklaven der Tag der Freiheit an, den ihnen weder die Theorien der Stoiker noch Senecas schöne Worte von der Menschenwürde je hätten bringen können. Es wird heute viel von Humanität geredet, und diese dem Christentum als etwas Höheres ent= gegengesetzt oder wenigstens als etwas hingestellt, was für das angeblich abgelebte Christentum Ersatz bieten soll. Dabei vergißt man aber völlig, daß erst das Christentum die wahre Humanität gebracht hat.

6. Das Bedürfnis einer sittlichen Erneuerung.

Ein düsteres Bild hat sich vor uns entrollt. Ich bin mir zwar bewußt, es nicht absichtlich dunkel gefärbt zu haben, aber wir werden, um nicht zu schwarz zu sehen, doch nicht vergessen dürfen, daß mitten in diesem furchtbaren Verderben auch noch gesundere Elemente vorhanden gewesen sein müssen. Sonst hätte das römische Reich nicht mehr so lange bestehen können, wie es in der That noch bestand. Was wir von dem sittlichen Leben der Zeit wissen, stammt meist aus Rom selbst, und unzweifelhaft war hier im Zentrum das Verderben am größten, während in den Provinzen und in den Feldlagern der Legionen der Verfall noch nicht so weit fortgeschritten war. Von da geht denn auch eine Reaktion gegen dieses Verderben aus und bringt nach dem Aussterben des Julischen Hauses dem Reiche noch einen glänzenden Nachsommer unter den edlen Kaisern des zweiten Jahrhunderts. Auch daran muß erinnert werden, daß in den Berichten über jene Zeit, wie über alle Zeiten, ganz natürlich die Schattenseiten stärker hervortreten, als was noch von Lichtseiten vorhanden ist. Denn das Gute macht immer weniger von sich reden und zieht sich gerade in Zeiten des Verfalls noch mehr in die Stille zurück. Wir werden nicht irren, wenn wir annehmen, daß es auch damals noch stille, ehrbare Häuser gegeben hat, in die das Verderben nicht eingedrungen war, wo man sich einfach von der Hände Arbeit nährte, und die züchtige Hausfrau als gute Mutter ihre Kinder aufzog. Aber selbst das alles in Betracht gezogen, wird das allgemeine Ergebnis doch kein anderes sein können als dieses: die heidnische Welt ist wie religiös, so auch sittlich in der Auflösung begriffen; wie der heidnische Glaube, so hat auch die heidnische Sittlichkeit bankrott gemacht, und es ist keine Kraft vorhanden, aus der eine Erneuerung hervorgehen könnte.

Man hat neuerdings wohl die Behauptung aufgestellt, das Sittenverderben sei damals nicht schlimmer gewesen, als zu mancher andern Zeit, und hat, um diese Behauptung zu rechtfertigen, Parallelen aus späteren Jahrhunderten herangezogen. Es giebt solche gewiß. Der Hof Ludwigs XIV. und die Fürstenhöfe seiner Zeit bieten manchen Pendant zu dem Kaiserhofe in Rom. Aber zweierlei darf man dabei doch nicht übersehen. Einmal, daß zu keiner Zeit das sittliche Verderben so allgemein gewesen ist, wie in der Kaiserzeit. Während am Hofe zu

Versailles die größte Sittenlosigkeit herrschte, wie einfach, wie
streng war da noch das Leben der bürgerlichen Stände! Eine
solche dem Verderben noch nicht zugängliche ganze Schicht der
Bevölkerung gab es in Rom nicht mehr. Nur die Provinzen
waren noch weniger von dem Verderben ergriffen, und doch
läßt es sich auch da überall, namentlich in den großen, Rom
nacheifernden Städten, wie Antiochien und Alexandrien, spüren;
die Leerheit des Lebens, das Fehlen höherer sittlicher Ziele ist
in Griechenland und Ägypten, in Gallien und Syrien ebenso
vorhanden wie in Rom. Sodann ist zu beachten, und das ist
die Hauptsache, daß für die christlichen Völker im Christentum
eine Kraft der Erneuerung gegeben ist, durch die das sittliche
Leben immer wieder, auch aus dem tiefsten Verderben heraus,
regeneriert werden kann. Eine solche Kraft fehlt der alten
Welt. Nachdem ihre Blütezeit, die Zeit einer verhältnismäßigen
Gesundheit vorüber, nachdem einmal das Verderben eingetreten
ist, ist sie diesem auch unrettbar verfallen. Das Heidentum
trägt keine sittlich erneuernde Kraft in sich.

Oder wo sollte sie liegen? In der Religion? Wir wer=
den sehen, daß später, gegen Ende des zweiten Jahrhunderts,
eine starke Reaktion des heidnischen Glaubens Platz greift. An
Stelle des im ersten Jahrhundert vorherrschenden Unglaubens
gewinnt der Aberglaube die Herrschaft, und dieser Wechsel wirkt
auch auf das sittliche Leben zurück; aber Reaktion ist noch keine
Wiedergeburt. So mächtig der heidnische Glaube noch einmal
aufflackert und namentlich im Widerspruch gegen das Christentum
als bedeutsame Macht auftritt, sittlich umwandelnd kann er
schon deshalb nicht wirken, weil ein ganz anderes Verhältnis
zwischen heidnischem Glauben und Sittlichkeit besteht, als zwischen
christlichem Glauben und christlichem Leben. Ein Zusammen=
hang zwar ist auch da vorhanden. Die Götter sind auch dem
Heiden die Beschützer des Sittengesetzes; sie bestrafen das Böse
und belohnen das Gute. Aber darin liegt der große Unter=
schied, daß sie weder die Urheber des Sittengesetzes sind, noch
Vorbilder seiner Erfüllung. Ebensowenig geht von ihnen die
Kraft zur Erfüllung des Sittengesetzes aus. Im Gegenteil,
nach dem Sittengesetz gemessen sind die Götter selbst die

schlimmsten Übertreter. Welche Sittenlosigkeit erzählen die heid=
nischen Mythen von den Göttern, und es fehlt auch keineswegs
an Beispielen, daß die Heiden sich zur Rechtfertigung ihres
unsittlichen Wandels auf das Vorbild der Götter selbst beriefen.
Der Aufblick zu den Göttern hatte eher etwas Verführerisches,
als eine sittlich reinigende Kraft. „Könnte ich nur," ruft ein=
mal Antisthenes, ein Freund des Sokrates, aus, „die Aphrodite
fangen! Mit dem Wurfspieß wollte ich sie durchbohren, so viel
ehrbare und treffliche Frauen hat sie uns verführt!" Bei
Terenz kommt es vor, daß ein Ehebrecher sich ausdrücklich auf
die Ehebrüche des Jupiter beruft, ein Zug, der gewiß nicht
bloß erdichtet, sondern aus dem Leben gegriffen ist. „Thut
das der Gott," so schließt jener, „warum sollte ich Mensch es
nicht auch thun?" Auch wenn man sich besinnt, daß die
Mythologie für den Heiden kein Glaubensartikel war, muß
man doch sagen, von solchen Göttern kann keine sittlich reinigende
Kraft ausgehen. Für sein sittliches Leben ist der Heide ganz
auf die eigene Kraft angewiesen. Hier liegt der Grund, wes=
halb der alten Welt keine Tugend so sehr fehlt, wie die der
Demut. Für die Demut hat der Grieche und Römer gar kein
Verständnis, denn was er an Tugenden hat, das hat er aus
eigener Kraft erreicht ohne die Götter, deshalb ist er stolz
darauf und rühmt sich dessen, auch den Göttern gegenüber.
Die Stoiker dünken sich ebenso gut zu sein wie die Götter.
Sogar Seneca, bei dem sich sonst so viel Klagen über die
menschliche Schwachheit finden, sagt einmal: „Giebt man sich
der Philosophie ganz hin und richtet man auf sie seinen Sinn,
so kommt man allen übrigen Menschen weit voraus und bleibt
hinter den Göttern nicht weit zurück." Und noch charakteristischer
ist der Wahlspruch, der sich auch bei Seneca findet: „Bewundere
nur dich selbst!" Buße, Erneuerung durch Buße hindurch, das
sind den Heiden ganz fremde Begriffe. Darin liegt der tiefste
Grund, weshalb von der heidnischen Religion wohl eine reak=
tionäre Bewegung, nicht aber eine sittliche Erneuerung, nicht
eine Wiedergeburt ausgehen konnte.

  Oder sollte sie etwa vom Staate ausgehen? Da steckt
ohne Zweifel noch das Beste, was die damalige Zeit hat.

Immer ist noch ein guter Rest vorhanden von altrömischer Tapferkeit und Vaterlandsliebe, von Gemeinsinn und Opfer= willigkeit. In den Legionen, die am Rhein die Grenzen schirmen gegen die schon anstürmenden Barbaren, die mehr als einmal noch die siegreichen Adler nach Deutschland hinein und über das Meer nach Britannien tragen, im Norden und Osten sogar die Grenzmarken des Reichs noch weiter hinausrücken, und deren Feldlager zugleich Kulturmittelpunkte sind: da lebt noch etwas von dem alten Geiste. Darum fällt ihnen auch natur= gemäß die Herrschaft zu, und die in den Lagern groß ge= wordenen Soldatenkaiser sind es, die den alten in allen Fugen krachenden Bau der damaligen Welt noch eine Zeit lang zusammen= halten. Aber eine sittliche Erneuerung kann auch von da nicht kommen. Ist doch auch der Staat krank bis ins innerste Mark, und diese Soldatenherrschaft selbst nur ein Symptom der Krank= heit. Was dem Staate fehlt, ist das Gewissensband, das die Staatsbürger willig macht, den Gesetzen zu gehorchen, nicht bloß aus Zwang, sondern um des Gewissens willen. Kein Staat kann bestehen ohne Gehorsam gegen die Gesetze, aber wehe dem Staate, der darauf angewiesen ist, diesen Gehorsam lediglich durch Zwangsmittel hervorzurufen, dessen Bürger sich nicht mehr im Gewissen gebunden fühlen, zu gehorchen, und deshalb willig gehorchen! Der heidnische Glaube, die Scheu vor den rächenden Göttern war ein solches Gewissensband ge= wesen. Das Band hat sich gelöst und löst sich von Tag zu Tag mehr, je mehr die Religion verfällt. Es war nur kräftig, so lange die Götter selbst nationale Götter waren, und mußte sich lockern, je mehr an die Stelle der alten nationalen Götter fremde Götter, und an die Stelle der althergebrachten nationalen Kulte allerlei Fremdkulte traten, die der eine sich hierher, der andere dorther holte, die aber immer Fremdkulte blieben. Der Staat selbst bedarf der Regeneration, soll er nicht auseinander fallen, und die edleren Kaiser der späteren Zeit bis auf Diocletian hin suchen auch nach einem religiösen Boden, auf dem diese Regeneration allein möglich ist, suchen nach einem neuen Ge= wissensbande, das Auseinanderfallende wieder zu einigen. Sie finden keins. Der Staat bedarf der Religion, sie ist seine festeste Grundlage. Aus dem religiösen Leben kann wohl eine Erneuerung des Staatslebens hervorgehen zu neuer Blüte nach zeitweiligem Verfall, aber niemals kann umgekehrt der Staat mit den ihm zu Gebote stehenden Kräften das religöse und sittliche Leben eines Volkes erneuern.

Es bleibt noch die Philosophie. Von den ersten Kaisern oft mißtrauisch angesehen, oft geradezu verfolgt, weil man hinter dem Philosophen den Republikaner vermutete, gewinnt sie mehr und mehr Raum, bis sie mit Marc Aurel, dem Philosophen, sogar den Kaiserthron einnimmt. Zur Bildung eines vornehmen Römers gehört es jetzt unbedingt, die Philosophenschulen besucht zu haben. Diese werden auf alle Weise gefördert, selbst Staatsgehalte für die Lehrer ausgeworfen. Je mehr die Philosophie ganz in Moral aufgeht, und die Aufgabe des Philosophen nicht bloß in das Lehren, sondern auch in das Erziehen zur Tugend gesetzt wird, desto mehr gewinnt, wie wir schon vorhin sahen, die Sitte Verbreitung, Philosophen ins Haus zu nehmen, und zur Ausstattung eines vornehmen Haushalts rechnete man jetzt ebenso den Hausphilosophen, wie im Mittelalter den Burgpfaffen. Der Hausphilosoph sollte seinen Schützlingen, ähnlich wie ein Beichtvater und Seelsorger, mit Rat zur Hand gehen und in der Todesstunde Trost spenden. Es war das ein Bedürfnis, welches ohne Zweifel auch dem Christentum entgegenkam, von dem allein es wahrhaft befriedigt werden konnte. Selbst auf den Straßen ließen sich jetzt Philosophen hören. Mitten in den Taumel der Sinnenlust, dem die Welt hingegeben war, lassen die Cyniker ihre Stimme erschallen und predigen Entsagung und Bedürfnislosigkeit als den Weg zum Frieden. Den Bettelmönchen des Mittelalters nicht unähnlich ziehen sie umher ohne festen Wohnsitz, ohne Familie, oft mit einem zerlumpten Mantel oder gar nur mit einem Bärenfell bekleidet, mit ungekämmtem Haar und zottigem Bart, den Ranzen auf dem Rücken, von milden Gaben lebend. Auf dem Forum halten sie den Reichen an, um ihm zu bezeugen, daß „nichts unglücklicheres ist, als ein Mensch, dem nie etwas Widerwärtiges zustößt"; auf der Straße stehen sie inmitten eines Pöbelhaufens und reden von der

Verderbtheit der Welt. Oft lohnen ihnen nur Spottreden
oder gar Prügel, aber sie nehmen das ruhig hin, denn, sagen
sie, es ist der Wille der Gottheit, und dem muß man alles
nachsetzen und opfern.

Gewiß auch aus diesen Erscheinungen fühlt man es her=
aus, daß die alte Welt mit ihren Zuständen nicht zufrieden
ist; auch hier kommt das Sehnen und Verlangen nach einer
Erneuerung zu Tage, aber freilich auch die Ohnmacht, sie selbst
herbeizuführen. Was waren denn diese Bußprediger meist für
Leute? Sie predigten von Enthaltsamkeit und Tugend, aber
hält man ihnen ein Stück Kuchen hin, spottet ein Zeitgenosse,
so lassen sie die Zunge sinken, und ihre Seelengröße besteht
darin, daß sie nichts kleines annehmen. Und wenn es auch
edlere Gestalten gab unter den Philosophen, als diese After=
philosophen, was wurde denn auch in ihren Schulen eigentlich
getrieben? Rhetorik, weiter nichts. Man redete von der Tugend,
o mit wie viel schönen Worten, mit welcher Kunst des Mienen=
spiels und der Handbewegungen; man deklamierte ohne Ende
über die alten Themata, „daß der Tod kein Übel ist“, und
„daß der Weise, der sich von allen Bedürfnissen frei hält, der
Glückliche ist“, man pries die alten Vorbilder, man brüstete
sich in seiner eigenen Tugendherrlichkeit. Aber in Wirklichkeit
sind das alles (wir haben es oben an Seneca gesehen) nur
Worte. Wie man zu der vielgepriesenen Tugend kommt, wie
man selbst ein anderer Mensch wird, wie man den Tod über=
windet — das weiß in Wirklichkeit keiner von den Schön=
rednern zu sagen. Auf das Volk hatten diese Philosophen erst
recht keinen Einfluß. Das verachten sie ja, die stolzen In=
haber einer esoterischen Weisheit, und sehen es als zu jeder
höheren Bildung und Tugend unfähig an. „Mit seinem öden
Himmel, seiner einzigen Lehre von der Pflicht, ohne andern
Lohn als den des befriedigten Gewissens, seiner stolzen Hal=
tung gegenüber den Göttern, von denen er nichts verlangte,
und gegenüber dem Nichts, in welches er ohne Zittern hinein=
schaute, war der Stoizismus für die auserlesenen Seelen ge=
macht, nicht für die Menge,“ sagt ein neuerer Geschichtschreiber
der Kaiserzeit. Von der heidnischen Philosophie gilt weder,

was St. Paulus von der Predigt des Kreuzes rühmt, daß
sie nicht stehet in hohen Worten, sondern in Beweisung des
Geistes und der Kraft, noch was des Evangeliums Ruhm ist,
daß es den Armen gepredigt wird.

So ist nirgends eine Kraft zu finden, die der Riesen=
aufgabe einer sittlichen Erneuerung der alten Welt gewachsen
wäre. Diese Kraft mußte anderswoher kommen, von oben.
Als denen „die unweise waren, ungehorsame, irrige, dienende
den Lüsten und mancherlei Wollüsten und wandelten in Bos=
heit und Neid und haßten sich unter einander", die Freund=
lichkeit und Leutseligkeit Gottes, des Heilandes, erschien, da
erst war der Quell erschlossen, aus dem der kranken Mensch=
heit neues, gesundes Leben zuströmte, da sammelte das Evan=
gelium Gemeinden, die von dem, was die heidnische Welt ge=
worden war, das Gegenteil waren, keusch, züchtig, arbeitsam,
nach oben gerichtet, das Salz der Erde, das Licht der Welt.
Aber freilich, je verderbter und sittenloser die Welt war, in
deren Mitte sie standen, desto furchtbarer mußte der Kampf
werden, bis an die Stelle der alten heidnischen Welt eine neue
christliche Welt trat, in der zwar auch noch immer die Sünde
vorhanden, und deren Sittlichkeit auch nur Stückwerk ist, in
der aber die Gnade mächtiger ist als die Sünde, in der die
Kräfte der zukünftigen Welt walten als Kräfte der Wieder=
geburt, und in der wir darum sagen können: Wir waren
weiland unweise, ungehorsame, irrige, wir waren es und sind's
nun nicht mehr. Gott sei Lob und Dank!

Drittes Kapitel.

——

Die Christen.

Phil. 2, 15: Auf daß ihr seid unsträflich mitten unter dem unschlachtigen und verkehrten Geschlecht, unter welchem ihr scheinet als Lichter in der Welt.

1. Die Predigt des Evangeliums.

Niemals im ganzen Laufe der Weltgeschichte haben zwei so ungleiche Mächte einander gegenübergestanden wie das antike Heidentum und das junge Christentum, der römische Staat und die christliche Kirche. Wahrlich hier steht das scheinbar Kleinste dem scheinbar Größten gegenüber. Vergegenwärtigen wir uns die ungeheure Macht, die im römischen Reiche zusammengefaßt ist; denken wir nicht bloß an die materiellen Mittel des Staats, erinnern wir uns auch, daß das Heidentum das ganze Leben im Besitz hat, den Staat und die Familie, das öffentliche und das häusliche Leben erfüllt, alle Bildung beherrscht, und vergessen wir nicht, welche zähe Kraft einem seit Jahrhunderten herrschenden Kultus innewohnt. Stellen wir dem die christliche Kirche in ihren Anfängen gegenüber, die von dem allem gar nichts besitzt, weder Staatsmacht noch Schätze, weder Kunst noch Wissenschaft; ein kleiner Haufe nach dem Urteil der Welt ungebildeter Menschen, Fischer, Zöllner, Teppichmacher, die nichts haben als das Wort vom Kreuz, die Botschaft, daß der verheißene Messias erschienen ist, daß in dem Gekreuzigten und Auferstandenen das Heil da ist für alle

Völker. Ja, das Himmelreich ist gleich einem Senfkorn, klein und unscheinbar, ist gleich einem Sauerteige, wenig verglichen mit der Masse des Mehls, aber es ist auch ein lebendiges Samenkorn, es ist auch ein umwandelnder Sauerteig, es trägt eine Kraft in sich, die nicht von dieser Welt ist und darum mächtiger als die ganze Welt.

Denken wir uns nur einmal Paulus auf dem Areopag in Athen. Ihn umgiebt die Herrlichkeit der alten Welt, vor Augen hat er die schönsten Kunstwerke, die Griechenland geschaffen, die Propyläen, das Parthenon, die Meisterwerke eines Phidias, er hat, die altberühmte Stadt durchwandelnd, die zahlreichen Tempel gesehen, die Altäre und Götterbilder, und den Eifer beobachtet, mit dem ihnen gedient wird; ihn umringen in den Schulen griechischer Weisheit aufgewachsene Philosophen, Epikurer und Stoiker, stolz auf ihr Wissen, form= und rede= gewandt: und doch tritt der jüdische Teppichmacher hin und predigt ihnen, daß das alles nun einer vergangenen Zeit an= gehört, daß jetzt eine neue Epoche begonnen hat, und erbietet sich, ihnen etwas zu bringen, vor dem alle jene Herrlichkeit erbleicht, all ihr Gottesdienst sich nichtig erweist und all ihre Weisheit als Thorheit. Dazu gehörte mehr als menschlicher Mut, dazu gehörte eine Freudigkeit, wie sie nur aus der Ge= wißheit hervorgehen konnte, in dem Evangelium eine Gottes= kraft zu besitzen, die allen jenen Weltmächten gewachsen ist, wie derselbe Apostel dieser Gewißheit Ausdruck giebt, wenn er an die Korinther schreibt (1 Kor. 1, 25): „Die göttliche Thorheit ist weiser, denn die Menschen sind, und die göttliche Schwach= heit ist stärker, denn die Menschen sind."

Von Anfang an trägt das Christentum das Bewußtsein, zur Weltherrschaft berufen zu sein, und die volle Gewißheit des Sieges über alle Weltmächte in sich. „Ihr seid das Salz der Erde, ihr seid das Licht der Welt!" hat der Herr zu den Jüngern gesprochen, und: „Gehet hin und machet alle Völker zu meinen Jüngern," befiehlt er ihnen scheidend. So gehen sie hin, die Welt ihm zu erobern, dem sie gehört, und hegen keinen Zweifel, daß ihnen der Sieg zufallen wird. „Der bei uns ist, ist größer denn der in der Welt ist!" und „unser

Glaube ist der Sieg, der die Welt überwunden hat!" ruft Johannes aus.

Freilich, was das Christentum der ganzen heidnischen Weltmacht entgegenzusetzen hat, das ist lediglich das Wort, das Zeugnis von Christo; aber dieses Zeugnis wird gepredigt aus lebendigem Glauben heraus mit Beweisung des Geistes und der Kraft. Ihm zur Seite steht das Zeugnis des Lebens und Wandels als thatsächlicher Beweis für alle, welche um= wandelnde und erneuernde Kraft in dem Worte liegt. Die Predigt von der Liebe Gottes in Christo bethätigt sich in der Übung der Liebe zu den Brüdern, und was sie bekennen, das besiegeln die Christen im Leiden mit ihrem Blute. „Ihr sollt zeugen von mir!" das ist der Auftrag des Herrn an seine Jünger, und damit weist er ihnen den Weg, die Welt zu über= winden. Zeugen sind auch die ersten Christen gewesen, und zeugend von Christo mit dem Wort und mit dem Leben, in ihrem Lieben und Leiden, haben sie den Sieg gewonnen, oder vielmehr, er selbst, der Herr, hat gesiegt durch seine Zeugen.

In den römischen Katakomben findet sich unter den ältesten Bildwerken, die vielleicht noch dem zweiten Jahrhundert ange= hören, eine Darstellung der Wasserspende in der Wüste, wie Moses mit dem Stabe den Felsen schlägt, und ringsum das Volk mit Schöpfgefäßen sich an das hervorquellende Wasser herandrängt. Das Bild ist ohne Zweifel ein Reflex des Ein= drucks, den die Predigt des Wortes damals machte. In der dürren Wüste des Heidentums, wo sie so lange nach Wasser gesucht und gegraben hatten und zuletzt daran verzweifelt waren, welches zu finden, sprudelte nun wieder frisch der Brunnen des lebendigen Wassers, das in das ewige Leben quillet, und so manche nach Wahrheit dürstende Seele unter den Heiden, so mancher, der in den Schulen der Philosophen, in den Tempeln der verschiedensten Götter oder in den Bet= häusern der Juden vergeblich nach Wahrheit gefragt, fand hier seine tiefste Sehnsucht gestillt.

Wir besitzen ein paar Bekehrungsgeschichten von Heiden, die zwar nicht der allererbsten Zeit angehören, die aber doch recht geeignet sind, uns zu zeigen, welchen Eindruck die christ=

liche Wahrheit auf empfängliche Gemüter machte, und auf
welchem Wege sie zur Wahrheit kamen. Die eine findet sich
in einem romanartigen Buche aus der Mitte des zweiten Jahrhunderts, den sogenannten Klementinischen Homilien, in dem
angeblich Klemens von Rom uns seine Geschichte erzählt. „Von
Kind auf,“ berichtet er, „dachte ich viel an den Tod und was
nach dem Tode wohl sein werde. Auch die Fragen beschäf-
tigten mich, ob die Welt geworden sei? und was gewesen,
ehe sie wurde? So besuchte ich denn die Schulen der Philosophen, um dort Antwort auf jene Fragen zu finden. Da
sah ich aber nichts, als daß sie Lehrsysteme aufbauten und
wieder niederrissen, hörte nichts als Streit und Zwietracht,
künstliche Schlüsse und Beweisführungen. Bald siegte die Behauptung: Die Seele ist unsterblich! bald die entgegengesetzte:
Sie ist sterblich! In jenem Falle freute ich mich, in diesem
war ich traurig. Ich überlegte mir, daß die Behauptungen
nicht nach ihrer inneren Wahrheit oder Unwahrheit, sondern
nur nach den größeren oder geringeren Kräften der Dispu-
tierenden wahr oder falsch erschienen. Ich seufzte aus tiefer
Seele, daß sich so nichts Gewisses entscheiden lasse, und konnte
die Traurigkeit nicht los werden. Dann wieder sagte ich mir:
Was mühe ich mich unnütz ab? Wenn ich nach dem Tode
nicht sein werde, so brauche ich mich doch jetzt, da ich noch
bin, nicht darüber zu grämen? Ich will die Traurigkeit auf-
schieben bis dahin, daß ich nicht mehr sein werde und dann
also auch nicht traurig. Wenn ich aber sein werde, was soll
ich mich jetzt grämen? Aber gleich kam mir wieder ein anderer
Gedanke. Ich fragte mich: Werden dort nicht Qualen über
mich kommen größer als die jetzigen? Wenn ich nicht fromm
lebe, werde ich dann nicht wie Sisyphus und Ixion und Tan-
talus leiden müssen? Aber das alles ist ja nicht wahr, warf
ich ein. Wenn es nun doch wahr wäre? Jedenfalls, sagte
ich mir, ist es das beste, fromm zu leben. Aber nun wußte
ich wieder nicht, was dazu gehöre, was Gott angenehm sei.
Ich fand nichts Gewisses und konnte meine Seele nicht beruhigen. Was soll ich machen? Ich will nach Ägypten gehen
und einen Hierophanten bitten und mit vielem Golde bewegen,

daß er mir einen Toten beschwört und erscheinen läßt, und
ich mich so durch den Augenschein überzeuge, daß die Seele
unsterblich ist." Von diesem Entschluß bringt ihn jedoch ein
befreundeter Philosoph wieder ab, da es die Götter hassen,
wenn die Toten beunruhigt werden. So ist Klemens denn
ganz ratlos, bis er von dem Auftreten Christi und seiner
Apostel hört und sich aufmacht, diese zu suchen. Er findet
zuerst den Barnabas, und das ist ihm das Merkwürdigste bei
dessen Predigt, daß Barnabas sich um die Einwürfe der
Philosophen, ihre subtilen Fragen und ihren Spott über seine
kunstlosen und unlogischen Reden gar nicht kümmert, sondern
ruhig fortfährt, die Thatsachen des Lebens Jesu und seine
Werke zu bezeugen, und sich dafür statt aller künstlichen Be=
weisführungen einfach auf Zeugen beruft. Nachher findet er
den Petrus, erhält von diesem gewisse Antwort auf seine
Fragen und wird Christ. Das ist zwar alles nur Dichtung,
aber die Farben der Darstellung sind gewiß dem Leben ent=
nommen, und was Klemens hier im Roman von sich selbst
erzählt, ist ohne Zweifel die wirkliche Geschichte vieler.

Ganz ähnlich erzählt uns auch Justin der Märtyrer, wie
er die Schulen der Philosophen durchwanderte, ohne zu finden,
was er suchte, Gewißheit und Frieden für seine Seele. Ein
Stoiker, in dessen Unterricht er zuerst trat, erklärte das, wo=
nach sich Justin vor allem sehnte, gewisse Erkenntnis Gottes,
für eine untergeordnete Frage der philosophischen Spekulation.
Ein Peripatetiker, bei dem er es dann versuchte, forderte schon
nach wenigen Tagen als das Wichtigste, die Feststellung des
Honorars. Das stieß Justin zurück, und er ging zu einem
Pythagoräer. Der wies ihn aber sofort ab, weil er noch keine
Musik, Geometrie und Astronomie verstehe, die, wie er erklärte,
als Läuterungsmittel einer in das Irdische versunkenen Seele
die Vorbedingung des Philosophierens seien. Nun wandte sich
Justin einem Platoniker zu, und hier glaubte er sich am Ziel;
denn sein Lehrer führte ihn in die platonische Ideenlehre ein,
und schon träumte sich der Schüler, auch ein Weiser und dem
Schauen der Gottheit nahe zu sein. Da begegnete er eines
Tages, in der Einsamkeit am Gestade des Meeres wandelnd,

einem gereiften Christen und geriet mit ihm in ein Gespräch
über göttliche Dinge. Der Greis zeigte ihm, daß Gott nur
mit einem durch den Geist Gottes selbst geheiligten Sinne geschaut werden könne, und unter den Ausführungen des Greises
zerrann dem Justin mit einem Male sein stolzer Wissenstraum.
Der Alte, dem seine Bestürzung darüber nicht entging, wies
ihn nun auf das Wort Gottes als auf die Quelle aller wahren
Gotteserkenntnis hin und fing an, ihm von Christo zu erzählen.
Diesen Winken nachgehend, fand Justin im Christentum, was
er in den Schulen der verschiedenen Philosophen vergeblich
gesucht hatte, gewisse Gotteserkenntnis.

Ohne Zweifel war es das vor allem, was die Heiden
anzog und festhielt, daß bei den Christen volle Gewißheit des
Glaubens auf Grund einer göttlichen Offenbarung zu finden
war. Da wurde nicht gefragt: „Was ist Wahrheit?" sondern
gepredigt: „Die Gnade und Wahrheit ist durch Jesum Christum
geworden!" Da wurde nicht für und wider disputiert wie
in den Philosophenschulen, und das Endergebnis war nicht,
daß wir nichts Sicheres wissen können, sondern da hieß es:
„Was wir gehört haben, was wir gesehen haben mit unseren
Augen und mit unseren Händen betastet haben vom Worte
des Lebens, das verkündigen wir euch." Da wurde nicht über
nichtige Dinge geschwatzt wie bei den Rhetoren, die mit der
unglaublichsten Wortkünstelei jetzt eine Lobrede auf den Staub
hielten oder auf die Faulheit, jetzt die gefährliche Krankheit
eines Gliedes des kaiserlichen Hauses als willkommenes Thema
für ein rhetorisches Kunststück behandelten, sondern da wurden
die höchsten Dinge und was zum Seelenheil nötig ist, einfach
und schlicht besprochen. Da hörte man auch nicht von irgend
welchen künstlichen Mitteln, das Wohlgefallen Gottes zu erlangen, wie sie die umherziehenden Goeten und Hierophanten
austüftelten, um sie dann als die alleinseligmachende Weisheit
mit viel Geheimniskrämerei zu verkündigen, wie z. B. einer
von diesen Leuten herausgebracht haben wollte, der sicherste
Weg, das Wohlgefallen Gottes zu erlangen, sei der, bei der
Libation den Wein immer genau über dem Henkel des Kruges
auszugießen, da diese Stelle die einzige vom Munde des

Menschen nicht entweihte sei; sondern da wurden Thatsachen bezeugt, die Thatsachen der Erlösung: „Gott war in Christo und versöhnte die Welt mit ihm selber!" „Christus ist um unserer Sünde willen gestorben und um unserer Gerechtigkeit willen auferweckt." Allen verständlich wurde da der Eine wahre Gott, der Vater unseres Herrn Jesu Christi, gepredigt, nicht als das Ergebnis philosophischer Spekulation, sondern auf Grund seines Wortes, nicht als Geheimlehre für wenig Wissende, sondern in voller Offenheit allen, auch den Armen und Geringen. „Bei uns," sagt Tatian, „lernen nicht nur die Reichen, sondern auch die Armen Weisheit und genießen umsonst den Unterricht in der heilsamen Lehre." „Jeder christliche Handwerker," sagt Tertullian, „hat Gott gefunden, obgleich Plato behauptet, daß der Schöpfer nicht leicht gefunden und, wenn er gefunden sei, schwerlich allen bekannt gemacht werden könne."

Was der Herr als Zeichen und Beweis dafür hinstellt, daß er der rechte Messias ist: „den Armen wird das Evangelium gepredigt!" das erfüllt sich jetzt in reichem Maße. Es gehört zur Signatur der Zeit, daß der Kreis der Armen, der Gedrückten, der Rechtlosen, der Geknechteten sehr groß ist. Was mußte es auf diese, auf alle die Besitzlosen, die keinen Teil hatten an den Schätzen und Genüssen Roms, auf die Scharen von Sklaven in ihrem menschenunwürdigen Zustande, auf die kleinen Leute, die unter die Füße getreten wurden, auf die Handwerker, die, weil sie von ihrer Hände Arbeit lebten, von der wissens= und bildungsstolzen antiken Welt für nichts geachtet wurden, von denen selbst ein Plato sagt, ihr Leben diene zu nichts anderem, als ihr Handwerk auszuüben, und wenn sie krank würden, müsse man sie ihrem Schicksale überlassen, da sie ihre Bestimmung nicht mehr zu erfüllen im stande seien: was mußte es auf diese alle für einen Eindruck machen, wenn ihnen der arme Jesus, der selbst den Sklaventod gestorben war, ver= kündigt, und in ihm der Zugang zu einem Gottesreiche eröffnet wurde, das alle umfaßt, in dem es nicht mehr Herren und Knechte giebt, in dem keiner mehr unter die Füße getreten wird. Noch Celsus im zweiten Jahrhundert spottet darüber, daß Woll= arbeiter, Schuster, Gerber, die allerungebildetsten und bäurischsten

Leute, die eifrigsten Verkündiger des Christentums sind und es zuerst unter die Weiber und Kinder bringen. Aber der Spott der Heiden giebt wider Willen Zeugnis davon, welche Macht die Predigt des Wortes ausübte, und was für den eingebildeten Heiden nur Gegenstand des Hohnes ist, eben das ists ja, wofür der Herr dankt, wenn er sagt: „Ich preise dich, Vater und Herr des Himmels und der Erde, daß du solches den Weisen und Klugen verborgen hast, und hast es den Unmündigen geoffen=baret. Ja, Vater, denn es ist also wohlgefällig gewesen vor dir" (Matth. 11, 25. 26).

Eine andere Spottrede desselben Christenfeindes Celsus läßt uns einen noch tieferen Blick in die Macht der evange=lischen Predigt thun. „Laßt uns hören," sagt er, „welche Leute von den Christen gerufen werden. Wer ein Sünder, wer ein Unverständiger, wer ein Unwürdiger, und mit einem Worte, wer ein Elender ist, einen solchen wird das Reich Gottes aufnehmen. Sie sagen, daß Gott den Sünder, wenn er sich seiner Schlechtigkeiten wegen demütigt, annehmen, den Gerechten aber, wenn er mit Tugend von Anfang an zu ihm aufblickt, nicht annehmen werde." Das dünkt dem Celsus ganz ungereimt. Denn „es ist doch jedem offenbar," meint er, „daß niemand die, welche von Natur zum Laster geneigt sind, nicht einmal durch Strafe, geschweige denn durch Er=barmen, ganz umwandeln kann." Gerade das war es, was solche Macht über die Gemüter ausübte, die Predigt von der Gnade. Erwachte doch auch in der Heidenwelt jetzt das Sündenbewußtsein und die Sehnsucht nach Erlösung. Es gab der Seelen jetzt manche, die unter der Last ihrer Sünden seufzten und nach einer Reinigung, einer Sühne fragten. Hier fanden sie, was sie in den heidnischen Tempeln, in den mancherlei Weihungen und Lustrationen, in den asketischen Übungen und mühevollen Entsagungen, die im Kultus der Heiden einen immer breiteren Raum einnahmen, vergeblich gesucht hatten. In dem Blute des Gotteslammes wurde ihnen umsonst die Vergebung aller Sünden angeboten, und in der Taufe ein Bad der Reinigung, das sie abwusch von aller Unreinheit. Die Einladung des Herrn: „Kommet her zu mir alle, die ihr mühselig und beladen seid, ich will euch erquicken," bewährte um so mehr ihre Kraft, als in der absterbenden Welt, deren Glanz und Freude täglich mehr im Erbleichen war, der Müh=seligen und Beladenen täglich mehr wurden.

Und wenn der Blick der Menschen sich jetzt immer ver=langender auf das Jenseits richtete, wenn, wie wir sahen, die Frage immer lebhafter ventiliert wurde, ob es ein Jenseits giebt? und wie man zu einem seligen Zustand im Jenseits kommt? welchen Eindruck mußte es da machen, wenn die Thatsache der Auferstehung Christi verkündet wurde. Da war ja die Lösung aller jener Fragen gegeben und zwar nicht auf Grund zweifelhafter Beweisführungen und Schlußfolgerungen, die sich, wie Klemens sagt, bald für, bald gegen die Unsterb=lichkeit wenden ließen, sondern auf Grund einer Thatsache. Hier wurde geboten, was der Heidenwelt fehlte, eine lebendige Hoffnung. An den Gräbern der Christen wurde sie bezeugt. Da hörte man nicht Klaggeheul, sondern Psalmengesang: „Der Tod seiner Heiligen ist wert gehalten vor dem Herrn," „sei zufrieden, meine Seele, denn der Herr thut dir Gutes," „und ob ich schon wanderte im finstern Thal, fürchte ich kein Un=glück, denn du, Herr, bist bei mir;" da erschallte ein siegreiches „Hallelujah! der Tod ist verschlungen in den Sieg!" und die Inschriften auf den einfachen Gräbern: „Er lebt!" „In Frieden!" gaben davon Kunde, daß die Christen des ewigen Lebens ge=wiß geworden waren. Selbst die Angriffe der Heiden, die gegen keinen Artikel des christlichen Glaubens mit solcher Heftigkeit wie gegen diesen gerichtet waren, selbst der furcht=bare Hohn, mit dem sie, als der Leib der Blutzeugen in Lyon verbrannt, und die Asche in die Rhone geschüttet war, riefen: „Wir wollen nun sehen, ob sie auferstehen werden," läßt deutlich genug durchfühlen, welche Macht gerade die Verkündigung der Auferstehung und des ewigen Lebens über die Gemüter ausübte.

2. Kultus und Gemeindeleben.

Mächtig wirkte auch der Kultus der Christengemeinden auf die Heiden. Dem heidnischen Kultus fehlt überall die

Andacht. Bei den Römern ist er totes Zeremonienwesen; die Gebetsformeln werden pünktlich aufgesagt, obwohl sie sprachlich schon unverständlich geworden sind. Ob das Volk sie versteht ist gleichgültig, ja gleichgültig, ob es überhaupt gegenwärtig ist. Der Staat läßt die vorgeschriebenen Opfer durch seine Beamten bringen, das genügt. Ist das Volk gegenwärtig, so ist es stummer Zuschauer. Die Griechen charakterisiert es, daß selbst bei den feierlichsten Aufzügen Scherze und Neckereien nicht fehlten. Wenn bei den großen Eleusinischen Mysterien die Mysten ihren Zug nach Eleusis hielten, wurden sie an der Brücke über den Kephissus mit allerlei oft recht unfeinen Scherzen und Neckereien begrüßt. Auch bei dem Reigentanz auf der Wiese in der Nähe von Eleusis fehlte dergleichen nicht. Die orientalischen Kulte waren vielmehr eine Art Orgien, bei denen an die Stelle der Andacht eine oft bis zur Raserei getriebene Extase trat.

Das gerade Gegenteil dieses heidnischen Kultus war der Gottesdienst der Christen. Zwar von Pomp und Pracht war bei diesen Armen nichts zu finden, aber ihr Gottesdienst war eine Anbetung Gottes im Geist und in der Wahrheit. Keine Tempel, keine Altäre, keine Bilder, das war die Regel. Sie bedurften auch keiner Tempel, sie, die selbst nach dem Zeugnisse des Apostels der lebendige Tempel Gottes waren, erbauet auf dem Grunde der Apostel und Propheten, da Jesus Christus der Eckstein ist. In den Häusern hin und her, in kleinen engen Stuben oder, wo ein wohlhabendes Gemeindeglied einen solchen Raum besaß, in einem Saal versammelte man sich zu Gesang, Schriftlesung, Gebet und Feier des Abendmahls. Oft kam es in der ersten Zeit noch vor, daß dieses oder jenes Gemeindeglied, dem die Gabe verliehen war, ein Wort der Erbauung redete. Meist war das Sache geistbegabter und vom Geist erweckter Apostel, Lehrer und Propheten, die von Gemeinde zu Gemeinde zogen, oder (und später ausschließlich) der Vorsteher. Wir besitzen einige Schilderungen dieses ältesten Gottesdienstes, die ebenso einfach sind, wie dieser selbst, aber in ihrer Einfachheit Zeugnis ablegen, wie lebendig hier noch alles war, nirgend tote Form, alles volle Wahrheit. Plinius d. J. hatte

als Statthalter in Bithynien Nachforſchungen über den Glauben
und das Leben der Chriſten angeſtellt, auch durch die Folter
einigen Diakoniſſen Geſtändniſſe abgepreßt. Was er erfahren,
ſtellt er in einem Briefe an den Kaiſer Trajan zuſammen.
„Die Chriſten,“ heißt es da, „geben an, daß ſie die Gewohn=
heit hätten, an einem beſtimmten Tage vor Sonnenaufgang
ſich zu verſammeln und Chriſto als einem Gotte gemeinſame
Lieder zu ſingen; daß ſie ferner ſich durch ein Gelübbe (es iſt
offenbar das Taufgelübbe gemeint) verpflichteten, nicht, irgend
welche Verbrechen zu begehen, ſondern vielmehr dazu, von
Raub, Diebſtahl, Ehebruch, Lug und Trug ſich rein zu halten.
Wenn dieſes geſchehen ſei, ſo pflegten ſie auseinander zu gehen,
kämen aber nachher wieder zuſammen, um gemeinſam eine
Mahlzeit zu halten und zwar eine ganz gewöhnliche und un=
ſchuldige.“ Genauer noch ſchildert uns Juſtin den Gottes=
dienſt: „Am Sonntage geſchieht eine Verſammlung aller, die
in den Städten oder auf dem Lande wohnen, und es werden
dann die Denkſchriften der Apoſtel oder die Bücher der Pro=
pheten vorgeleſen, ſo lange wir Zeit dazu haben. Darnach
wenn der Vorleſer geendet hat, giebt der Vorſteher in einer
Rede Erinnerung und Mahnung, jenen herrlichen Vorbildern
nachzueifern. Alsdann ſtehen wir alle miteinander auf und
ſenden unſere Gebete empor. Und nachdem wir unſer Gebet
gethan haben, bringt man Brot und Wein und Waſſer herbei,
und der Vorſteher verrichtet Gebete und Dankſagungen, ſo viel
er vermag. Die Gemeinde antwortet mit ihrem Amen, und
es geſchieht die Austeilung der geweihten Dinge, welche jeder
Anweſende empfängt, während ſie den Abweſenden durch die
Diakonen hingetragen werden. Die Wohlhabenden aber und
die willig dazu ſind geben ein jeglicher nach ſeinem Gefallen,
und die geſammelten Gaben werden vor dem Vorſteher nieder=
gelegt, welcher damit den Witwen und Waiſen zu Hülfe kommt,
auch der durch Krankheit oder ſonſtwie Heimgeſuchten, der Ge=
fangenen, der Fremdlinge, kurz aller derer, die in Bedrängnis
ſind, ſich annimmt.“ Anfangs mit dem Abendmahl verbunden,
ſpäter von ihm getrennt, wurden auch Liebesmahle gehalten,
wie oben ſchon in dem Briefe des Plinius darauf hingedeutet

ist. Die ganze Gemeinde fand sich da wie eine Familie zu gemeinsamer Mahlzeit zusammen. Tertullian schildert sie uns, wie sie zu seiner Zeit waren. „Unser Mahl," schreibt er, „giebt von dem, was es ist, durch seinen Namen Rechenschaft. Es wird mit dem Worte bezeichnet, mit welchem die Griechen die Liebe benennen (Agape). Der Aufwand, den wir dabei machen, dient zur Erquickung der Armen um der Barmherzigkeit willen. Dieses ist die ehrenwerte Veranlassung unsers Mahls. Darnach beurteilt die Ordnung unseres übrigen Verhaltens, wie es unserer religiösen Pflicht entspricht, die nichts Gemeines, nichts Unmäßiges gestattet. Wir gehen nicht eher zu Tische, als bis unser Gebet zu Gott vorgekostet ist; wir essen so viel, wie die Hungrigen bedürfen; wir trinken nicht mehr, als den Schamhaften nützlich ist. Wir sättigen uns in dem Bewußtsein, daß wir auch während der Nacht zu Gott beten müssen; wir reden miteinander in der Erinnerung, daß der Herr uns hört. Nach Beendigung des Mahles ergeht an alle die Aufforderung zum Lobe Gottes, und wer aus den heiligen Schriften oder aus seinem eigenen Geiste etwas mitzuteilen vermag, der thut es. Darin liegt die Probe, wie wir getrunken haben. Mit Gebet wird die ganze Versammlung beschlossen, und wir gehen nicht auseinander, um auf den Straßen Unfug zu treiben, sondern um unsere Übung der Sittsamkeit fortzusetzen, weil wir nicht von einem Trinkgelage, sondern von einer Übung in der Zucht und Ehrbarkeit herkommen." In der kürzlich aufgefundenen „Lehre des Herrn durch die 12 Apostel," der ältesten Kirchenordnung, sind uns die Gebete aufbewahrt, die beim Abendmahl gesprochen werden. Über dem Brot wird gebetet: „Wir danken dir, unser Vater, für das Leben und die Erkenntnis, die du uns kund gethan hast durch Jesum, deinen Knecht. Dein sei die Herrlichkeit in Ewigkeit! Wie dieses gebrochene Brot zerstreut war auf den Bergen und zusammengebracht und Eins wurde, so möge deine Kirche gesammelt werden von den Enden der Erde in dein Reich. Denn dein ist der Ruhm und die Kraft durch Jesum Christum in Ewigkeit." Über dem Kelche: „Wir danken dir, unser Vater, für den heiligen Weinstock Davids, deines Knechts,

welchen du uns kundgethan haſt durch Jeſum, deinen Knecht.
Dein ſei der Ruhm in Ewigkeit!" Endlich am Schluſſe der
Mahlzeit, wenn alle geſättigt waren, folgte das Dankgebet:
„Wir danken dir, heiliger Vater, für deinen heiligen Namen,
dem du eine Stätte bereitet haſt in unſern Herzen, und für
die Erkenntnis und den Glauben und die Unſterblichkeit, die
du uns geoffenbaret haſt durch Jeſum, deinen Knecht. Dir
ſei Ruhm in Ewigkeit! Du, allmächtiger Herr, haſt alles ge=
ſchaffen um deines Namens willen, Speiſe und Trank haſt du
den Menſchen gegeben, daß ſie dir Dank ſagen. Uns aber
haſt du begnadet mit göttlicher Speiſe und Trank und dem
ewigen Leben durch deinen Sohn. Vor allem danken wir dir,
daß du mächtig biſt. Dir ſei Ehre in Ewigkeit! Gedenke,
Herr, deiner Gemeinde, ſie zu erretten von allem Böſen und
ſie zu erwecken in deiner Liebe, und ſammle ſie von den vier
Winden, ſie, die geheiligt iſt, in dein Reich, das du ihr be=
reitet haſt. Denn dein iſt die Kraft und die Herrlichkeit in
Ewigkeit. Es komme die Gnade, und dieſe Welt vergehe!
Hoſianna dem Gotte Davids! Wer heilig iſt, der trete herzu,
wer es nicht iſt, der thue Buße. Maranatha! (Unſer Herr
iſt da! vgl. 1 Kor. 16, 22.) Amen."
Vergegenwärtigen wir uns dieſen Gottesdienſt in ſeiner
Einfachheit und jugendlichen Friſche, denken wir uns die Ge=
meinde vielleicht in Zeiten der Verfolgung, jeden Augenblick
gewärtig, daß Späher ſie verraten, oder ein Pöbelhaufe mit
Geſchrei und Steinwürfen auf ſie eindringt; doch erklingen
Hymnen und Pſalmen, man hört voll heiligen Ernſtes die
ſchlichte Verkündigung des Lebenswortes, dann ſteht die Ge=
meinde auf zum Gebet, der Vorſteher betet vor, alle beten
mit, und feierlich erſchallt das Amen, alle empfangen den Leib
und das Blut des Gekreuzigten, dem ſie vielleicht bald im
Tode nachfolgen werden, alle vereint ſie das Liebesmahl, betend
nehmen ſie mit dem Kuſſe des Friedens Abſchied — wahr=
haftig, wir verſtehen, daß oft Heiden, die nur ein einziges
Mal dem Gottesdienſte beiwohnten, dadurch für immer ge=
wonnen wurden. In ihren Tempeln toter Zeremoniendienſt,
hier Gottesdienſt des lebendigen, Leben weckenden Wortes;

dort eine stumme, unthätig zusehende Menge, während der Priester allein mit dem Gott verkehrt, hier eine mitthätige, singende, hörende, betende Gemeinde, alle Priester des lebendigen Gottes. Schon 1 Kor. 14, 24. 25 lesen wir, daß Ungläubige, die das sahen und hörten, davon ergriffen auf ihr Angesicht fielen, Gott anbeteten und bekannten, daß Gott wahrhaftig in der Gemeinde sei; und Eusebius bezeugt in seiner Kirchengeschichte ausdrücklich: „Die Kraft des Geistes war im Anfang des Evangelii so mächtig, daß eine unzählige Menge gleich bei dem ersten Anhören die Gottseligkeit zu Herzen nahm!"

Bei den Christen war, was den Heiden mangelte, Gemeinbeleben. An Gemeinsinn fehlt es auch dem Altertum nicht, im Gegenteil, schon die zahlreichen Vermächtnisse und Schenkungen, die Ausführung öffentlicher Bauten, von denen uns Inschriften Kunde geben, zeugen davon in besonderem Maße. Auf dem Gebiete des gewerblichen Lebens war der Associationstrieb sehr stark entwickelt. Wir finden Kollegien für die verschiedenen Industriezweige mit Kranken-, Sterbe- und Leichenkassen. Wir finden auch Kollegien zu religiösen Zwecken, Genossenschaften für den Dienst bestimmter Gottheiten, und wir werden noch sehen, welche Bedeutung dieselben im 3. Jahrhundert gewinnen, daß sich hier wirklich etwas den Christengemeinden ähnliches selbst in der Heidenwelt herausbildete, auch ein Zeichen des Bedürfnisses, das dem Christentum entgegenkam: aber so lange das antike Leben noch kräftig war, entwickelte sich der Gemeinsinn vorwiegend nach der politischen Seite. Nun bot jedoch das politische Leben in seinem steigenden Verfall immer weniger Raum zu Thätigkeit. Nirgends war mehr Freiheit, alle waren Sklaven des Einen. Ja, jedes Sichhervorthun, jede ausgezeichnete Leistung war mit der Gefahr verbunden, die Eifersucht des Machthabers zu erregen. Mehr freie Bewegung bewahrte anfangs noch das kommunale Leben, aber die Kommunalämter, früher als Ehrenämter gesucht, wurden später durch die damit verbundenen Ausgaben eine Last, der sich jeder so viel als möglich zu entziehen suchte, und deren Übernahme durchs Gesetz erzwungen werden mußte. In den Christengemeinden dagegen that sich ein zwar nur kleiner, aber

deſto regſamerer Kreis auf, in dem wirklich Gemeinſchaft
herrſchte, in dem alle durch das Band Eines Glaubens in
brüderlicher Liebe verbunden miteinander arbeiteten, beteten
und litten. Hier war für jede Thätigkeit Raum, und alle
Kräfte fanden Gelegenheit zu wirken. Hier hatte die Freiheit
eine Stätte, hier konnten im Handeln und im Dulden große
Charaktere erſtarken und ſich entfalten.

3. Wandel der Chriſten.

Und welches Zeugnis gab der Wahrheit des Chriſtentums
der Wandel ſeiner Bekenner! „Bei uns,“ redet Athenagoras
die Heiden an, „könnt ihr Unwiſſende, Handwerker, alte Weiber
finden, welche, wenn ſie auch den heilſamen Einfluß der chriſt‑
lichen Lehre nicht mit Worten zu beweiſen im ſtande ſind, doch
den heilſamen Einfluß der aus derſelben fließenden Geſinnung
mit der That beweiſen.“ Unzählige Male berufen ſich die Ver‑
teidiger des Chriſtentums auf die große und vorteilhafte Ver‑
änderung, die es in allen hervorruft, welche es annehmen.
Woran ſchon St. Paulus in ſeinen Briefen mehrmals erinnert,
was die Chriſten waren und was ſie ſind, das heben auch ſie
immer wieder hervor. „Wir, die wir einſt der Wolluſt dienten,“
ſagt Juſtin der Märtyrer in ſeiner zweiten Apologie, „ſtreben
jetzt nach Sittenreinheit. Wir, die wir Zauberkünſte trieben,
haben uns dem guten und ewigen Gott geweiht. Wir, die wir
einſt Geldgewinn mehr als alles liebten, teilen jetzt, was wir
beſitzen, mit allen und geben jedem Dürftigen. Wir, die wir
einſt einander gegenſeitig haßten und mordeten, die aus fremden
Völkern Stammenden wegen der Verſchiedenheit der Sitten
nicht in unſer Haus aufnehmen wollten, tragen nach der Er‑
ſcheinung Chriſti kein Bedenken, mit ihnen zuſammen zu leben.
Wir beten für unſere Feinde, wir ſuchen die uns mit Unrecht
Haſſenden zu überzeugen, damit ſie nach den herrlichen Lehren
Chriſti leben und dadurch die freudige Hoffnung gewinnen
möchten, einmal dasſelbe wie wir von dem allmächtigen Gott
zu empfangen.“ Getroſt kann ſich Tertullian auf die Gerichts‑
verhandlungen berufen, in denen nie einem Chriſten ein an‑

deres Vergehen nachgewiesen sei, als daß eine, daß er ein
Christ sei. „Täglich habt ihr," so redet Tertullian die Heiden
an, „zu Gericht zu sitzen und Urteile zu fällen über Verbrecher
der mannigfaltigsten Art, über Mörder, Beutelschneider, Tempel=
räuber. Wer von diesen zählt zu den Christen? Oder wenn
Christen unter ihrem Namen aufgeführt werden, wer von ihnen
wird auch noch als schuldig wie jene bezeichnet? Die Eurigen
allezeit sind es, welche die Gefängnisse, die Bergwerke bevölkern;
die Eurigen, die den wilden Tieren zur Speise dienen; die
Eurigen allezeit sind es, die die Reihen der Schuldigen bilden,
welche die Spielgeber mästen. Da findet sich kein Christ oder
n u r a l s C h r i s t." Auch die Heiden selbst konnten sich diesem
Eindruck nicht entziehen; zu mächtig war die Einwirkung des
christlichen Glaubens auf das Leben und den Wandel, als
daß selbst heidnischer Haß sie hätte verkennen konnen. Galenus,
der berühmte Arzt, gewiß ein nüchterner Beobachter und ein
unverdächtiger Zeuge, sagt einmal, die meisten Menschen müßten
durch Gleichnisse belehrt werden. So hätten die, welche man
Christen nennt, ihren Glauben aus den Gleichnissen ihres
Stifters gezogen. Indessen handeln sie oft so wie die, welche
der waren Philosophie folgen. „Wir sind Zeugen, daß sie
den Tod verachten gelernt haben, und daß sie aus Scham sich
hüten vor den Freuden des Fleisches. Es giebt bei ihnen
Männer und Frauen, die sich von der Ehe zurückhalten. Es
giebt bei ihnen auch solche, welche in ihren Bemühungen, ihre
Seele zu beherrschen und ehrbar zu leben, so weit gekommen
sind, daß sie in nichts hinter wahren Philosophen zurückstehen."

Das Christentum bot noch keinerlei äußerliche Vorteile.
Was nachher manche angelockt und der Kirche so viele Schein=
glieder zugeführt hat, die Macht, Ehre, Reichtum suchten, da=
von war noch nichts zu finden, sondern im Gegenteil Schmach
und Schande und beständige Gefahr. Noch war es auch nicht
die Sitte, der Brauch und das Herkommen, was die Menschen
äußerlich zu Christen machte. Wer kam, der kam aus eigenster
Bewegung seines Herzens, dem war es ganzer und voller
Ernst. Das Kommen selbst war schon ein Opfer, denn wer
Christ wurde, mußte sich nicht bloß von tausendjährigen Vor=

urteilen, er mußte sich meist auch von Vater und Mutter,
von Bruder und Schwester, von Freunden und Verwandten,
vielleicht von Amt und Dienst und Geschäft losreißen. Mit
großer Schärfe tritt der Wendepunkt zwischen dem vorchrist=
lichen und dem christlichen Leben hervor. Es gehört zur Zeit
des Kampfes, daß plötzliche Bekehrungen häufig sind, daß
das Wunder, welches in jeder Bekehrung liegt, offenbarer,
man möchte sagen handgreiflicher hervortritt. Wie oft hören
wir, daß bei der Hinrichtung eines Christen seine Wächter,
die Soldaten, die Henker, einzelne, die es mit angesehen, sich
auf der Stelle bekehren. Nach glaubhaften Zeugnissen kam
noch Auffallenderes vor. Unter Diokletian hatte ein Schau=
spieler in Rom, Gennadius, in einem Stücke aufzutreten, in
dem die Christen verspottet wurden. Er spielte seine Rolle
anstandslos zum Jubel des Volks bis zu dem Augenblick, wo
er nach dem Gange des Stücks die Taufe begehren sollte. Da
ergreift es ihn plötzlich mit unwiderstehlicher Macht, er stockt,
er hält inne und erklärt den erstaunten Zuhörern, er wolle
selbst Christ werden. Damit verläßt er die Bühne, geht wirklich
hin zur Taufe und besiegelt auch seinen Glauben bald durch
den Märtyrertod.

Auch das gehört zu dem Außerordentlichen der Zeit, daß
öfter Bekehrungen durch wunderbare Träume vorkommen, wie
Origenes ganz ausdrücklich bezeugt. Daß überhaupt damals
wenigstens bis ins 3. Jahrhundert hinein, die Wunderkräfte
der apostolischen Zeit noch fortwirkten, kann nach unverdäch=
tigen Zeugnissen nicht zweifelhaft sein. Aber man darf die
Bedeutung dieser Wunder doch nicht zu hoch anschlagen. Zwar
die Apologeten berufen sich darauf als auf ein Zeugnis für
die Wahrheit des Evangeliums. Es finden sich aber keine
Anzeichen, daß die Wunder in besonderer Weise dazu mit=
gewirkt hätten, das Volk für den Glauben zu gewinnen. Das
konnten sie schon deshalb nicht, weil die Heiden ihren Göttern
noch viel zahlreichere Wunder zuschrieben. Inschriften und
Weihegeschenke, Hände, Arme, Beine von Thon und Metall,
bezeugen das. So findet sich eine Inschrift, in der ein Blinder
und ein Lahmer ihre Heilung durch Aeskulap erzählen. Dem

Blinden befiehlt der Gott zur Rechten des Altars zu knieen, dann die Hand auf den Altar zu legen und die Augen damit zu bestreichen, und sofort erhält er unter dem Jubel des Volks sein Gesicht wieder. Der Lahme muß Asche vom Altar mit Wein mischen und auf seine Seite legen, worauf auch er geheilt wird. An der Stelle eines Tempels bei Capua sind über 3000 solcher ex voto geopferten Weihgeschenke gefunden. Natürlich sahen die Heiden die Wunder ihrer Götter als echte Wunder an, während die durch Christen vollbrachten Wunder diesen nur den Vorwurf der Magie zuzogen.

Auch wo die Bekehrung nicht so plötzlich geschah, hatte man doch von der Umwandlung, die man erlebt, die bestimmteste Erfahrung, und wie den Christen das rings sie umgebende heidnische Wesen auf Schritt und Tritt ihren Christenberuf in Erinnerung brachte, daß sie dieser gegenwärtigen argen Welt nicht mehr angehörten, so waren sie sich auch auf Schritt und Tritt der Pflicht bewußt, anders zu leben, als die Heiden, und ihr ganzes Leben vom Christentum durchbringen zu lassen. Nach außen prägt sich das in Sitte und Symbol aus. Im Hause fehlte nicht Schriftlesung und Psalmengesang. Vor jeder Mahlzeit wurde nicht bloß gebetet, sondern auch ein Stück des aus der Kirche mitgenommenen gesegneten Brotes gegessen. Bei jedem Ausgang und Eingang, beim Ankleiden und Schuhanziehen, beim Waschen, beim Lichtanzünden, beim Niederlegen, beim Zubettegehen bezeichnete man sich mit dem Kreuzeszeichen; und das war noch nicht ein totes Zeichen, sondern eine lebendige Erinnerung an den Gekreuzigten, an die Taufe in seinen Tod und an die in der Taufe übernommenen Verpflichtungen.

Über dem ganzen Christenleben liegt ein ruhiger heiliger Ernst. Die Christen wissen, daß sie das Salz der Erde sind und das Licht der Welt, und bemühen sich, es zu sein. Ihre Blicke gehen in die Zukunft auf den Herrn, der verheißen hat wiederzukommen, und in Erwartung seiner baldigen Erscheinung jagen sie mit Eifer nach der Heiligung des Lebens, ohne die niemand vor ihm bestehen wird. Ihr Leben ist ein Kriegsdienst unter Christo, ihrem Feldherrn. Dem haben sie in der Taufe den Fahneneid geleistet und abgesagt dem Teufel und all seinen Werken und Wesen. Ihr Feldzeichen ist das Kreuz, ihre Parole das Glaubensbekenntnis, ihre Waffe, mit der sie Tag und Nacht auf der Wacht stehen, Station und Vigilie halten, das Gebet. „Laßt uns nie unbewaffnet einhergehen," mahnt Tertullian, „am Tage laßt uns der Station, bei Nacht der Vigilie eingedenk sein. Unter den Waffen des Gebets laßt uns das Feldzeichen unseres Feldherrn bewahren; betend laßt uns die Posaune des Engels erwarten." Hieher gehört auch das Fasten. Gefastet wurde oft und streng. Fasten galt als ein besonders wichtiges Mittel, den Ernst des Christenlebens zu beweisen und sich darin zu befestigen. Doch war es nicht geboten, sondern frei. Nur das Fasten in der Osterwoche wurde schon früh obligatorisch. Auch auf die Taufe bereitete man sich mit Fasten vor.

Das Christenleben war ein Leben aus einem Guß. „Niemals," sagt der eben genannte Tertullian, „ist der Christ etwas anderes als eben ein Christ." Nicht in der Kirche bloß, auch im Hause, im Berufe, auf der Straße wollten die Christen sich als Christen zeigen. Mit der größten Sorgfalt hüteten sie sich vor jeder Berührung mit dem Heidentum; mit der zartesten Gewissenhaftigkeit mieden sie alles, was irgendwie als Verleugnung ihres Christenglaubens angesehen werden konnte. Und wie schwer war das in einer Zeit, in der das ganze Leben mit einem Netz heidnischer Bräuche umstrickt war, welches der Christ, um seinem Gotte treu zu bleiben, in jedem Augenblicke zerreißen mußte. Jeder Schritt und Tritt forderte ein Bekenntnis, und jedes Bekenntnis brachte Gefahr. Die Symbole, mehr noch der Geist des Heidentums, waren überall. Ging der Christ auf die Straße, da standen die Götterbilder, da begegneten ihm die Prozessionen, in welchen diese feierlich umhergetragen wurden. Alle, die vorübergingen, bezeugten der Gottheit ihre Verehrung, der Christ durfte es nicht. Ging er in den Senat, in eine Kurie, da stand ein Altar, Weihrauch und Wein daneben. Die Sitte forderte, daß man im Vorbeigehen eine Libation darbrachte und Weihrauch streute. Er ging in die Taberne, in eine Butike, ein Atelier, um etwas zu kaufen

ober zu bestellen, überall fand er einen Altar und die kleinen,
oft nur einen Daumen langen Götterbilder. Er wurde von
heidnischen Freunden, von heidnischen Verwandten zu einem
Familienfeste eingeladen. Ging er nicht hin, so gab er Anstoß;
ging er hin, so war es wieder nicht zu vermeiden, nun dadurch
Anstoß zu geben, daß er den festlichen Opfern, den Libationen,
die zu Anfang und Ende des Mahles namentlich auch dem
Kaisergott dargebracht wurden, höchstens teilnahmlos beiwohnte,
daß er dieses und das zu essen sich weigerte. Kam es doch
oft genug vor, daß die Heiden bei solchen Gelegenheiten die
Christen absichtlich in Versuchung führten, ihnen etwa eine
mit Blut bereitete Speise vorsetzten, welche die Christen damals nach Apostelgeschichte 15, 29 allgemein nicht aßen. Um
so mehr achteten es die Christen für ihre Pflicht, dann ihr
Christentum offen zu bekennen. Wie Sitte und Brauch, so
war auch die Sprache ganz vom Heidentum durchzogen. Die
Formeln des Eides, die Beteuerungen, das Zeugnis vor Gericht, die Begrüßungen und Danksagungen, alles enthielt Erinnerungen an die heidnischen Götter. Beim Herkules! wie oft
hörte man solche und ähnliche Ausrufe. Der Christ mußte
sich davor hüten, er mußte wenigstens durch Schweigen pro-
testieren. Er reichte einem Bettler auf der Straße eine Gabe.
Natürlich wünschte der zum Dank ihm den Segen irgend
eines Gottes. Strenge Christen glaubten auch dazu nicht
schweigen zu dürfen, da es sonst scheinen könne, als nähmen
sie wirklich den Segen eines Götzen hin; sie hielten sich verpflichtet, offen auszusprechen, daß die Gabe um des lebendigen
Gottes willen gegeben sei, damit dieser darüber gepriesen werde.
Der Christ wollte Geld anleihen, der Schuldschein, den er
zu unterschreiben hatte, enthielt einen Schwur bei den heidnischen Göttern. Der Christ mußte sich weigern, den Schein
zu vollziehen.

In noch viel schwierigere Lagen brachten den Christen
manche besondere Lebensverhältnisse. Dem christlichen Sklaven
trug sein Herr etwas auf, was ihm, dem Heiden, ganz un-
verfänglich war, aber dem christlichen Sklaven als Sünde galt,
und doch war er ganz in die Gewalt seines Herrn gegeben,

der ihn, wenn er's nicht that, geißeln, ja töten lassen konnte.
Die christliche Frau, die einen heidnischen Mann hatte, wie
sollte sie ihren religiösen Verpflichtungen nachkommen, den
Gottesdiensten beiwohnen, Kranke besuchen, Fremde beherbergen,
Almosen austeilen, ohne ihrem Manne Anstoß zu geben? Der
Beamte, der Soldat, wie sollte er es machen, seinen Dienst
zu thun und doch seinen Glauben nicht zu verleugnen? Lange
galt beides für ganz unvereinbar, und der Beamte gab lieber
sein Amt auf, der Soldat trat aus dem Soldatenstande aus,
um Christ bleiben zu können. Solche, denen das nicht möglich
war, mußten vielfach die Treue gegen ihren obersten Herrn
mit ihrem Blute bezahlen. Auch sonst mußte mancher, um
Christ zu werden und zu bleiben, sein Gewerbe, sein Geschäft,
aus dem er seinen Lebensunterhalt bezog, daran geben. Alle,
die vom heidnischen Kultus gelebt hatten, Diener und Arbeiter
bei den Tempeln, Bildhauer, Weihrauchverkäufer, auch Schau=
spieler, Fechtmeister in den Gladiatorenschulen u. s. w., ließ die
Kirche erst zur Taufe zu, wenn sie ihr Geschäft aufgaben, und
wer ein solches Geschäft als Christ übernahm, wurde aus der
Gemeinde ausgeschlossen.

Überhaupt war die in den Gemeinden geübte Zucht streng.
Über die Sitten und den Lebenswandel der Gemeindeglieder
wurde sorgsam gewacht, Verfehlungen ernstlich gerügt. Die in
grobe Sünden, sogenannte Todsünden, fielen, wozu man Götzen=
dienst, Gotteslästerung, Ehebruch, Unzucht, Mord, Betrug und
falsches Zeugnis rechnete, wurden aus der Gemeinde aus=
geschlossen. Erst nach längerer Prüfung und nachdem sie
Beweise ihrer ernstlichen Reue gegeben, konnten sie wieder auf=
genommen werden; dieses jedoch nach älterer Praxis nur ein=
mal. Wer dann wieder abfiel, fand keine Aufnahme mehr.
So war die Kirche bemüht, sich durch strenge Zucht von un=
lauteren Elementen frei zu halten, und zugleich den Schwachen
einen Halt zu bieten. Wohl fehlte es trotzdem nicht ganz an
unlauteren Elementen, und Schwachheit kommt auch genug zu
Tage. Eine vollkommene Gemeinde der Heiligen ist auch die
älteste Kirche nicht gewesen, sondern wie die Kirche aller Zeiten
ein Acker, auf dem Weizen und Unkraut durcheinander wächst,

aber bei alledem dürfen wir doch sagen, die Christengemeinden standen da wie weithin scheinende Lichter mitten in der Finsternis. Sie bewiesen durch ihren Wandel, daß hier neue Lebensmächte, Kräfte der zukünftigen Welt, vorhanden waren, fähig die alte verfallene Welt von innen heraus zu erneuern.

Sollte die menschliche Gesellschaft wirklich erneuert werden, so mußten neue Fundamente gelegt werden. Die liegen aber in der Ehe, in der Familie. Diese Fundamente waren in der heidnischen Welt verfallen. Das Christentum erneuert sie, indem es die Freiheit der Ehe herstellt, die Ehe mit neuem Geiste erfüllt, dem Weibe seine gottgewollte Stellung wieder anweist, es aus der Sklavin des Mannes wieder zu seiner Gehülfin macht.

Im Altertum hat die Ehe, wie alles, ihren Schwerpunkt im Staate. Dem Staate Bürger zu erziehen, ist ihr Zweck. Deshalb ist auch der einzelne dem Staate gegenüber verpflichtet, in die Ehe zu treten, und der Staat sah sich, wie schon oben bemerkt, zuletzt genötigt, die Erfüllung dieser Pflicht mit Strafen zu erzwingen. Das Christentum macht die Ehe frei, es achtet die individuelle Freiheit und überläßt es dem einzelnen, ob er in die Ehe treten will oder nicht. Es achtet auch den ehelosen Stand, und wenn wir freilich zugestehen müssen, daß gerade nach dieser Seite hin bald falsche unevangelische Gedanken Raum gewinnen, eine Überschätzung des ehelosen Lebens als eines Standes besonderer Heiligkeit, wovon die Schrift nichts weiß, sich geltend macht, so dürfen wir doch nicht übersehen, daß in der Achtung des ehelosen Lebens zugleich eine Überwindung der falschen heidnischen Anschauungen von der Ehe liegt.

Denn davon, die Ehe selbst zu gunsten des ehelosen Lebens zu verachten, war man damals noch weit entfernt. Im Gegenteil erhält jetzt erst die Ehe ihre Ehre, indem sie als eine Gottesordnung erkannt und dementsprechend behandelt wird. Die Ehe wird unter Mitwissenschaft und Einwilligung der Gemeinde geschlossen. Beabsichtigte Ehen werden dem Bischofe angezeigt und unter dessen Segen eingegangen. Ehen, die ohne Mitwirkung der Kirche geschlossen waren, galten der Kirche als

keine wahren Ehen. Der Ehe wird jetzt ein höheres Ziel ge=
steckt, als es die heidnische Ehe je gekannt. „Sie ist,“ sagt
Klemens von Alexandrien, „eine Schule der Tugenden für die
Eheleute zu ihrer eigenen Erziehung und zur Erziehung ihrer
Kinder für die Ewigkeit. Jedes Haus, jede Familie muß ein
Abbild der Kirche sein, denn, spricht der Herr, wo zwei ver=
sammelt sind in meinem Namen, da bin ich mitten unter ihnen.“
Ein viel stärkeres, innerliches Band verbindet jetzt Mann und
Frau in der christlichen Ehe, das Band des gemeinsamen
Glaubens. Wir finden bei Tertullian ein Lob der christlichen
Ehe, in dem er die volle christliche Ehe, in der beide, Mann
und Weib, Christen sind, mit der Mischehe, der Ehe eines
christlichen Weibes mit einem heidnischen Manne vergleicht.
Aus seinen herrlichen Worten können wir nicht bloß sehen, wie
hoch die Ehe geachtet war, sondern auch, was das Christentum
aus der Ehe machte, indem es sie mit christlichem Geiste durch=
drang. „Wie soll ich der Aufgabe genügen, das Glück einer
Ehe zu schildern, welche die Kirche zusammenfügt, das dar=
gebrachte Opfer bestätigt, und der Segen besiegelt, welche die
Engel verkündigen, und der Vater für gültig erklärt? Was
für ein Joch zweier Gläubigen, die Eine Hoffnung haben, Eine
Lebensregel, die Einem Herrn dienen. Beide sind sie Bruder
und Schwester, beide Mitknechte; da ist keine Trennung des
Fleisches oder des Geistes. Da sind wahrhaft zwei in Einem
Fleisch, wo aber Ein Fleisch ist, da ist auch Ein Geist. Zu=
sammen beten sie, zusammen knieen sie, zusammen fasten sie,
eins das andere belehrend, eins das andere ermahnend, eins
das andere tragend. Miteinander sind sie in der Kirche, mit=
einander beim Mahle des Herrn, miteinander in Trübsalen, in
Verfolgungen, in Zeiten der Ruhe und Erquickung. Keines
verbirgt etwas vor dem andern, keines meidet das andere,
keines ist dem andern zur Last. Ungehindert werden die
Kranken besucht, die Armen unterstützt. Da werden ohne Zwang
Almosen gegeben, ohne Bedenklichkeiten Opfer gebracht, ohne
Hindernis wird die tägliche Andacht gehalten. Keine ver=
stohlene Bezeichnung mit dem Kreuz, kein Gruß mit Zittern,
keine stumme Segnung. Im Wechselgesang erschallen Psalmen

und Lieder; sie wetteifern miteinander, wer am besten seinen
Gott lobt. Christus freut sich, wenn er solches sieht und hört,
ihnen sendet er seinen Frieden. Wo zwei sind, da ist auch er;
wo er ist, da ist der Böse nicht." In einem Hause, wo es so
bestellt war, da konnten auch die Kinder aufwachsen in Zucht
und Vermahnung zu dem Herrn, und von solchen christlichen
Familien sagt Klemens von Alexandrien mit Recht: „Die
Mutter ist der Ruhm der Kinder, die Frau ist der Ruhm des
Mannes, beide, Mann und Kinder, sind der Ruhm der Frau,
Gott ist der Ruhm aller insgesamt."

Wie das ganze Volksleben auf dem Bestande des häus=
lichen Lebens ruht, so hängt dieses wieder davon ab, welche
Stellung die Frau einnimmt. Zwar soll in der Ehe der Mann
Herr sein nach Gottes Ordnung, aber der ganze Charakter der
Häuslichkeit und des Familienlebens wird noch mehr durch die
Frau als durch den Mann bestimmt. Darum konnte in der
Heidenwelt kein gesundes Familienleben bestehen, weil die Frau
nicht die rechte Stellung einnahm. Bei den Griechen war sie
des Mannes Sklavin, bei den Römern war sie zwar höher
geehrt, aber doch auch dem Manne gegenüber rechtlos. Die
volle ganze Menschenwürde hat das Altertum dem Weibe nie=
mals zugestanden. Voll und ganz Mensch ist nur der Mann.
Das Christentum befreit das Weib aus dieser Knechtschaft und
Rechtlosigkeit, indem es das Weib dem Manne in dem, was
das Höchste ist, in der Beziehung zu Christo und dem Gottes=
reiche, gleichstellt. Sie ist auch Miterbin des Lebens. „An
derselben Vollkommenheit," so giebt Klemens von Alexandrien
diesem Gedanken Ausdruck, „soll gleicherweise der Mann und
gleicherweise das Weib teil haben." Daraus folgt alles übrige
von selbst. Bleibt sie auch nach der natürlichen Seite des
Lebens dem Manne untergeordnet, so ist sie doch jetzt nicht
mehr seine Magd, sondern seine Gehülfin. „Du hast es nicht
für unwert geachtet, deinen Sohn von einem Weibe geboren
werden zu lassen," sagt das Einsegnungsgebet der Diakonissen
in der alten Kirche. Diese Thatsache, die Geburt des Gottes=
sohnes von einem Weibe, giebt dem Weibe überhaupt eine
andere Stellung. Zwar wie Gott das Weib zum Dienen ge=

ſchaffen hat, ſo bleibt auch in der Kirche ſein Beruf zu dienen.
Öffentlich lehren ſoll das Weib in der Gemeinde nicht, denn
das würde ihm eine Autoritätsſtellung geben, die ihm nicht
zukommt. Aber wie alles in der Kirche Dienſt iſt, auch das
Lehramt, auch das Regieramt, ſo liegt darin keine Zurück=
ſtellung des Weibes, ſondern es wird ihm nur der der
Schöpfungsordnung Gottes entſprechende Platz angewieſen.
Emanzipierte Frauen ſind ein Produkt des heidniſchen Weſens,
wie denn zu den Zeiten des Verfalls auch in Rom trotz der
niedrigen Anſchauung vom Weibe emanzipierte Weiber, die mit
den Männern die Nacht durchzechten und in der Gladiatoren=
rüſtung fochten, ſich breit genug machten. Aber als Mütter,
die der Kirche ihre großen Männer erzogen, als Diakoniſſen
im Dienſt der Barmherzigkeit, als Märtyrerinnen, die mit den
Männern um den ewigen Kranz rangen, dienend überall,
betend, arbeitend, duldend, ſo haben ſie den großen Kampf
mitgefochten, und wahrlich, es iſt nicht der kleinſte Anteil am
Siege, der ihnen gebührt.

Var ihr Beruf zu dienen, achtete die chriſtliche Frau es
als ihre höchſte Ehre, eine Magd Chriſti zu ſein, ſo verſtand
es ſich von ſelbſt, daß ſie nicht mehr einherging wie die vor=
nehmen Damen der Zeit in dem übertriebenen unnatürlichen
Luxus der Toilette. Das alles legte ſie ab, wenn ſie Chriſtin
geworden war, erſchien nach der apoſtoliſchen Mahnung im ein=
fachen zierlichen Kleide, und ließ es ſich gern nachſagen: „Die
geht auch viel ärmer einher, ſeit ſie Chriſtin geworden iſt!"
in dem Bewußtſein, daß ſie in Wahrheit reicher geworden,
und daß Keuſchheit, Zucht, einfaches und natürliches Weſen
der ſchönſte Schmuck iſt. Sie bedurfte ja auch der früheren
Pracht nicht mehr. Sie ging nicht mehr in die Tempel, nicht
mehr ins Theater, ſie feierte die Feſte der Heiden nicht mehr
mit. In der Stille des Hauſes waltete ſie; da arbeitete ſie
mit ihren Händen, da ſorgte ſie für Mann und Kinder, da
übte ſie gern und freudig Gaſtfreundſchaft. Wenn ſie aus=
ging, ging ſie Kranke zu beſuchen oder zur Kirche, das Wort
Gottes zu hören und das Abendmahl zu feiern; was ſollte
da der Schmuck? Und auch wenn ſie heidniſche Freundinnen

zu besuchen ging oder eine Einladung bei heidnischen Ver=
wandten annahm, auch da verschmähte sie es nicht, ganz ein=
fach zu erscheinen. Ging sie so doch, um Tertullians Worte
zu gebrauchen, mit ihren eigenen Waffen angethan, zeigte sie
es doch, „daß ein Unterschied ist zwischen Mägden Gottes und
den Dienerinnen des Teufels, war sie doch andern zum Vor=
bild, daß sie an ihr sich erbauten, und nach dem apostolischen
Worte Gott gepriesen wurde auch an ihrem Leibe."

Es tritt in der alten Kirche ein starker Widerwille gegen
den allerdings damals so beispiellos übertriebenen Luxus der
Frauen hervor. Wie eifert Tertullian, aber nicht dieser allein
sondern auch andere Kirchenlehrer, gegen das Färben der Haare
und den ganzen künstlichen Kopfputz. „Der Herr hat gesagt:
,Ihr könnt nicht ein Haar schwarz oder weiß machen', sie
widerlegen Gott; siehe doch, sagen sie, wir färben das schwarze
oder weiße Haar rötlich (damals die beliebte Modefarbe), daß
es viel anmutiger wird. Fern sei von den Töchtern der Weis=
heit solche Thorheit! — Was nützt denn solche Geschäftigkeit
im Schmücken der Haare dem Seelenheil? Warum könnt ihr
euren Haaren keine Ruhe lassen, daß ihr sie jetzt zusammen=
bindet, jetzt aufgelöst hängen laßt, jetzt in die Höhe kämmt,
jetzt ausreißet? Die einen haben ihre Freude daran, sie in
Locken zu kräuseln, die andern, sie mit scheinbarer aber doch
nicht löblicher Einfachheit glatt herabfallen zu lassen. Ihr fügt
außerdem, ich weiß nicht was für Ungeheuer von falschen
Haarflechten hinzu, die bald wie eine Mütze oder ein Helm
gestaltet das Haupt bedecken, bald rückwärts im Nacken sich
häufen. Es sollte mich wundern, wenn das nicht auch gegen
das Gebot des Herrn stritte, der gesagt hat, daß niemand
seiner Länge etwas hinzusetzen könne. Wenn euch die Un=
geheuerlichkeit nicht schamrot macht, so müßte euch doch die
Verunreinigung beschämen, daß ihr die abgeschnittenen Haare
vielleicht eines Unreinen, vielleicht eines Schuldigen, vielleicht
eines für die Hölle Bestimmten einem heiligen und christlichen
Haupte aufsetzt. Thut doch diese ganze Sklaverei des Putzes
weg von eurem freien Haupte! An jenem großen Tage der
Christenfreude will ich doch sehen, ob ihr mit der weißen,

roten und gelblichen Schminke und mit dem ganzen umfang=
reichen Kopfputz auferſtehen werdet, ob die Engel die ſo Ange=
malten in der Luft dem Herrn entgegentragen werden. Haltet
euch doch heute fern von dem, was dann verworfen wird.
Heute ſehe euch Gott ſo, wie er euch dann ſehen wird.“

Das Schminken erklärt Tertullian ausdrücklich für eine
Sünde; denn, die ſich ſchminken, wollen ſich ſchöner machen,
als Gott ſie gemacht hat, und tadeln alſo Gott, den Bildner
des Alls. Er verwirft die Purpurkleider; denn hätte Gott
purpurne Kleider haben wollen, dann hätte er die Schafe mit
purpurfarbiger Wolle geſchaffen. Ja, ſelbſt Kränze finden vor
ihm keine Gnade. Wollte Gott Kränze haben, ſo ließe er nicht
bloß Blumen, ſondern Kränze wachſen. Es klingt uns das
wunderlich, und iſt ja auch ohne Frage einſeitig; aber wir
dürfen nicht überſehen, daß darin eine an ſich berechtigte
Reaktion gegen die Unnatur des damaligen Luxus hervortritt.
Tertullian eifert für das Einfache und Natürliche gegen das
Unnatürliche und Gemachte. „Was wächſt, das iſt Gottes,
was künſtlich gemacht wird, das iſt des Teufels,“ lautet der
Satz, den er nicht müde wird, immer wieder zu predigen. Ver=
geſſen wir auch nicht, was bei den Heiden mit dieſen Toiletten=
künſten alles zuſammenhing, und welchem Greuel der Unzucht
ſie dienten. Es bedurfte einer ſtarken Reaktion, um die Ein=
fachheit und Keuſchheit des weiblichen Lebens herzuſtellen.

Endlich denken wir auch daran, wie ernſt die Zeiten
waren und was ſie von der chriſtlichen Frau forderten. Es
waren eben Zeiten des Kampfes, wenig dazu angethan, das
Schöne, ſelbſt ſoweit es berechtigt iſt, zu pflegen. Zu pflegen
galt es vielmehr den Mut und die Tapferkeit. „Abthun muß
man Genüſſe, deren Weichlichkeit auch die Tapferkeit des
Glaubens verweichlichen könnte. Ich weiß nicht, ob die Hand,
die gewohnt iſt, ſich mit dem Armband zu ſchmücken, es ertragen
wird, wenn die harte Kette ſie ſteif macht. Ich weiß nicht,
ob das Bein es dulden wird, ſtatt mit dem Knieband im
Block gefeſſelt zu werden. Ich fürchte, daß der Nacken mit
Smaragden und Perlen behangen dem Richtſchwert keinen Raum
geben wird. Darum, Geſegnete des Herrn, denken wir oft an

das Harte, das unserer wartet, und wir werden es nicht fühlen. Lassen wir das Heitere dahinten, und wir werden es nicht vermissen; stehen wir bereit, jede Gewaltthat zu erbulden, indem wir nichts haben, was zurücklassen zu müssen uns Furcht machte. Die Tage der Christen sind allezeit, sonderlich aber gegenwärtig, nicht goldene, sondern eiserne. Märtyrergewänder werden zugerüstet, die Engel halten sie schon empor. So tretet denn hin, geschmückt mit den Schönheitsmitteln und den Zierraten der Propheten und Apostel, nehmt den Glanz aus der Einfachheit und die Schminke aus der Keuschheit, bemalt die Augen mit Schamhaftigkeit und den Mund mit Schweigsamkeit, hängt in die Ohren das Wort Gottes und legt um den Nacken das Joch Christi. Beugt das Haupt vor dem Ehemanne und ihr seib genug geschmückt. Beschäftigt die Hand mit der Wolle und laßt den Fuß im Hause weilen, und Hand und Fuß werden schöner sein, als wären sie in Gold gefaßt. Kleidet euch in die Seide der Frömmigkeit, in das Leinen der Heiligkeit, in den Purpur der Scham. So geschmückt, werdet ihr Gott zum Liebhaber haben."

Die Heiden spotteten oft darüber, daß die Christengemeinden so viele Frauen zu ihren Gliedern zählten. Sie nannten das Christentum höhnisch eine Religion für alte Weiber und Kinder; aber sie haben es erfahren müssen, was das Christentum aus diesen Frauen machte, sie haben wider Willen den Unterschied zwischen der heidnischen und christlichen Frau anerkennen müssen. Dort Putzsucht, Eitelkeit, Koketterie ohne Maß, hier Einfachheit und Natürlichkeit; dort Schamlosigkeit und Zuchtlosigkeit, hier Keuschheit und Zucht; dort Frauen, die ihre Zeit zwischen Toilettemachen und ihre Toilette zeigen teilen, im Theater und im Zirkus, bei Gastmählern und Festen glänzen, hier Hausfrauen, die dem Manne zu gefallen trachten, Mütter, die für ihre Kinder leben; dort ein verweichlichtes Geschlecht, geschminkt und verkünstelt, hier Heldinnen, die auch beim Anblick der Löwen im Amphitheater nicht erbleichen, die ruhig den Nacken dem Schwerte beugen. „Was für Frauen finden sich unter den Christen!" ruft der Heide Libanius verwundert aus.

Auch den Kindern hat das Evangelium erst ihr Kindes=
recht gegeben. Im Altertum sind auch sie rechtlos. Der Vater
kann unbedingt über sie verfügen. Er kann sie aufnehmen und
erziehen, er kann sie auch, wenn er das nicht will, aussetzen
und töten. Das Gesetz der XII Tafeln sprach dem Vater aus=
drücklich dieses Recht zu. Plato und Aristoteles billigen es,
wenn Eltern Kinder, die sie zu ernähren nicht im stande sind,
oder die dem Staat nichts nützen können, schwache und kranke,
aussetzen. Wer ein ausgesetztes Kind aufnahm, konnte darüber
verfügen und es als Sklaven behandeln. Die väterliche Ge=
walt über die Kinder war schrankenlos, sie verfügte auch über
Leben und Tod. Das Christentum lehrt die Eltern ihre Kinder
anders ansehen, als ein Geschenk Gottes, als ein anvertrautes
Pfand, wofür sie Gott verantwortlich sind. Es redet nicht
bloß von den Pflichten der Kinder, sondern auch von den
Pflichten der Eltern, und indem es diese als Stellvertreter
Gottes mit einem Stücke seiner Majestät und Ehre umgiebt,
stellt es den Eltern die hohe Aufgabe, ihre getauften Kinder
als Gottes Kinder für sein Reich zu erziehen. Bald wurde
die Kindertaufe allgemeine Sitte, und so hatten auch die Kinder
von früh auf teil an den Segnungen des Christentums. Kinder
auszusetzen galt den Christen selbstverständlich als unerlaubt,
es wurde wie Mord angesehen und behandelt; und wenn das
väterliche Ansehen hoch gehalten wurde, so konnte doch von
einem unbedingten Rechte über die Kinder nicht mehr die Rede
sein, nachdem man gelernt hatte, diese als Gottes Eigentum
anzusehen.

Jedes Christenhaus wird jetzt zu einem Tempel Gottes.
Fleißig las man da Gottes Wort, eifrig und treulich wurde
da gebetet. „Hast du ein Weib, so bete mit ihr," heißt es in
der Ordnung der ägyptischen Kirche, „der Ehebund sei kein
Hindernis für das Gebet." Oft erscholl auch Psalmen= und
Lobgesang. Morgens begann man mit gemeinsamer Schrift=
lesung und Gebet, das mit dem Halleluja abschloß. Dann
gaben sich alle Hausgenossen den Friedenskuß und gingen an
ihre Arbeit. Keine Mahlzeit wurde eingenommen ohne Tisch=
gebet. Jedes, auch das einfachste Mahl hatte etwas von dem

Charakter des heiligen Mahles, der Eucharistie. Abends beschloß man den Tag wieder mit einer gemeinsamen Andacht. Unter dem Namen des Fackelgesangs ist uns ein altes Abendlied aufbewahrt, wie man es in den ersten Jahrhunderten in den christlichen Häusern vernahm:

> „Heiteres Licht der heiligen Herrlichkeit,
> Des ewigen Vaters, Jesus Christus,
> Wir kommen beim Untergang der Sonne
> Und bei dem Licht des Abends
> Und preisen den Vater und den Sohn
> Und den heiligen Geist Gottes.
> Du bist würdig, zu allen Zeiten
> Gepriesen zu werden mit heiligen Stimmen,
> Sohn Gottes, der du das Leben giebst,
> Darum rühmet dich die Welt."

Nicht minder gestaltet das Christentum nun auch das Verhältnis zwischen Herrschaften und Dienstboten um. „Es ist erschienen die heilsame Gnade Gottes allen Menschen," — vor dieser Verkündigung kann die Sklaverei auf die Dauer nicht bestehen. Jetzt heißt es: „Hie ist kein Jude noch Grieche, hie ist kein Knecht noch Freier, hie ist kein Mann noch Weib, denn ihr seid allzumal Einer in Christo Jesu" (Gal. 3, 28). „Die christliche Gerechtigkeit macht in unsern Augen alle gleich, die den Namen Mensch tragen," führt ein alter Kirchenlehrer aus. Der Sohn ists, der alle frei macht. Wie er uns befreit hat von der Sünde und der Knechtschaft des Gesetzes, so ist von ihm auch die Freiheit für alle Lebensgebiete gekommen. „Wo der Geist des Herrn ist, da ist Freiheit" (2 Kor. 3, 17). Während sich bei den Heiden der Wert des Menschen nach seinem äußeren Stande richtet, ist dieser für den Christen ohne Bedeutung, sein innerer wahrer Wert ist davon unabhängig. Sklave sein oder Herr sein ist nur etwas Zufälliges. Der Sklave kann in Wahrheit, nämlich innerlich, frei, und der Herr kann in Wahrheit, nämlich innerlich, ein Sklave sein. Es giebt nur Eine wahre Sklaverei, das ist die Sklaverei der Sünde, und nur Eine wahre Freiheit, das ist die Freiheit in Christo.

Eben deshalb ist die christliche Kirche von nichts weiter entfernt als von dem Gedanken, die Sklaven sofort zu emanzipieren. Sie erkennt auch in diesem Stücke die bestehenden Ordnungen an und lehrt die Sklaven, sie nach Gottes Willen zu achten. „Jeder bleibe in dem, darin er berufen ist," lautet der Grundsatz des Apostels. Ja, so sehr gilt den Christen die innerliche Freiheit als die Hauptsache, daß davor die äußere bürgerliche Freiheit oft ganz zurücktritt. Tertullian berührt in der Schrift vom Kranze auch die Sitte, daß die Sklaven bei ihrer Freilassung sich bekränzten, und redet dabei einen Christen an: „Auch die Freiheit der Weltleute bekränzt sich. Du bist schon von Christo losgekauft und um einen hohen Preis. Wie sollte die Welt den, der in dem Dienste eines andern steht, freilassen können? Sieht es auch aus, als ob man frei geworden wäre, so ist man doch dienstbar. Alles ist in der Welt Schein, nichts Wahrheit. Auch zuvor warest du frei von der Herrschaft eines Menschen, als von Christo losgekauft, und nun bist du ein Knecht Christi, obwohl von Menschen frei gelassen." Aber so steht es auch nicht, als ob die Kirche alles gelassen hätte, wie es war. Das neue Prinzip wirkt sich aus und gestaltet das Verhältnis von Herrn und Sklaven innerlich um. Die Behandlung der Sklaven von seiten ihrer christlichen Herren und das Verhalten christlicher Sklaven gegen ihre Herren wurde sofort ein anderes. Sie sahen sich jetzt als Brüder an, wie Paulus an den Philemon von dem Sklaven Onesimus schreibt: „daß du ihn wieder hättest nun nicht mehr als einen Knecht, sondern mehr denn einen Knecht, einen lieben Bruder." Zwischen ihnen als Gliedern der Kirche war ja jetzt kein Unterschied mehr. Sie kamen in dasselbe Gotteshaus, beteten Einen Gott an, bekannten Einen Herrn, beteten und sangen miteinander, aßen von demselben Brote und tranken aus demselben Kelche. Das mußte den Herrn ganz anders gegen seinen Sklaven stimmen. Unmöglich konnte er doch den noch wie eine Sache behandeln, der sein Bruder in Christo war. Wohl forderte die Kirche, wenn der Herr ein Christ war, vor der Aufnahme eines Sklaven in die Kirche ein Zeugnis seines Herrn über seine Führung, aber der Sklave wurde dann auch ohne jede

Beschränkung vollberechtigtes Mitglied der Gemeinde. Auch der Zugang zu ihren Ämtern, selbst zum bischöflichen Amte, stand ihm offen. Es kam vor, daß der Sklave in derselben Gemeinde Presbyter war, der sein Herr als einfaches Gemeindeglied angehörte.

Die Kirche arbeitete an beiden, Sklaven und Herren. Die Sklaven ermahnte sie zum Gehorsam; sie sollten die Erkenntnis, daß ihr Herr ihr Bruder sei, nicht zum Vorwand des Ungehorsams nehmen, sondern nur um so treuer dienen. Sie erzog die Sklaven, die nach heidnischen Begriffen zur Tugend unfähig waren, wirklich zur Tugend, und wahrlich nicht vergeblich. Es gab der Sklaven manche, die unter überaus schwierigen Verhältnissen die Echtheit ihres Christenlebens bewährten in Treue und großer Geduld. Auch unter den Märtyrern findet sich eine ganze Reihe von Sklaven. Die schönste Krone ist ihnen so gut zu teil geworden wie den Freien. Die Herren dagegen wurden vermahnt zur Liebe gegen ihre Sklaven, zur Billigkeit und Milde. „Gebiete deinem Sklaven oder deiner Sklavin," heißt es in der Lehre des Herrn durch die zwölf Apostel, „welche auf denselben Gott hoffen, nicht in Härte, damit sie nicht erschrecken vor Gott, der über euch beiden waltet; denn er kommt zu rufen nicht nach Ansehen der Person, sondern die, welche der Geist bereitet hat." Schlechte Behandlung der Sklaven galt als genügender Grund zur Exkommunikation eines Herrn. Der Sklave soll nicht auf Freilassung bringen. „Bin ich ein Sklave, so trage ich es, bin ich ein Freier, so rühme ich mich meiner freien Geburt nicht," in diesem Worte Tatians spricht sich die Gesinnung aus, die man bei den Sklaven pflegte. Kann er die Freiheit nicht erlangen, so soll er sein Geschick tragen und sich daran genügen lassen, daß er innerlich frei ist. Namentlich wird den Sklaven untersagt, ihre Loskaufung auf Gemeindekosten zu verlangen. Die Kirche wollte sich nicht den fleischlichen Freiheitsgelüsten der Sklaven dienstbar machen. Aber sie betrachtete es doch als ein lobenswertes Werk, wenn ein Herr einen Sklaven freiließ. Sie legte zwar keinem gesetzlich auf, seine Sklaven freizulassen, es sollte das freier Entschluß sein, aber sie sah die Freilassung gern.

Freilaffungen kamen denn auch oft vor. Manche entließen, wenn sie Christen wurden, an ihrem Tauftage alle ihre Sklaven, oder man wählte die Freudenfeste der Kirche zu ihrer Freilaffung, namentlich Ostern, um sich dankbar zu bezeigen für die empfangene Gnade. Von einem reichen Römer zur Zeit Trajans wird uns erzählt, daß er, Christ geworden, am Osterfeste seinen sämtlichen 1250 Sklaven die Freiheit schenkte. Seit dem dritten Jahrhundert wurde es Sitte, die Freilaffung in der Kirche in Gegenwart des Priesters und der Gemeinde vorzunehmen. Der Herr führte die Sklaven an der Hand zum Altare, dort wurde die Freilaffungsurkunde verlesen, und zum Schluß sprach der Priester den Segen. Auf diese Weise stellte es sich auch äußerlich dar, daß sie der Kirche ihre Freiheit dankten. Die Kirche erschien, wie sie das auch in der That war, als die Hüterin und Spenderin der Freiheit. Die Freigelaffenen waren wirklich frei. Während so manche von denen, die heidnische Eitelkeit oder Gewinnsucht freigelaffen, nur eine Sklaverei mit der andern vertauschten, während sie, ohne Hülfsmittel hinausgestoßen in eine Gesellschaft, in der die Arbeit nichts galt, sich selbst überlaffen ohne sittlichen Halt, nur das Proletariat vermehrten, standen die in der christlichen Gemeinde Freigelaffenen ganz anders da. Ihre früheren Herren achteten es für ihre Pflicht, ihnen als ihren christlichen Brüdern zu helfen und zu raten, und so fanden sie sich nicht vereinsamt, sondern inmitten einer Gemeinschaft, die sie lehrte, ihre Freiheit recht zu gebrauchen, die sie zu thätigen, nützlichen Menschen erzog.

Denn wie anders sahen die Christen jetzt die Arbeit an. Sie galt ihnen nicht wie den Heiden als eine Schande für den freien Mann, sondern als eine Ehre; sie galt ihnen nicht als eine unwürdige Knechtschaft, sondern als ein von Gott allen Menschen Befohlenes. War doch der Herr selbst ein Arbeiter gewesen, ein Zimmermann, eines Zimmermanns Sohn, waren doch auch die Apostel Arbeiter gewesen, Petrus ein Fischer, Paulus ein Teppichweber. Oft heben es die Väter hervor, daß Handwerker Gott besser kennen, als die Weisen der Heiden. „Ihr werdet bei uns Handwerker finden," sagt Athenagoras,

„welche, wenn sie auch die Vorzüge unserer Lehre nicht mit
Worten beweisen können, sie durch die That beweisen." Daß
den Christen so manche Lebensstellungen, z. B. Soldatenstand,
Beamtenstand, die Anstellungen im Tempeldienst, mit denen
die Heiden ihr Brot verdienten, verschlossen waren, trug auch
dazu bei, daß die eigentliche Handarbeit bei ihnen um so mehr
in Ehren gehalten wurde. Die oft genannte Lehre der Apostel
weist die Gemeinden an, jeden aufzunehmen, der im Namen
des HErrn kommt, aber sie sollen ihn prüfen. Ist er ein Durch=
reisender, so soll ihm nach Kräften geholfen werden, doch darf
er nicht länger als zwei oder drei Tage bleiben. „Will er sich
aber bei euch niederlassen und ist ein Handwerker, so soll er
arbeiten und essen. Versteht er kein Handwerk, so tragt nach
eurem Verstande Sorge, daß nicht ein Müßiggänger bei euch
lebe als Christ. Will er aber nicht arbeiten, so ist er einer,
der mit dem Christentum ein Geschäft macht. Enthaltet euch
der Gemeinschaft solcher." Die größten Weisen des Altertums,
Plato und Aristoteles, erklärten die Arbeit für etwas, womit
ein freier Mann sich nicht beschäftigen kann, ohne sich zu er=
niedrigen, der Apostel mahnt, daß jedermann mit stillem Wesen
arbeiten soll und sein eigen Brot essen, und stellt kategorisch
den Satz auf: „Wer nicht arbeitet, der soll auch nicht essen."
Nach diesem Satze handelten die Gemeinden, und daraus ist
dann eine neue Welt erwachsen, die Größeres geleistet hat,
als was Plato und Aristoteles je gesehen.

Das Korrelat zur Verachtung der Arbeit ist bei den
Heiden die Leidenschaft für das Schauspiel. Brot und Spiele!
lautet die oft gehörte Losung. Man will sich ohne Arbeit
vom Staat ernähren lassen und auf öffentliche Kosten an
Spielen ergötzen. Bei den Christen lautet die Losung: Bete
und arbeite! Von hier aus verstehen wir die Entschiedenheit,
mit der die alte Kirche die Spiele im Theater, im Zirkus, in
der Arena verdammt. Mit stillem Wesen arbeiten, davon ist
freilich das Bild, welches der Zirkus bietet und das Amphi=
theater, das gerade Gegenteil. Da ist kein stilles Wesen,
sondern leidenschaftliche Erregung. „Gott hat geboten," sagt
Tertullian, „den heiligen Geist, als der seinem Wesen nach

ein reiner und sanfter ist, mit Ruhe und Sanftmut zu be=
handeln, und nicht durch ein wütendes, zorniges und tobendes
Wesen zu beunruhigen. Wie wird sich dieses nun mit den
Schauspielen vereinigen lassen, da kein Schauspiel ohne heftige
Erregung des Geistes ist?" „Im Zirkus," sagt er, „führt
der Furor den Vorsitz. Sieh nur, wie das Volk zum Schau=
spiel kommt, schon lärmend, schon verblendet, schon durch die
Wetten aufgeregt. Der Prätor ist ihnen zu saumselig, ihre
Augen hängen unverwandt an der Urne mit den Losen. Da
warten sie gespannt auf das Zeichen, und jetzt ist nur eine
Stimme des Wahnsinns. Er hat das Tuch geworfen! rufen
sie einander zu, als ob sie es nicht (daran erkenne ich den
Wahnsinn) alle gesehen hätten! Doch ich nehme dieses Zeug=
nis der Blindheit an, sie haben allerdings nicht gesehen, was
da herabfiel. Sie meinen, es sei ein Tuch, und es ist die Ge=
stalt des Teufels selbst, der von der Höhe sich hinabstürzt.
Denn von da an kommt es zu der höchsten Leidenschaft und
zu Hader und zu alle dem, was den Priestern des Friedens
nicht gestattet ist, zu Verwünschungen ohne Grund, zu Gunst=
bezeugungen ohne Verdienst." „Wird man," fragt er an einer
anderen Stelle, „in der Zeit an Gott denken? wird der Frieden
in seinem Gemüte haben, der für einen Wettfahrer eifert?"
„Zudem ist da alles zwecklos, das Gegenteil der ernsten Arbeit,
zwecklos die Läufe, noch zweckloser das Schleudern und Springen."
Nutzloses Thun ist es in den Augen Tertullians, wenn sie so
viele Mühe anwenden, um den Körper zu der Schlangenfertig=
keit und allen Künsten der Arena abzurichten. Noch entschie=
dener mußten natürlich die Gladiatorenspiele verurteilt werden,
die Tierhetzen, die Hinrichtungen im Amphitheater. Da „trösten
sie sich mit Mord über den Tod". Kurz, das Amphitheater
ist der Tempel aller bösen Geister.

Alle solche Schauspiele meidet ein Christ. Er hat, wie
Cyprian einmal ausführt, andere bessere Schauspiele. Er hat
die Schönheit der Welt, die man ansieht und bewundert, den
Aufgang der Sonne, das unendliche Meer, die Erde, die
Luft und alle ihre Bewohner, den beständigen Wechsel von
Sonnenschein und Regen. Er hat in der Schrift die großen

Uhlhorn, Kampf.

Gottesthaten, das erhabene Schauspiel des Kampfes zwischen Christus und dem Teufel, den Teufel und die ganze Welt= macht zu den Füßen Christi liegend. „Das ist ein Schau= spiel, welches kein Prätor veranstaltet und kein Konsul, sondern der, der allein vor allem ist und über allem, und von dem alles ist, der Vater unseres Herrn Jesu Christi."

4. Liebesthätigkeit.

Wo St. Paulus (Eph. 4, 28) mahnt: „Wer gestohlen hat, der stehle nicht mehr, sondern arbeite und schaffe mit den Händen etwas Gutes," fügt er hinzu, „auf daß er habe zu geben dem Dürftigen." Damit wird der Arbeit erst ihr rechtes Ziel ge= wiesen. Es ist nicht allein egoistische Beschaffung des eigenen Lebensunterhalts, noch weniger Reichwerden und Genuß, sondern wir sollen arbeiten, um den Brüdern zu dienen, und in der Barmherzigkeitsübung findet die Arbeit erst ihren schönsten Lohn. Darnach haben die Christen der ersten Zeit sich gehalten. Arbeitend mit den Händen haben sie mit dem Erarbeiteten den Brüdern gedient. Sie, die Armen, haben doch, auch in diesem Sinne, viele reich gemacht. Die Kirche ist in späteren Zeiten reicher geworden, sie hat mehr Almosen gegeben, ihre Anstalten zur Versorgung der Armen sind glänzender geworden, aber zu keiner Zeit ist doch ihre Barmherzigkeitsübung verhältnismäßig so groß, und setzen wir vor allem hinzu, so rein gewesen, wie in der Zeit des Kampfes. In reichem Maße erfüllte sich aber auch des Herrn Wort: „Daran wird jedermann erkennen daß ihr meine Jünger seid, so ihr Liebe unter einander habt." Die Heiden haben es erkannt; verwundert staunten sie das ihnen fremde neue Liebesleben an, und wir dürfen wohl sagen, wie der Sieg des Herrn ein Sieg der dienenden Liebe war, so hat auch seine Kirche durch dienende Liebe gesiegt.

Es war das den Heiden etwas ganz neues. Ein neu Gebot gebe ich euch, so führt der Herr das Gebot der Liebe ein. Das heidnische Altertum ist durchaus und entschieden egoistisch. Die Caritas, die barmherzige Liebe, ist keine Tugend der antiken Welt, sagt einer der größten Kenner des Alter=

tums, Boeckh. Rücksichtslos macht da jeder sein Interesse
geltend, unbekümmert um andere, denn weil er nur das Leben
im Diesseits kennt, kennt er auch kein anderes Ziel, als hier
glücklich zu werden, und das Glück ist im Grunde nur Genuß,
mag dieser bald gröber, bald feiner gefaßt werden. Das eigene
Ich ist das Zentrum, um das sich alles dreht. Der antike
Mensch verachtet alle, die er in seinen Dienst zieht; er haßt
alle, die sich ihm widersetzen. Beschränkt ist dieser Egoismus
nur durch den Egoismus des Staats. Um glücklich zu sein,
bedarf das Individuum des Staates. Zum Glück gehört auch,
in einem wohlgeordneten Staate zu leben. Der Einzelne ist nur
etwas als Glied des Ganzen, als Bürger. Der Mensch wird
ganz ein „politisches Wesen", alle Tugenden sind politische.
Auf Aeschylus' Grabmal stand nur, daß er bei Marathon mitgefochten, nichts davon, daß er ein großer Dichter gewesen.
Der Staat selbst wieder ist auf durchaus egoistischen Grundlagen erbaut. Wer nicht Bürger des Staates ist, ist in
Wirklichkeit auch nicht Mensch, er ist ein Barbar, gegen den
alles erlaubt ist. Kein Band verbindet die Völker, jedes hat
vor sich offene Bahn für seinen Egoismus. Es hat das Recht,
sich andere Völker zu unterwerfen und sie zu seinen Sklaven
zu machen. Gegen die Besiegten giebt es keine Pflichten.
Billigkeit gegen die Schwachen, Mitleid mit den Unterbrückten
kennt das Altertum nicht.

In der That, man erschrickt, wenn man diesen konsequent
durchgeführten Egoismus sieht. „Der Mensch ist für den unbekannten Menschen ein Wolf", heißt es einmal bei Plautus,
und das ganze Leben des Altertums ist ein Beleg dazu. Wie
durch und durch egoistisch sind selbst die Gedanken Platos,
des Edelsten unter den Weisen, über den Staat. Alle Bettler
sollen daraus vertrieben werden. Der Armen soll man sich
nicht annehmen, wenn sie krank sind. Ist die Konstitution
eines Arbeiters nicht stark genug, um dem Übel zu widerstehen,
so kann ihn der Arzt ohne Strupel verlassen, er ist ja doch
zu nichts nütze, als sein Handwerk auszuüben. „Kannst du
dich vielleicht so weit herablassen, daß dich die Armen nicht
anekelten?" fragte Quinctilian. Man hilft dem Armen ja

doch nicht (d. h. man macht ihn doch nicht reich, worin allein
das Glück besteht), man verlängert nur sein Elend. „Um den
Armen," heißt es bei Plautus, „macht sich der schlecht ver=
dient, der ihm zu essen und zu trinken giebt. Denn auch das,
was er ihm giebt, verdirbt nur und verlängert jenem das
Leben zu seinem Elende." Man braucht höchstens denen Gutes
zu thun, die uns Gutes gethan haben; die uns Böses thun,
darf man hassen, ja sie zu hassen ist Pflicht. Nach Aristoteles
sind Zorn und Rache berechtigte Leidenschaften; ohne sie
würden den Menschen mächtige Triebfedern zum Guten fehlen.
Auch Ciceros Ideal steigt nicht höher auf. „Der gute Mann
ist der, der nützt, wem er kann, und keinem schadet, es sei
denn, er werde durch Unrecht gereizt"; und selbst das „nützen,
wem er kann", wird noch dadurch beschränkt, „daß man selbst
keinen Schaden davon hat". Von Selbstverleugnung, von einer
Liebe, die mehr giebt, als sie selbst ohne Schaden entbehren
kann, von Liebe auch zu den Feinden, hat Cicero so wenig
wie das übrige Altertum eine Ahnung. Wohl redet es gern und
viel von Großmut, von Freigebigkeit, von Gastfreundschaft,
aber hinter all diesen Tugenden versteckt sich doch nur wieder
der Egoismus. Großmut und die vielgepriesene Gnade ist im
Grunde nur der aristokratische Stolz, der verächtlich auf andere
herabsieht und sich viel zu groß dünkt, um von ihnen be=
leidigt werden zu können. Man übt in reichem Maße Libe=
ralität, aber gegen Freunde und Mitbürger, nicht gegen alle
Menschen; man übt sie, weil sie Ruhm und Ansehen schafft
und dem Staate nützlich ist. Die Gastfreundschaft ist nicht
eine allgemein menschliche Tugend, sondern eine Tugend der
Reichen, die sich gegenseitig aufnehmen und mit sorgsamer Rück=
sicht auf Rang und Stand bewirten. Man braucht sie nur
mit der christlichen Gastfreundschaft in den ältesten Gemeinden
zu vergleichen, wo der Arme so willkommen war wie der
Reiche, wo aller Heiligen Füße gewaschen wurden: und ihr
Glanz erblaßt. Selbst wenn Seneca, wie es oft vorkommt,
vom Wohlthun redet, blickt der Egoismus durch. Man soll
geben ohne Bewegung des Herzens, mit vollkommen ruhigem
Geiste. Das Mitleid ist also im Grunde nur eine Schwäche.

So kennt denn die alte Welt auch keine eigentliche Liebes=
thätigkeit. Zwar an Gemeinsinn fehlt es ihr, wie wir sahen,
nicht, es fehlt auch nicht an Schenkungen und Vermächtnissen
zu gemeinnützigen Zwecken. Es wurde Getreide verteilt, es
war in der ausgedehntesten Weise nicht bloß in Rom, sondern
auch in den Provinzen dafür gesorgt, daß das Volk seine
Vergnügungen und Spiele hatte. Aber das alles trägt einen
andern Charakter. Menschenliebe ist nicht das treibende Motiv.
Es sind Opfer, die der Eitelkeit gebracht werden, dem Ehrgeiz
oder der Politik; es ist ein Loskaufen des Reichtums von der
Armut, um von ihr nicht beunruhigt zu werden. Achtung vor
der Armut, herzliches Mitleid sucht man vergeblich. Der
Staatsmann oder der Kaiser, der Lebensmittel verteilen ließ,
hatte dabei ganz andere Gedanken, und der reiche Römer, der
den Klienten die Sportula reichen ließ, fühlte wahrhaftig kein
Mitleid mit ihnen. Sie dienten dem Prunk des Hauses, dafür
wurden sie bezahlt. Darum mußten denn auch die überreichen
Gaben ohne Segen bleiben. Sie entwürdigten beide, die sie
gaben und die sie nahmen. Fehlte auf der einen Seite die
Liebe, so auf der andern der Dank.

Das obige Urteil wird dadurch nicht verändert, daß auch
in der Heidenwelt einzelne Akte der Hülfeleistung an Notleidende
vorkommen. Man darf sich ja nicht vorstellen, als ob das
natürliche Gefühl des Mitleids dort ganz gefehlt hätte. Als
unter der Regierung des Tiberius beim Einsturz eines Amphi=
theaters in Fidenä 46 000 Menschen teils getötet, teils ver=
wundet wurden, sandten die vornehmen Römer Ärzte, Medika=
mente und Nahrungsmittel für die Unglücklichen, nahmen auch
einzelne von ihnen in ihre Häuser auf. Großartig war die
Thätigkeit eines Titus, um bei den großen Unglücksfällen, die
unter seiner Regierung das Volk trafen, bei dem furchtbaren
Ausbruch des Vesuvs, der Herkulanum und Pompeji zerstörte,
bei einem Brande Roms und einer Pest, die dort wütete, den
Notleidenden beizustehen. Kaum braucht auch erst erinnert zu
werden, daß den Bettlern, die auf den Straßen, namentlich
vor den Tempeln saßen, manche Gabe gereicht wurde. Aber
was fehlt, ist geordnete regelmäßige Liebesthätigkeit. Diese

findet man selbst da nicht, wo man sie noch am ersten er=
warten sollte, bei den Associationen. So nahe es gelegen
hätte, daß sich z. B. in den Begräbnisvereinen, die den Zweck
hatten, ihren Gliedern ein anständiges und den religiösen
Bräuchen entsprechendes Begräbnis zu sichern, in den Ge=
nossenschaften der Handwerker u. a. m. auch eine Unterstützung
der notleidenden Glieder wie bei den Gilden im Mittelalter
herausgebildet hätte, es findet sich davon wenig oder nichts.
Auch die Vermächtnisse für die Genossen der Sodalität, deren
viele vorkommen, sind nicht für die Armen und Notleidenden
in ihr bestimmt, sondern sind Gratifikationen, die den Beamten
der Genossenschaft oder auch allen ihren Gliedern dafür zu
teil werden, daß sie das Gedächtnis des Schenkgebers feiern.
Eine eigentliche Armenpflege, wie wir sie heute kennen, gab
es nicht, Krankenhäuser bestanden nur für Soldaten, Fechter
und Sklaven. Der Handwerker, der ohne Vermögen war, der
Arme, der nicht Sklave war, fand keine Zufluchtsstätte. Ohne
Trost, ohne Hoffnung fürs Jenseits, war er auch ohne materielle
Hülfe in seiner Krankheit. Namentlich bei Epidemien tritt
der antike Egoismus ganz nackt hervor. Man fürchtete den
Tod und nahm sich selbst der eigenen Angehörigen nicht an,
trieb sie, wenn sie krank wurden, aus dem Hause und überließ
sie ihrem Schicksal. Die alte Welt ist eine Welt ohne Liebe.
Man kann viel an ihr bewundern, sie hat große Männer und
Helden hervorgebracht, aber dieses Band der Vollkommenheit
fehlt ihr. Woher hätte auch die Liebe kommen sollen? Die
Religion lehrte keine und weckte keine. Sie lehrte Liebe zum
Vaterlande, Gehorsam gegen die Gesetze, Tapferkeit im Kriege,
Aufopferung für des Staates Größe und Ehre — Menschen=
liebe nicht. Im Kultus war keine Anknüpfung für Liebesthätig=
keit irgend einer Art. Eine Gemeinde als Trägerin der Liebes=
thätigkeit war nicht vorhanden. Der antike Mensch ist der
natürliche Mensch in seiner reichsten Entfaltung. Der natürliche
Mensch ist aber ein Egoist und bleibt es, bis ihn die Liebe
von oben umwandelt.

Sie hat es gethan. Das Leben der Christengemeinde ist
der thatsächliche Beweis. Da ist Liebe. Nichts verwunderte

die Heiden mehr, nichts war ihnen unbegreiflicher. „Sehet,"
riefen sie, „wie sie sich unter einander lieben!" Unter ein=
ander nannten sich die Christen Brüder, und dieser Bruder=
name war nicht ein bloßes Wort, sie lebten wirklich wie Brüder.
Der Kuß, mit dem sie einander bei der Feier des heiligen
Mahles begrüßten, war keine bloße Form; die Gemeinde war
wirklich Eine Familie, alle ihre Glieder Kinder des Einen
himmlischen Vaters. Einer diente dem andern, Einer betete
für den andern. Sie hatten alles gemein. Auch der ganz
Unbekannte, der von fernher kam, brachte er nur einen Empfeh=
lungsbrief seiner Gemeinde mit, der ihn als Christen auswies,
so wurde er als Bruder aufgenommen und behandelt. „Sie lieben
sich, ohne sich zu kennen!" sagt erstaunt ein Heide. Das war
freilich der direkteste Gegensatz gegen das heidnische Wort: „Der
Mensch ist dem unbekannten Menschen ein Wolf." Diese Bruder=
liebe erweitert sich dann zur allgemeinen Menschenliebe. Die
aus der Liebe geborene und in der Liebe lebende Gemeinde
ist das rechte Organ für die Übung der Liebe. Sie nimmt
sich zunächst derer unter ihren Gliedern an, die der Hülfe in
irgend einer Weise bedürfen, geht dann aber über sich hinaus,
um auch die mit Liebe zu umfassen, die noch draußen stehen.
Denn auch diese sollen für die Gemeinde gewonnen werden.
Die Liebe wirkt missionierend. Sie schließt keinen aus, wie die
Gnade, der sie entstammt, keinen ausschließt, auch die Feinde,
auch die Verfolger nicht.

Ohne Zweifel werden in den Christengemeinden die Ein=
zelnen auch für sich viele Liebeswerke gethan haben. Die
Christen nahmen es ernst mit dem Wort des Herrn: „Wer
dich bittet, dem gieb, und wende dich nicht von dem, der dir
abborgen will." In der Lehre der Apostel heißt es: „Sei
nicht ein solcher, der zum Nehmen die Hände ausstreckt, zum
Geben aber schließt. Sei nicht bedenklich zu geben, und wenn
du giebst, thue es nicht unwillig. Denn du wirst erfahren,
wer des Lohnes herrlicher Vergelter ist. Weise den Bedürf=
tigen nicht zurück, sondern teile alles deinem Bruder mit und
sage nicht, daß es dir gehöre. Denn wenn ihr in dem Un=
sterblichen Genossen seid, wieviel mehr in den irdischen Dingen."

„Was wählst du die Personen aus?" sagt Lactanz, „du sollst jeden für einen Menschen halten, der dich bittet, und wer dich bittet, thut es ja auch, weil er dich für einen Menschen hält." Tertullian schildert uns einmal die Hindernisse, welche eine Christin, die in gemischter Ehe mit einem Heiden lebt, für ihre Liebesthätigkeit findet. „Welcher Heide," sagt er da, „wird seine Frau zum Besuche der Brüder von Straße zu Straße auch in den ärmsten Hütten umhergehen lassen? Wer wird sie in den Kerker sich schleichen lassen, um die Fesseln der Märtyrer zu küssen? Kommt ein fremder Bruder, welche Aufnahme wird er in dem fremden Hause finden? Soll einem etwas geschenkt werden, so sind Keller und Scheunen verschlossen." Gewiß wurde diese mannigfaltige und reiche Liebesthätigkeit der christlichen Frau nicht lediglich im Auftrage der Gemeinde geübt. Ausdrücklich wird hervorgehoben, daß die amtliche Liebesthätigkeit der Diakonisse die außeramtliche der Frau nicht ausschließen soll. Jede Frau soll in diesem Sinne Diakonisse sein. „Wenn eine von ihnen, ohne Älteste oder Diakonisse zu sein, Gutes thun will, so thue sie es nach ihrem Antriebe, denn diese heiligen Handlungen sind die köstlichsten Schätze des Herrn." Daß auch in freiester Weise auf den Straßen Almosen gegeben wurden, ergiebt sich aus einem Worte Tertullians, in dem er den Heiden vorhält: „Unsere Barmherzigkeit giebt mehr auf den Straßen, als eure Religiosität in den Tempeln."

Eine solche individuelle Barmherzigkeitsübung entzieht sich der Beachtung. Der Herr weiß es, was auch damals von Einzelnen gethan ist, die Geschichte hat es nicht aufbehalten. Da tritt nur die von der Gemeinde geübte Liebesthätigkeit hervor, und diese ist ja auch für das Ganze von ungleich größerer Bedeutung. Gerade darin lag das Neue, das Höhere, daß jetzt eine Gemeinschaft vorhanden war, die als solche sich berufen wußte, Barmherzigkeit zu üben. Von Anfang an, von den Tagen der Jerusalemitischen Gemeinde an, ist die Barmherzigkeitsübung eine ebenso notwendige Bethätigung des Gemeindelebens, wie die Verkündigung des Wortes und die Verwaltung der Sakramente, und wie für diese hat die Kirche auch für jene Organe und Ordnungen herausgebildet. Die materiellen Mittel zu ihrer Liebesthätigkeit flossen der Gemeinde durch freie Gaben ihrer Glieder zu. Das Prinzip völliger Freiwilligkeit, das schon der Apostel (2 Kor. 9, 7) betont, wurde dabei aufs strengste festgehalten. „Unsere Reichen," sagt Justin, „geben, wann sie wollen und was sie wollen." „Jeder von uns," sagt Tertullian, „giebt sein bescheidenes Almosen, wenn er es will und kann, denn keiner ist gezwungen." Mit Recht sieht Irenaeus in dieser Freiheit den höheren Standpunkt des Neuen Testaments. „Es gab," sagt er, „Opfer und Almosen bei dem jüdischen Volke, es giebt solche in der Kirche, aber mit dem Unterschied, daß es dort Sklaven waren, die sie gaben, hier freie Leute. Die Juden waren zur regelmäßigen Entrichtung des Zehnten gezwungen, die Christen, durch Jesum befreit, weihen alle ihre Güter dem Herrn, indem sie freiwillig mehr geben als die Juden, weil sie eine größere Hoffnung haben." So streng wurde dieses Prinzip durchgeführt, daß, als der Gnostiker Marcion sich von der Kirche trennte, ihm die 200 000 Sesterzien, die er bei seiner Taufe geschenkt hatte, zurückgegeben wurden. Als die Kinder eines Mannes, welcher der Kirche in seinem Testamente eine Summe vermacht hatte, diese auszuzahlen sich weigerten, erinnert sie Cyprian zwar an ihre Pflicht, den Willen des Vaters zu erfüllen, erklärt aber zugleich von vornherein, daß es ihnen völlig freistehe, das Geld zu geben oder nicht. Wie die Kirche keine gezwungenen Gaben will, so will sie auch keine von solchen, die ihr innerlich nicht angehören, die nicht aus Liebe geben oder von unrechtmäßig erworbenem Gut. Die apostolischen Konstitutionen enthalten darüber bestimmte Vorschriften.

Die gewöhnliche Form des Gebens war die der Oblationen, der Opfer beim Abendmahl. Die Gemeindeglieder brachten Gaben herzu, meist Naturalien, von denen das erforderliche an Brot und Wein für das heilige Mahl genommen wurde, während der Rest zur Unterhaltung des Klerus und der Armen diente. Die Namen der Opfernden wurden auf Tafeln, den sogenannten Diptychen, verzeichnet und im Gebete genannt. Für die Verstorbenen brachten die Angehörigen an

ihrem Todestage Gaben dar, eine schöne Sitte, die den Zu=
sammenhang zwischen der oberen und unteren Gemeinde lebendig
darstellte. Auch die schon Entschlafenen fuhren gleichsam noch
fort, der Gemeinde zu dienen. Sonst gab man bei besonderen
Gelegenheiten, bei freudigen Ereignissen, am Tauftage. Cyprian
verkaufte Gärten, die er besaß, und brachte den Ertrag an
seinem Tauftage als Dankopfer dar. Schon früh ist es auch
Sitte, die Erstlinge der Erträgnisse in Keller und Tenne, aller=
dings zumeist zum Unterhalt der Kirchendiener, dann aber auch
für die Armen zu geben. Wenn der Christ einen Teig machte,
um Brot zu backen, wenn er einen Wein= oder Ölkrug öffnete,
nahm er das Erste davon und gab es als ein Dankopfer hin.
Außerdem stand in dem Versammlungslokale ein Armenstock
(bei Tertullian arca, bei Cyprian corban genannt), in den
jeder monatlich eine mäßige Gabe aus freiem Willen einlegte.
Man folgte darin offenbar der Sitte, wie sie bei den Asso=
ciationen sich herausgebildet hatte und rechtlich feststand. Jedes
Mitglied zahlte dort monatlich einen bestimmten Beitrag. Die
Christen hielten es ebenso, nur daß bei ihnen der Beitrag frei=
willig war, und nicht, wie bei den Associationen, vielfach zu
Festgelagen, sondern zur Armenversorgung verwendet wurde.
Bedurfte man mehr Mittel, so wurde eine allgemeine Kollekte
veranstaltet, zu der jeder aus dem Ertrage seiner Arbeit bei=
steuerte. Arme, die nichts hatten, fasteten auch wohl, um das
Ersparte zu geben. Bisweilen wurde ein allgemeines Fasten
in der Gemeinde angeordnet, und der Ertrag zu milden Zwecken
verwendet. „Selig," sagt Origenes, „wer fastet, um einen
Armen zu speisen," und in der That eine schönere Art Almosen
zu geben, ist nicht zu denken.

　　Was die Kirche empfing, das verwandte sie gleich wieder.
Kapitalisiert wurde nichts. Waren doch die Bedürfnisse der
Gegenwart groß genug, und für die Zukunft zu sorgen durfte
man getrost der Liebe überlassen. Auch drängte die Not der
Zeit dazu. Unter den Verfolgungen war man ja des Kirchen=
gutes nie sicher. Die beste Art, es sicher zu stellen, war die,
es wegzugeben. Als die Verfolgung durch Decius hereinbrach,
verteilte Cyprian die sämtlichen vorhandenen Armenmittel zur

Verwendung an die Presbyter und Diakonen. Als nachher Mangel eintrat, befahl er, das Defizit aus seinem Privatvermögen zu decken. Als der Bischof Sixtus I. gefangen genommen war, versammelte sein Diakon Laurentius die Armen der Gemeinde und verteilte das ganze Kirchengut unter sie. Selbst die heiligen Gefässe verkaufte er, um den Erlös den Armen zu schenken.

Der Bischof leitete die Armenpflege, ihm zur Seite standen die Diakonen als seine Gehülfen. Die Namen der regelmäßig zu Unterstützenden wurden nach sorgfältiger Prüfung ihrer Verhältnisse in ein Verzeichnis aufgenommen, und ihnen darnach die Gaben zugeteilt. Es waren solche, die ihr Brot nicht mehr verdienen konnten, oder auch solche, welche durch ihren Übertritt zur Kirche um ihren Lebensunterhalt gekommen waren, weil sie ein Handwerk oder Geschäft getrieben, das die Kirche nicht duldete. Doch wurde streng darüber gehalten, daß jeder so viel arbeitete, wie er noch konnte. Denen, die ihr Geschäft hatten aufgeben müssen, wurde, wenn irgend möglich, andere Arbeit zugewiesen, und sie durften sich nicht weigern, diese zu übernehmen, auch wenn sie geringer war als ihre frühere. Waren sie dazu nicht willig, so wurden sie gar nicht unterstützt. Überhaupt gab man nichts ohne Prüfung. „Es schwitze dir das Almosen in deinen Händen, bis du erkannt hast, wem du geben sollst," sagt die Lehre der Apostel. Als große Sünde wird es erachtet, wenn ein Christ ohne Not Almosen nimmt. „Wehe dem, welcher nimmt!" heißt es eben dort. „Nimmt er freilich aus Not, so ist er unsträflich. Wer aber keine Not hat, wird Rechenschaft geben müssen, warum er genommen hat und zu welchem Zweck, und er wird, ins Gefängnis geworfen, verhört werden über das, was er gethan hat, und von dort nicht loskommen, bis er den letzten Heller wiedergegeben hat." Der Übertritt zur Kirche sollte nicht von Müßiggängern für irdische Vorteile ausgebeutet werden.

Eine besondere Klasse der Unterstützten bildeten die Witwen, für deren Versorgung der Apostel Paulus spezielle Vorschriften giebt. Führten sie wirklich ein ehrbares Witwenleben, so waren sie in der Gemeinde hochgeehrt und wurden bis an ihr Ende

versorgt, wofür sie dann auch wieder der Gemeinde Dienste
leisteten, z. B. bei der Erziehung der Kinder. Arme Waisen
wurden unter Aufsicht des Bischofs eben von den Witwen
erzogen. Die Knaben lernten ein Handwerk und erhielten,
wenn sie herangewachsen waren, die zur Betreibung desselben
nötigen Werkzeuge; die Mädchen wurden, falls sie nicht denen
sich anschlossen, die Jungfrauen blieben, mit einem christlichen
Bruder verheiratet. Vielfach wurden auch von den Heiden
ausgesetzte Kinder, deren Zahl ja groß war, aufgenommen und
mit den Waisen zusammen christlich erzogen. Auch der Sklaven
nahm sich die Gemeinde an, kaufte sie, falls ihre Lage be=
sonders versuchlich und ihrem Christenglauben und Christen=
leben gefährlich war, aus Gemeinbemitteln los und half ihnen,
sich eine Existenz zu gründen. Waren Gefangene in die Hände
von Barbaren geraten, so zahlte man das Lösegeld für ihre
Befreiung. Besonderer Pflege bedurften die um des Glaubens
willen Gefangenen. Sie wurden in ihren Gefängnissen besucht
und, soweit es möglich war, verpflegt. Cyprian wird nicht
müde, in seinen aus dem Exil geschriebenen Briefen sie immer
wieder der Sorgfalt der Diakonen zu empfehlen.

Auch über die Grenzen der Einzelgemeinde ging die
Wohlthätigkeit hinaus. Eine Gemeinde half der anderen. So
unterstützten schon zu der Apostel Zeit die Heidengemeinden
die verarmte Gemeinde zu Jerusalem. So schickte die römische
Gemeinde unter Soter (150) reiche Gaben in die Provinzen,
um dort das Elend einer Hungersnot zu mildern. Zu einer
Zeit, in welcher die Einheit der Kirche noch nicht in äußeren
Institutionen sich darstellte, war es der Eine Glaube, der sie
zusammenhielt, und die Eine Liebe, die sie verkettete. Über
das ganze weite Reich breitete die Liebesarbeit ihr Netz, und
wo er ging und stand, bis an die Grenzen der Barbaren, ja
über diese hinaus, wußte sich der Christ Brüdern nahe, die
jeden Augenblick bereit waren, ihm in Not beizustehen.

Die Mittel, welche zu dieser Armenpflege erforderlich
waren, müssen sehr bedeutend gewesen sein, und bedenkt man,
daß die Gemeinden in den ersten Jahrhunderten sich doch vor=
zugsweise aus den niederen Ständen rekrutierten, so muß man

es um so mehr bewundern, daß es möglich war, solche Mittel zusammenzubringen. Aus der ältesten Zeit haben wir zwar keine Nachrichten über den Umfang, den die Liebesthätigkeit einzelner Gemeinden hatte, aber nach dem, was wir aus etwas späterer Zeit wissen, war sie, auch nur die Geldmittel angeschlagen, jedenfalls sehr erheblich. Mit Leichtigkeit bringt Cyprian in seiner Gemeinde 12000 *M.* zusammen, um die Numidischen Bischöfe bei Loskaufung von Gefangenen zu unterstützen. Etwas später, zur Zeit der Decischen Verfolgung, unterhielt die römische Gemeinde 1500 Arme, Witwen und Kinder. Noch etwas später zählt die Gemeinde in Antiochien auf etwa 100 000 Gemeindeglieder 3000 Unterstützte. Aber bewunderungswerter noch als die Größe der Liebesarbeit ist der Geist, in dem sie getrieben wurde. Waren bei den Heiden die Armen, die Schwachen, die Unterdrückten verachtet gewesen, bestand da der Grundsatz, daß jeder nur so viel gilt, wie er hat, in der Kirche heißt es: Selig sind die Armen, denn das Himmelreich ist ihr. Jeder muß in gewissem Sinne arm werden, um das Himmelreich zu erlangen. Außerlicher Reichtum und äußerliche Armut ist nur etwas Nebensächliches. Der gottselige Arme ist in Wahrheit reich, und der gottlose Reiche in Wahrheit arm. „Es ist nicht der Census,“ sagt einer von den Vätern, „der reich oder arm macht, sondern die Beschaffenheit der Seele.“ In dem Bewußtsein, durch den armen Jesus reich geworden zu sein, sieht die Kirche die Armen als ihre Schätze an, in ihnen dient sie dem Herrn. Als nach Sixtus, der Bischofs-, Märtyrertode von seinem Diakon Laurentius gefordert wurde, er solle die Schätze der Kirche aufweisen und ausliefern, rief er alle Armen zusammen und zeigte sie dem Stadtpräfekten mit den Worten: Das sind die Schätze der Kirche! Eine Kirche, die solche Schätze hat, muß siegen. Sie besitzt in ihrer Liebesthätigkeit ein Mittel der reinsten Propaganda, das zuletzt auch ihre Widersacher gewinnen muß.

Um so mehr machte diese Liebesthätigkeit auf die Heiden Eindruck, als die Christen auch die Heiden von ihrer Liebe nicht ausschlossen. „Unsere Religion,“ sagt Justin, „schreibt uns vor, nicht allein die Unsern zu lieben, sondern auch die

Fremden und sogar die Feinde." „Wenn alle Menschen,"
sagt Tertullian, „Liebe zu ihren Freunden haben, so ist es
das Besondere der Christen, daß sie auch die lieben, welche sie
hassen." Das waren keine Redensarten. Als zu Cyprians
Zeit in Karthago eine große Pest wütete, und die Heiden die
Kranken verließen, die Leichen, statt sie zu bestatten, auf die
Straße warfen, berief der Bischof die Gemeinde und stellte
ihr vor: „Wenn wir nun den Unsern Gutes erweisen, thun
wir nicht mehr, als was die Zöllner und Heiden auch thun.
Als echte Christen müssen wir das Böse durch das Gute besiegen, auch unsere Feinde lieben, wie der Herr uns vermahnt,
auch für die Verfolger zu beten. Da wir aus Gott geboren
sind, so müssen wir uns auch als Kinder unseres guten Vaters
erweisen, der seine Sonne aufgehen läßt über Gute und Böse
und läßt regnen über Gerechte und Ungerechte." Auf seine Aufforderung ging die Gemeinde ans Werk. Die einen gaben
Geld, die andern arbeiteten selbst mit, und bald waren die
Toten bestattet. Ähnlich war es in Alexandrien bei einer
Pest zu den Zeiten des Kaisers Gallienus. Während die Heiden
flohen, die welche krank wurden aus den Häusern stießen, die
Halbtoten auf die Straße warfen, nahmen sich die Christen
aller an, schonten ihrer selbst nicht im Dienste der Kranken
und Sterbenden, und manche Brüder, auch Presbyter und
Diakonen, opferten ihr Leben in solchem Dienste. Und das
thaten die Christen, nachdem sie eben noch von den Heiden
aufs grausamste verfolgt waren, während das Schwert noch
täglich über ihrem Haupte hing.

5. Märtyrertum.

Mit dem Lieben ging ja das Leiden Hand in Hand.
Das Zeugnis im Wort, im Wandel, in der Liebe vollendet
sich im Zeugnis des Blutes, im Martyrium. Gerade darin,
daß der Märtyrertod die Vollendung des im Leben abgelegten
Zeugnisses ist, liegt seine Macht. Es ist nicht das Leiden an
sich, es sind nicht die Marter- und Todesqualen an sich, die
dem Martyrium seinen Wert geben, sondern die Gesinnung,

in der das alles getragen wird. Nicht jedes Martyrium ist ein Sieg für die Kirche, sondern nur das echte und reine.

Zur Echtheit und Reinheit des Martyriums gehört aber zuerst, daß in Gesinnung und Verhalten des Märtyrers keine Widersetzlichkeit gegen den Staat und die von Gott geordnete Obrigkeit liegt. Der Christ hat seine weltliche Obrigkeit allezeit und in allen Stücken anzuerkennen, er hat alle von ihr erlassenen Gesetze und Anordnungen als von seiner Obrigkeit ausgegangen zu ehren, auch dann, wenn die Gesetze und Anordnungen gegen Gottes Wort sind. In diesem Falle kann er sie zwar nicht dadurch ehren, daß er sie befolgt, denn er muß Gott mehr gehorchen als den Menschen, aber dadurch, daß er sich willig und geduldig allem unterwirft, was die Gesetze dieserhalb über ihn verhängen. Er ehrt dann die Obrigkeit und das Gesetz durch Leiden, und völliger kann im Grunde ein Mensch die Achtung vor dem Gesetz nicht bezeugen, als damit, daß er diesem Gesetz sein Leben opfert. Aber jede Widersetzlichkeit gegen die Obrigkeit, jede Nichtachtung der von ihr erlassenen Gesetze ist ihm Sünde. So leidet er nicht um Übelthat willen, sondern um Wohlthat willen (1 Petr. 2, 20; 3, 17), er leidet nur um Christi willen. Dann heißt es: „Wer ist, der euch schaden könnte, so ihr dem Guten nachkommet?" (1 Petr. 3, 13.)

Diese Reinheit des Märtyrertums haben die ersten Christen aufs sorgsamste bewahrt. Immer und überall erbieten sie sich, den Kaiser zu ehren, und ihm zu gehorchen in allen Dingen als gehorsame Unterthanen, ausgenommen wenn er befiehlt, von Christo zu lassen und die Götzen anzubeten. Nirgends findet sich Widersetzlichkeit gegen die Obrigkeit, und was diese um ihres Bekenntnisses willen über sie verhängt, das leiden die Christen geduldig, noch im Tode dem Kaiser Heil erflehend. Wie unzähligemale haben es die Märtyrer vor ihren Richtern, unter den Folterqualen, auf der Richtstatt bezeugt, daß sie dem Kaiser gehorsam zu sein willig sind, aber ihn selbst anbeten, ihm Weihrauch streuen, das können sie nicht. Wie oft haben die Apologeten es beteuert, daß die Christen gehorsame Unterthanen sind, die sich ein Gewissen

daraus machen, auch nur im Kleinsten die Staatsgesetze zu
übertreten. „Deshalb will ich den Kaiser ehren," sagt Theophilus
in der Schrift an den Autolykus, „aber nicht, indem ich zu
ihm, sondern indem ich für ihn bete. Den wahrhaftigen
Gott nur bete ich an, wissend, daß der Kaiser von ihm ein=
gesetzt ist. Du fragst vielleicht: Warum betest du den Kaiser
nicht an? Ich antworte: Weil er nicht da ist, angebetet,
sondern auf gesetzliche Weise geehrt zu werden. Denn er ist
kein Gott, sondern ein Mensch, zum Kaiser gesetzt, nicht daß
er angebetet werde, sondern daß er gerecht richte." Tertullian
macht die Heiden darauf aufmerksam, daß die Christen wohl
in der Lage wären, sich zu widersetzen und mit Gewalt die
Freiheit ihres Glaubens zu erkämpfen, da sie eine so große
Zahl von Menschen sind und in den Städten fast überall die
Mehrzahl bilden. Gleichwohl folgen sie den Geduldvorschriften
ihrer göttlichen Religion und leben in Stille und Bescheiden=
heit, an nichts anderem erkennbar, als an der Besserung ihres
früheren Lebens. Mit Recht weist er darauf hin, daß die
Christen treuere und gehorsamere Unterthanen des Kaisers sind,
als die Heiden. Ironisch ruft er aus: „Wir kennen die Treue der
Römer gegen die Cäsaren! Nie ist eine Verschwörung aus=
gebrochen, nie hat weder der Senat noch der kaiserliche Palast
das Blut der Kaiser fließen sehen; ihre Majestät ist stets in
den Provinzen in Ehren gehalten! Und doch riecht der Boden
Syriens noch immer nach Leichen, und das Wasser seiner
Rhone hat Gallien noch immer nicht von dem Blute wieder
rein gewaschen, mit dem es besudelt war." Dann stellt er
dem die Treue und den Gehorsam der Christen gegenüber, die
sich in keine Intrigue, in keinen Aufruhr einlassen, die in
ihren Versammlungen für den Kaiser beten. Wie der Kaiser
auch sein mag, sie erbitten ihm von Gott langes Leben, ruhige
Herrschaft, Sicherheit im Palast, tapfere Heere, Treue im Senat,
Tugend im Volke, Frieden in der ganzen Welt. „Und mit
Recht," schließt er, „könnte ich sagen, daß der Kaiser mehr
unser als euer ist, als den unser Gott eingesetzt hat." Mit
der gewissenhaftesten Sorgfalt hütete man sich selbst mitten in
der Aufregung einer blutigen Verfolgung irgend etwas zu

thun, was auch nur den Schein eines Ungehorsams hätte erwecken können. So z. B. mißbilligt es Cyprian aufs bestimmteste, wenn solche, die um des christlichen Glaubens willen verbannt waren, ohne von der zuständigen Obrigkeit die ausdrückliche Erlaubnis bekommen zu haben, zurückkehrten. „Werdet ihr," sagt er ihnen, „jetzt gefangen genommen und bestraft, so leidet ihr um eures Ungehorsams willen die verdiente Strafe, ihr leidet aber nicht um Christi willen." Auch der ihn verfolgenden Obrigkeit, auch ihrer Ungerechtigkeit und Grausamkeit soll der Christ nichts entgegensetzen, als stilles und geduldiges Leiden.

Ihren entsprechendsten Ausdruck findet diese Reinheit des Märtyrertums darin, daß die Märtyrer mit Loben und Danken sterben. „Ein Christ hat, selbst wenn er verurteilt wird, nur Lob und Dank," wie zahlreiche Belege finden sich für dieses Wort in den Akten der Märtyrer. „Herr, allmächtiger Gott," betet Polykarp schon auf dem Scheiterhaufen stehend, „Vater deines geliebten Sohnes Jesu Christi, durch den wir die Erkenntnis von dir empfangen haben, Gott der Engel und der ganzen Schöpfung, des ganzen Menschengeschlechts, der Gerechten, welche vor deinem Angesichte leben: ich preise dich, daß du mich gewürdigt hast dieses Tages und dieser Stunde, teilzunehmen an der Zahl deiner Zeugen, an dem Kelche deines Christus." Als die Scillitanischen Märtyrer in Numidien (i. J. 180) ihr Todesurteil empfangen, preisen sie einstimmig Gott und sprechen: „Wir danken dir, dreimal heiliger Herr, daß du den Kampf des Bekenntnisses gnädig vollendet hast, und dein Reich bleibet in Ewigkeit. Amen." Sehr häufig hören wir auch, daß die Märtyrer nach dem Vorbilde des Stephanus für ihre Feinde beten. Ein Palästinensischer Christ Namens Paulus betete, ehe er den Todesstreich empfing, Gott möge doch alle Heiden zum Glauben und zum Heil führen und dem Richter, der ihn verurteilt hatte, und dem Henker, der das Urteil vollzog, vergeben. Einen Märtyrer, Pionius in Smyrna, hörte man noch aus den Flammen des Scheiterhaufens heraus für den Kaiser, seine Richter und alle Heiden beten. Als ein lautes Amen über seine Lippen kam, schlugen die Flammen über ihm zusammen und machten seinen Leiden ein Ende.

Ausbrücke der Rache oder des Zorns hören wir niemals, keine Verwünschungen, keinen Fluch. Auch in den Inschriften der Katakomben findet sich nichts derart. Nirgends wird das Gericht über die Verfolger herabgerufen. Nur einen Seufzer lesen wir einmal in der Katakombe des Callistus: „O elende Zeiten, da wir nicht einmal in den Höhlen unseren Feinden entgehen können!" Auch Bilder der Verfolgung (die Darstellung des Verhörs eines Christen im Cömeterium des Prätextatus ausgenommen) finden sich nicht. Nur symbolische Darstellungen sind häufig, Daniel in der Löwengrube, die drei Männer im Feuerofen, Elias im feurigen Wagen gen Himmel fahrend. Bedenken wir die Glut des Hasses, mit der die Heiden die Christen verfolgten, die unmenschlichen Grausamkeiten, die sie sich gegen diese erlaubten (wir werden noch genug davon hören), dann lernen wir die Reinheit eines Märtyrertums bewundern, welches auch dem gegenüber das Wort des Apostels befolgt: „Vergeltet nicht Böses mit Bösem!" und die Mahnung des Herrn: „Bittet für die, so euch beleidigen und verfolgen."

In dieser Reinheit des Märtyrertums lag seine Macht. Hätten die Christen sich verführen lassen, dem sie verfolgenden Staate thatsächlichen Widerstand zu leisten, so wären sie verloren gewesen. Der Staat würde sie mit seiner ungeheuern Macht zermalmt haben. Hätten sie sich zu Zorn und Rachsucht hinreißen lassen, so wäre ihre Kraft gebrochen, ihr eigenes Gewissen wäre befleckt gewesen und damit ihrem Martyrium die Macht genommen, auf die Gewissen zu wirken. Denn darin liegt die Macht des reinen Märtyrertums, daß es nicht bloß durch seine Geduld die Gegner abstumpft, sondern daß es als Zeugnis die Gewissen trifft. Wie oft ist es vorgekommen, daß, von diesem Zeugnis unwiderstehlich getroffen, die Verfolger selbst, noch auf der Richtstatt, sich bekehrten und Christen wurden.

Die Echtheit des christlichen Märtyrertums beweist sich weiter darin, daß es sich von Schwärmerei und Fanatismus frei hält. Schwärmerei ist ein rasch aufflackerndes, aber auch ebenso schnell erlöschendes unreines Feuer. Das hätte hier nichts ausgerichtet, das wäre der Macht des römischen Staats bald erlegen und hätte nicht die sittlichen Wirkungen ausüben

können, die das Märtyrertum thatsächlich ausübte. Fanatismus
hat die Kirche noch nie gebaut, und wo er Erfolge gehabt hat,
sind es nur augenblickliche gewesen. Fanatismus ist eine Glut,
die nur versengt. Im ganzen hat sich die Kirche davon be=
wunderungswert rein erhalten; wenn man auch zugestehen muß,
daß namentlich in der Zeit der montanistischen Bewegung und
unter dem Einflusse der von ihr entzündeten Glut die Grenze
hie und da überschritten worden ist. Die ersten Christen waren
auch sündige Menschen, und vollkommen ist auch ihr Leben
nicht gewesen. Gegen den heidnischen Kultus, gegen die Götter=
bilder erlauben sich die Christen keinen Spott, keine kränkenden
und beleidigenden Ausdrücke. Vereinzelt steht der Fall, daß
ein Christ ein Götterbild zertrümmert. Es kam zwar hie und
da vor, daß sich schwärmerisch erregte Christen zum Märtyrer=
tum drängten, die Kirche hat es aber immer aufs entschiedenste
gemißbilligt. „Wir loben," schreibt die Gemeinde zu Smyrna
in dem Briefe, in dem sie den Märtyrertod ihres Bischofs
Polykarp berichtet, „diejenigen nicht, die sich selbst preisgeben,
denn das lehrt das Evangelium nicht." Cyprian ermahnt seine
Gemeinde während einer heftigen Verfolgung: „Der Lehre ge=
mäß, die ihr von mir empfangen habt, haltet Ruhe. Keiner
mache Unruhe unter den Heiden oder gebe sich selbst den Heiden
preis. Wenn er ergriffen wird, dann muß er reden, denn in
der Stunde redet durch uns der in uns wohnende HErr."
Als während einer Seuche in Karthago einzelne Christen sich
darüber betrübten, daß sie auf dem Krankenbette statt als
Märtyrer sterben könnten, erinnerte sie der Bischof: „Erstlich
steht der Märtyrertod nicht in deiner Gewalt, sondern hängt
von Gottes Gnade ab. Sodann ist Gott der Erforscher der
Herzen und Nieren und sieht deine Gesinnung. Etwas anderes
ist es, wenn der Gesinnung das Märtyrertum, etwas anderes,
wenn zum Märtyrertum die Gesinnung fehlt. Denn Gott ver=
langt nicht unser Blut, sondern unsere Gesinnung. Diese
Krankheit ist dazu geschickt, die Gesinnung zu prüfen." Nie
versäumen es auch die Kirchenlehrer, daran zu erinnern, daß
die Verfolgung zugleich ein Gericht über die Kirche ist und
eine ernstliche Bußmahnung.

In solcher Nüchternheit gebrauchen die Christen auch sorgsam alle erlaubten Mittel, um der Verfolgung zu entgehen. Ob man fliehen dürfe, darüber waren die Ansichten geteilt. Tertullian verneint die Frage. Meist wurde sie mit Bezug auf den bekannten Befehl des HErrn bejaht, doch darf die Flucht keine Verleugnung in sich schließen, sie darf nur ein Sichzurückziehen sein, wobei man doch dem HErrn alles überläßt und sich bereit hält, wenn seine Stunde gekommen ist. So hat sich Polykarp eine Zeit lang zurückgezogen, so Cyprian, aber beide haben durch ihren Märtyrertod bewiesen, daß ihr Sichzurückziehen keine Flucht war, sondern nur ein Sichaufsparen für den rechten Augenblick. Auch das hielt man nicht für Unrecht, die oft recht willkürlich handelnden römischen Behörden, wie es damals üblich war, durch Geschenke für die Gemeinde günstig zu stimmen. Daß aber ein Einzelner in der Verfolgung durch Bestechung sich loskaufte oder durch Betrug sich Sicherheit verschaffte, galt allgemein als Verleugnung. Andererseits sollen die Christen sich auch hüten vor allem, was die Aufmerksamkeit der Heiden auf sie ziehen oder diese zu größerer Heftigkeit reizen könnte. Umsichtig trifft Cyprian beim Beginn der Verfolgung die dieserhalb nötigen Anordnungen. Die Geistlichen sollen beim Besuchen der Konfessoren in den Gefängnissen abwechseln, das Volk soll sich nicht in Masse zu den Gefängnissen zudrängen. „Wir müssen," schreibt er, „in allem sanft und demütig sein, wie es den Knechten Gottes ziemt, uns in die Zeit schicken und für Ruhe sorgen." Still erwartete man den Augenblick, in welchem die Verfolgung an den Einzelnen herantrat, stand dann aber auch um so fester und ertrug mit um so größerer Geduld, was auch immer kam.

Aus solcher Reinheit des Märtyrertums einerseits, aus dem guten Gewissen, nur um Christi willen zu leiden, aus solcher Nüchternheit und Klarheit andererseits ist die Ruhe geboren und die Freudigkeit, mit der die Zeugen Christi in den Tod gingen, ja ärgeres als den Tod erduldeten. Ist doch der augenblickliche Tod noch nicht das schlimmste, noch nicht einmal die ausgesuchten Martern, die dem Tode oft vorangingen. Um die ganze Größe des Kampfes zu ermessen, muß man auch auf den inneren Kampf sehen, der dem äußeren voraufging oder ihn begleitete. Welche Versuchung lag darin, sich die Notwendigkeit des Leidens wegzuklügeln, sich den Tod als ein unnützes Opfer, das sich ebenso gut vermeiden lasse, vorzustellen, namentlich dann, wenn es so leicht war, das Leiden zu umgehen, wenn, wie es vorkam, bestechliche Richter den Christen gegen Geld einen Schein anboten, als ob sie geopfert hätten, oder wenn wohlwollende Richter, wie das sehr oft geschah, den Angeklagten vorstellten, es handle sich nur um eine äußere Zeremonie, die man begehen könne, ohne seine Überzeugung aufzugeben. Schmerzlicher als alle Martern, die Eisen und Feuer, Hunger und Durst bereiteten, mußte es sein, wenn es galt, sich von Vater und Mutter, Weib und Kind loszureißen und ihren Bitten, ihren Klagen, ihren Thränen das Ohr zu verschließen. Schwerer als der augenblickliche Tod auf der Richtstatt war die Verbannung in die Bergwerke, wo die Christen unter dem Auswurf der Menschheit, diesem gleich behandelt, arbeiten mußten, bei kärglicher Nahrung, in Lumpen gehüllt, von rohen Aufsehern geschlagen; und doch kostete es ihnen nur Ein Wort, und sie waren frei. Noch schwereres haben Einzelne erduldet. Christliche Jungfrauen wurden (es ist wahrhaft satanisch) verurteilt, ins Bordell geführt, um dort jedem preisgegeben zu werden. Die Heiden wußten, wie hoch die Christinnen die Keuschheit achteten, und daß ihnen der Verlust derselben weher that als der Tod. Und doch, als der christlichen Jungfrau Sabina in Smyrna dieses Urteil angekündigt wurde, antwortete sie nur: „Was Gott gefällt!" Das ist Märtyrerheroismus, das heißt alles überwinden durch Christum. Ein Glaube, der so liebt und leidet, der war unüberwindlich, dem war der Sieg gewiß, und von dem konnte der Apostel, schon ehe der Kampf noch begonnen hatte, sagen: „Unser Glaube ist der Sieg, der die Welt überwunden hat."

Zweites Buch.

Der Kampf.

Matth. 10, 34: Ihr sollt nicht wähnen, daß ich gekommen sei, Frieden zu senden auf Erden. Ich bin nicht gekommen, Frieden zu senden, sondern das Schwert.

Erstes Kapitel.

Der erste Zusammenstoß.

Matth. 10, 22: Ihr müsset gehasset werden von jedermann um meines Namens willen.

1. Übersicht.

„Ihr sollt nicht wähnen, daß ich gekommen sei, Frieden zu senden auf Erden. Ich bin nicht gekommen, Frieden zu senden, sondern das Schwert," hat der Herr gesprochen. Er hat es seinen Jüngern nicht verhehlt, welch ein Kampf ihrer wartete, ein Kampf auf Leben und Tod. „Ihr müsset gehasset werden von jedermann um meines Namens willen. Sie werden die Hände an euch legen und euch verfolgen, euch überant=worten in ihre Schulen und Gefängnisse, und wer euch tötet, wird meinen, er thue Gott einen Dienst daran." Es konnte nicht anders sein. Niemals im ganzen Laufe der Weltgeschichte stoßen zwei Gegensätze schärfer aufeinander, als das Christen=tum und das antike Heidentum, die christliche Kirche und der römische Staat. Es ist der Gegensatz des von unten her und von oben her, der natürlichen Entwickelung und der neuen Schöpfung, dessen, der aus dem Fleisch geboren ist, und dessen, der aus dem Geist geboren ist, und dahinter steht nach der Schrift der Gegensatz des Fürsten dieser Welt und des Herrn vom Himmel.

Friedlich können diese beiden Mächte nicht nebeneinander bestehen; es muß zum Kampfe kommen, und der Kampf muß

ein Kampf auf Leben und Tod werden. Hier ist jede Mög=
lichkeit eines Kompromisses ausgeschlossen. Dieser Kampf kann
wohl einmal durch Waffenstillstände unterbrochen werden, enden
kann er nur mit dem Siege der einen oder der andern Macht.
Das Christentum tritt als absolute Religion auf, als göttliche
Offenbarung, als unbedingte Wahrheit, und macht Anspruch
darauf, die Religion aller Völker zu werden, weil es das Heil
für alle bringt. Eine neue Religion neben andern hätten die
Heiden tolerieren können, wie sie so viele Religionen tolerierten,
die absolute Religion nicht. Abweichende Ansichten von Gott
und göttlichen Dingen hätte man gewähren lassen können, die
unbedingte Wahrheit, die eben, weil sie die Wahrheit ist, alles
andere als Unwahrheit ausschließt, nicht. Eine neue Religion
für ein einzelnes Volk hätte keinen Anstoß gegeben, die würde
man anerkannt haben, so gut man so mannigfaltige heidnische
Kulte, so gut man auch das monotheistische Judentum aner=
kannte, eine Weltreligion konnte man nicht anerkennen. Der
Kampf ist ein Kampf um nichts geringeres als um die Welt=
herrschaft. Ein solcher Kampf konnte nur in dem völligen Siege
des einen oder des andern Teils seinen Abschluß finden.

Auf Grund der Verheißungen des Herrn tritt das Christen=
tum sofort mit dem Bewußtsein auf, daß ihm die Weltherrschaft
gebührt. Seine Boten wissen es, daß sie gesandt sind, ihrem
Herrn die ganze Welt zu erobern, und das junge Christentum
liefert auch gleich den Beweis, daß es eine weltbeherrschende
Macht ist, so wunderbar rasch breitet es sich aus. Nachdem
es über die Grenzen des jüdischen Landes und Volkes hinaus=
gegangen war, nachdem der große Schritt gethan war, das
Evangelium auch den Heiden zu bringen, und diese, ohne daß
sie sich erst beschneiden zu lassen und Juden zu werden brauchten,
in die christliche Gemeinde aufzunehmen, gewann das Evangelium
in dem syrischen Antiochien seinen ersten Mittelpunkt in der
Heidenwelt, und von dort trägt der große Heidenapostel Paulus
es dann von Stadt zu Stadt durch Kleinasien hindurch nach
Europa, durch Griechenland hindurch bis in die Welthauptstadt
Rom. Überall haben die Judengemeinden gleichsam schon die
Etappen seines Marsches, der die großen Hauptstraßen, die

Verkehrswege, welche die Römer gebaut, entlang geht, bezeichnet.
Die Synagogen bieten den Punkt, an dem es einsetzen kann.
Da predigen Paulus und seine Mitarbeiter den erschienenen
Messias und beweisen aus den Propheten, daß es Jesus ist.
Zwar die Juden widersprechen meist, aber die Proselyten sind
ein bereitetes Ackerfeld, auf dem der ausgestreute Same bald
aufgeht. Der jüdische Widerspruch hat die Trennung von der
Synagogengemeinde zur Folge, es bilden sich unter eigenen
Vorstehern selbständige Christengemeinden, in denen die aus den
Proselyten Gewonnenen den Übergang bilden zu denen, die bisher ganz dem Heidentum angehört hatten. Wir wissen, abgesehen von dem was die Apostelgeschichte bietet, zu wenig aus
dieser ersten Zeit, um einen genauen Einblick in die Verbreitung
des Christentums zu gewinnen, aber wenn wir beachten, daß
Paulus auf seiner Reise nach Rom schon Christen in Italien
findet, nicht bloß in der Hauptstadt selbst, auch in dem kleinen
Puteoli, so dürfen wir annehmen, daß von Palästina her bis
nach Rom hin, vielleicht schon über Rom hinaus, in allen
größeren und kleineren Städten nach wenigen Jahrzehnten
Christengemeinden, und wenn nicht vollständig organisierte
Christengemeinden, doch Häuflein von Christen vorhanden waren.
Ebenso breitete sich aber die Kirche nach Osten und Süden aus,
ja wohl noch stärker, da die jüdische Bevölkerung hier eine
dichtere war. Petrus finden wir in Babylon; Edessa ist schon
früh ein Hauptsitz der Kirche. Bedeutender noch wird die Gemeinde der Weltstadt Alexandrien, als deren Stifter man
Johannes Marcus nennt. Andere sollen das Evangelium schon
über die Grenze des römischen Reichs hinausgetragen haben,
Thomas nach Parthien, Andreas nach Skythien, Bartholomäus
nach Indien, d. h. wahrscheinlich nach dem glücklichen Arabien.
Von Rom wiederum scheint die Kirche einerseits in Afrika,
andererseits in Gallien bis nach Germanien und Britannien hin
gepflanzt zu sein. Jedenfalls war noch kaum ein Jahrhundert
seit dem Tage der Pfingsten verflossen, als schon das ganze
römische Reich mit einem Netze von Christengemeinden bedeckt
war. Mögen diese zum Teil auch der Zahl ihrer Mitglieder
nach nur klein gewesen sein, so deuten doch manche Symptome

darauf hin, daß auch der Zahl seiner Bekenner nach das Christentum sich ungemein rasch ausbreitete.

Wie diese Ausbreitung geschah? Gewiß einmal durch eigentliche Missionen. Die Gemeinde in Antiochien wird nicht die einzige gewesen sein, die es für ihre Pflicht hielt, Boten des Evangeliums auszusenden (Apostelg. 13, 2), und wenn Paulus auch von sich sagen kann, er habe mehr gearbeitet denn alle, es standen doch neben ihm auch noch andere Arbeiter. Mag manches, was uns von der Wirksamkeit der übrigen Apostel berichtet wird, Sage sein, so viel steht fest, daß auch sie die Hände nicht in den Schoß gelegt haben. Daß es auch später noch umherreisende Apostel gab, berichtet Eusebius ausdrücklich. Er erzählt, daß auch nach dem Tode der Zwölfapostel das Evangelium durch Männer verbreitet wurde, die ganz dem Gebote des Herrn entsprechend ihre Habe den Dürftigen austeilten und dann hinzogen, Christum denen zu predigen, die noch nichts vom Wort des Glaubens vernommen hatten. Sie legten überall, wohin sie kamen, nur den Grund des Glaubens. Dann vertrauten sie andern als Hirten die Pflege der neuen Pflanzung, sie selbst aber eilten wieder zu andern Völkern und Ländern. Dieser Nachricht dient zur Bestätigung, was wir einer erst kürzlich aufgefundenen Schrift: „Die Lehre des Herrn durch die zwölf Apostel" entnehmen können. Sie giebt genaue Vorschriften, wie sich Gemeinden gegen solche Wanderprediger zu verhalten haben. Jeder Apostel, der kommt, soll wie der HErr selbst aufgenommen werden. Aber er darf nur Einen Tag bleiben, wenn nötig auch zwei Tage. Bleibt er aber drei Tage, so ist das ein Zeichen, daß er ein falscher Prophet ist. Zieht der Apostel weiter, so soll man ihm nichts mitgeben als Brot, mit dem er bis zur Herberge reicht. Fordert er Geld, so ist er ein falscher Prophet. Sieht man hier, daß sich leider auch bald Betrüger einfanden, die nur darauf ausgingen, auf Kosten der Gemeinden ein Vagabundenleben zu führen, so gewinnt man andererseits auch den Eindruck, daß es solcher reisenden Apostel viele gab. Das Christentum war, man möchte fast sagen, eine Wanderreligion, und man begreift jetzt noch besser seine rasche Verbreitung allerdings vorwiegend in den

Städten. Aus etwas späterer Zeit berichtet Origenes ausdrücklich, daß die städtischen Gemeinden eigene Missionare aussandten, um das Evangelium auch auf den Dörfern zu predigen. Selbst an Predigt auf den Straßen und öffentlichen Plätzen, damals überhaupt nichts ungewöhnliches, fehlte es nicht. Dann aber werden wir an das Wort des Herrn denken müssen von der selbstwachsenden Saat (Mark. 4, 26—28): „Das Reich Gottes hat sich also, als wenn ein Mensch Samen aufs Land wirft, und schläft und stehet auf Nacht und Tag, und der Same gehet auf und wächset, daß ers nicht weiß. Denn die Erde bringt von ihr selbst zum ersten das Gras, darnach die Ähren, darnach den vollen Weizen in den Ähren." Jeder Christ wird zum Missionar, zum Zeugen des Herrn, in dem er Trost und Frieden gefunden. Reisende Handwerker und Geschäftsleute (denken wir z. B. an Aquila und Priscilla, die in den Paulinischen Briefen so oft vorkommen) erzählen von dem erschienenen Messias, bringen von dem, was sich in Jerusalem zugetragen, Kunde. Andere ergänzen die Erzählungen. In den Häusern sammelt sich ein kleiner Kreis, es findet sich eine leitende Persönlichkeit, und der Kreis gestaltet sich zur Gemeinde aus. Gerade diese Verbreitung im Stillen war wohl das Wichtigste. Einer sagte es dem andern, wo er Frieden und Trost gefunden, der Arbeiter dem Arbeiter, der Sklave seinem Mitsklaven. Man teilte sich gegenseitig mit, was man gehört, oder was man schriftlich empfangen hatte, eine Evangelienschrift etwa oder einen Apostelbrief. Die Empfänglichkeit dieser Kreise auf der einen Seite, die zündende, man möchte sagen, ansteckende Kraft des Christentums auf der andern Seite, das sind, neben der Wirksamkeit der Apostel und apostolischen Männer, die bei der Verbreitung des Christentums besonders in Anschlag zu bringenden Faktoren.

Damit ist auch schon angedeutet, in welchen Kreisen die Predigt von dem Gekreuzigten zunächst Aufnahme fand. „Sehet an euren Beruf," schreibt St. Paulus 1 Kor. 1, 26. 27, „nicht viele Weise nach dem Fleisch, nicht viele Edle, nicht viele Gewaltige sind berufen, sondern was thöricht ist vor der Welt, das hat Gott erwählet, daß er die Weisen zu schanden mache,

und was schwach ist vor der Welt, das hat Gott erwählet, daß er
zu schanden mache, was stark ist; und das Unedle vor der Welt
und das Verachtete hat Gott erwählet, und das da nichts ist,
daß er zu nichte mache, was etwas ist." „Nicht viel" — einzelne
aus höheren Ständen mochten sich auch schon frühe herzufinden.
Wenigstens haben die neueren Forschungen in den Katakomben
zu Rom, die Entdeckung von christlichen Grabkammern, deren
reiche künstlerische Ausschmückung wohl noch dem zweiten Jahr=
hundert angehört, es wahrscheinlich gemacht, daß das Christen=
tum schon früher und in stärkerem Maße, als man bisher ge=
glaubt, auch in den vornehmeren römischen Familien Eingang
gefunden haben muß. Die große Mehrzahl waren aber doch
geringe Leute. Noch gegen Ende des zweiten Jahrhunderts
spottet Celsus darüber, daß Wollarbeiter, Schuster und Gerber
die eifrigsten Christen sind. Die Armen waren es vor allen,
die auch als die Armen im Geist sich dem Evangelio von dem
armen Jesus, der viele reich macht, erschlossen. Die Gedrückten
und Geplagten, die der antike Geist verachtet hatte, die arbeiten=
den Klassen, die Sklaven, waren es, die ihr Herz dem Worte
vom Gottesreiche, als dem Reiche der Freiheit und des Friedens
aufthaten. Oder wo sonst suchende Seelen waren, innerlich
schon mit der antiken Weltanschauung zerfallen, Seelen, die
weder der heidnische Kult, noch die heidnische Philosophie be=
friedigte, innerlich mühselige und beladene, die hatten ein
offenes Ohr für die Predigt des Evangeliums.

Während dieses aber so die einen anzog, erregte es bei
den anderen, und deren war zunächst die unendliche Mehrzahl,
Widerspruch und Haß. Zu fremd war den Heiden alles, zu
sehr den Anschauungen widerstrebend, in denen sie sich von
Kind auf bewegt hatten, als daß sie im stande gewesen wären,
es zu verstehen. Dem vornehmen gebildeten Römer war diese
ganze Gemeinschaft von Handwerkern und Sklaven einfach ver=
ächtlich, und ihr Aberglaube galt ihm von vornherein als viel
zu unsinnig, um sich überhaupt damit zu beschäftigen oder auch
nur einmal genauer nachzufragen, was denn eigentlich daran
sei. So genau die Schriftsteller der Zeit auch sonst alles
Bemerkenswerte sammeln, das Christentum wird bei ihnen bis

in die Mitte des zweiten Jahrhunderts hinein kaum erwähnt.
Plinius d. J. und selbst Tacitus, obwohl er die Neronische
Verfolgung erzählt, halten es offenbar noch nicht der Mühe
wert, sich um diesen allgemein verachteten Haufen von Menschen
weiter zu kümmern. Daß sie im Grunde nichts Besseres verdient haben, als verfolgt zu werden, gilt ihnen auch ohne
Untersuchung für ausgemacht. Gerade da, wo noch etwas von
echt römischem Geiste herrscht, ist der Widerspruch am heftigsten,
denn christlicher Geist und römischer Geist stehen im schärfsten
Gegensatze. In den Kreisen der Aristokratie konnte die Kirche
am schwersten Boden gewinnen. Sie waren auch großenteils
sittlich zu verkommen, um noch Sinn für ein Höheres zu haben.
Wo aber noch ein besserer Geist waltete, wo man bestrebt war,
altrömisches Wesen festzuhalten und wieder zu kräftigen, schloß
dieses Streben von selbst einen Widerwillen gegen eine orientalische Religion in sich, die man ohne eingehende Prüfung mit
zu „dem Abscheulichen und Unsinnigen" rechnete, was in Rom
zusammenfloß, zu den Neuerungen, die beseitigt werden mußten,
um den Staat und das Volksleben auf altüberliefertem Grunde
wieder zu heben.

Die Stimmung der mittleren Volksschichten lernen wir
am besten aus dem feinsinnigen Gespräche kennen, das Minucius
Felix unter dem Titel Octavius zur Verteidigung des Christentums geschrieben hat. Cäcilius, der darin das Heidentum
verteidigt, vertritt in seinen Anschauungen einen damals wie
immer großen Kreis von Menschen, die mit einer gewissen
Bildung ausgestattet, gleichwohl die Sachen nicht in der Tiefe
zu fassen vermögen, sondern nur auf der Oberfläche. Konservativ
ihrer Gesinnung nach halten sie an der Religion fest, in der
sie geboren sind, nicht aus Wahl, nicht aus Neigung, sondern
aus Wohlanständigkeit, aus Liebe zur Ruhe. Man rechnet es
zum guten Ton, darüber nicht viel zu disputieren. Man ist
kein Träumer, kein Mystiker, im Gegenteil man zweifelt auch,
spottet wohl gar etwas, läßt aber doch nicht gern an dem
Hergebrachten rütteln und echauffiert sich leicht über die, welche
in Religionssachen Neuerungen machen, ist auch gleich bei der
Hand, jede Absurdität zu glauben, die solchen Leuten nachgesagt

wird. Nichts am Christentum erregt mehr den Zorn des Cäcilius, als daß es im Besitz der gewissen Wahrheit sein will. Oft genug wiederholt er, daß man nichts Gewisses wissen könne. „Welche Kluft ist zwischen der menschlichen Schwachheit und der Erforschung göttlicher Dinge! Wir können nicht erkennen, was über uns im Himmel schwebt, noch was in unterirdischen Abgründen versteckt liegt." Dann aber hält er doch trotz seiner Skepsis an dem Hergebrachten fest. „Ist nicht," so lautet sein letztes Wort, „da es nichts Gewisses giebt in der Natur als den Zufall, die Tradition der Väter der ehrwürdigste und beste Führer auf dem Wege der Wahrheit? Folgen wir der Religion, die sie uns überliefert haben, beten wir die Götter an, die wir von Kindheit an zu fürchten gewohnt sind, und mit denen wir von jung auf in vertrauter Bekanntschaft stehen, und hüten wir uns, über sie zu streiten." Das dünkt ihm das Sicherste und Nützlichste. Die Nützlichkeit der alten Reli= gion, daran hält er sich, da nun einmal über die Wahrheit nicht entschieden werden kann. „Weil alle Nationen darin übereinstimmen, daß sie die unsterblichen Götter anerkennen, obwohl eine dichte Wolke ihren Ursprung verhüllt, so kann ich bei dieser allgemeinen Übereinstimmung die gottlose Kühnheit oder Weisheit dieser Neuerer nicht ertragen, welche eine so alte, so nützliche, so heilsame Religion zerstören wollen." Gewiß standen viele so. Man hing nicht mehr mit dem Herzen an der alten Religion, aber man wagte auch nicht, geradezu mit ihr zu brechen; man zweifelte wohl, man rechnete es zur Bildung, es mit dem alten Glauben nicht gerade genau zu nehmen, spottete auch gelegentlich darüber, das gehörte so zum guten Ton, aber zuletzt hielt man doch am Alten fest.

Dazu kam, allen anstößig, die gedrückte Lage der Christen. Es erforderte Mut, sich diesen verachteten, verfolgten Menschen anzuschließen. Was man öffentliche Meinung nennt, bestimmt sich zumeist nach dem Erfolg. Der Christengott hatte bisher wenig Erfolge aufzuweisen. Die römischen Götter, ja die hatten Rom groß gemacht, in unzähligen Schlachten Sieg gegeben, die Weltherrschaft der Tiberstadt zu Füßen gelegt. Aber dieser Christengott? Weshalb nahm er sich seiner Gläubigen denn nicht an? Weshalb ließ er sie so verachten und mit Füßen treten? Mochten die Christen sich dem gegenüber auf die Zukunft berufen, mochten sie auf den Tag der endlichen Erlösung und Vollendung des Gottesreiches, auf die Auferstehung und die künftige Seligkeit hinweisen, das verschlug bei den Heiden nichts, weil die Gegenwart so trübe war. „Wer ist der Gott,“ fragt Cäcilius, „der den Toten helfen kann, während er für die Lebenden nichts thut? Befehlen, herrschen die Römer nicht ohne ihn? Beherrschen sie nicht die Welt und euch auch?“ „Der größte und beste Teil von euch ist eine Beute der Armut und der Kälte, nackt und hungrig. Euer Gott leidet das und scheint es nicht zu wissen. Er kann oder will den Seinen nicht helfen, er ist ohnmächtig oder ungerecht.“ Eine Argumentation, die gewiß durchschlagen mußte bei Heiden, denen die Gegenwart alles war, und deren Kultus zuletzt darauf hinauslief, von ihren Göttern zum Lohn für ihre eifrige Verehrung möglichst viel zu erlangen.

Je weniger man das Christentum kannte, je fremder und den bisherigen Anschauungen widersprechend hier alles war, desto leichter brachten Unverstand und Haß die seltsamsten Gerüchte auf, und je widersinniger diese waren, desto leichter fanden sie Eingang nicht bloß bei dem großen Haufen, der allezeit leichtgläubig ist, sondern auch in weiteren, auch in maßgebenden Kreisen.

Ganz unfaßbar war den Heiden schon die geistige Gottesverehrung der Christen. Ohne Tempel und Bilder, ohne Altäre und Opfer konnte sich kein Heide einen religiösen Kultus denken. Hatten die Christen das alles nicht, so konnten sie auch keinen Gott haben. Zwar redeten sie von einem unsichtbaren, allgegenwärtigen Gott, aber das war den Heiden unbegreiflich. „Welche Absurditäten,“ ruft Cäcilius aus, „bilden sich diese Christen ein! Von dem Gott, den sie nicht sehen und keinem zeigen können, erzählen sie, daß er allgegenwärtig sei, daß er komme und gehe, daß er die Handlungen der Menschen, ihre Worte, ja ihre geheimsten Gedanken kenne und beurteile. Sie machen aus ihm einen Spion, einen unbequemen Polizeimann, der immer in Bewegung ist. Wie kann er sich denn mit jedem

einzelnen beschäftigen, wenn er von dem Ganzen der Dinge
hingenommen ist? oder wie kann er dem All genügen, wenn
er für jeden einzelnen ganz da ist?" Ein unsichtbarer Gott
war für die Heiden gar kein Gott. Deshalb erschienen ihnen
die Christen als Gottlose, als Atheisten. Hinweg mit den
Atheisten! war der gewöhnliche Ruf der Volkswut in den
Verfolgungen. Oder weil die Christen nun doch irgend einen
Gott haben mußten nach den Gedanken der Heiden, so über=
trug man auf sie, was man schon den Juden nachgesagt hatte,
man sagte, sie beteten einen Eselskopf an. So war zu Tertullians
Zeit ein Bild verbreitet, eine Gestalt mit Eselsohren darstellend,
mit einer Toga bekleidet, ein Buch in den Händen, und darunter
stand: „Der Gott der Christen." Und erst kürzlich hat man
in den Ruinen der Kaiserpaläste zu Rom in einem Raume,
der wahrscheinlich als Wachtstube der Soldaten gedient hat,
ein rohes mit Kohle an die Wand gezeichnetes Bild gefunden,
das einen am Kreuze hängenden Mann mit einem Eselskopfe
darstellt, und darunter steht mit schlechten griechischen Buch=
staben: „Anaxamenos betet seinen Gott an." Offenbar ein
Spott der Soldaten über einen christlichen Kameraden.

Noch Schlimmeres als das sagte man den Christen nach.
Ihre enge Verbindung miteinander, ihre Bruderliebe, ihr festes
Zusammenhalten bis in den Tod glaubte man nur daraus
erklären zu können, daß sie zu einem geheimen frevelhaften
Bunde durch schauerliche Eide und noch gräßlichere Gebräuche
sich verbunden hätten. In ihren Versammlungen, bei den Liebes=
mahlen, so erzählte man sich mit Grausen, werde Menschen=
fleisch gegessen und Menschenblut getrunken. „Über die Weihe
der Neulinge," berichtet Cäcilius, „ist die Erzählung so verab=
scheuungswürdig wie bekannt. Ein Kind mit Opferkorn zuge=
deckt, um Unvorsichtige zu täuschen, wird den Neophyten vorge=
setzt. Dieses Kind wird vom Neuling, der durch die Oberfläche
des Korns zu gleichsam unschuldigen Stichen ermuntert wird,
durch blinde und verborgene Wunden getötet. Dessen Blut,
o Sünde, schlecken sie gierig auf, seine Glieder verteilen sie
wetteifernd, durch diese Hostie werden sie verbündet, durch diese
Mitwissenschaft des Verbrechens zu gegenseitigem Stillschweigen

verpflichtet." Nach der Mahlzeit, hieß es weiter, und wenn sie sich berauscht, werde ein an den Leuchter gebundener Hund durch das Hinwerfen eines Bissens zum Sprunge gereizt, im Sprunge reiße er das Licht um, und in der so entstehenden Finsternis werde die greulichste Unzucht begangen, und die wildeste Orgie gefeiert. Auch gebildete und denkende Heiden wie der Redner Fronto unter Marc Aurel, ja wie es scheint der Kaiser selbst, glaubten solchen Gerüchten, und die, welche ihnen keinen vollen Glauben beimaßen, meinten doch, „ohne jede Grundlage der Wahrheit werde die Sage nicht das Gott= loseste, nur mit Verschämtheit zu Meldende von ihnen berichten."

Aber auch abgesehen von diesen Gerüchten, die sich doch mit der Zeit als völlig unbegründet erweisen mußten, wenn sie auch manches Jahrzehnt hindurch geglaubt wurden und oft genug die Volkswut anstachelten, ja auf die Maßregeln der Obrigkeit selbst Einfluß übten, galten die Christen den Heiden als ein allem menschlich Großen, Schönen und Edlen abholdes, aller Humanität feindliches, menschenhasserisches Geschlecht. Der Ursprung ihrer Religion ist barbarisch, alle Wissenschaft wird von ihnen verachtet. „Solches wird von ihnen geboten," schreibt Celsus: „Kein Gebildeter komme herzu, kein Weiser, kein Kluger, denn als Böses gilt dieses bei uns; sondern wenn einer un= wissend ist, ungebildet und unverständig, wenn einer unmündig ist, der komme getrost heran." Ihre Lehrer, behauptet er, predigen: „Sehet zu, daß nicht etwa einer von euch Wissen= schaft erfaßt! Schlimm ist Wissenschaft, Wissenschaft führt ab von der Gesundheit der Seele, vor Weisheit gehen sie zu Grunde." Da die Christen genötigt waren, sich vom öffent= lichen Leben zurückzuziehen, da sie an den Vergnügungen der Heiden nicht teilnahmen, deren Interessen nicht teilten, so galten sie als unbrauchbar fürs Leben, als ein lichtscheues, finsteres Geschlecht. Ihr Leben erschien den Heiden freudlos und düster. „Wir," sagt ein Heide, „verehren die Götter mit Frohsinn, mit Gastmählern, Gesängen und Spielen, ihr aber verehrt einen gekreuzigten Menschen, welchem, die dieses alles genießen, nicht gefallen können, der die Freude verschmäht und die Vergnügungen verdammt." Auch was die Christen redeten von einem Gericht

über die Gottlosen, von den ewigen Höllenstrafen, galt als
Beweis ihres Menschenhasses. Sie sind dem Heiden Cäcilius
„eine bejammernswürdige, verbotene, verzweifelte Rotte", die
sich gegen alles Gute und Schöne verschworen hat, eine „schlupf-
winklige, lichtscheue Nation, stumm im öffentlichen Leben, ge-
schwätzig in den Winkeln. Die Tempel verachten sie wie Leichen-
brandstätten, sie speien aus gegen die Götter, sie belachen die
Gottesdienste, sie bemitleiden, sie die selber Bemitleidenswerten,
die Priesterschaft. Auf Ehren und Purpur sehen sie hoch herunter,
indes sie selbst halb nackend laufen. In ihrer wunderbaren
Thorheit und unglaublichen Frechheit verachten sie die gegenwärtigen Qualen, während sie Ungewisses und Zukünftiges
fürchten, und, indem sie vor dem Sterben nach dem Sterben
Angst haben, ängstigen sie sich einstweilen vor dem Tode nicht.
So schmeichelt ihnen die trügerische Hoffnung mit dem Troste
des Wiederauflebens." Die Sorge der Christen um ihre Seligkeit war ja den Heiden ganz unverständlich, ja lächerlich, und
so waren die Christen in ihren Augen zugleich die unsinnigsten
und elendesten Menschen, weil sie um zukünftiger und ganz
ungewisser Dinge willen, um einem eingebildeten Übel zu entgehen und eine eingebildete Seligkeit zu erlangen, auf die
gewissen handgreiflichen Güter und Genüsse dieser Welt verzichteten. „Ihr seid in ängstlicher Erwartung (es sind wieder
Worte des Cäcilius) und Bekümmernis und enthaltet euch ehr-
barer Freuden, sehet keine Schauspiele an, wohnet keinen Aufzügen bei, fehlet bei öffentlichen Gastmählern; gegen Wettkämpfe,
gegen Speisen und Getränke, deren Anbruch den Altären ge-
spendet und gegossen ist, habt ihr Abscheu. Nicht mit Blumen
bekränzt ihr das Haupt, ihr ehret den Leib nicht mit Wohl-
gerüchen, Salben behaltet ihr den Leichen vor, die Kränze verweigert ihr auch den Gräbern, bleiche zitternde Menschen, des
Mitleids würdig, aber des Mitleids unserer Götter. So stehet
ihr Elenden weder auf, noch lebet ihr einstweilen." Gewiß,
hätte Cäcilius mit dem letzten Satze recht, so hätte er überhaupt ein Recht, die Christen die elendesten Menschen zu nennen;
denn hoffen wir allein in diesem Leben auf Christum, sind wir
nicht durch die Auferstehung Christi wiedergeboren zu einer

lebendigen Hoffnung, so sind wir ja wirklich die elendesten unter allen Menschen.　(1 Kor. 15, 19.)

Das Gefährlichste für den Christen war, daß diese Vorwürfe auch eine politische Seite hatten, oder daß sie doch leicht nach der politischen Seite gewendet werden konnten. Eben weil das öffentliche Leben ganz vom Heidentum durchzogen war, mußten die Christen sich von demselben zurückziehen. Ihr Verhalten gegen den Staat war zwar überall durch das Gebot bestimmt: „Seid unterthan aller menschlichen Ordnung um des Herrn willen,“ „jedermann sei unterthan der Obrigkeit, die Gewalt über ihn hat,“ aber mehr, als sie sich selbst dessen bewußt waren, standen sie doch innerlich im schärfsten Gegensatz gegen diesen Staat, und ihr Verhalten ihm gegenüber konnte für jetzt doch nur ein negatives sein. Ihre Interessen lagen anderswo als im römischen Staate und in dessen Größe und Ehre. „Nichts,“ gesteht Tertullian einmal ganz offen, „liegt uns ferner als das öffentliche Wesen.“ Sie mieden den Kriegsdienst und die öffentlichen Ämter. Mußte doch der Soldat den Opfern beiwohnen, und zur Pflicht des Beamten gehörte es, den Kultushandlungen vorzustehen. Deshalb hieß es: „Ihr seid ein träges Geschlecht, unbrauchbar und unthätig in Staatsgeschäften, da es doch dem Manne ziemt, für das Vaterland und den Staat zu leben.“ Während die heidnische Religion durchaus national ist, tritt das Christentum (ein für die Heiden ganz unsinniger Gedanke) als universale Religion auf, als eine Religion für alle Völker. Auch die Nichtrömer, auch die Barbaren, die Christum bekennen, sind dem Christen Brüder. Der Vorwurf lag nahe genug: „Ihr seid Nichtrömer, ihr seid Feinde des Staats.“ Das Christentum erschien den Heiden als durchaus antinational, und die in ihrem Glauben fest zusammenhaltende und gegen andere Menschen sich abschließende Gemeinde als eine gefährliche Faktion im Staate. Wurde des Kaisers Geburtstag gefeiert, so blieben die Häuser der Christen in den illuminierten Städten dunkel, ihre Thüren waren nicht bekränzt. Wurden zu Ehren irgend eines Triumphs Spiele gegeben, kein Christ ließ sich im Zirkus sehen oder im Amphitheater. Dem Kaiser Weihrauch zu streuen, dem Bildnisse des Kaisers Hul-

bigungen darzubringen, beim Genius des Kaisers zu schwören,
galt dem Christen als Abfall zum Götzendienst. Natürlich
waren sie Majestätsverbrecher, Feinde des Kaisers. Für die
Römer war der ewige Bestand Roms eine unumstößliche Wahr=
heit. Wie oft erscheint Rom auf Münzen als „die ewige Stadt“.
„Ihnen,“ sagt Jupiter bei Virgil, „setze ich weder Ziel noch
Zeiten, die Herrschaft ohne Ende habe ich ihnen gegeben.“
Die Christen redeten von einem Untergang der ganzen Welt,
also auch Roms, ja erwarteten dieses Ende bald, und freuten
sich darauf als auf eine Erlösung. Sie hofften auf ein anderes
besseres Vaterland, und betrachteten dieses irdische nur als eine
Fremde. So waren sie vaterlandslose Leute; ja man warf
ihnen vor, daß sie auf den Untergang Roms sännen. Mochten
sie sich dem gegenüber noch so oft darauf berufen, daß sie
gehorsame, friedfertige Unterthanen seien, daß sie in ihren
Gemeindeversammlungen und in ihren Häusern für den Kaiser
fleißig beteten, daß sie pünktlich ihre Steuern zahlten, was
half es ihnen? Hier lag in Wirklichkeit ein Gegensatz, der zu
blutigen Konflikten führen mußte.

Alle Staaten des Altertums haben im Grunde etwas
Theokratisches, Rom nicht zum wenigsten. Wie das Staats=
leben überall von Religion durchzogen ist, so ist das religiöse
Leben zugleich ein Stück des politischen Lebens. Es ist Bürger=
pflicht, die vaterländischen Götter zu ehren und in religiösen
Dingen ebenso wie in allen übrigen den Gesetzen des Staates
zu gehorchen. Das Menschenleben geht nach allen Seiten
im staatlichen auf, der Staat umfaßt und regelt alle seine
Gebiete. Der Heide vermag sich gar nicht vorzustellen, daß
es irgend ein Gebiet des menschlichen Lebens geben kann, auf
das sich die Macht des Staates nicht erstreckt. Ihm ist es
gänzlich unverständlich, daß ein Mensch mit Berufung auf sein
Gewissen, um Gottes willen, um Gott gehorsam zu sein, irgend
einem Gesetze, einer Ordnung des Staates den Gehorsam ver=
weigern zu müssen glauben kann. Der Staat selbst ist ihm
sozusagen Gott und seine Gesetze göttlicher Art. In Rom
gipfelt dieser theokratische Zug im Kaiserkult. Was für Götter
sonst der Mensch auch verehren mag, das ist seine Privatsache,

darin ist der Staat überaus tolerant, aber den Kaisergott muß er verehren, das ist seine Bürgerpflicht. Das crimen laesae majestatis, das Verbrechen, die Majestät des Kaisers zu ver= letzen, und das crimen laesae publicae religionis, das Verbrechen, die öffentliche Religion zu verletzen, hängen aufs engste miteinander zusammen. In diesem Sinne trafen alle jene Vorwürfe wirklich zu. Das Christentum war in der That für den Römer antinational, staatsfeindlich, kaiserfeindlich, nicht= römisch, eine Opposition gegen die Staatsreligion und damit gegen den Staat selbst; und so lange der Staat nicht auf andere Grundlagen gebaut wurde, so lange konnte er nicht anders, er mußte das Christentum als eine verbotene Religion behandeln und verfolgen. »Non licet esse vos,« ihr habt kein Recht zu existieren, das ist der immer wiederholte Ruf gegen das Christentum. „Ihr steht außerhalb der gesetzlichen Ordnung,“ damit beginnt Celsus sein Buch gegen die Christen und stellt sozusagen das Todesurteil dem Prozeß voran. Die Gerichts= verhandlungen gegen die Christen, wie sie uns in zahlreichen Märtyrerakten vorliegen, kommen immer an diesem Punkte zur Entscheidung, daß die Christen sich weigern, dem Kaiser gött= liche Ehre zu erweisen. „Du mußt unsern Fürsten lieben,“ ruft der Prokonsul, um nur ein Beispiel aus vielen zu geben, dem Märtyrer Achates zu, „wie es sich für einen Menschen geziemt, der unter den Gesetzen des römischen Staates lebt.“ Achates antwortet: „Von wem wird der Kaiser mehr geliebt als von den Christen? Wir bitten unaufhörlich für ihn um ein langes Leben, um ein gegen seine Völker gerechtes Regi= ment, um Frieden während seiner Regierung, um das Glück der Heere und des ganzen Erdkreises.“ „Gut,“ erwidert der Prokonsul, „aber um deinen Gehorsam zu beweisen, opfere mit uns zu seiner Ehre.“ Darauf erklärt Achates: „Ich bete zu Gott für meinen Kaiser, aber ein Opfer zu seiner Ehre darf weder gefordert noch gewährt werden. Wer dürfte einem Menschen göttliche Ehre erweisen!“ Auf diese Erklärung wird er zum Tode verurteilt. Diese eine Akte ist typisch für alle. Der heidnisch=römische Staat, so lange er eben dieser heidnisch= römische Staat war, konnte nicht anders, als die Christen ver=

folgen. Indem diese dem Kaiser göttliche Ehre verweigerten,
leugneten sie eigentlich den Staat in seinem tiefsten Grunde.
Umgekehrt, hätten die Christen in diesem Stück gehorcht, so
hätten sie das Christentum in seinem tiefsten Grunde verleugnet.
Hier liegt ein Konflikt, der keine Ausgleichung zuläßt, der nur
durch einen Kampf auf Leben und Tod weggeschafft werden
kann. Erst als der Kaiser sich selbst vor dem höchsten Gott
beugte, erst als das Christentum selbst Grundlage des Staates
wurde, hatte die Verfolgungszeit ihr Ende erreicht.

Urteilen wir nicht ungerecht über die Kaiser, welche die
Christen verfolgten, über die Richter, welche ihnen das Todes=
urteil sprachen; machen wir aus ihnen nicht, wie es die späteren
Märtyrersagen (nicht die alten echten Märtyrerakten, so viele
ihrer uns erhalten sind) thun, fanatische und blutdürstige
Wüteriche. Die Richter handelten nur den bestehenden Gesetzen
gemäß und thun das in den bei weitem meisten Fällen kühl,
ruhig, ohne Leidenschaft, wie Männer, die nur ihre Pflicht
erfüllen. Fast immer geht das Streben der Richter darauf,
nicht die Christen zu bestrafen, sondern zur Umkehr zu bewegen.
Erst wenn das nicht gelingt, sprechen sie das Strafurteil. Unter
den Kaisern giebt es auch einzelne, die, wie Nero und Domitian,
dieses Stück Nero an Grausamkeit, wie Tertullian sagt, aus
Grausamkeit und Blutdurst zu Verfolgern werden, aber die
meisten ließen sich doch von edleren Motiven leiten. Sie er=
kannten, die Kaiser des zweiten Jahrhunderts mehr instinktiv,
die des dritten schon mit klarem Blicke, die Gefahr, welche dem
römischen Staate von dem neuen Geiste des Christentums drohte,
und strebten ihn dagegen zu schützen. Wir müssen zugestehen,
sie täuschten sich darin nicht. Das Christentum war in der That
eine dem bisherigen römischen Staate feindliche Macht; dieser
neue Geist, der die Christen beseelte, mußte den alten Staat
zerstören. Daß in dem Christentum zugleich erneuernde, den
Staat verjüngende Kräfte lagen, das konnten sie noch nicht
erkennen. Es wäre ungerecht, von den Kaisern des zweiten
Jahrhunderts die That Konstantins zu fordern. Sie wäre ja
auch nach allen Seiten hin verfrüht gewesen.

Machen wir uns überhaupt von dem ganzen Kampfe keine

unrichtige Vorſtellung. Es war nicht, wie ſpätere Zeiten in ganz ungeſchichtlicher Weiſe ihn denken, ein fanatiſcher Glaubens=
kampf in ununterbrochenem Wüten gegen den neuen Glauben. Ein Glaubenskampf war er nur auf Seiten der Chriſten, die litten und ſtarben für ihren Glauben. Auf Seiten der Heiden wird er das erſt in der letzten Periode. Bis dahin wird das Chriſtentum nicht als Religion bekämpft, ſondern als Auf=
lehnung gegen die Staatsordnung. Sahen doch die römiſchen Behörden das Chriſtentum gar nicht als Religion an, ſondern als Religionsloſigkeit, als Atheismus. Daß die Chriſten gegen den Polytheismus redeten und ſchrieben, ihn als Thorheit hin=
ſtellten, ja verſpotteten, iſt ihnen nicht als Verbrechen ange=
rechnet, aber den Staatsgöttern und namentlich dem Kaiſergott die ſchuldige Verehrung zu verweigern, galt als Sacrilegium und Majeſtätsverbrechen. Mit dieſem Verbrechen ſteht es aber anders als mit den Verbrechen gegen das Eigentum oder das Leben, etwa Straßenraub und Mord. Während es für dieſe feſt geordnete Prozeßformen gab und feſt beſtimmte Strafſätze, liegt die Verfolgung der Majeſtätsverbrechen den Magiſtraten kraft der ihnen zuſtehenden Polizeigewalt ob, deren Aufgabe es iſt, alles zu unterdrücken, was dem Staate gefährlich iſt. Der Prokonſul, der über die Chriſten richtet, thut das nicht als Kriminalrichter, der nach beſtimmten mit Strafe bedrohten Verbrechen forſcht (die den Chriſten vorgeworfenen derartigen Verbrechen des Kinds=
mordes, der Unzucht u. dgl. kommen nur ſelten in Frage, die Richter glaubten bald ſelbſt nicht daran), ſondern als Inhaber der Polizeigewalt. Dieſe hat aber ihrer Natur nach keine feſten Schranken. Daher erklärt ſich die Verſchiedenheit des Ver=
fahrens gegen die Chriſten. Zwar galt der bloße Chriſtenname, das bloße Chriſtſein, auch wo ſonſt kein Verbrechen vorlag, als todeswürdiges Verbrechen, aber doch ließ man meiſtens die Menge der Chriſten unbehelligt, und die Magiſtrate ſchritten nur, die einen ſchärfer, die andern milder, ein, je nachdem ſie über die Staatsgefährlichkeit des Chriſtentums dachten.

Überblicken wir von hier aus den Verlauf des Kampfes, der durch die althergebrachte Zählung von zehn Verfolgungen unter Nero, Domitian, Trajan, Hadrian, Marc Aurel, Septimius

Severus, Maximinus Thrax, Valerian und Diokletian nur ver=
dunkelt wird, weil so die Verfolgungen als willkürliche Akte
einzelner Kaiser sich darstellen, was sie in der That nicht waren,
und der Schein erweckt wird, als hätte der eine Kaiser das
Christentum verfolgt, der andere es nicht verfolgt.   Anerkannt
ist es in dieser Zeit nie, die Verfolgung ist in diesem Sinne
eine durch die ganze Zeit sich erstreckende, Märtyrer hat es
unter allen Kaisern gegeben, und in jedem Jahrzehnt, vielleicht
in jedem Jahre haben in diesem oder jenem Teile des weiten
Reiches viele ihren Glauben mit dem Tode besiegelt.   Wohl aber
läßt sich ein Fortschreiten der Verfolgung erkennen, sie wird
aus einer mehr zufälligen, nur Einzelne treffenden, zur prin=
zipiellen und allgemeinen unter Decius, der Kampf der beiden
Mächte mit einander wird immer erbitterter, bis es unter
Diokletian zum Entscheidungskampf kommt.

Zunächst kam es der jungen Kirche zu gute, daß die
Heiden in der ersten Zeit die Christen noch nicht von den Juden
zu unterscheiden vermochten.   Die Christengemeinden galten den
Römern noch immer als Judengemeinden und blieben so nicht
nur unbehelligt, sondern mehr als einmal war es das römische
Recht, das der jungen Kirche Schutz bot gegen den fanatischen
Haß der ungläubigen Juden.   Paulus beruft sich mit Erfolg
auf sein römisches Bürgerrecht, und in Korinth weist der Pro=
konsul Gallio die Juden mit ihrer Anklage gegen Paulus von
seinem Richterstuhl ab, indem er erklärt, daß er nicht gesonnen
sei, über ihre Streitfragen zu richten.

Andererseits überkamen die Christen damit freilich auch die
Verachtung und den Haß, der auf den Juden in größtem Maße
lastete, und dieser Haß nahm nicht ab, sondern noch zu, als
den Heiden doch bald genug, wenigstens in den großen Städten,
die Erkenntnis aufging, daß zwischen Juden und Christen ein
Unterschied bestehe.   Die Juden selbst, die allenthalben die
Christen aufs heftigste befeindeten, sorgten dafür, klarzustellen,
daß die Christen nicht zu ihnen gehörten.   Zunächst erschienen
diese selbst den Heiden nur als eine Partei der Juden, und
zwar als die gefährlichste und verwerflichste Partei dieser ver=
ächtlichen und unsinnigen Menschen, und wo daher die Grau=

samkeit und Mordlust eines Kaisers wie Nero nach diesen Christen
griff, um sie büßen zu lassen, was sie nicht verschuldet, da
konnte er der Zustimmung des großen Haufens gewiß sein.
Im allgemeinen deckte die Christen noch die Unbekanntschaft der
Heiden mit dem wahren Wesen der neuen Religion; noch war
außerdem für die in ihrer vollen Macht bastehende heidnische
Welt der Gegner zu unbedeutend, als daß man ihn groß hätte
achten können.

Anders wurde es, als mit der Zerstörung Jerusalems
und dem völligen Untergange des jüdischen Staates die das
Christentum schützende Hülle fiel, als den Heiden nun nicht
mehr verborgen bleiben konnte, daß das Christentum ein tertium
genus, ein Drittes neben Heidentum und Judentum war.
Sobald es aber als solches erkannt war, galt es den römischen
Magistraten als eine verbotene Religion und die Kirche als ein
verbotener Verein. Eines besonderen Verbots bedurfte es nicht
erst, das Christentum wurde ohne weiteres von den bestehenden
Gesetzen betroffen, und diese wurden jetzt gegen die Christen im
Prozeßverfahren angewendet, freilich, wie es scheint, zunächst nicht
gleichmäßig, so daß Plinius als Statthalter von Bithynien vom
Kaiser Trajan nähere Anweisungen erbat und erhielt. Für die
nächsten anderthalb Jahrhunderte sind dann diese Anweisungen in
ihren Grundzügen maßgebend geblieben. Bis in die Mitte des
dritten Jahrhunderts ist trotzdem die Zahl der Christenprozesse
noch klein. Die Kirche war noch nicht mächtig genug, um ihre
Staatsgefährlichkeit hoch anzuschlagen. Origenes sagt noch, die
für den HErrn gestorbenen Märtyrer seien leicht zu zählen.
Wo nicht besonderer Anlaß vorlag, vermieden es besonnene
und kluge Statthalter, gegen die Christen einzuschreiten, in der
Meinung, es genüge, dem Aberglauben Schranken zu ziehen,
dann werde er sich von selbst verlieren. Mit welcher Macht
man es zu thun hatte, ahnte man noch nicht. Aber schon unter
Marc Aurel mehren sich die Christenprozesse, und an einzelnen
Orten nimmt die Verfolgung schon fast den Charakter einer
allgemeinen an.

Zur wirklich allgemeinen Verfolgung kommt es dann 250
unter Decius. Jetzt erst erkennt man auf Seiten der Heiden,

daß es sich um Sein oder Nichtsein der römischen Staats=
religion und damit des römischen Staates selbst in seiner bis=
herigen Gestalt handelt. Deshalb gebietet Decius, daß jeder
Staatsbürger die Beobachtung der staatsbürgerlichen Religions=
pflicht an einem bestimmten Tage durch Teilnahme an den
Opfern öffentlich beweisen und, falls er das nicht thut, bestraft
werden soll. Aber auch diese Verfolgung erreicht ihr Ziel nicht.
Rasch stumpft sich die Schärfe des Vorgehens ab, und es folgen
wieder friedlichere Zeiten. Inzwischen vollzieht sich eine Re=
stauration des Heidentums. Von der neuplatonischen Philo=
sophie unterstützt, lebt der Polytheismus noch einmal auf, und
dieses restaurierte und als solches fanatisch gewordene Heiden=
tum macht dann unter Diocletian den letzten Versuch, das
Christentum zu unterdrücken. Jetzt wird der Kampf zum wirk=
lichen Glaubenskampf, der auf Seiten der Heiden mit den Mitteln
des religiösen Fanatismus geführt wird. Aber damit erschöpft
das Heidentum seine Kraft. Der Kampf endet mit dem vollen
Siege des Kreuzes.

2. Die Neronische Verfolgung.

Nicht viel mehr als drei Jahrzehnte sind seit dem ersten
Pfingstfeste, dem Geburtstage der christlichen Kirche, verflossen,
da erfolgt bereits ihr erster blutiger Zusammenstoß mit dem
römischen Staate. Er erfolgt bezeichnend genug in Rom, in
der Welthauptstadt selbst, und kein geringerer als der Kaiser
ist es, der das Signal giebt zu einem Kampfe, der noch manchem
seiner Nachfolger auf dem Throne der Cäsaren schwere Sorgen
bereiten sollte, bis, wieder vor den Thoren Roms, an der
Milvischen Brücke, die Legionen des ersten christlichen Kaisers
unter dem Zeichen des lange verfolgten Kreuzes den entschei=
denden Sieg erfechten, der dem Kampfe ein Ende macht.

Wann die Predigt des Evangeliums zuerst nach Rom
gekommen ist, wissen wir nicht. Gewiß wird es schon früh
geschehen sein. Der Verkehr Roms mit dem Orient war ein
sehr lebhafter, zahlreich kamen Schiffe von Antiochien und der
Küste von Kleinasien, und auf einem derselben wird auch wohl

der erste bekehrte, für uns namenlose Jude nach Rom gekom=
men sein, welcher der zahlreichen dortigen Judengemeinde die
Kunde zutrug von dem erschienenen Messias, dem gekreuzigten
und auferstandenen Jesus. Die früheste, allerdings etwas un=
sichere Spur davon findet sich in der Nachricht des Sueton
über die auch Apostelg. 18, 1 erwähnte Vertreibung der Juden
unter dem Kaiser Claudius. Sueton giebt nämlich als Grund
dieser Vertreibung an, die Juden hätten auf Antrieb eines
gewissen Chrestos beständige Unruhen erregt. Der Chrestos,
den Sueton für einen damaligen Anführer der Juden zu halten
scheint, kann doch wohl nur Christus sein, wie denn die Wort=
form Chrestos statt Christus öfter vorkommt. Es war der
Kampf um den erschienenen oder noch zu erwartenden Christus,
der die Judengemeinde erregte. Auch die römische Juden=
gemeinde nahm an der Unruhe teil, die in steigendem Maße
die ganze jüdische Welt ergriff. Hatten sie den wahren Messias
verworfen, so schauten die Juden nur um so schwärmerischer
nach einem Messias aus, wie sie ihn erwarteten, einem Messias,
der das römische Joch zerbrechen sollte. Von der pharisäischen
Partei geschürt, flammte der Fanatismus immer höher auf.
Schon zogen sich im heiligen Lande die Wolken zusammen zu
dem furchtbaren Wetter, welches bald über das unglückliche
Land hereinbrechen sollte, und auch die Vertreibung der Juden
aus Rom war ein Symptom des herannahenden Sturms.
Kehrten sie auch bald wieder zurück, so waren sie den Römern
doch von nun an in steigendem Maße verdächtig und, während
es bis dahin zur Tradition des Julischen Hauses gehört hatte,
ihnen besondere Gunst zuzuwenden, traf sie jetzt auch von oben
her mancherlei Ungunst.

Unterdessen mehrte sich die Zahl der Christen merklich.
Manchem mochte es gegangen sein, wie Aquila und Priscilla,
die als Juden auszogen und als Christen zurückkehrten. Gewiß
haben gerade die beiden eben genannten, die Paulus im Römer=
briefe (Röm. 16, 3) an erster Stelle grüßen läßt, viel zur Grün=
dung und Mehrung der römischen Gemeinde beigetragen. Paulus
findet bei seiner Ankunft in Rom schon eine bedeutende Ge=
meinde vor, und durch seine Arbeit, während er als Ge=

fangener zwei Jahre in einer Mietwohnung lebte, wuchs sie noch
ansehnlich.   Ganz konnte sie den Heiden schon als besondere
Gemeinde nicht verborgen bleiben, und mochten sie dieselbe
immer noch als eine Fraktion im Judentum betrachten, als
solche wurde sie jetzt doch auch schon angesehen.   Freilich war
die Folge davon nur noch größerer Haß, noch tiefere Ver=
achtung.   Die Christen erschienen den Heiden als die gefähr=
lichste Partei des Judentums, noch unsinniger, noch feind=
seliger gegen alles römische Wesen, gegen alles, was in ihren
Augen groß, edel und gut war, als die übrigen Juden.   Das
Judentum war doch noch eine Nationalreligion, das Christen=
tum ganz antinational, und diese antinationale Religion fraß
mit ihrem Aberglauben unter den niederen Ständen rasch um
sich.   Sie widersprach allem, was man bisher für heilig ge=
halten, und ließ sich nur erklären als selbst aus dem Hasse
gegen alles Menschliche hervorgegangen.   Die dem Christentum
feindlichen Juden schürten, so viel sie konnten, den Widerwillen
und Haß der Heiden gegen die Christen, und es ist nicht un=
wahrscheinlich, daß sie besonders die schrecklichen Gerüchte über
die Christen ausbreiteten und unterhielten, die jetzt schon auf=
tauchten und nur zu leicht geglaubt wurden, die Gerüchte von
den Greueln, welche die Christen in ihren geheimen Versamm=
lungen treiben sollten, von Menschenfleischessen und Unzucht.

Die so erregte feindliche Stimmung des Volks gegen die
Christen bildet den Hintergrund der ersten Verfolgung, der
Neronischen, die eigentlich noch keine Verfolgung im späteren
Sinne ist, sondern nur ein augenblicklicher roher Ausbruch des
Hasses, deshalb freilich nur um so blutiger und grausamer.

In der Nacht vom 18. auf den 19. Juli 64 (es war,
worauf der Aberglaube besonderes Gewicht legte, derselbe Tag,
an welchem einst die Gallier Rom angezündet hatten) brach in
Rom eine große Feuersbrunst aus.   In den Krambuden am
Zirkus, in denen auch viele Juden ihren Handel trieben, war
das Feuer entstanden, und hier, wo viele Brennstoffe aufgehäuft
lagen, fand es seine erste Nahrung.   Dann ergriff es den Zirkus
mit seinen hölzernen Gerüsten und Sitzen, und vom Winde ge=
peitscht, verbreitete es sich mit rasender Schnelligkeit weiter.   Alle

Anstrengungen der Feuerwehr und der Soldaten, die mit Kriegs-
maschinen die Häuser niederrissen, um dem Feuer die Nahrung
zu entziehen, waren vergeblich. Sechs Tage und Nächte wütete
das Element, bis man endlich weit weg von seinem Ursprungs-
orte, an der Mauer des Servius Tullius, da wo die Gärten
des Mäcenas lagen, seiner Herr wurde. Noch nicht genug. In
einem andern Stadtteile brach das Feuer abermals aus und
wütete wieder drei Tage. Von den vierzehn Regionen Roms
blieben nur vier ganz verschont. Die Weltstadt war ein großer
Trümmerhaufen. Das Unglück war unermeßlich groß.

Wie es bei solchen Gelegenheiten immer zu gehen pflegt,
forschte man in leidenschaftlicher Erregung dem Ursprunge des
Feuers nach, und im Volke entstand der Verdacht, der Kaiser
Nero selbst habe den Brand angestiftet. Man wollte gesehen
haben, daß Menschen Feuerbrände in die Häuser geschleudert
und das Löschen verhindert hätten, und dabei sollten sie erklärt
haben, es geschehe das auf kaiserlichen Befehl. Andere wollten
diese Brandstifter bestimmt als kaiserliche Diener erkannt haben.
Noch andere erzählten, Nero selbst habe sich an der Schönheit
des Feuermeers ergötzt; auf dem Turme des Mäcenas stehend
habe er dem Brande zugeschaut, und in seinem bekannten Bühnen-
aufzuge dazu ein Gedicht über den Brand Trojas deklamiert.
Ob an diesen Gerüchten etwas Wahres ist, möchte heute kaum
noch mit Sicherheit auszumachen sein. Eine unbefangene Ge-
schichtschreibung wird es mindestens für höchst unwahrscheinlich
erklären müssen, daß Nero, der sich übrigens gar nicht in Rom,
sondern in Antium aufhielt und erst zurückkehrte, als das Feuer
seinen Palast zu ergreifen drohte, wirklich der Brandstifter gewesen ist. Aber so viel ist gewiß, das Gerücht fand Glauben;
Nero wurde beschuldigt, zu seinem Vergnügen die Welthauptstadt
angezündet zu haben. Es half auch nichts, daß er während des
Brandes hin- und herlaufend die Löscharbeiten leitete und dazu
antrieb, ebensowenig daß er nach dem Brande in großartiger Weise
sich des Volkes annahm und den Wiederaufbau der Stadt
förderte. Auch Opfer, die er bringen ließ, Sühnungen und
Weihungen, die er vornahm, waren vergeblich. Das Gerücht erhielt sich trotz alledem. Der Wut des Volkes mußte ein Opfer

gebracht werden, und zu diesem Opfer wurden die Christen auser=
sehen. Nero, sagt Tacitus, schob als Schuldige die Christen unter.

Daß gerade diese ausersehen wurden, ein Verbrechen,
wenn eines vorlag, zu sühnen, dem niemand so fern stand
wie sie, darf nicht wundernehmen. Sie waren durch Schand=
thaten verhaßt, erschienen also des Verbrechens ebenso fähig
als der Strafe wert. Dazu kam, worauf neuerdings hin=
gewiesen ist, daß auf Juden (und die Christen galten noch
als Juden) sich leicht der Verdacht lenken ließ. Am Zirkus,
wo sie ihre Krambuden hatten, war der Brand entstanden,
und die Stadtteile, die sie bewohnten, gehörten zu den wenigen
vom Feuer verschonten Teilen der Stadt. Unter den Juden
erschienen aber wieder die Christen als die schlimmsten und
durch die stets wachsende Zahl ihrer Anhänger gefährlichsten.
Indem man sie büßen ließ, hatte man zugleich den Vorteil,
sich ihrer zu entledigen. Möglich auch, daß die christen=
feindlichen Juden den Verdacht von sich ab auf diese ihnen
zumeist Verhaßten zu wälzen wußten. Ob etwa die Juden=
freundin Poppäa Sabina, Neros Gemahlin, ihre Hand im Spiele
gehabt hat, muß dahinstehen. Nachrichten haben wir darüber nicht,
und was französische Geschichtschreiber erzählen von einer In=
trigue Poppäas gegen die Geliebte Neros, Acte, die eine Christin
gewesen sein soll, ist ein aus einzelnen, völlig unzulänglichen An=
deutungen herausgesponnener Roman. Genug, es wurden einzelne
eingezogen und diese gestanden. Was? und wie? erfahren wir
nicht. Vielleicht nur, daß sie Christen seien, wenn auch eine Teil=
nahme an der Brandstiftung, so waren die das gestanden ent=
weder keine Christen, oder die Folter erpreßte ihrer Schwach=
heit unwahre Geständnisse. Über der Sache liegt in dem Be=
richte des Tacitus ein Schleier, und dieser Schleier wird nicht
erst von dem Geschichtschreiber, sondern bereits von denen,
welche die Sache untersuchten, darüber geworfen sein. Der
Präfekt Tigellinus, der gegen die Octavia, Neros unschuldige
Gattin, die nötigen Zeugen beizubringen wußte, um sie aller
Schandthaten zu überführen, wird auch hier nicht in Verlegenheit
gewesen sein. Auf das Zeugnis der zuerst Eingezogenen hin
wurde dann weiter nach Christen gefahndet. Es folgten massen=

hafte Einkerkerungen, und konnte man die Gefangenen auch nicht
der Brandstiftung überführen, so doch, wie Tacitus mit eisiger
Kälte berichtet, des allgemeinen Menschenhasses. Das reichte
aus; von solchen Leuten durfte man ja das Schlimmste annehmen
und sie als Brandstifter behandeln, auch wenn der Beweis
dafür nicht zu erbringen war.

So folgte denn ein Mordfest, wie es Rom, das doch an Mord
damals reichlich gewöhnt war, noch nicht gesehen. Die angeblich
Schuldigen einfach hinzurichten war zu wenig; je grausamer man
sie behandelte, desto schuldiger erschienen sie ja. So wandte man
die gräßlichsten Martern an und ersann neue Todesarten, sie zu
quälen. Die ans Kreuz geschlagen und so im Tode dem HErrn
gleich wurden, durften sich noch glücklich schätzen. Andere wurden,
in die Felle von wilden Tieren eingenäht, von Hunden zerrissen.
Noch andere dienten in der Art, wie wir oben davon gehört, bei
Schaustellungen. Wenn Clemens Romanus in seinem Briefe an
die Korinther erinnert: „Um Eifers willen wurden die Weiber
Danae und Dirke verfolgt und schreckliche und unheilige Martern
erduldend, haben sie den sicheren Lauf des Glaubens vollendet
und, obwohl geschändet am Leibe, doch einen ehrlichen Lohn empfangen," so haben wir eine Scene aus dieser Verfolgung vor
uns. Christinnen wurden als Danae und Dirke im Schauspiel aufgeführt, und ohne Zweifel geschah derjenigen, welche die Dirke
vorstellte, was dieser der Sage nach geschehen sein sollte, wirklich, sie wurde an einen wütenden Ochsen gebunden zu Tode
geschleift. Aber die Krone des ganzen Festes bildete erst der
Abend. In Neros Gärten war das Volk versammelt, glänzende
Spiele zu schauen. Rund umher loberten Pechfackeln auf, die
Dunkelheit zu erhellen. Es waren Christen, die mit Werg
überzogen und mit Pech begossen, an Kienpfähle gebunden,
wie Fackeln angezündet wurden und brannten. So schildert
sie Juvenal, der dem Schauspiel wohl selbst beigewohnt, wie sie

„leuchten am Kienpfahl,
„Wo mit durchbohrter Brust Aufdampfende stehen und brennen."

Dazwischen fuhr Nero auf seinem Wagen umher als Wagenlenker in phantastischem Aufzuge, und das Volk jubelte vor Lust.

Uhlhorn, Kampf.   14

Das ist der Anfang der Christenverfolgungen, gleichsam
die flammende Pforte, durch welche die Christen auf den Kampf=
platz treten, auf dem sie nun drittehalb Jahrhunderte hindurch
für ihren Glauben zu streiten, zu bluten, zu sterben berufen
sind. Die erste Verfolgung ist noch kein aus religiösen oder
staatlichen Maximen hervorgegangener planmäßiger Versuch zur
Unterdrückung des Christentums, sondern nur der rohe Aus=
druck des Hasses, den sich Nero zu Nutzen macht. Das Heiden=
tum hat vom Christentum noch gar nichts begriffen. Dieses
erscheint den Heiden nur als ein ganz Fremdes, allem Be=
stehenden und Hergebrachten völlig Widersprechendes; die
Christen gelten als Menschen, die jedes Menschliche hassend,
selbst nichts als Haß verdienen, und gegen die daher alles
erlaubt ist, gegen die man jede Rücksicht der Menschlichkeit aus
den Augen setzen darf. Nun konnten die Christen wissen, was
ihrer wartete. Das Heidentum hat es durch die That öffentlich
erklärt, daß das Christentum nicht zu dulden ist, daß es als
etwas Menschenfeindliches, etwas Unmenschliches· vernichtet wer=
den muß. Nun konnten aber auch die Heiden wissen, was sie
von den Christen zu erwarten hatten. Still duldend lassen diese
alles über sich ergehen. Die Heldenzeit der christlichen Kirche
hat begonnen, ein Heldentum nicht des Handelns, sondern des
Leidens, aber eines Leidens, das mächtiger ist, als alles Handeln.

Daß gerade Nero es ist, der grausamste und blutdürstigste
aller Kaiser, der den Reigen der Christenverfolger eröffnet, ist
gewiß bezeichnend. Es begreift sich, weshalb die Verteidiger
des Christentums später oft darauf zurückgewiesen haben, daß
ein Nero die Verfolgung begonnen, und ebenso, wie die Sage
aufkommen konnte, Nero sei der Antichrist und werde als solcher
am Ende der Tage wiederkommen. In der That, hier steht
Christentum und Antichristentum so schroff einander gegenüber,
wie es erst am Ende der Zeiten wieder einander entgegentreten
wird. Da sehen wir die Christengemeinde noch in ihrer ur=
sprünglichen Einfalt und Reinheit, noch von Aposteln geleitet,
lebendig im Glauben, thätig in der Liebe, bei aller Schwachheit
und Gebrechlichkeit, die auch damals nicht fehlt, doch in Wahr=
heit die Heiligen, die der Heiligung nachjagen, in ihrer Bruder=

liebe alle umfassen, für ihren Glauben alles zu dulden bereit;
und ihnen gegenüber steht ein Kaiser, mit dem Blute so vieler
Unschuldiger, mit dem Blute des Bruders, der Gattin, der
eigenen Mutter befleckt, in Ausschweifungen und allen Lastern
der Wollust taumelnd, ihnen gegenüber ein entartetes Volk, ein
Pöbel, nur nach Brot und Spielen gierend. Und während jene
des schändlichsten Verbrechens beschuldigt, unschuldig in Todes=
qualen sich winden, als Fackeln am Kienpfahl auflodern, prunkt
der Kaiser umher schauspielerhaft, eitel, zeigt seine Kunst als
Wagenlenker, und ein in Sinnenlust berauschter Pöbel jauchzt
ihm zu.

In der Welthauptstadt ist Heidentum und Christentum
zum erstenmal zusammengestoßen. Der Kampf hat begonnen. Die
Art, wie er begonnen, läßt keinen Zweifel darüber zu, auf wessen
Seite der Sieg sein wird. Von denen, die damals gefallen sind,
kennen wir nur zwei mit Namen, die hohen Apostel St. Petrus
und St. Paulus. Der Judenapostel und der Heidenapostel, deren
Wege im Leben oft auseinander gegangen sind, im Tode haben
sie gemeinsam den Einen Herrn gepriesen, der mit jenem
kräftig gewesen ist zum Apostelamt unter die Beschneidung,
und mit diesem kräftig unter die Heiden (Gal. 2, 8). Die
übrigen, deren verstümmelte, verkohlte Glieder man, nachdem
das Mordfest vorüber war, in die gemeinsame Grube warf,
werden geringe Leute gewesen sein, Handwerker und Sklaven,
namenlos im Leben, namenlos im Tode. Aber der Seher
hat ihre Seelen geschaut, unter dem Altar ruhend eine kleine
Weile, „bis daß vollends hinzu kämen ihre Mitknechte und
Brüder, die auch noch sollten ertötet werden, gleichwie sie"
(Offenb. Joh. 6, 11), und durch das ganze Buch der Offen=
barung braust das Hallelujah! über den Sieg, den diese
namenlosen Leute sterbend erfochten, des endlichen Sieges sichere
Bürgschaft.

Zweites Kapitel.

Die Christen vor Gericht.

Matth. 10, 17. 18: Sie werden euch überantworten vor ihre Rathäuser und werden euch geißeln in ihren Schulen. Und man wird euch vor Fürsten und Könige führen um meinetwillen, zum Zeugnis über sie und über die Heiden.

1. Der Trajanische Christenprozeß.

So furchtbar die neronische Verfolgung in Rom selbst wütete, im wesentlichen wird sie sich doch auf die Hauptstadt beschränkt haben. Damit ist übrigens nicht ausgeschlossen, daß die Art, wie der Kaiser selbst gegen die Bekenner des neuen Glaubens vorging, auch da, wo diese in den Provinzen schon mehr hervortraten, die Aufmerksamkeit auf sie hinlenkte, und hie und da mögen auch die Provinzialbehörden eingeschritten sein. Wenigstens hören wir von einem Märtyrer Antipas in Pergamus, dessen Zeugentod (Offenb. 2, 13) wohl in diese Zeit fällt. Die Verfolgung war wie ein plötzlicher Sturm, der rasch vorüberbrauste. Die, welche den Häschern Neros entgangen waren, werden sich eine Zeit lang verborgen haben, dann kamen sie wieder hervor, und die Entflohenen kehrten zurück ohne beunruhigt zu werden. Bezeugt doch Tacitus ausdrücklich, das Schicksal der von Nero ermordeten Christen habe, obwohl sie das Äußerste zu leiden verdient, doch Teilnahme erregt, als ob sie nicht zum öffentlichen Nutzen, sondern um der Grausamkeit eines einzelnen zu frönen, vernichtet worden wären. Weitere Folgen hatte die That Neros nicht, als daß

der Zeugenmut der Gefallenen den Glauben der Überlebenden
stärkte, und ihr Beispiel zu um so größerem Eifer ermunterte.
Die Verbreitung des Christentums wurde dadurch nicht auf=
gehalten, sondern nur gefördert.

Erst unter Domitian hören wir wieder von Verfolgungen.
In erster Linie trafen diese freilich die Juden. Diese mußten
seit der Zerstörung Jerusalems und des Tempels ihre frühere
Tempelabgabe, den Didrachmos, an den Kapitolinischen Jupiter
zahlen, und dieser Leibzoll wurde oft mit Härte und Grausamkeit
eingetrieben, da manche Juden sich weigerten, dem heidnischen
Gott eine Steuer zu entrichten. In die daraus entstehenden
Konflikte wurden die Christen, namentlich die Juden=Christen
vielfach verwickelt, denn noch immer wußten die Heiden zwischen
Juden und Christen nicht bestimmt zu unterscheiden. Außer=
dem wird erzählt, daß manche wegen Abfalls von der Staats=
religion zum Judentum, oder wie die Anklage auch lautet,
wegen Gottlosigkeit verurteilt wurden. Selbst seinen eigenen
Vetter Flavius Clemens und dessen Gemahlin Flavia Domi=
tilla verurteilte der Kaiser. Flavius Clemens wurde kurz nach
Ablauf seines Konsulatjahres 96 hingerichtet, Flavia Domi=
tilla nach der Insel Pandateria verbannt. Der Geschichtschreiber
Sueton nennt den Clemens einen Mann von „verächtlicher
Trägheit." Daß dahinter die Beschuldigung des christlichen
Glaubens liege, und somit dieser Clemens als Märtyrer an=
zusehen sei, gilt gegenwärtig vielen als ausgemacht. Allein
ältere Zeugen wissen davon nichts, und mir will es doch kaum
möglich vorkommen, daß die Kirche, wenn sie wirklich schon
damals einen Konsular zu ihren Märtyrern zählte, das so ganz
sollte vergessen haben. Jedenfalls stoßen wir hier auf die
frühesten Spuren, daß das Christentum auch in den höheren
Ständen Boden zu gewinnen anfing. Zum erstenmale scheint
auch in den machthabenden Kreisen des Christentums wegen
eine gewisse Besorgnis aufgetaucht zu sein. Hegesippus berichtet,
daß Domitian davon gehört habe, in Palästina lebten noch
Verwandte Jesu, Nachkommen des Davidischen Königshauses.
Er sei darüber erschrocken und habe sie (zwei Enkel des Judas,
des Bruders Jesu) vor sich entboten. Als sie ihm aber be=

richteten, daß sie zusammen nur einen Grundbesitz von 9000 Denaren an Wert besäßen und diesen selbst bearbeiteten, wie sie durch die vorgezeigten Schwielen in ihren Händen dar= thaten, als sie ihm auch auf seine Frage nach dem Königreich Christi bezeugten, daß dieses ein Reich nicht von dieser Welt sei und erst am Ende aller Dinge kommen werde, habe der Kaiser sie wieder entlassen, ohne ihnen ein Leids zu thun. Die Verfolgungen gingen übrigens rasch vorüber. Schon Domi= tians Nachfolger, Nerva, rief die Verbannten zurück und ließ ihnen, zum Teil aus seinem Privatvermögen, ihr konfisziertes Eigentum zurückerstatten.

Mit dem Anfange des zweiten Jahrhunderts tritt nun aber eine große Veränderung in der Lage der Christen ein. Auch für heidnische Augen sichtbar, hat sich jetzt die Loslösung des Christentums vom Judentum vollzogen.

Durch die Zerstörung Jerusalems ist dem äußerlichen Be= stande des jüdischen Volkstums ein Ende gemacht. Der Tempel ist gefallen, die Opfer haben aufgehört. Ohne Tempel, ohne sichtbaren Mittelpunkt, ohne täglichen Opferdienst weiß das Judentum, das zäheste aller Volkstümer, dennoch seinen Be= stand zu wahren, auch nachdem der Aufstand unter Bar Cochba blutig niedergeschlagen, und damit die letzte Hoffnung auf Wiedergewinnung des alten Bestandes zerstört war. Es kon= solidiert sich jetzt als das eigentliche Judentum, wie wir es im wesentlichen noch heute vor uns sehen. Ohne lokalen Mittel= punkt über die Erde zerstreut, ohne das Band, welches bisher im Tempeldienst gegeben war, wird das Judentum von nun an nur durch das gemeinsame Gesetz, durch die in dem jetzt gesammelten Talmud begründete Lehreinheit zusammengehalten. Damit vollzieht sich seine definitive Scheidung vom Christentum. Das Talmudische Judentum hat alle Fäden, die es bisher noch mit dem Christentum verbanden, abgeschnitten. Von jetzt an erschallt täglich dreimal in den Synagogen der furchtbare Fluch über die Abtrünnigen, die Christen. Übertritte vom Judentum zum Christentum werden zu seltenen Ausnahmen, während die Heiden in immer größerer Zahl der Kirche zuströmen. Die Reste der Judenchristen verkümmern, gehen in die heidenchrist=

lichen Gemeinden spurlos auf, oder werden häretisch und von der Kirche ausgeschieden. Die Kirche findet in der Heidenwelt fast ausschließlich das Feld ihrer Arbeit und ihrer Verbreitung. Sie ist ganz heidenchristlich geworden. So war es denn auch nicht mehr möglich, die Christen mit den Juden zu verwechseln. Damit büßte das Christentum den Schutz ein, den es bisher als vermeintlich jüdische Sekte genossen hatte. Die junge Pflanze stand jetzt frei da, ohne die Hülle, die sie bisher bedeckt hatte, allen Stürmen preisgegeben.

Dazu kam noch ein anderes. Der Sieg über die Juden war zugleich ein Sieg des Jupiter Capitolinus über Jehovah, der römischen Staatsreligion über das Judentum. Jedenfalls wurde er so aufgefaßt. Es ist ein merkwürdiger Zufall, daß beider Tempel fast um dieselbe Zeit zerstört wurden, der des Kapitolinischen Jupiter in den Straßenkämpfen gegen die Vitellianer, der Jehovahs durch Titus. Jener wurde glänzender noch wiederhergestellt, dieser blieb in seinen Trümmern liegen. Im Triumphzuge des Vespasian und Titus wurden die heiligen Geräte des Jehovahtempels zur Schau mitgeführt. An der Schwelle des Jupitertempels hielt der Zug eine Zeit lang stille, als sollte der sieghafte Gott sich an der Beute erfreuen; dann wurden die Geräte in den Tempel des Friedens gebracht. Die bisher an den Tempel in Jerusalem bezahlte Steuer mußten die Juden jetzt an den Tempel des Kapitolinischen Jupiters entrichten. In der That man feierte den Sieg wie einen Sieg Jupiters, und dieser Sieg fand seinen vollen Ausdruck darin, daß nach der letzten Niederlage der Juden unter Hadrian an die Stelle Jerusalems eine römische Kolonie trat, die bezeichnend genug Aelia Capitolina heißt. Die neue Erstarkung der römischen Staatsreligion, die dieser Krieg mit sich brachte, ist um so bedeutsamer, als gleichzeitig auch das Reich wieder erstarkt nach außen und innen; Brittanien wird erobert, nach Osten die Grenze des Reichs noch weiter hinaus gerückt. Das Imperium befestigt sich, mit Trajan beginnt eine glückliche Friedenszeit. Das so wieder erstarkte Reich beginnt nun auch den Kampf gegen das staatsfeindliche Christentum, und in dem Kampf gegen das Christentum setzt sich gewissermaßen der Kampf gegen

das Judentum fort. Das jetzt erst zu voller Kraft kommende
Imperium kann es nicht dulden, daß eine Religion sich aus=
breitet, welche die Göttlichkeit des Imperiums, die Gottheit
seiner Träger leugnet. Zwar erlaubt war das Christentum
nie gewesen, aber noch fehlte es an allgemeinen Normen für
das Verfahren gegen die Christen. Bei den Prozessen gegen
sie verfuhr jeder Statthalter nach seinem Ermessen, der eine
milder, der andere strenger. Es bedurfte einer allgemeinen
Ordnung des Verfahrens um so mehr, als das Christentum,
bis dahin ziemlich unbekannt, täglich mehr hervortrat. In
einzelnen Provinzen war der Abfall von der Staatsreligion
schon so sichtlich, daß die Tempel veröbeten, und das Opfer=
fleisch keine Käufer mehr fand.

Den nächsten Anlaß zur Regelung des Christenprozesses
bot ein Bericht, den der Statthalter von Bithynien, Plinius
der Jüngere, im Jahre 111 oder 112 an den Kaiser richtete.
Als Plinius in die Provinz kam, war er in großer Verlegen=
heit, was er mit den gerade dort sehr zahlreichen Christen an=
fangen sollte. Menschen jedes Alters, jedes Geschlechts, jedes
Standes erschienen vor seinem Richterstuhle. Sollte er auf
Alter, Geschlecht und Stand Rücksicht nehmen, oder alle gleich
behandeln? Sollte er einem Reuigen Verzeihung angedeihen
lassen? oder sollte es einem, der einmal Christ gewesen war,
nicht helfen, wenn er seinem Glauben entsagte? Genügte, die
Verurteilung zu begründen, der bloße Christenname, die bloße
Thatsache, daß jemand Christ war, auch wenn ihm keine Ver=
brechen nachgewiesen werden konnten, oder sollten nur die mit
dem Namen etwa verbundenen Verbrechen bestraft werden?
Einstweilen verfuhr Plinius so, daß er die Angeklagten fragte,
ob sie Christen seien? Gestanden sie das, so fragte er zum
zweiten und dritten Male, indem er dabei mit der Todesstrafe
drohte. Blieben sie hartnäckig, so ließ er sie hinrichten, denn
es schien ihm, wie es sonst auch mit ihnen sich verhalten mochte,
schon die Hartnäckigkeit an sich Strafe zu verdienen. Bald kamen
aber noch andere Fälle vor und machten ihn noch verlegener.
Es wurden anonyme Anklageschriften gegen Christen eingereicht.
Sollte er solche annehmen? Diejenigen, welche er einziehen

und befragen ließ, leugneten zum Teil, andere sagten, sie seien
Christen gewesen, seien es aber jetzt nicht mehr. Um die Wahr=
heit dieser Aussage zu ergründen, ließ er ein Bild des Kaisers
und Götterbilder herbeibringen und befahl den Angeklagten,
Weihrauch zu streuen und Christo zu fluchen, denn er hatte
vernommen, daß wirkliche Christen dazu durch nichts bewogen
werden könnten. Da die Angeklagten der Forderung nachkamen,
ließ er sie frei. Das Ergebnis seiner weiteren Nachforschungen,
auch was er von einigen auf der Folter befragten Diakonissen
über die neue Religion erfuhr, genügte ihm nicht. Er fand
nur einen maßlosen Aberglauben; daß sie an einem bestimmten
Tage zusammenkämen, Christo als einem Gotte Lieder zu singen,
und sich durch einen Eid verpflichteten, nichts Böses zu thun,
sondern das Böse, Diebstahl und Ehebruch, zu meiden und
keinen zu betrügen. Dann hätten sie die Gewohnheit gehabt,
wieder auseinander zu gehen, um abends zu einem Mahle sich
zusammenzufinden, aber zu einem ganz unschuldigen Mahle.
Dieses hätten sie jedoch unterlassen, seit die kaiserlichen Ver=
bote wegen nächtlicher Zusammenkünfte bekannt geworden.
Offenbar hatten die Christen, um sich ganz gehorsam zu zeigen,
die bisher abends gehaltenen Liebesmahle auf den Morgen
verlegt. So wußte Plinius nicht, was er thun sollte. Einer=
seits hatten die Ergebnisse der Untersuchung ihn offenbar über=
zeugt, daß die Christen keine besonders staatsgefährliche Leute
seien, andererseits fühlte er sich doch zum Einschreiten verpflichtet,
weil der Aberglaube sich wie durch Ansteckung verbreitete und
bereits von den Städten aufs Land gedrungen war. Er hoffte,
wenn man mit Festigkeit Milde verbände, und denen, die sich
reuig zeigten, Verzeihung angedeihen ließe, den Aberglauben
wieder auszurotten zu können.

Der Kaiser billigte in seiner Antwort das bisherige Ver=
fahren des Plinius im wesentlichen durchaus, und wenn er
auch Vorschriften für alle Fälle zu geben ablehnte, so ordnete
er doch folgendes für die Zukunft an: Aufgespürt werden sollen
die Christen nicht, aber, wenn angeklagt und überwiesen, be=
straft werden, aber so, daß diejenigen, welche Christen zu sein
leugnen und dieses dadurch beweisen, daß sie den Göttern

opfern, selbst wenn Verdacht vorliegt, daß sie bisher Christen gewesen, in Anlaß ihrer Reue Verzeihung erlangen. Anonyme Anklageschriften sollen jedoch gar nicht angenommen werden, denn," schließt Trajan, „das gäbe ein schlechtes Beispiel und paßte nicht für unser Jahrhundert."

Diese kaiserliche Verfügung wird von jetzt an für das Verfahren gegen die Christen maßgebend. Wir werden nicht leugnen können, daß sie vom Standpunkt des Römers betrachtet, der Gerechtigkeitsliebe und Milde entspricht, die sonst dem Trajan nachgerühmt werden. Das Christentum erscheint ihm als ein hartnäckiger Widerspruch gegen die Staatsgesetze, und diesen glaubt er nicht unbestraft lassen zu dürfen. Dabei will er dann aber nicht bloß die Formen des Rechts streng gewahrt, sondern auch jede unnötige Härte und Grausamkeit vermieden wissen. Er behandelt die Christen als Verführte, denen er durch Milde den Weg zur Umkehr bahnen will. Auf diese Weise giebt sich Trajan der Hoffnung hin, es werde gelingen, dem verderblichen Aberglauben, wenn nicht auf einmal, doch all= mählich ein Ende zu machen. Aber so klug das vom Stand= punkte des Politikers geurteilt und gehandelt sein mochte, es war doch ein Irrtum. Die politisch=juridische Betrachtung reichte dieser Sache gegenüber nicht aus. Die Verfügung litt an einem innern Widerspruch, der mit der Zeit zu Tage kommen und zu weiteren Schritten drängen mußte, und sobann (das ist die Hauptsache) der Kaiser hatte keinen Begriff von der Macht des Glaubens, mit dem er jetzt den Kampf vor seinen Gerichts= höfen eröffnete.

Schon in der alten Kirche ist die Beurteilung des Kaisers Trajan eine schwankende gewesen. Bald gilt er als Verfolger der Gemeinde, bald als ihr Beschützer; sein Edikt wird einmal als Verfolgungsedikt, andererseits als Schutzedikt aufgefaßt. Es war in der That beides. Es ist ein Verfolgungsedikt, denn hier zum erstenmale gelangt es mit völliger Bestimmt= heit zum Ausbruck, daß das Christsein an sich schon ein todes= würdiges Verbrechen ist. Von jetzt an trifft einen jeden Christen, der vor Gericht als Christ angeklagt wird, auch wenn ihm sonst keinerlei Übelthaten nachgewiesen werden können, bloß

deshalb, weil er ein Christ ist, die Todesstrafe, es sei
denn, er verleugnet seinen Glauben und opfert den Götzen.
Andererseits ist er aber doch nicht vogelfrei. Es bedarf
einer förmlichen Anklage und eines gerichtlichen Verfahrens,
um ihn zu verurteilen. Das Edikt ist insofern doch ein
Schutzedikt, als die Christen nur auf dem Wege des geordneten
Prozeßverfahrens bestraft werden konnten, und ihnen also der
Schutz zur Seite stand, den das Gesetz auch den Verbrechern
gewährte. Noch mehr. Auf anonyme Anklagen sollen sich
die Statthalter nicht einlassen, und von Amtswegen aufgespürt
sollen die Christen nicht werden. Fand sich also nur kein
Ankläger, so konnten sie in Ruhe leben.

Aber hier tritt auch ein innerer Widerspruch in der Ver=
fügung selbst zu Tage. Tertullian hat in der That ein Recht
auszurufen: „O welche verworrene Sentenz! Er verbietet sie
aufzusuchen, als wären sie unschuldig, und gebietet sie zu be=
strafen, als wären sie schuldig?“ Noch viel mehr lag ein
Widerspruch darin, daß die, welche sich als Christen bekannten,
gestraft, die, welche ihren Glauben durch ein den heidnischen
Göttern gebrachtes Opfer verleugneten, freigelassen werden
sollten. Denn war es ein Verbrechen Christ zu sein, so war
es auch ein Verbrechen Christ gewesen zu sein. Würde man
denn einen Dieb freilassen auf das Versprechen hin, nicht
mehr stehlen zu wollen? Freilich dem Kaiser darf man daraus
keinen Vorwurf machen. Seine Absicht ging auf Unterbrückung
das Christentums. Darin verrät das Edikt kein Schwanken
und enthält keinen Widerspruch. Mit völliger Klarheit war
das Christsein als ein zu unterbrückendes Verbrechen bezeichnet.
Aber er hoffte noch mit milderen Maßregeln auszukommen und
auf diesem Wege das Ziel der Unterbrückung um so sicherer zu
erreichen. Da einzelne zur Verleugnung bereit gewesen waren,
dachte man die Mehrzahl ebenso dazu bewegen zu können, die
wenigen Hartnäckigen aber mit Strenge aus dem Wege zu
räumen. Die Rechnung war falsch, weil man den Opfermut
der Christen nicht mit in Ansatz gebracht hatte, weil man nicht
wußte, daß das Blut der Märtyrer die Saat der Kirche ist.

Trotz der Milde des Dekrets war die durch dasselbe ge=

schaffene Lage der Christen dennoch eine sehr schwierige. Zwar
massenhafte Hinrichtungen kamen nicht vor. Was die Legende
davon erzählt, ist eben Legende, die in diese Zeit überträgt,
was erst einer späteren angehört. Die Zahl derer, die für den
Glauben starben, blieb in der nächsten Zeit eine verhältnismäßig
geringe. Aber das Schwert hing sozusagen jeden Augenblick
über ihrem Haupte. Verbergen konnten sie ihren Glauben ohne
Verleugnung nicht. Jeder Schritt forderte ein Bekenntnis, und
aus jedem Bekenntnis konnte für sie eine Anklage erwachsen.
Es brauchte sich nur jemand zu finden, der aus religiösem Eifer
oder auch, um einer Privatrache zu genügen, sie anzeigte, so
konnte ihnen der Prozeß gemacht werden. Es werden uns
Beispiele erzählt, daß das Verhalten der Christen den Götter=
bildern gegenüber oder bei öffentlichen Festen Ursache zu An=
klagen bot, daß Arbeiter ihre Mitarbeiter, daß Männer ihre
Frauen anklagten. Eine heidnische Frau hatte sich bekehrt und
entsagte als Christin ihrem früheren üppigen Leben. Nachdem
sie vergebens versucht, ihren Mann für den Glauben zu gewinnen,
da dieser vielmehr alles aufbot, sie in sein gottloses Leben mit
hineinzuziehen, blieb ihr nichts übrig als sich von ihm zu sondern.
Da ging der Mann hin und verklagte sie als Christin. Sie
bekannte und litt für ihren Glauben. Andererseits war es
auch nicht ungefährlich, als Ankläger eines Christen aufzutreten.
Sklaven durften nicht als Ankläger auftreten. Wir haben in
dem Prozeß des Apollonius ein Beispiel, daß zuerst der anklagende
Sklave, dann aber auch sein Herr, zum Tode verurteilt wird.
Aber auch sonst mußte, wer eine Anklage wagte, ganz gewiß
sein, daß der Christ seinen Glauben nicht verleugnen würde.
That er das, so war er frei, und den Ankläger traf die Todes=
strafe. Wurde der Christ überführt und verurteilt, so erhielt
der Ankläger $^{1}/_{4}$ seines Vermögens. Das war auch ein Mittel
zur Anklage zu reizen, aber freilich besaßen die Christen selten
Vermögen.

Immerhin war und blieb die Lage der Christen eine
unsichere. Gutgesinnte Statthalter gingen wohl bis an die
äußerste Grenze der Milde, aber bestimmten Anklagen gegen=
über konnten auch sie nicht anders, als nach den bestehenden

Gesetzen verfahren; und hatten die Christen eine Zeit lang
Ruhe gehabt, so konnte jeder Tag einen anders gesinnten
Statthalter bringen, der mit der äußersten Strenge verfuhr.
An verschiedenen Orten erwachte auch die Wut des Volkes
gegen die Christen. Bei ihren Götterfesten, bei den Spielen,
von Priestern oder umherziehenden Goeten angestachelt, von
sinnlicher Lust berauscht, forderten die Heiden den Tod der
Christen. Bei großen Unglücksfällen sollen sie es sein, die
den Zorn der Götter erregt. Die Christen vor die Löwen!
lautete dann der Ruf. Hatte doch das Dekret des Kaisers
der Volkswut die Wege gewiesen, während es andererseits dem
durch die scheußlichsten Gerüchte genährten Hasse nicht genug
that. Es stempelte die Christen zu solchen, die kein Recht
hatten, zu existieren, zu Staats- und Götterfeinden, und schwer
konnte man dem Volke den Tod dieser Staats- und Götter-
feinde verweigern, wenn es denselben ernstlich forderte. Das
ist der Zustand unter Trajan und seinen Nachfolgern. Die
Verfolgung flackert bald hier, bald dort auf, bald heftiger,
bald minder heftig, bald von strengeren Statthaltern, bald
von der Wut des Volkes angeregt, bald mehr in den festen
Formen der gerichtlichen Verhandlungen, bald so, daß auf
diese das stürmische Drängen des Volks einen bedenklichen
Einfluß übte.

Zweierlei läßt sich dabei leicht erkennen. Einmal, daß
die Verfolgung das Wachstum der Kirche nicht aufzuhalten
vermochte. Schreckte sie auch Einzelne zurück, gelang es,
Schwache abtrünnig zu machen, im ganzen erwiesen sich die
Christen nach Tertullians Ausdruck als ein „allzeit zum
Sterben bereites Volk." Von hervorragenden Persönlichkeiten,
die den Märtyrertod in dieser Zeit erlitten, werden uns unter
Trajan Simeon, Bischof von Jerusalem, und Ignatius, Bischof
von Antiochien, genannt. Der erstere noch ein Verwandter Jesu, ein
Sohn der Maria, Kleophas Weib (Joh. 19, 25), soll 120 Jahre
alt am Kreuze gestorben sein; der letztere wurde nach Rom geschickt,
um dort den wilden Tieren vorgeworfen zu werden. Auch
unter Hadrian werden mehrere Märtyrer erwähnt. Der finstere
Geist, der nach einem unruhigen Leben über den Kaiser kam,

und ihn in seinen letzten Jahren zu Grausamkeiten verleitete, scheint ihn auch zu einzelnen Verfolgungsakten hingerissen zu haben, obwohl er sonst als gleichgültig gegen die Christen erscheint, die ihm ebenso lächerlich und thöricht vorkamen, wie andere Schwärmer. Unter ihm starb zum erstenmale, so viel wir wissen, ein römischer Bischof, Telesphorus, den Märtyrertod. Auch von dem Martyrium einer Mutter, ähnlich der makkabäischen, wird uns erzählt. Sie hieß Symphorosa. Ihr Mann Getulius und ihr Bruder Amatius waren schon als Blutzeugen hingerichtet, da wurde ihr und ihren sieben Söhnen die Wahl gestellt, zu opfern oder zu sterben. Sie blieb fest und antwortete: „Du glaubst mich durch Schrecken zu bekehren, da ich doch nur den Wunsch hege, mit meinem Manne Getulius, den du um des Namens Christi willen getötet hast, in Frieden zu ruhen." Sie wurde ertränkt, und dann ihre sieben Söhne nach einander auf verschiedene Art getötet. In Asien hatte der Prokonsul Arrius Antoninus (der nachherige Kaiser Antoninus Pius) schon viele Christen verurteilt. Da erschienen eines Tages die Christen in solchen Scharen vor seinem Tribunal, daß er die Unmöglichkeit einsah, alle zu strafen. Er griff einzelne heraus, die andern entließ er mit den Worten: „Ihr Elenden, wenn ihr sterben wollt, habt ihr ja Abgründe und Stricke." Auch unter Antoninus Pius wurden die Christen hie und da beunruhigt.

Sodann sieht man deutlich, daß dieses prozessualische Vorgehen gegen die Christen immer weniger genügt. Mit der Zahl der Christen wächst auch die Wut des Volkes, und den gutgemeinten Bemühungen einzelner Statthalter und der Kaiser selbst gelingt es nicht, die Verfolgung streng in den Schranken des gerichtlichen Verfahrens zu halten. Von Hadrian besitzen wir ein Reskript an den Prokonsul von Asien, in dem er das vorgekommene tumultuarische Verfahren gegen die Christen rügt und einen geregelten Prozeß zur Pflicht macht. Wenn die Provinzialen Christen anklagen, sollen sie auch selbst vor dem Tribunal erscheinen und ihre Anklage begründen, bloßen Petitionen und dem Volksgeschrei soll aber nicht nachgegeben werden, damit nicht Unschuldige bestraft und Verleumdern

Gelegenheit zu Erpressungen geboten werde. Darnach wurde
denn auch von gewissenhaften Statthaltern verfahren. Vespro-
nius Candidus ließ einen Christen frei mit der Bemerkung,
es sei ungesetzlich, dem Geschrei der Menge nachzugeben. „Lebt
doch," fügte er hinzu, „mit euern Mitbürgern im Frieden."
Ein anderer, Pudens, zerriß einfach die Anklageakte, und erklärte, ohne einen bestimmten Ankläger könne er den Gesetzen
gemäß den Menschen nicht verhören. Aber schon Antoninus
Pius mußte neue ähnliche Reskripte erlassen. Namentlich in
Griechenland erhob sich eine heftige Verfolgung, in der Publius,
der Bischof von Athen, umkam. Dorthin, nach Larissa und
nach Thessalonich, erließ der Kaiser Reskripte, in denen er
verbot, in dem Verfahren gegen die Christen Neuerungen einzuführen, der trajanische Prozeß solle streng innegehalten werden. Im ganzen mag das unter Antoninus Pius auch noch
geschehen sein. Die Regierung dieses Kaisers war eine fried-
liche und glückliche, und besondere Anlässe, die Volkswut zu
reizen, lagen nicht vor. Anders wird das unter Marc Aurel.
Hat man mit Recht gesagt, daß unter den Antoninen der
Strom der römischen Geschichte noch einmal wie ein stiller
friedlicher See erscheint, um dann jäh dem Abgrunde zuzueilen,
so spüren wir unter Marc Aurel bereits, daß die Wasser in
rascheres Fließen kommen. Wir stehen an einem Abschnitte
in der römischen Geschichte, der auch einen Abschnitt in dem
Kampfe des Christentums bezeichnet.

2. Der wachsende Einfluß des Christentums.

Vergegenwärtigen wir uns zunächst die Lage des Christentums, so erkennen wir bald, welche Fortschritte es gemacht hat.
Zwar die Zahl der Christen auch nur nach ganz ungefährer
Schätzung anzugeben, fehlt uns jeder sichere Anhalt. Angaben
wie die bei Tertullian, die Christen Einer Provinz seien zahlreicher als alle römischen Armeen, was etwa auf 9 Millionen
im ganzen Reiche führen würde, oder, Karthago müßte dezimiert
werden, wollte man alle Christen strafen, sind als rhetorische
Aussprüche ganz wertlos. So zahlreich waren die Christen

sicher noch lange nicht. Ihre Zahl mochte auch in den ver=
schiedenen Gegenden eine sehr verschiedene sein. Im Osten war
die Kirche ohne Zweifel weiter fortgeschritten als im Westen.
Wird sie doch um diese Zeit in Ostsyrien fast schon zur Volks=
kirche. Dort zum erstenmale gewinnt das Christentum einen
Thron unter Abgar Bar Manu (152—187), dessen Münzen
zuerst das Kreuzeszeichen tragen. Daß die Christen sonst, und
je weiter nach Westen zu desto mehr, noch immer die ganz
entschiedene Minorität bildeten, braucht nicht erst gesagt zu
werden. Aber solch ein kleiner verachteter Haufe aus den
unteren ungebildeten Ständen wie im Anfange des zweiten
Jahrhunderts waren sie gegen Ende desselben doch schon nicht
mehr. Bereits zählten sie auch Angesehenere, Reiche, wissen=
schaftlich Gebildete zu ihren Gliedern. Schon unter Hadrian
traten Aristides und Quadratus im Philosophenmantel zu ihnen
über, dann Justin, der die heidnische Philosophie in allen
Schulen studiert hatte, der Rhetor Miltiades, der Sachwalter
Minucius Felix in Rom, der gelehrte und sprachgewandte Athe=
nagoras, der „in wissenschaftlicher Beziehung hochberühmte"
Stoiker Pantänus in Alexandrien. Der Kampf mit dem Heiden=
tum wird jetzt auch in der Litteratur begonnen. Hatte das
Christentum sich bis dahin mehr in der Stille ausgebreitet,
hatten seine Anhänger „ein stummes, nur in den Winkeln ge=
schwätziges Volk", wie die Heiden spotteten, die Verteidigung
nur schweigend und duldend geführt, jetzt treten in klassischer
Wissenschaft geschulte, der Sprache mächtige Männer auch in
Schriften dafür auf. Die ersten apologetischen Versuche fallen
unter Hadrian; aus den Zeiten der Antonine besitzen wir be=
reits eine reiche apologetische Litteratur, die uns zeigt, welche
Fortschritte das Christentum auch nach dieser Seite gemacht
hat. Aus der Zeit des Antoninus Pius stammt die kürzlich
wieder entdeckte Apologie des Aristides. An denselben Kaiser
wendet sich Justin, um für die „ungerecht Gehaßten und Ver=
folgten" von der Frömmigkeit und Wahrheitsliebe der Herrscher
Gerechtigkeit zu fordern. Er thut das mit rücksichtsloser Offen=
heit, obwohl er weiß und vorhersagt, daß ihm die Verteidigung
der gerechten Sache den Tod bringen wird. Andere, wie

Athenagoras, wenden sich ebenfalls an die Kaiser oder auch unmittelbar (denn auch jene an die Machthaber gerichteten Apologien waren ja zugleich für weitere Kreise bestimmt) an das Publikum, wie Theophilus von Antiochien in seiner Schrift an den Autolycus und Minucius Felix, der erste, der in lateinischer Sprache, in dem schönen Gespräche Octavius, das Christentum verteidigt. Hatten jene es mehr auf Umstimmung der Staatsleiter, so diese mehr auf die Belehrung ihrer heidnischen Leser abgesehen.

Die nächste Aufgabe der Apologeten war, die Vorwürfe zu widerlegen, welche den Christen gemacht wurden, zu zeigen, daß sie weder Atheisten sind, wie man ihnen nachsagte, noch solcher Greuel schuldig, wie das Gerücht von thyesteischen Mahlzeiten und ödipodeischen Vermischungen ihnen andichtete, noch endlich Feinde der Kaiser und des Staates. Dann galt es überhaupt die Vorurteile zu beseitigen, welche die Heiden gegen den neuen Glauben hegten. Dieses konnte nur dadurch geschehen, daß man die Heiden mit dem neuen Glauben bekannt machte, denn aus Unkenntnis gingen die Vorurteile ja meist hervor. Deshalb legen die Apologeten offen dar, welches die Lehren und Grundsätze, die Sitten und Bräuche, welches das ganze sittliche Verhalten der Christen ist. Aus der Erfüllung der Weissagungen, aus der Vortrefflichkeit der christlichen Lehre, aus den Wirkungen des Glaubens im Leben, dem reinen Wandel der Christen, ihrer Liebesthätigkeit, ihrem stillen Dulden und todesmutigen Sterben suchen sie die Wahrheit des Christentums darzuthun. Dann aber gehen sie auch zum Angriff über. Die Apologie wird zur Polemik. Die Thorheit des Götzendienstes, die Sittenlosigkeit der Götter, die von liederlichen Künstlern angefertigt, von zuchtlosen Menschen gehütet werden, die Unsittlichkeit der Mythen, aus denen die Lektüre der Heiden besteht, die Unsittlichkeit der Kunst, die auch das Schamlose zur Augenweide hinstellt, die Frucht, die davon im Leben der Heiden sich zeigt, das selbst ein Pfuhl von Unsittlichkeit ist: das alles wird den Heiden offen und scharf vorgehalten. Aber dabei allein bleiben die Apologeten doch nicht stehen. Sie kennen nicht bloß die vom Christentum abgewandte, sie kennen auch die dem Christentum zugewandte Seite des Heidentums. Nicht die Kluft zwischen Christentum und Heidentum möglichst weit und klaffend zu machen ist ihr Streben, sondern das Christentum dem Heidentum möglichst nahe zu bringen. Deshalb suchen sie nach Ahnungen des Christentums im Heidentum, nach Ähnlichkeiten zwischen den Lehren der Weltweisen und denen des Christentums, nach Typen und Weissagungen auf dieses mitten in der Heidenwelt. Es klingt uns zwar wunderlich, wenn Justin der Märthrer die Heiden erinnert, daß sie ja die Gestalt des Kreuzes, welches sie so verachten, überall vor sich haben, in ihren Werkzeugen, an ihren Fenstern und Thüren, in der aufrechten Gestalt des Menschen, ja sogar in ihren Fahnen und Siegeszeichen; aber selbst in diesem Spiele der Phantasie, durch welches Justin den Heiden das Kreuz als etwas längst Bekanntes, in Natur und Menschenleben überall typisch Vorgebildetes, nahe zu bringen sucht, liegt noch ein tieferer Sinn. Justin geht im Grunde denselben Weg, den St. Paulus in Athen einschlägt, wenn er anknüpfend an die Inschrift des heidnischen Altars „dem unbekannten Gott" den Heiden diesen unbekannten Gott predigt. Und Justin weiß die ursprüngliche Bestimmung des Menschen für das Christentum, aus der alle jene unbewußten Hindeutungen auf dasselbe im Heidentum hervorgehen, auch noch anders zu begründen. Es ist die Lehre vom Logos (dem Wort, Joh. 1, 1), die er dabei anwendet. In Christo ist der Logos Fleisch geworden, aber während die Christen so gleichsam den Gesamtlogos haben, den Herrn Jesum Christum, finden sich doch auch in der Heidenwelt Bruchstücke des Logos, Samenkörner des Logos zerstreut. Auch da, in der Heidenwelt, ist der Logos thätig gewesen in den Weisen, in den Dichtern, in den Gesetzgebern. Daher die Anklänge an die christliche Wahrheit in den heidnischen Schriften und Dichtungen, daher das mancherlei Treffliche in der heidnischen Gesetzgebung. Auch die großen Männer der Heiden, ihre Tugendhelden, sind, was sie sind, durch den Logos geworden. Das alles ist gleichsam ein Stück Christentum im Heidentum, und die Heiden sollen dadurch gelockt werden, die Fülle im Christentum selbst zu ergreifen. Freilich auch solche

Apologeten finden wir, deren Apologie so gut wie ganz in Polemik aufgeht, wie Tatian, der im Heidentum nur Thorheit und Schlechtigkeit sieht, der an allen Werken desselben nichts Gutes läßt; aber sie sind doch Ausnahmen. Im ganzen und großen klingt durch die ganze Apologetik der Zeit ein Ton gewinnender Liebe hindurch, der seinen schönsten Ausdruck in dem neuerdings freilich mehrfach angezweifelten Brief an den Diognet findet. Die Apologeten wollen nicht abstoßen, sondern heranziehen, und benutzen dazu jeden Anknüpfungspunkt, den sie im Heidentum, in der Seele der Heiden finden können. Galt den Heiden das Christentum als etwas aller Humanität Widerstrebendes: sie zeigen, daß es das eigentlich wahrhaft Menschliche ist, denn wie Tertullian es etwas später so schön ausgesprochen hat, „die menschliche Seele ist von Natur eine Christin".

Es wäre von großem Interesse zu wissen, welchen Eindruck diese Apologien auf die Heiden gemacht haben. Wir müssen darauf verzichten; eine direkte Spur davon findet sich nirgends. Selbst Celsus, zu dessen Zeit doch schon eine Reihe von apologetischen Schriften existierte, nimmt darauf so wenig Rücksicht, daß man nicht einmal sagen kann, ob er sie gelesen hat. Aber das ist klar, ignorieren ließ sich eine Religion, die so auf den Kampfplatz trat, nicht mehr. Mit dem Ignorieren ist es für immer vorbei. Hatten noch in der ersten Hälfte des Jahrhunderts die gebildeten Heiden es für unter ihrer Würde gehalten, sich um den barbarischen Aberglauben zu kümmern, jetzt ist das anders. In Rom disputiert der Philosoph Kreszenz mit Justin über den christlichen Glauben, freilich, um dann, als er diesen mit Gründen nicht zu widerlegen vermag, sofort zur Denunziation zu greifen, und seinen Gegner durch das Todesurteil des Richters zu widerlegen. Der Rhetor Fronto, der Lehrer des Kaisers Marc Aurel, einer der gefeiertsten Männer der Zeit, für die Zeitgenossen der unübertroffene, mit Cicero um den Vorrang streitende Meister der Beredsamkeit, hält sich verpflichtet, seine Kunst auch zu einem Angriff auf das Christentum zu verwenden. Es ist die erste heidnische Gegenschrift, von der wir hören, die aber bald durch die viel umfassendere, auf wirklichem Studium des Christentums ruhende Schrift des Celsus in Schatten gestellt wird. Lucian, der vielgelesene Spötter, spottet auch über das Christentum, und selbst der Kaiser kann nicht umhin, es gelegentlich in seinen Monologen zu erwähnen. Sind die Urteile auch alle ungünstig, zum Teil stark gehässig, davon geben sie doch Zeugnis, daß das Christentum anfängt, eine spürbare Macht zu werden in dem geistigen Leben der Zeit.

Unmöglich konnten Gemeinden wie die damaligen Christengemeinden mit einer solchen Fülle des Lebens, solcher Energie des Glaubens und der Liebe mitten in der Heidenwelt bestehen, ohne auch über ihren Kreis hinaus, auch auf die Anschauungen und das Leben derer, die Heiden blieben, einen Einfluß zu üben. Es bildete sich sozusagen um die Gemeinde her eine christliche Atmosphäre, die tiefer und tiefer in die heidnische Atmosphäre eindrang, so daß man auch da allmählich anfing, christliche Luft zu atmen. Aber so bestimmt sich dieser Prozeß, der in der Natur der Sache liegt, voraussetzen läßt, so schwer ja unmöglich ist es, wenigstens in dieser Zeit, wo jedenfalls erst die Anfänge desselben vorliegen, ihn nachzuweisen, oder gar zu sagen, welche Fortschritte er gemacht hat. Er ist zu sehr geistiger Natur, um ihn messen, oder um behaupten zu können, diese oder jene Umwandlung in der Heidenwelt sei bereits unter dem Einflusse des Christentums vor sich gegangen. Äußerlich ist überhaupt noch nichts davon zu bemerken. Selbst einige Jahrzehnte später, zu Tertullians Zeit, tragen die Städte noch ganz ihre alte heidnische Physiognomie, Götzenbilder sieht man noch überall auf Plätzen und Straßen, in den Läden und an den Häusern. Noch immer werden neue Tempel erbaut, neue Götter aufgerichtet. Von Umkehr ist da noch nichts zu spüren. Andererseits stoßen wir doch bereits jetzt in der Heidenwelt auf eine Reihe von Erscheinungen, die dem antiken heidnischen Geiste fremd, dagegen dem christlichen Geiste auffallend verwandt sind.

Vergegenwärtigen wir uns zunächst diese im höchsten Maße interessante Erscheinung. Dem antiken Geiste ist der Einzelne nicht Selbstzweck, sondern er dient nur als Mittel, die Idee, die Staatsidee, zu verwirklichen. Darum gilt er nur so viel, als er für diese Idee bedeutet. Er ist für sich nichts, sondern nur etwas nach seiner irdischen Bestimmtheit. Deshalb ist das Weib nichts, das Kind nichts, der Sklave nichts, weil sie nichts sind für die Idee des Staats. Nur der Staatsbürger ist etwas, nur er hat ein Recht. Im Christentum ist jeder Mensch als Mensch und ganz abgesehen von seiner besonderen irdischen Bestimmtheit etwas. Der heilige Geist will das Heil jeder einzelnen Seele. Allerdings will er auch ein Reich, das Reich Gottes, schaffen, aber als ein Reich geheiligter und beseligter Individuen. Der Tempel, den der heilige Geist erbaut, besteht aus lebendigen Steinen, und jede einzelne Seele ist wieder ein Tempel für sich. Jeder Einzelne ist Selbstzweck in dem gemeinsamen Zweck des Gottesreiches. Jetzt, das ist die Erscheinung, die ich im Auge habe, kommt nun gerade in diesem Punkte das Heidentum dem Christentum näher; im Widerspruch mit dem echten und noch ungebrochenen antiken Geiste gewinnt auch in der heidnischen Anschauung der Einzelne mehr und mehr Recht, der Mensch fängt auch da an, als Mensch etwas zu gelten. In der alten Welt gilt nur der Starke etwas, zum Schutz der Schwachen geschieht wenig oder nichts. Auch das wird jetzt anders. Der Staat fängt an, sich der Schwachen gegen die Starken anzunehmen.

Sehen wir zunächst auf die Frauen.' Die Rechte der Frauen treten stärker hervor, sowohl auf dem Gebiete des ehelichen Güterrechts als sonst. Auch der Mann kann jetzt von der Frau wegen Ehebruchs belangt werden, nicht mehr bloß die Frau vom Manne. Welch starker Gebrauch von dieser Erlaubnis gemacht wurde, zeigt die Notiz, daß Dion, als er Konsul wurde, 3000 Klagen in den Rollen aufgezeichnet fand. Septimius Severus erlaubte, ein bedeutsamer Schritt, die Soldatenehe und gab damit Tausenden von Frauen die Ehre von Ehefrauen. Noch deutlicher tritt die sich vollziehende Wandlung in der Behandlung der Kinder zu Tage. Der Römer alten Schlags zeigt wenig Liebe und Zärtlichkeit gegenüber den Kindern. „Wenn ein Kind jung stirbt, tröstet man sich leicht; wenn es in der Wiege stirbt, kümmert man sich gar nicht darum," sagt Cicero einmal, und als ein Kind seiner Tochter stirbt, redet er sehr kühl davon. Wie zärtlich ist dagegen Marc Aurel gegen seine Enkel. Wie grämt er sich, wenn sie einmal krank sind, wie besorgt redet er in seinen Briefen von dem Husten, an dem der kleine liebe Antonin leidet. „Das kleine Nestchen" beschäftigt ihn mitten unter den Sorgen um das Reich, und der ihm befreundete Rhetor Fronto versäumt nicht, die „kleinen Dämchen" grüßen zu lassen und Marc Aurel zu bitten, „er möge in seinem Namen ihre kleinen dicken Füße umarmen und ihre niedlichen Hände". War das Kind bisher rechtlos ganz in der Gewalt des Vaters, der mit ihm thun konnte, was er wollte, selbst es töten oder aussetzen, so erleidet die väterliche Gewalt jetzt in steigendem Maße Beschränkungen. Ausgesetzte Kinder konnten nach älterem Rechte von dem, der sie aufzog, als Sklaven behandelt werden. Trajan verordnet, daß sie frei sein sollen; Alexander Severus giebt dem Vater das Recht, sein Kind zu reklamieren, vorbehältlich der Ent= schädigung für die aufgewandten Kosten. Überhaupt wendet man jetzt den Kindern eine viel größere Sorgfalt zu. Ange= sehene Philosophen empfehlen den Müttern wieder, ihre Kinder selbst zu säugen, was eine Zeit lang in den vornehmeren Kreisen ganz aufgehört hatte. Es finden sich Inschriften, in denen eine Mutter sich rühmt, ihre Kinder selbst genährt zu haben, oder ein Sohn sagt seiner Mutter auf ihrem Grabsteine zu Lobe nach, sie sei auch seine Amme gewesen. Die Erziehung der Kinder wird jetzt ein beliebtes Thema der Verhandlung; wenige Zeiten haben so viel über Kindererziehung geredet und geschrieben wie die Zeit der Antonine. Marc Aurel gab Gesetze, um die Vormundschaft zu ordnen, und schuf für diese eine eigene Behörde, die praetura tutelaris. Auch der armen Kinder nimmt man sich jetzt an. Bisher hatten bei den Getreide= verteilungen die Kinder nichts bekommen, jetzt erhielten auch 5000 Kinder ihre Getreidespende. Ausnahmsweise scheint das schon früher geschehen zu sein, seit Trajan wird es Regel.

Doch das merkwürdigste von allem ist das Institut für die Erziehung armer Kinder, das von Nerva begonnen, be= sonders von Trajan und seit Trajans Zeit ausgebildet wird. Aus

glücklicherweiſe erhaltenen Monumenten gewinnen wir eine
genauere Vorſtellung dieſer Einrichtung.   Der Stadt Veleja
bei Placentia hatte der Kaiſer Geld zur Verbeſſerung ihrer
Grundſtücke vorgeſchoſſen.   Dafür wurde den Grundſtücken
eine Rente von 25 000 Seſterzien (ca.   7800 M.) auferlegt.
Von dieſer Summe ſollten 245 eheliche Knaben monatlich jeder
16 S. (jährlich 28 M.), 34 eheliche Mädchen jedes 12 S.
(jährlich ca. 21 M.) erhalten, auch zwei uneheliche Kinder er=
nährt werden.   Die Knaben erhielten ihre Unterſtützung bis
zum 18. Jahre, mit welchem Jahre ſie in die Legionen ein=
treten konnten, die Mädchen bis zum 14. Jahre.   Ob ſich
derartige Alimentationen über ganz Italien gleichmäßig er=
ſtreckten, iſt ungewiß und kaum anzunehmen, da ſie in dieſem
Falle ein großes Kapital (etwa 150—160 Millionen Mark)
erfordert haben würden.   Jedenfalls kommen ſie aber auch
anderswo vor z. B. in der Nähe von Benevent, ja ſelbſt in
Afrika, und es beſtand eine eigene Behörde zu ihrer Verwaltung.
Hadrian und die Antonine vermehrten die Stiftungen, und
welche Bedeutung man ihnen beilegte, iſt daraus zu erſehen,
daß Antoninus Pius, der die Verwaltung neu regelte, an ihre
Spitze einen Konſular ſtellte.   Unter Commodus und Pertinax
hörten die Alimentationen zeitweilig auf, aber Alexander
Severus ſtellte ſie her.   Allerdings haben dieſelben auch eine
ſtark politiſche Seite, wie man ſchon daraus erſieht, daß die
Zahl der unterſtützten Knaben ſo ſtark überwiegt.   Es war die
Abſicht, die Zahl der Bürger zu vermehren, der Armee einen
tüchtigen Nachwuchs zu ſchaffen.   „Von dir ernährt, treten ſie
in deinen Sold und füllen dein Lager,‟ rühmt Plinius in
ſeinem Panegyrikus auf Trajan.   Allein bloß politiſch iſt das
doch auch nicht mehr, es ſteckt auch ein Stück Humanität darin.
Als Antonin ſeine Frau Fauſtina verlor, glaubte er ihr Ge=
dächtnis nicht beſſer ehren zu können, als indem er eine Stif=
tung zur Erziehung armer Mädchen machte (die puellae Fauſti-
nianae), und eine ähnliche Stiftung gründete Alexander Seve=
rus zu Ehren ſeiner Mutter Mammäa (die pueri Mammaeani).
Auch Privatperſonen machten jetzt derartige Stiftungen.   Plinius
z. B. dotiert eine ſolche in Come mit jährlich 30 000 S.   In

Terracina unterhielte eine reiche Dame 100 arme Kinder, sie gab zu dem Zwecke 1 Million S. (160 000 ℳ.). Das alles sind für die antike Welt ganz neue Dinge, und daß die geistige Atmosphäre eine ganz andere zu werden beginnt, zeigt nichts deutlicher als ein Relief auf der Trajanssäule, welches den Kaiser darstellt, armen Kindern Gaben austeilend.

Überhaupt finden wir von jetzt an mehr Spuren von Werken der Barmherzigkeit und Liebe auch bei den Heiden. Plinius schenkt seiner Amme ein Besitztum, das ihn 100 000 S. (16 000 ℳ.) kostete, er stattet die Tochter eines Freundes aus, er schenkt den Städten, mit denen er in Verbindung steht, Bibliotheken, was er für besser hält als Gladiatorenspiele zu geben, oder gründet ihnen Schulen. Auch auf Inschriften werden Liebeswerke erwähnt. Ein Händler mit Heilkräutern (aromatarius) in einer kleinen italienischen Stadt vermacht der Stadt 300 Töpfe mit Droguen und 6000 S., damit an Arme unentgeltlich Arznei ausgeteilt werde; und auf einer Grabinschrift lesen wir das Wort: „Thue Gutes, das wirst du mitnehmen." Daß übrigens diese Gesinnung noch sehr weit davon entfernt war, allgemein zu werden, fühlt man der gelegentlichen Bemerkung des Plinius an, wo er die erwähnten Werke „nützlich aber nicht sehr populär" nennt. Das Volk hatte gewiß noch Gladiatorenspiele lieber.

Auch das Los der Sklaven bessert sich. Wie ganz anders behandelt Plinius seine Sklaven, als früher Cato. Mußten Catos Sklaven gefesselt arbeiten und fanden dann ihre Schlafstelle bei dem Futterplatze der Ochsen, auf den Besitzungen des Plinius arbeitet kein Sklave mehr in Fesseln, er erlaubt ihnen Eigentum zu erwerben, er sitzt sogar mit seinen Freigelassenen zu Tische. Er schämt sich nicht mehr, seiner Betrübnis über den Tod eines Sklaven Ausdruck zu geben und hält seine Thränen nicht zurück, aber freilich, er spricht es auch aus: „Ich weiß, daß nicht alle so denken wie ich, daß viele in dem Verlust eines Sklaven nur einen pekuniären Verlust sehen, und daß sie sich in dieser Gefühllosigkeit größer und weiser dünken." Bedeutsamer als solche Äußerungen eines einzelnen Mannes ist der Umstand, daß jetzt auch das Gesetz anfängt, die Sklaven in Schutz zu nehmen. Hadrian verbietet, Sklaven willkürlich zu töten; sie sollen vor Gericht gestellt und, wenn sie schuldig sind, verurteilt werden. Er verbietet, Sklaven und Sklavinnen zu unehrbaren Gewerben zu verkaufen. Die Ergastula werden zwar nicht aufgehoben, das erwies sich als unthunlich, aber doch einer starken Kontrolle unterstellt. Auch das Gesetz, das noch unter Nero so vielen Unschuldigen den Tod gebracht, wonach, wenn der Herr ermordet und der Thäter nicht gefunden wird, alle Sklaven, die mit ihm unter einem Dache gewesen sind, sterben müssen, wird dahin beschränkt, daß nur die hingerichtet werden sollen, die ihm so nahe gewesen sind, daß sie hätten Zeugen der That sein können. Sklaven können jetzt auch in gewissen Fällen als Zeugen zugelassen werden; sie dürfen ihr Eigentum verwenden, um sich loszukaufen; öffentliche Sklaven dürfen über die Hälfte ihres Nachlasses durch Testament verfügen. Die Familie des Sklaven gilt als unzerreißbar; der Herr darf Mann und Frau und Kinder nur zusammen verkaufen. Handelt es sich um die Frage, ob ein Mensch frei oder Sklave sei, so soll in Zweifelsfällen immer die der Freiheit günstige Meinung gelten. Der Sklave fängt an Mensch zu werden. Wie ganz anders klingen jetzt die Worte des großen Rechtsgelehrten Ulpian aus der Zeit der Antonine: „Nach natürlichem Rechte werden alle Menschen frei geboren; was das bürgerliche Recht anlangt, so werden zwar die Sklaven für nichts geachtet, nicht aber auch nach natürlichem Rechte, denn was das natürliche Recht anlangt, sind alle Menschen gleich.“ Ähnliche Aussprüche über die Gleichheit aller Menschen, daß alle Brüder sind, alle Mitbürger, begegnen uns damals oft. Sie fangen an, Gemeingut zu werden, und niemand hat sie bestimmter ausgesprochen, als gerade der Kaiser Marc Aurel. „Haben wir den Geist mit einander gemein,“ sagt er einmal in seinen Selbstgesprächen, „so haben wir auch die Vernunft mit einander gemein, die uns zu vernünftigen Wesen macht. Wenn diese, so ist uns auch der Verstand gemein, der lehrt, was zu thun und zu lassen ist, und dann haben wir auch ein gemeinsames Gesetz. Wenn aber das, so sind wir unter einander Mitbürger, und die ganze Welt ist gleichsam Ein Staat.“

Allmählich fängt auch die freie Arbeit wieder an, mehr Raum zu gewinnen und ihre Ehre zu erlangen. Namentlich trugen dazu die Korporationen der Handwerker bei, die von Caracalla und Alexander Severus freigegeben wurden und bald in große Blüte kamen. Auch in diesem Stücke wird die Gesetz= gebung weitherziger und menschlicher.

Antik ist das alles nicht mehr; es sind die ersten Luft= züge einer neuen Welt, einer neuen sozialen Ordnung, die wir darin spüren. Ob aber und in welchem Maße die Entwicklung schon unter dem Einfluß des christlichen Geistes steht, das ist eine ebenso interessante wie schwierige Frage.

Manche haben geglaubt, in dieser von jetzt an immer spürbarer sich vollziehenden Umwandlung bereits eine Frucht des Christentums sehen zu dürfen. Sie schreiben das alles ohne weiteres der christlichen Kirche zu gut, und flechten ihr daraus einen doch recht zweifelhaften Ruhmeskranz. Denn wenn die Kirche damals schon einen so tiefgehenden Einfluß auf das heidnische Leben, auf die römische Gesetzgebung gehabt hätte, dann wäre in der That nicht zu begreifen, weßhalb die völlige Umwandlung des heidnischen Staates in einen christlichen sich so langsam vollzieht. Überaus bemerkenswert ist es, daß die damaligen Christen selbst die Sache anders ansehen. Dem scharfen Auge Tertullians sind die oben dargelegten humanen Reformen innerhalb des Heidentums nicht entgangen, er erwähnt sie in seinem Apologetikus, aber nicht etwa um daraus einen Einfluß des Christentums zu beweisen, sondern, indem er ihre Selbständigkeit im Heidentum voraussetzt, benutzt er sie viel= mehr, um, wie er das so gerne thut, damit zu beweisen, daß auch in der natürlichen Entwicklung ein Zug zum Christlichen liegt, daß, um seinen Ausdruck zu gebrauchen, die Seele von Natur eine Christin ist. Nehmen wir hinzu, daß diese ganze Umwandlung der heidnischen Anschauungen schon ihren Anfang nimmt, ehe noch an einen Einfluß des christlichen Geistes über= haupt zu denken ist, ja daß sie sich bis auf Augustus zurück= verfolgen läßt; beachten wir, daß eine Hauptquelle derselben in der damals die weitesten Kreise beherrschenden stoischen Philosophie deutlich erkennbar ist, womit dann zugleich auch schon gesagt

ist, daß zwischen diesen humanen Reformen und der christlichen
Erneuerung doch noch ein großer Unterschied besteht: dann kann
es uns nicht zweifelhaft sein, wie wir die in Rede stehende
Erscheinung zu beurteilen haben. Wir haben es hier mit einer
selbständigen Entwicklung zu thun, in der die heidnische Welt
dem Christentum entgegenkommt, ganz ähnlich wie wir oben
sahen, daß innerhalb des Heidentums ein Universalismus.
Platz greift, der dem christlichen Universalismus entgegenstrebt.
Auch hier sehen wir die Wege Gottes, auf denen er die Heiden
seinem Sohne entgegenführt, auch hier erkennen wir, daß die
Zeit erfüllt war.

Liegt hier aber keine aus dem Einfluß des Christentums
entstandene, sondern eine dem Christentum parallele Strömung
vor, so fragt sich weiter, wo der Punkt ist, an dem beide
parallele Strömungen zusammentreffen, an dem die Bewegung
innerhalb des Heidentums unter die Macht der christlichen
Bewegung tritt, von dieser aufgenommen wird. Es versteht
sich von selbst, daß den Punkt mit voller Evidenz nachzuweisen
unmöglich ist, da derartige geistige Strömungen in der Tiefe,
sozusagen unterirdisch, längst vorhanden sind, ehe sie sichtbar
und nachweisbar an den Tag treten. Nachzuweisen ist ein
Einfluß zur Zeit Marc Aurels noch nicht. Bei Celsus, wo
man ihn doch wahrnehmen müßte, ist noch nichts davon zu
spüren. Celsus verhält sich gegen das Christentum, obwohl
er seine Macht wider Willen respektieren muß, noch rein ab=
lehnend. Aber wenige Jahrzehnte weiter ist es anders. In
den Salons der Julia Domna, der geistreichen Gemahlin des
Kaisers Septimius Severus, die einen Kreis von Philosophen,
Rhetoren und Juristen um sich sammelt, erkennt man schon
an, daß das Christentum manches enthält, was dem Heiden=
tum fehlt, und erörtert die Frage, wie man diese Vorzüge des
Christentums auf das Heidentum übertragen kann, und das
aus diesem Kreise hervorgegangene merkwürdige Buch des
Philostratus, die Lebensgeschichte des Apollonius von Thana,
überträgt bereits auf den heidnischen Propheten, um nicht zu
sagen heidnischen Messias, den Evangelien entnommene Züge
aus dem Bilde des verachteten Jesus. Ist aber von dort an

der Einfluß des Christentums auf die heidnische Denkweise nicht mehr zu leugnen, dann ist es meiner Ansicht nach auch nicht zu kühn, schon zu Marc Aurels Zeiten einen stillen, noch unmeßbaren, aber doch thatsächlich bereits vorhandenen Einfluß anzunehmen.

Aber selbst wenn jemand glaubte, einen solchen für diese Zeit noch völlig leugnen zu müssen, an Symptomen, welche Macht das Christentum schon geworden ist, fehlt es auch sonst nicht. Zum erstenmale durchzittert die Heidenwelt eine Besorgnis, dieses bisher so gründlich verachtete Christentum könnte zur Herrschaft kommen. Man braucht nur den Celsus zu lesen, um die Angst herauszufühlen, mit welcher dieser bereits auf die von ihm oft erwähnten Massen der Christen sieht. Er denkt sich geradezu die Möglichkeit, daß diese zur Herrschaft kommen, und sieht dann nichts vor sich, als eine fürchterliche Katastrophe, in der das Reich untergeht. Die Barbaren werden den allein gelassenen Kaiser besiegen und zur Herrschaft gelangen, und weder vom christlichen Gottesdienst noch von der wahren Weisheit wird das geringste übrig bleiben. Diese im Heidentum selbst aufwachende Besorgnis, das dunkle Gefühl, bereits unter dem Banne der neuen Glaubensmacht zu stehen, ist es auch, was jetzt die Wut des Volkes gegen die Christen aufs höchste anstachelt. Große Unglücksfälle suchten unter Marc Aurel das Reich heim. Im Osten überschritten die Parther verwüstend die Grenzen. Als es gelungen war, sie zurückzuwerfen und sogar das von Hadrian aufgegebene Mesopotamien wieder zu erobern, brachte das Heer aus dem Orient eine furchtbare Pest mit, die das ganze Reich durchzog, unzählige hinraffte und ganze Ortschaften veröbete. Dazu kam eine nicht minder furchtbare Hungersnot, und schon war Kraft und Mut des Volkes durch diese beiden vereinigten Plagen geschwächt, da brach in den Donauländern der Markomannen= krieg aus, einer der schwersten Kriege, den Rom je geführt. Es sind die ersten Wogen der Völkerwanderung, die unheil= verkündend an die Grenzen des Reiches schlagen. In dieser Zeit der Not suchten die Heiden Hülfe bei ihren Göttern, der Kaiser selbst ordnete Sühnungen und Opfer an. Das fanatisch aufgeregte Volk sah in den Unglücksfällen den Zorn der Götter, und diesen Zorn sollten die Christen verschuldet haben. Eifriger als je wurden die Gerüchte von den Greueln der Christen verbreitet, die eine scheinbare Bestätigung in hie und da durch die Folter erpreßten Geständnissen fanden, und die auch bei einem Manne, wie Fronto, den Hauptgegenstand der Anklage bilden. Solche gottlose Menschen mußten ausgerottet werden, um den Zorn der Götter zu sühnen.

Dem gegenüber wandten sich die Christen an die Gerechtigkeitsliebe des Kaisers. Was sie bitten und fordern, ist noch nicht eigentlich Anerkennung, noch nicht völlige Religionsfreiheit. Dieser Gedanke liegt noch im Hintergrunde und tritt erst bei den Apologeten des dritten Jahrhunderts klar hervor. Sie bitten nur, die Gerechtigkeit des Kaisers möge den ungerechten Verfolgungen und Verurteilungen ein Ende machen. Der Kaiser möge verordnen, daß sie nicht lediglich deshalb, weil sie Christen sind, sondern nur dann verurteilt werden, wenn ihnen todeswürdige Verbrechen nachgewiesen werden.

Die Bitte war gewiß eine begründete, und zu sehr waren die Christen von der Gerechtigkeit ihrer Sache überzeugt, als daß sie nicht von einem Kaiser wie Marc Aurel hätten Gerechtigkeit erwarten sollen. Sie täuschten sich; unter Marc Aurel gerade wurde die Verfolgung heftiger als je. Sie baten um Frieden, und der Kaiser konnte gar nicht anders, nach seiner persönlichen Stellung sowohl wie nach der Lage des Reichs, als ihnen mit Krieg antworten.

3. Die Verfolgung unter Marc Aurel.

Marc Aurel ist einer der trefflichsten Kaiser, die den römischen Thron eingenommen haben. Ein großer Ernst, eine ans Peinliche grenzende Gewissenhaftigkeit sind die Grundzüge seines Charakters. Er ist Kaiser aus Pflicht, weil ihn die Götter auf den Posten gestellt haben, und er ihn daher auszufüllen hat. Die Kaiserwürde ist ihm ein Amt, das er zu versehen hat und das er ohne Lohn versieht, denn seine eigenen Bedürfnisse bestreitet er aus seiner Privatkasse. In allen Wechselfällen des Lebens, und er hat viel durchgemacht, sich

die Seelenruhe bewahren, aufrichtig gegen sich selbst sein, ge=
recht und mild gegen andere, in allen Dingen Maß halten
und der Stimme des Gewissens folgen, unbekümmert um der
Menschen Lob und Tadel, das sind die Forderungen, die er
an sich selbst stellt. Bis an sein Lebensende hat er an seiner
eigenen sittlichen Veredelung gearbeitet. Seine Selbstbetrach=
tungen, zwölf Bücher „An sich selbst", eine Art Tagebuch, das
er zum Teil unter den Unruhen des Krieges geschrieben „im
Lande der Quaden", geben davon Zeugnis. Er stellt in ihnen
ein hohes Ideal auf, und man muß ihm nachsagen, daß er
diesem Ideal ernstlich nachgestrebt hat. Der Mensch ist ihm
ein zur gemeinnützigen Thätigkeit geschaffenes Wesen und hat
die Verpflichtung, unermüdlich für das Wohl seiner Mitmenschen
thätig zu sein, ohne Rücksicht auf Dank und Lohn. „Wenn
du eine Wohlthat erzeigt hast, und der andere sie empfangen
hat, warum suchst du noch ein Drittes, den Ruhm bei den
Menschen und den Dank des Empfängers? Ist es dir nicht
genug, daß du nach der Vorschrift der Vernunft gehandelt hast,
und verlangst du noch einen Lohn dafür? Das ist, als ob
das Auge eine Belohnung dafür fordern wollte, daß es sieht,
und der Fuß dafür, daß er geht." Alle Menschen, das betont er
oft, sind Brüder, auch die schlechten Menschen sind nur Irrende,
die gegen ihr besseres Selbst handeln. „Die Menschen sind
für einander gemacht, bessere sie also oder dulde sie." Und
gerade dieser Kaiser, der auch die schlechten Menschen noch als
irrende Brüder getragen wissen will, dessen Gerechtigkeitspflege
so peinlich gewissenhaft war, daß er ganze Tage mit der Unter=
suchung eines Rechtsfalls zubringen konnte, um nur ja nicht
jemandem Unrecht zu thun, der mußte einer der entschiedensten
Verfolger der Christen werden, also den besten Menschen das
größte Unrecht thun.

Marc Aurel ist Stoiker, und wenn dem ganzen Altertum
schon die Tugend der Demut fremd ist, so kann man von der
stoischen Philosophie geradezu sagen, sie lebt von Hochmut.
Des Kaisers Religion ist ein fatalistischer Pantheismus. Die
Natur ist sein Gott. „Was mit dir harmoniert, o Welt, das
harmoniert auch mit mir. Was dir rechtzeitig ist, ist mir

weder zu früh, noch zu spät. Alles ist mir Gewinn, was deine Horen bringen, o Natur! Aus dir alles, in dir alles, zu dir alles!" Stolze Ergebung in die Beschlüsse des Geschicks, darin sucht er seinen Frieden. „Überlaß dich ohne Widerstreben den Parzen und laß sie dein Leben mit den Ereignissen spinnen, wie es ihnen gefällt." Sein sittliches Ideal glaubt Marc Aurel aus eigener Kraft verwirklichen zu können. Er glaubt an sich selbst und im Grunde nur an sich selbst. „Es genügt, an den Genius zu glauben, der in uns ist, ihn aufrichtig zu verehren. Der Weise steht in vertrautem Verkehr mit dem, der seinen Himmel in ihm hat." „Denke in jedem Augenblick daran, daß du einen festen Charakter zeigen mußt, wie es sich für einen Mann geziemt. Beweise dich gegenüber der Leitung des Gottes, der in dir ist, als ein durch Alter gereiftes Wesen, als ein Römer, als ein Kaiser, als ein Soldat auf seinem Posten, der das Signal der Trompete erwartet." Deutlich genug hört man auch das pharisäische: „Ich danke dir, Gott, daß ich nicht bin wie andere Leute!" durchklingen. „Denke daran," spricht er einmal sich selbst zu, „daß dein Leben vollendet ist, daß du dein Werk vollbracht hast. Denke an so viele schöne Stunden, die du gesehen, an so viele Freuden und Schmerzen, die du verachtet, an so viele Ehren, die du verschmäht, an so viele Undankbare, die du mit Wohlwollen behandelt hast."

Ein Mann, der so stand, konnte für das Evangelium, für die Predigt von der Gnade Gottes kein Verständnis haben. Das Christentum, die ganze Gesinnung seiner Bekenner mußte ihn abstoßen. Renan nennt einmal die Schrift „An sich selbst" das Handbuch der Resignation, das Evangelium derer, welche an nichts Übernatürliches glauben, und es ist, nebenbei gesagt, bezeichnend für unsere Zeit, daß dieses Buch heute wieder so viel Bewunderer findet. Sagt doch Renan selbst, die Religion Marc Aurels sei die absolute Religion; keine Revolution, kein Fortschrittt, keine Entdeckung werde sie ändern können. Sieht man genauer hin, so kann man gerade an Marc Aurel erkennen, wie ungenügend eine solche Religion für ein Menschenherz ist, und kaum möchte eine andere Persönlichkeit so deutlich wie die

Marc Aurels zeigen, daß die antike Weltanschauung durchaus nicht vermag, dem Herzen Frieden zu geben. Marc Aurel ist ein tief unglücklicher Mensch. Trost hat ihm seine Religion nicht gebracht, sein Herz ist und bleibt tief zerrissen. Wenn man wissen will, was das heißt, die Heiden haben keine Hoffnung, dann muß man seine Selbstgespräche lesen. Da ist nirgends ein Strahl von Hoffnung, hoffnungslose Traurigkeit durchzieht sie, und an die Stelle der Hoffnung tritt eine melancholische Sehnsucht nach Vernichtung, dieses buddhistische Lebensideal, das alles kräftige Handeln ertötet, auch bei Marc Aurel ertötet hat. „Hier unten," sagt er einmal, „verdient nur Eins, daß wir uns mit ihm beschäftigen: mit Resignation unter Lügnern und Ungerechten leben, ohne sich selbst jemals von der Wahrheit und Gerechtigkeit zu entfernen." Ja, eisig kalte Resignation beherrscht alles, aber daß diese Resignation kein Friede ist, zeigt das krankhafte Sichselbstbeobachten und Sichselbstquälen. Ein Dämon des Zweifels beherrscht ihn, und nie wird er die Skrupel los, weder, wenn er in Rom mit seinen Philosophen ein beschauliches Leben führt, noch in seinem einsamen Zelt im Lande der Quaden an der Donau. Ein fieberhaftes Streben nach Vervollkommnung treibt ihn, und doch weiß er, daß er das Ziel nie erreichen wird. Stolz sieht er auf den Aberglauben des Volkes herab, und verschmäht es dann doch nicht, in seiner Not gegen die Feinde Zaubermittel zu gebrauchen, die ihm Alexander von Abonoteichos, dieser Schwindelprophet, angegeben, und sich dadurch geradezu lächerlich zu machen. Die Markomannen schlugen die Löwen, die er auf Alexanders Rat durch die Donau in ihr Gebiet schwimmen ließ, und die sie für große Hunde hielten, einfach tot.

Daß ein Mann wie Marc Aurel zum Christenverfolger wurde, kann uns jetzt nicht mehr wundernehmen. Die Glaubensfreudigkeit der Christen konnte auf ihn nur den Eindruck der Schwärmerei machen. So äußert er sich in seinen Selbstbetrachtungen auch über das Christentum. „Die Seele," sagt er, „soll bereit sein, wenn sie den Körper verlassen muß, entweder zu verlöschen, oder aufgelöst zu werden, oder noch eine Zeit lang mit dem Körper fortzubauern. Diese Bereitwilligkeit muß aber das Ergebnis eines freien Urteils sein und nicht einer bloßen Hartnäckigkeit wie bei den Christen. Man muß Überlegung und Würde anwenden, so daß man andere überzeugt ohne Gepränge." Wie hoch dünkt sich da der Kaiser über die christlichen Märtyrer erhaben! Was sie in den Tod trieb, dafür hatte er keinen Sinn. Wird er doch auch schwerlich mehr von dem Christentum gewußt haben, als was ihm das Gerücht zutrug, und was ihm etwa sein Lehrer und Freund Fronto davon sagte.

Daß gerade dieser erste litterarische Bekämpfer des Christentums ihm so nahe stand, ist auch für Marc Aurel bezeichnend. Fronto ist ein Gelehrter, ein Anhänger der damals beliebten Renaissance. Altertümelei ist Mode. Ennius gilt mehr als Virgil, Catos Stil wird dem des Cicero vorgezogen. Fronto ist ein Rhetor. Er hat mehr Worte als Ideen. Die Form wird aufs feinste ausgefeilt; je weniger man zu sagen hat, desto mehr wird deklamiert. Vielwisserei und dabei doch eine unsagbare Armut an Gedanken ist der Grundcharakter. Dabei fehlt jede Wärme, jede Begeisterung, es sei denn die für seine eigenen rethorischen Kunststücke. Übrigens ist Fronto ein durchaus anständiger Mann, human, dienstwillig, seinen Freunden treu auch im Unglück, nicht ohne Gefühl, so weit seine Rhetorik dafür Raum läßt. Er ist kein Eiferer; mit einer gewissen Ruhe und Kühle hält er den Glauben an die Götter, an eine Vorsehung, an ein freudenreiches Leben nach dem Tode fest. Hervorstechend ist auch bei ihm das stolze Selbstbewußtsein des Stoikers. Schon alternd und kränkelnd, durch den Tod seiner Frau tief betrübt, niedergebeugt durch den Verlust von fünf Kindern, schreibt er doch noch diese Zeilen: „Was mich tröstet, ist, daß mein Leben beinahe zu Ende, seinem Ziel nahe ist. Wenn der Tod kommt, werde ich frei mein Gewissen öffnen und mir das Zeugnis geben, daß ich mein Leben lang nichts gethan habe, worüber ich erröten müßte oder mir einen Vorwurf machen als über einen Makel oder eine Schändlichkeit. Kein Zug von Geiz oder Treulosigkeit war bei mir zu finden, aber im Gegenteil zahlreiche Akte der Liberalität, der Anhänglichkeit, der Treue, des Mutes oft mit Gefahr meines Lebens. Ich habe gelebt in der innigsten Vereinigung mit

ben Besten der Brüder. Die Ehren, die ich erlangt habe,
habe ich nicht auf schlechten Wegen gesucht. Ich habe die
Sorge für meine Seele der für den Leib vorgezogen und die
Pflege der Wissenschaften der Verfolgung meiner Interessen.
Ich bin mit Überflüssigem nicht verschwenderisch umgegangen,
einigemale bin ich's mit dem Notwendigen. Ich habe gewissen=
haft die Wahrheit gesucht und habe sie mit Freuden gehört.
Ich bin lieber arm gewesen, als daß ich andere um Hülfe
angesprochen hätte; ich habe lieber Mangel erdulbet, als ge=
bettelt. Ich habe lieber vergessen sein wollen, als ein Schmeichler,
lieber schweigen, als mich verstellen, lieber ein nachlässiger Freund
sein, als ein eifriger Höfling. Ich habe wenig Ansprüche ge=
macht, ich habe mir nicht wenig Verdienste erworben. Ich
habe eifrig denen geholfen, die es verdienten, und ohne Zögern
denen, die es nicht verdienten, und der wenige Dank, den ich
gefunden habe, hat mich nicht lässig gemacht, andern so viel
Gutes zu thun, wie ich konnte." Ein Mann, der am Ende
seines Lebens eine solche Beichte ablegt, dem mußte freilich
das Evangelium von dem Heiland der Sünder ein unverständ=
liches Wort bleiben. Er brauchte keinen Heiland, und wo er
ihn fand, mußte er ihm entgegentreten. Fronto ist aber nur
ein Typus der Zeit. Wie er dachten viele, namentlich in der
Umgebung des Kaisers. Die lange verdächtigte, von den
früheren Kaisern oft verfolgte Philosophie ist jetzt zur Herr=
schaft gekommen. Ein Philosoph sitzt auf dem Kaiserthrone,
Philosophen bekleiden die höchsten Staatsämter, verwalten die
Provinzen. Das konnte für die Kirche nicht Frieden, sondern
nur Kampf bedeuten.

Aber auch ganz abgesehen von persönlichen Sympathien
oder Antipathien, mußten den Kaiser seine politischen Anschau=
ungen und Strebungen zum Feind des Christentums machen.
Der Staat ist ihm alles. „Das Ziel der vernünftigen Wesen,"
sagt er, „ist, sich der Vernunft, dem Gesetze des Staates und
der Staatsregierung, zu unterwerfen." „Was dem Bienen=
schwarm nicht nützt, nützt auch der Biene nicht." Es ist ein
Gesetz des Universums, den Teil dem Ganzen zu opfern, so
auch im Staate. Die die Einheit der Bürger zerstören, sind

ihm Aufrührer. Darnach konnte er auch in den Christen nur
Aufrührer sehen. Von dem Gewissen des Einzelnen und was
das fordert, hat der Kaiser keine Ahnung. Er ist Römer. Her=
stellung der Römertugend und dadurch des römischen Staates,
das ist sein Grundgedanke. „Zu jeder Stunde denke daran,
alles was du unter Händen hast, als ein Römer zu thun!"
ruft er sich selbst zu. So ist ihm denn auch das Christentum
nur unrömischer Aberglaube, der weggethan werden muß, um
dem echt römischen Geiste wieder Raum zu machen.

In den ersten Jahren der Regierung Marc Aurels war
die Lage den Christen noch die alte. Noch waren die tra=
janischen Vorschriften für das Verfahren gegen sie maßgebend,
nur daß die mancherlei Unglücksfälle, die das Reich trafen,
den Fanatismus der Heiden stärker anstachelten, und daß die Be=
hörden den Forderungen des Volkes weniger Widerstand ent=
gegensetzten. Besonders heftig entbrannte die Verfolgung in
Kleinasien. In ihr starb auch der letzte Apostelschüler, Poly=
karp, den Märtyrertod. Schon hatte der Prokonsul, dem Volks=
geschrei nachgebend, eine Anzahl Christen qualvoll hinrichten,
den wilden Tieren vorwerfen oder auf dem Scheiterhaufen
verbrennen lassen, da forderte das im Amphitheater versammelte
Volk auch den Tod des Polykarp. „Hinweg mit den Gott=
losen! Laß den Polykarp aufsuchen!" so bestürmte es den
Prokonsul. Polykarp hatte sich auf ein Landgut in der Nähe
der Stadt zurückgezogen, und als er dort gesucht wurde, ent=
floh er nochmals auf ein anderes; indes hatte man zwei
Sklaven gefangen genommen, von denen der eine auf der
Folter den Aufenthalt des Bischofs verriet. Als nun die
Soldaten, die zu seiner Gefangennehmung ausgesandt waren,
sich dem Landhause näherten, befand sich Polykarp in dem
oberen Stockwerk des Hauses und hätte von da leicht auf das
Dach des Nachbarhauses flüchten können. Er weigerte sich aber,
als ihm das geraten wurde. „Es ist genug! Des HErrn
Wille geschehe!" antwortete er und stieg ruhig hinab, sich den
Soldaten zu überliefern. Nur bat er noch um eine Stunde
zum Gebet. Aber zwei Stunden riß ihn die Andacht hin, so
daß die Heiden selbst davon gerührt wurden.

Dann wurde der greise Bischof auf einem Esel in die Stadt gebracht. Unterwegs begegnete ihm der Polizeimeister, nahm ihn in seinen Wagen und redete ihm freundlich zu. „Was ist es doch Böses zu sagen: Der Kaiser unser Herr! und zu opfern?" Polykarp schwieg erst; als sie in ihn drangen, antworte er ruhig: „Ich werde nicht thun, was ihr ratet." Mit Schimpfreden warfen sie ihn jetzt so heftig aus dem Wagen, daß er sich das Schienbein verletzte, aber freudig, als ob ihm nichts geschehen wäre, ging er weiter. Im Zirkus erwartete ihn der Prokonsul, umgeben von einer ungeheuren Volksmenge, die auf die Nachricht, Polykarp sei gefangen, zusammengeströmt war. Der Prokonsul erinnerte ihn zuerst an sein hohes Alter, dessen möge er schonen und seine Reue dadurch bezeugen, daß er beim Genius des Kaisers schwöre und einstimme in den Ruf: Hinweg mit den Gottlosen! Mit festem Blick sah der Bischof die tobende Menge an und, mit der Hand auf sie hin= weisend, den Blick nach oben, sprach er: „Ja, hinweg die Gott= losen!" Nun drang der Prokonsul weiter in ihn: „Schwöre und ich lasse dich frei, fluche Christo!" Da antwortete Polykarp: „Sechsundachtzig Jahre sind's, daß ich ihm diene, und er hat mir nichts Böses gethan, wie könnte ich ihm fluchen, meinem Könige, meinem Heilande?" Als der Prokonsul dennoch fort= fuhr, in ihn zu bringen: „Schwöre beim Genius des Kaisers!" erwiderte Polykarp: „Wenn du darin deine Ehre suchst, mich zu bewegen, daß ich beim Genius des Kaisers, wie du sagst, schwören soll, so scheinst du nicht zu wissen, wer ich bin. Höre es denn: Ich bin ein Christ!" Damit war das entscheidende Wort ausgesprochen, und das Verfahren eigentlich am Ende. Dennoch versuchte der Prokonsul noch, ihn zu retten, er möge nur das Volk überreden, von der Forderung abzustehen. Das lehnte Polykarp aber ab. „Dir war ich Antwort schuldig, denn wir sind gelehrt, der von Gott geordneten Obrigkeit die ihr gebührende Ehre zu geben, jene aber achte ich nicht wert, ihnen Rechenschaft abzulegen." Umsonst drohte der Prokonsul jetzt mit den wilden Tieren und dem Scheiterhaufen, Polykarp blieb seinem Bekenntnis treu, und so ließ denn der Prokonsul ausrufen: „Polykarp hat sich selbst als einen Christen bekannt!"

Kaum hatte der Herold das verkündigt, da schrie die ganze
Menge: „Das ist der Lehrer der Gottlosigkeit, der Vater der
Christen, der Feind unserer Götter, der so viele lehrt, nicht
zu opfern und die Götter nicht anzubeten.“ Sie stürmten auf
den Asiarchen Philippus, den Vorsteher der öffentlichen Spiele,
ein und forderten, er solle die Löwen auf Polykarp loslassen.
Als dieser das verweigerte, weil die Spiele bereits zu Ende
seien, schrieen sie, dann solle Polykarp verbrannt werden. Sogleich
schleppten sie aus den nahen Werkstätten und Badeanstalten
Holz zusammen und errichteten einen Scheiterhaufen. Polykarp
wollte nicht an den Pfahl befestigt sein. „Laßt mich so,“
sagte er, „derjenige, der mir giebt das Feuer auszuhalten,
wird mir auch geben, ohne mit Nägeln befestigt zu sein, unbeweglich auf dem Scheiterhaufen zu stehen.“ Nachdem er dann
noch mit lauter Stimme gebetet: „Herr, allmächtiger Gott,
Vater unseres Herrn Jesu Christi, ich preise dich, daß du mich
gewürdigt hast dieses Tags und dieser Stunde, teilzunehmen an
der Zahl deiner Zeugen und an dem Kelche deines Christus,“
wurde er von den Flammen verzehrt. Es war am 6. April 166.

Um dieselbe Zeit besiegelte Justin das in seiner Apologie
abgelegte Zeugnis mit dem Märtyrertode. Als er die Apologie schrieb, wußte er schon, was seiner wartete. Er erzählt
die Hinrichtung mehrerer Christen, die zu jener Apologie Veranlassung gab, und setzt dann hinzu: „Auch ich erwarte, daß
ich von ihren Nachstellungen ergriffen und an den Pfahl gehängt werde.“ Er kannte die Rachsucht des Philosophen Crescens und hatte ja täglich vor Augen, wie leicht es war, einem
Christen zum Tode zu verhelfen. Crescens benunzierte ihn, und
mit mehreren andern Christen wurde er vor den Stadtpräfekten
Junius Rusticus gebracht. Ruhig erklärte Justin, wer er sei
und was er treibe, daß er selbst die Wahrheit gesucht und gefunden, und nun, wenn jemand zu ihm komme, dem die Lehren
der Wahrheit mitteile. „So bist du ein Christ?“ fragte der
Präfekt, und Justin erwiderte: „Ja, ich bin ein Christ.“ Nachdem auch die übrigen dasselbe Bekenntnis abgelegt, wandte
sich der Präfekt wieder an Justin und fragte höhnisch: „Höre
du, der du gelehrt heißest und die wahren Lehren zu kennen

meinst, wenn du gegeißelt und enthauptet werden wirst, bist
du überzeugt, daß du dann in den Himmel aufsteigen wirst?"
„Ich hoffe," erwiderte Justin, „daß ich Christi Gnadengeschenk
empfangen werde, wenn ich das alles werde überstanden haben."
„Du meinst also wirklich, daß du in den Himmel aufsteigen
und dort eine Vergeltung empfangen wirst?" sagte der Präfekt
noch höhnischer. „Ich meine es nicht nur, sondern ich weiß es
und bin fest davon überzeugt," antwortete Justin. Das mochte
dem Präfekten wie vollendeter Wahnsinn klingen. Es schien
ihm nicht mehr der Mühe wert, mit solchen Leuten zu ver-
handeln. „Um es kurz zu machen, tretet zusammen und opfert
einmütigen Sinnes den Göttern." „Keiner, der recht gesinnt
ist, wird von der Gottesverehrung abfallen in das Gegenteil,"
lautete die Antwort. „Wenn ihr nicht Gehorsam leistet, werdet
ihr ohne Schonung die Strafe erleiden," drohte der Präfekt,
aber freudigen Mutes antworteten die Christen: „Thue was
du willst, wir sind Christen und opfern den Götzen nicht."
Da sprach der Präfekt das Urteil: „Als die den Göttern nicht
opfern und dem Befehle des Kaisers nicht Gehorsam leisten
wollen, sollen sie gegeißelt und hingerichtet werden, den Gesetzen gemäß." Gott lobend zogen die Märtyrer auf den Richtplatz, wurden gegeißelt und mit dem Beile enthauptet.

Beachten wir, daß wir von der Verfolgung nur, soweit
sie bedeutende Männer wie Polykarp und Justin traf, ausführ-
lichere Berichte haben, daß aber, wie manche zerstreute Notizen
schließen lassen, auch sonst viele Namenlose für den Herrn litten,
so erscheint die Lage der Christen schon in den ersten Jahren Marc
Aurels bedrängt genug. Sie sollte sich aber noch viel schlimmer
gestalten. Was den Kaiser bewog, zum erstenmale über die
trajanischen Verordnungen hinauszugehen, läßt sich leicht vermuten. Die Verhältnisse des Reiches gestalteten sich immer
trüber. Zwar die Parther waren niedergeworfen, aber im
ganzen Reiche wütete Pest und Hungersnot, der Krieg an der
Donau wurde mit wechselndem Glück geführt und kostete die
größten Anstrengungen. Daß auch die Römer schwere Nieder-
lagen erlitten, läßt sich schon daraus entnehmen, daß später,
nach Beendigung des Krieges, die Jazygen 100 000 römische

Gefangene zurückgaben. Einmal war der Kaiser nahe daran,
mit seinem ganzen Heere von den Quaden gefangen genommen
zu werden. Die Hülfe soll auf das Gebet der X. Legion,
die angeblich fast ganz aus Christen bestand, gekommen sein.
Als alles verloren schien, flehten die Christen zu ihrem Gott.
Da kam ein furchtbares Gewitter, der Regen tränkte die ver=
dursteten Legionen, und unter Blitz, Donner und Hagel, der
auf die Feinde niederfiel, wurden diese geschlagen. Die Er=
zählung ist, so wie sie sich findet, nur Sage, denn es läßt
sich nachweisen, daß die X. Legion den Namen Fulminata,
den sie daher bekommen haben soll, schon unter Nerva und
Trajan führte. Geschichtlich ist nur, daß das Heer des Kaisers
in großer Bedrängnis, in Gefahr vor Durst umzukommen,
durch ein plötzliches starkes Regenwetter gerettet wurde. Heid=
nische Berichte und gleichzeitige Bildwerke schreiben die Rettung
heidnischen Göttern, namentlich dem Jupiter Pluvius, zu. Auf
Seiten der Christen bildete sich wohl schon gleichzeitig die obige
Sage, die bereits von Tertullian erwähnt wird.

Der Krieg schwankte noch, da drohte dem Kaiser vom
Orient her neue Gefahr. Avidius Cassius, der Sieger über die
Parther, fiel ab und ließ sich zum Kaiser ausrufen. An Feld=
herrngaben dem Kaiser unzweifelhaft überlegen, eine energische
Natur, konnte er an der Spitze des orientalischen Heeres ein
gefährlicher Nebenbuhler werden. Marc Aurel schloß denn auch
so rasch wie möglich mit den Donauvölkern einen nicht gerade
günstigen Frieden und eilte in den Orient. Nun wurde zwar
Avidius Cassius, als der Kaiser noch entfernt war, ermordet,
und damit die Gefahr beseitigt, aber der Kaiser hielt es doch
für nötig, seinen Zug fortzusetzen, um im Orient den Gehor=
sam herzustellen. Was er dort sah und hörte, scheint auch nicht
erfreulich gewesen zu sein; jedenfalls nimmt seitdem die trübe
Stimmung des Kaisers zu, und namentlich wird er, was in
dem Maße früher an ihm nicht zu bemerken ist, besonders
eifrig in heidnischen Kultushandlungen. Große Lustrationen
und Opfer werden überall angeordnet, in Griechenland läßt
er sich in die Mysterien einweihen. Gerade in Griechenland
war aber damals die Christenhetze aufs lebhafteste im Gange.

„Aller Orten," klagt Tatian, „suchen die Griechen wie im Wettkampf die Obrigkeit gegen die Christen zu treiben; die Gottlosesten der Menschen, sagen sie, müsse man aus dem Lande jagen." Aus der Schrift des Celsus können wir sehen, was man dem Kaiser vorgehalten haben wird. Die Christen seien Schuld an der Not des Reiches, sie allein versagten dem Staate ihre Hülfe in einer Zeit, wo alle Kräfte aufgeboten werden müßten, sich der Feinde zu erwehren. Man wies auf das Wachsen der Kirche hin, welche Masse die Christen schon bildeten. Wenn das so fortgehe, hieß es, werde der Kaiser bald allein stehen, und das Reich die Beute der Barbaren werden. Bei der Antipathie des Kaisers gegen die Christen, die seine Lehrer und Freunde, Fronto und der in den Christenverfolgungen oft genannte Stadtpräfekt Junius Rusticus, wohl noch genährt haben werden, fanden solche Worte leichten Eingang. Schwebte dem Kaiser doch Herstellung der Römertugend und des Römerreiches als höchstes Ziel vor; sollte dieses Ziel aber erreicht werden, dann mußten diese unrömischen Menschen ausgerottet werden.

So erließ denn Marc Aurel ein Reskript, das über die trajanischen Verordnungen weit hinausging. Wir kennen es zwar dem Wortlaut nach nicht, aber der Apologet Melito nennt es barbarisch an Grausamkeit. Der Kaiser befahl alle diejenigen, welche neue Sekten oder Religionen einführen, die ihrem Wesen nach zur Erregung des Volkes dienen, mit dem Tode oder mit Deportation zu bestrafen. Die Christen sind zwar nicht direkt genannt, aber sie vor allen wurden davon betroffen. Blieb das trajanische Reskript auch sonst bestehen, die Bestimmung, daß die Christen nicht aufgesucht werden sollten, ist beseitigt. Jetzt werden sie aufgesucht um so eifriger als den Denunzianten die konfiszierten Güte der Verurteilten als Belohnung verheißen wurden. Das rief eine nahezu allgemeine Verfolgung hervor. Nicht nur wurden jetzt von Privatpersonen, die nach den Gütern der Christen lüstern waren, Anklagen über Anklagen erhoben, sondern die Behörden selbst beeilten sich, den Judaslohn zu verdienen. Was bisher nicht geschehen war, das geschah jetzt, überall wurden die Christen aufgesucht,

vor Gericht gestellt, oft aufs grausamste hingerichtet und ihre
Güter eingezogen.

Wie viel schwerer diese Verfolgung war als alle bis=
herigen, davon bekommen wir einen Eindruck, wenn wir den
Brief lesen, in welchem die Gemeinden von Lugdunum (Lyon)
und Vienne ihre Leidensgeschichte erzählen. Das Volk begann
damit, die Christen zu beschimpfen, sie mit Steinen zu werfen
und ihre Häuser zu plündern. Dann wurde eine Anzahl ge=
fänglich eingezogen, und durch mancherlei Martern und Qualen
suchte man Geständnisse von ihnen zu erpressen. Die meisten
blieben fest, aber einige fielen zur großen Betrübnis der Ge=
meinde ab. Schlimmer noch war es, daß Sklaven christlicher
Herren auf der Folter aussagten, es sei wahr, was man von
den Greueln erzähle, welche die Christen im Geheimen begingen.
Nun hatte man ja den Beweis der Gottlosigkeit in Händen, und
die Wut der Heiden stieg aufs höchste. Mit den entsetzlichsten
Martern suchte man jetzt den Christen dasselbe Geständnis zu
entreißen. Den ganzen Tag wurden sie gequält, bis die Henker
ermatteten, aber sie blieben ihrem Glauben treu. Eine zarte
Jungfrau, Blandina, antwortete auf alle Fragen nur: „Ich bin
eine Christin! bei uns wird nichts Böses gethan," und wieder=
holte das Wort noch, als alle Arten der Folter an ihr versucht
waren, und sie blutend und zerfleischt kaum noch atmete. Ein
Knabe, Pontikus, hielt trotz seiner Jugend (er war 15 Jahre
alt) alle Qualen standhaft aus. Seine eigene Schwester stand
ihm zur Seite und ermahnte ihn zur Treue. Der über 90 Jahre
alte Bischof Pothinus von Lyon schleuderte dem Legaten auf
die Frage: „Wer ist der Gott der Christen?" die kühne Ant=
wort ins Gesicht: „Du wirst ihn erkennen, wenn du dessen würdig
sein wirst." Er wurde so gemartert, daß er zwei Tage nachher
im Gefängnisse starb. Auch die anfangs verleugnet hatten, wur=
den durch solche Beispiele so gestärkt, daß sie sich zu neuem Be=
kenntnis ermannten. Da unter den Angeklagten römische Bürger
waren, fragte der Legat zunächst in Rom an, und auf Befehl
des Kaisers wurden die römischen Bürger mit dem Schwert
getötet, die andern den wilden Tieren vorgeworfen. Von weit
und breit strömten die Heiden zu diesem Schauspiel zusammen.

Alle Verurteilten starben mit größter Freudigkeit, zuletzt Blan=
bina, die aller Tod mit angesehen hatte, die Brüder stärkend und
ermahnend. Mit Freude und Danksagung trat sie auf den Kampf=
platz, als ginge sie zur Hochzeit, nicht als sollte sie den wilden
Tieren vorgeworfen werden. In ein Netz eingeschlossen, wurde
sie einem wilden Stier vorgeworfen und, nachdem dieser sie mehr=
mals mit den Hörnern in die Höhe geschleudert, getötet. Selbst
Heiden gestanden, daß nie eine Frau unter ihnen so geduldet
habe, und die Gemeinde fügt der Erzählung hinzu: „So ver=
herrlichte sich der Herr in denen, die schwach und gering er=
schienen vor der Welt." Die Leichen der Märtyrer wurden
verbrannt, und die Asche in die Rhone gestreut. „Nun wollen
wir doch sehen, ob sie auferstehen werden!" spotteten die Heiden.

Das Bild, das uns hier entrollt wird, ist nur ein ein=
zelnes aus dieser Schreckenszeit. Vergeblich erhoben die Apo=
logeten Melito, Miltiades, Athenagoras ihre Stimmen. Die
Verfolgung ging durch das ganze Reich, bereits ein Vorspiel der
späteren allgemeinen Verfolgungen. „Der Dämon der Christen,"
jubelt Celsus, „wird aus jedem Lande hinausgetrieben, und die
ihm Geweihten gefesselt weggeführt und an den Pfahl gehängt,
und der Dämon oder, wie du sagst, der Sohn Gottes rächt sich
nicht." Celsus sieht das Wort des Apollopriesters jetzt an den
Christen erfüllt: „Spät mahlen die Mühlen der Götter," und
höhnisch verweist er darauf, wie es den Anbetern des Einen
Gottes ergeht! „Den einen (den Juden) ist, anstatt daß sie
Herren der Welt wären, auch nicht Eine Erdscholle oder Ein
Herd übergelassen; von euch (den Christen) aber irrt zwar der
eine oder andere noch in der Verborgenheit umher, aber er
wird aufgesucht zur Strafe des Todes."

4. Erste Siegesahnungen.

Bei allem Jubel über die Verfolgung der Christen muß
Celsus doch ein Gefühl davon gehabt haben, daß diese Verfol=
gung sie nicht vernichtet habe, und nicht vernichten werde. Wes=
halb hätte er sie sonst gerade jetzt auch litterarisch angegriffen?
Denn höchst wahrscheinlich fällt die berühmte, oder lieber berüch=

tigte Schrift, die er unter dem Titel „Wahres Wort" heraus=
gab, eben in diese Zeit. Wir besitzen sie zwar nicht vollständig
mehr (später hat christlicher Eifer sie vertilgen zu müssen ge=
glaubt), aber wir können sie doch aus der Gegenschrift des Ori=
genes ziemlich vollständig herstellen. Liest man sie, so kann man
sich des Staunens nicht erwehren, nicht etwa bloß darüber, daß
Celsus das Christentum so genau kennt, im Alten und Neuen
Testamente bewandert ist, auch nicht über das kaum je wieder er=
reichte Maß von giftigem Haß, den er zumeist gegen Christum
selbst ausschäumt, sondern ganz besonders darüber, mit welchem
Scharfsinn der Heide den eigentlich entscheidenden Punkt getroffen
hat, und fast noch mehr darüber, daß sich hier, in der ältesten
Streitschrift gegen den christlichen Glauben, die wir kennen, bereits
alles findet, was bis auf den heutigen Tag dagegen vorgebracht ist.

Nach einer wohlüberlegten Taktik läßt Celsus das Christen=
tum zunächst von einem Juden bestreiten, um dann erst selbst auf=
zutreten und beide, Judentum und Christentum zu bekämpfen.
Auf diese Weise nützt er nicht nur den jüdischen Haß und alle
Lügen, welche dieser über Christum ausgebreitet hatte, in seinem
Interesse aus, sondern das Judentum dient auch dem Christentum
als Folie, um es noch schwärzer, noch verwerflicher erscheinen zu
lassen. Schon das Judentum ist Abfall von der väterlichen Reli=
gion, aber es ist doch noch immer eine Volksreligion, hat doch
noch etwas Vaterländisches; das Christentum dagegen, das wieder
durch Abfall vom Judentum entstanden ist und den Wahnsinn
auf den Gipfel getrieben hat, ist reine Empörung, offener Aufruhr.

Wie schon angedeutet, kommt der Haß des Celsus am
meisten dem HErrn selbst gegenüber zu Tage. An diesem läßt er
gar nichts Gutes. Er ist ihm ein ganz ordinärer Schwindler und
Betrüger. Von einem armen, bäurischen, um Lohn spinnenden
Weibe, die im Ehebruch mit einem Soldaten Panthera lebte, ge=
boren, hat er in Ägypten Zauberei gelernt und damit Menschen
niedrigsten Standes, Zöllner und Fischer an sich gezogen. Denen
hat er vorgeschwindelt, er sei der Sohn Gottes und von einer
Jungfrau geboren, hat mit ihnen ein elendes Fluchtleben geführt
und zuletzt (so wenig Gewalt hatte er selbst über seine Anhänger),
von einem seiner Schüler verraten, von einem anderen verleugnet,

einen schmählichen und feigen Untergang gefunden. Großes hat
„dieser Pestmensch", „dieser Prahler", „dieser Goet" nicht gethan, nur einige Zauberkünste getrieben, die aber auch an die
Anderer nicht hinanreichen. Böses und Unrecht hat er viel gethan,
nur weiß Celsus nicht zu sagen was? Was die Evangelien von
ihm berichten, beruht teils auf seinen eigenen Lügen, teils auf
den Lügen seiner Jünger. Er soll zwar sein Leiden, auch die
Verleugnung und den Verrat vorherverkündigt haben, aber Celsus
führt aus, der Umstand, daß es eben so geschah, sei schon ein
Beweis, daß es nicht vorhergesagt sein konnte: „Denn wie
konnten die, die es aus seinem Munde vorher gehört, ihn noch
verraten und verleugnen? Sagte er das als Gott vorher, so
mußte es ja so geschehen, und, die es thaten, hat er, der Gott,
selbst zu diesem Gottlosen verführt. Und wenn es so geschehen
mußte, und er sich gehorsam dem Willen des Vaters unterwarf,
weßhalb hat er denn in Gethsemane um Hülfe gerufen und so
gewehklagt?" Es mag wahr sein, daß er zu seinen Jüngern
gesagt, er werde wieder auferstehen, aber solche Windbeuteleien
haben auch andere getrieben. Auch sonst hört man in den Mythen
von Auferstandenen. Das sind eben Mythen. „Oder meint ihr,
daß die Dinge der Anderen Mythen seien und als solche gelten,
während bei euch die Katastrophe des Dramas anständig oder
wahrscheinlich erfunden sei, seine Stimme am Pfahl, als er aus-
atmete, und das Erdbeben und die Finsternis? Daß er zwar
lebend sich selbst nicht half, tot aber aufstand und die Zeichen
der Strafe zeigte und die Hände, wie sie durchbohrt waren? Wer
hat das gesehen? Ein halbverrücktes Weib, wie ihr sagt, und
vielleicht noch ein anderer von derselben Betrügerverbindung, indem er vermöge einer gewissen Disposition träumte oder nach
seinem eigenen Willen in verführter Meinung Phantasien hegte,
was doch schon Tausenden begegnete; oder, was am ersten zu
glauben ist, indem er durch diese Gaukelei die Übrigen in Staunen
setzen und durch ein solche Lüge anderen Betrugsbettlern Eingang verschaffen wollte." Wäre er wirklich auferstanden, so hätte
er seinen Richtern und überhaupt allen erscheinen müssen, meint
Celsus, und findet es seltsam, daß er zu seinen Lebzeiten allen
gepredigt und keinen Glauben gefunden hat, als der Auferstandene

aber, da er doch so leicht alle hätte zum Glauben bringen
können, nur einem Weiblein und seinen Genossen heimlich und
schüchtern erschienen ist. Es bedarf kaum erst einer Hinweisung
darauf, daß wir hier bereits dieselben Dinge vor uns haben, die
uns heutigen Tages als sicheres Ergebnis der neuesten Wissen=
schaft angeboten werden. Da ist Renans femme hallucinée
da ist die Visionshypothese in schönster Ausführung.

Wo der Anstoß, den Celsus am Christentum nahm, eigent=
lich wurzelte, haben wir schon oben gesehen, darin, daß der Gott
der Christen ein Gott der Sünder ist, daß das Christentum eine
Religion der Armen, der Sklaven, der Elenden ist. Ein Gott, der
mit den Sündern Erbarmen hat, und sich dagegen von den
stolzen und starken Seelen abwendet, ist für den Heiden eine
Umkehrung aller Begriffe. Die Götter der Heiden lieben nicht
und werden nicht geliebt; die strenge Gerechtigkeit, die ihnen zu=
geschrieben wird, kann nicht vergeben. Gegen diesen Gott, der
sich der Elenden annimmt, der seine Arme ausstreckt nach denen,
die leiden und weinen, der selbst die Schuldigen nicht abweist,
richtet sich denn auch vor allem die Polemik des Celsus.

Als den eigentlichen Kernpunkt des ganzen Christentums
betrachtet er (und damit trifft er wirklich das Rechte) den Glauben,
daß Gott vom Himmel herabgekommen ist, um die Menschen
zu erlösen. In Celsus Augen ist dieser Glaube das Ungereimt=
teste, was man sich denken kann. „Was ist denn der Sinn
solcher Herabkunft für Gott, als daß er die Dinge unter den
Menschen kennen lerne? Weiß er denn nicht alles? Er weiß
es, sagt ihr. Also er weiß es zwar, aber er bessert's nicht, und
es ist ihm nicht möglich, mit voller Kraft zu bessern, wenn
er nicht einen leibhaftigen Jemand dazu schickt?“ Ist er herab=
gekommen, so hat er ja seinen Stuhl im Himmel leer gelassen,
und sein Kommen bringt in diese Welt eine Revolution, „denn
wenn du irgend ein einziges des hiesigen Dinge, auch das kleinste,
verändern würdest, so wird alles umgestürzt dir zu grunde
gehen.“ Aber noch mehr in der Tiefe sucht Celsus diesen Haupt=
artikel des Christenglaubens anzugreifen. Dieser Glaube hat
wieder darin seinen Grund, daß die Christen meinen, die Welt
sei um der Menschen willen gemacht, und Gott kümmere sich

speziell um die Menschen. So lächerlich dünkt ihm das, daß
er die Rasse der Juden und Christen mit Fröschen vergleicht
und mit Würmern, die an einer Pfütze Sitzung halten und sich
streiten. Die Frösche sagen: „Alles offenbart Gott uns zuerst
und kündigt es zuvor an, und die ganze Welt und den himm=
lischen Lauf verlassend, wohnt er allein in unserer Mitte.“ Dann
sagen die Würmer: „Es ist Ein Gott, dann nach ihm kommen
wir, die wir von ihm geworden sind, durchaus Gott ähnlich,
und uns ist alles unterworfen, Erde und Wasser, Luft und
Gestirne; unsertwegen ist alles da und uns zu dienen, ist es
geordnet! Und jetzt, da einige unter uns fehlen, wird Gott
kommen oder seinen Sohn senden, damit er die Ungerechten ver=
brenne, und wir übrigen mit ihm ewiges Leben haben.“ Celsus
erklärt es für Hochmut, zu glauben, Gott habe alles für die
Menschen gemacht. Aus der Naturgeschichte, aus dem Scharf=
sinn vieler Tiere kann man zeigen, daß nicht in höherem Maße
um der Menschen als um der Tiere willen alles gemacht ist.
Ja Celsus bemüht sich jetzt zu zeigen, daß die Tiere in manchen
Stücken höher stehen, als die Menschen. Die Bienen haben auch
ein Oberhaupt und gründen Städte, die Ameisen sorgen für den
Winter und begraben ihre Toten, die Schlangen und Adler ver=
stehen Zauberkünste. Die Vögel schauen die Zukunft und deuten
sie durch ihren Flug an. Selbst nicht einmal die Frömmigkeit
ist ein Vorzug der Menschen. Es giebt nichts Eidestreueres
als die Elefanten, und die Störche übertreffen die Menschen an
Frömmigkeit. Überhaupt, und damit kommt seine Polemik auf
den Gipfel, leugnet Celsus jeden Zweck der Welt. „Also nicht
für den Menschen ist alles gemacht, wie auch nicht für den
Löwen oder Adler oder Delphin, sondern damit diese Welt als
Gottes Werk vollkommen und vollständig in allen Stücken werde.
Deswegen ist alles ausgemessen, nicht als ein Eigentum unter
einander, vielmehr nur als Gesamtwerk, vielmehr als Eigentum
des Ganzen. Gott liegt es am Ganzen, und dieses verläßt
niemals die Vorsehung, und es wird nicht schlechter, noch kehrt
durch Zeit hindurch Gott zu sich selbst zurück, noch zürnt er
der Menschen wegen, wie auch nicht der Affen und Fliegen
wegen; auch droht er diesen nicht, von denen ein jedes in seinem

Teil sein Los bekommen hat." Die Welt, führt er an einer andern Stelle aus, bleibt immer dieselbe. „Böses wird weder früher noch jetzt noch künftig weniger oder mehr werden, denn eine und dieselbe Natur ist die Natur des Ganzen." In der That hätte Celsus darin Recht, so wäre das Christentum im tiefsten Grunde widerlegt, denn es ist nichts anderes, als der Glaube an die Gottesthat, daß er sich der Menschen angenommen und durch die Sendung seines Sohnes die sündig gewordene Welt erlöst und hergestellt hat.

Es ist in der That frappant, wie der älteste Bestreiter des Christentums und einer der jüngsten, Strauß, hier zu= sammentreffen. Ganz wie bei Celsus ist auch bei Strauß die Hauptinstanz gegen das Christentum der nirgends durchlöcherte Naturzusammenhang; ganz wie jener kommt auch dieser zuletzt dabei an, jeden Zweck der Welt zu leugnen. Ihr Zweck ist nur, daß sie ist. Es kommt, führt er aus, eine Zeit, in der die Erde nicht mehr bewohnt, ja in der sie als Planet gar nicht mehr bestehen wird, in der nicht bloß alles was auf Erden ist, alle Arbeiten und Leistungen der Menschen, alle Staaten= bildungen, alle Werke der Kunst und Wissenschaft verschwunden sein, sondern auch kein Andenken in irgend einem Geiste zurück= gelassen haben werden, da mit der Erde natürlich auch ihre Geschichte zu Grunde gehen muß. Entweder hat nun die Erde hiemit ihren Zweck verfehlt, es ist bei ihrem Bestande nichts herausgekommen, oder jener Zweck lag nicht in etwas, das fort= dauern sollte, sondern er ist in jedem Augenblick ihrer Ent= wicklungsgeschichte erreicht worden. Ganz wie Celsus leugnet auch Strauß jedes Besser= oder Schlechterwerden der Welt. Den= selben Satz, den wir oben bei Celsus lasen, lesen wir in Strauß' „altem und neuem Glauben" wieder. „Das All ist in keinem folgenden Augenblicke vollkommener als im vorhergehenden noch umgekehrt." Ja so genau stimmen beide Bekämpfer des Christen= tums zusammen, daß ganz wie Celsus auch Strauß sich bemüht, den Unterschied zwischen Mensch und Tier zu verwischen. „Erst das den Naturgottheiten feindliche Judentum und das dua= listische Christentum," sagt er, „haben die Kluft zwischen Menschen und Tier gerissen," und es ist als ob man Celsus hörte, wenn man liest: „Je genauer das Leben und Treiben irgend einer Tierart beobachtet wird, desto mehr findet sich der Beobachter veranlaßt, von ihrem Verstande zu reden. — Eine Art von Ehrgefühl, von Gewissen ist bei edleren und wohlgehaltenen Pferden und Hunden kaum zu verkennen." Selbst einen „Ansatz höherer moralischer Fähigkeiten" findet Strauß bei den Tieren, und Bienen, Ameisen und Elefanten spielen bei ihm dieselbe Rolle, wie bei Celsus.

Es schien mir von Interesse, an dieser Stelle die Parallele zwischen der Kampfeszeit der Kirche und der Gegenwart, was ich sonst absichtlich nicht gethan habe, einmal auszuführen. Wissen die heutigen Feinde unseres Glaubens nichts anderes vorzubringen, als was der erste Gegner schon vor 1700 Jahren vorgebracht hat, so sind sie widerlegt, ehe sie geschrieben haben. Denn Celsus ist widerlegt, ich meine nicht durch die Gegenschrift des Origenes, so scharf diese mit ihm ins Gericht geht, sondern durch die Thatsache, daß der von ihm verhöhnte Glaube dennoch gesiegt hat.

Eine Ahnung dieses kommenden Sieges scheint denn auch Celsus schon durchzittert zu haben. Er kann doch nicht leugnen, daß es unter den Christen „auch etliche maßvolle, fromme, verständige und zu allegorischen Deutungen geschickte Leute giebt," und während er auf der einen Seite den Stifter des Christentums für einen bloßen Schwindler ausgiebt, betrachtet er dieses selbst doch auf der andern Seite als eine Art Philosophie, vergleicht es also doch wenigstens dem Höchsten, was das Altertum kannte. Auch die mehrmals geäußerte Besorgnis vor den Zauberkünsten der Christen zeigt, daß er eine Macht im Christentum nicht leugnen kann, wenn er er dieselbe auch, seinen sonstigen Anschauungen entsprechend, nur als Zaubermacht betrachtet. Was das Wichtigste ist, Celsus ist selbst in seinem eigenen Glauben nicht mehr sicher. Er verteidigt den Polytheismus nur mit einer gewissen Verschämtheit und mit erheblichen Modifikationen. Ausdrücklich warnt er davor, daß man den Dienst der Götter nicht ins Extrem treiben soll. „Es ist richtiger, zu meinen, daß die Dämonen (die Untergötter) nichts bedürfen, daß ihnen nichts mangelt, aber daß sie sich erfreuen an frommen Gefühlen, die man ihnen bezeugt." Die Hauptsache ist, daß man sich an

den wahren Gott hält und von ihm nicht läßt Tag und Nacht;
in allen Thätigkeiten muß der Sinn auf Gott gerichtet sein.
Damit ist der Polytheismus im Grunde aufgegeben. Celsus
hat selbst schon den Glauben daran verloren und wenigstens
eine Ahnung davon, daß er für eine bereits verlorene Sache
streitet. Sein ganzes Buch ist selbst eine Weissagung des
Sieges für das Christentum.

So verstehen wir es denn auch, wie Celsus bei allem
grimmigen Hasse gegen das Christentum zuletzt dazu kommt,
den Christen eine Art von Kompromiß vorzuschlagen. Sie sollen
geduldet werden, auch Freiheit haben, dem Einen höchsten Gott
zu dienen, wenn sie daneben den Untergöttern, den Dämonen,
die dem Einzelnen in dieser irdischen Welt vorstehen, dienen wollen,
wenn sie den Kaiser zu ehren, und ihm in dieser schweren Zeit
zu helfen, die Arbeit und Not des römischen Reiches zu teilen
sich entschließen können. Celsus läßt es sich sehr angelegen sein,
den Christen diesen Kompromißvorschlag annehmbar zu machen.
Er bemüht sich förmlich den christlichen Glauben und die Philosophie einander näher zu bringen. Es ist ja gar nicht viel,
was er verlangt. Sie können im übrigen Christen bleiben,
den höchsten Gott nach wie vor verehren, wenn sie nur daneben
auch den Dämonen die ihnen gebührende Ehre erzeigen. Wenn
man ihnen noch zumutete, irgend eine Schändlichkeit zu begehen!
Aber was ist es denn für eine Gottlosigkeit, der Athene eine
schöne Hymne zu singen? man ehrt ja in ihr den höchsten Gott
selbst. Oder was für eine Gottlosigkeit ist es, beim Genius
des Kaisers zu schwören? hat ihm nicht Gott die Macht anvertraut? befiehlt er nicht durch Gott und unter seiner Autorität?
Für den Fall aber, daß die Christen diesen Lockungen widerstehen, droht Celsus mit Gewalt, dann werden sie völlig ausgerottet
werden. Also mögen die Christen wählen: Frieden oder Krieg?

Unmöglich wäre der Friede nicht gewesen. Das Christentum hätte ihn haben können vielleicht schon unter Marc Aurel,
noch sicherer einige Jahrzehnte später, als unter den Kaisern
Septimius und Alexander Severus statt der stoischen Philosophie der Synkretismus auf dem Throne saß. Damals wäre
man in den herrschenden Kreisen gern auf einen Friedensschluß

eingegangen, und auch die Stimmung im Volke würde demselben
kaum noch widersprochen haben. Aber um welchen Preis? Um
den Preis, daß das Christentum selbst in den Prozeß der Götter-
und Religionsmischung eingegangen wäre, daß es nichts geworden wäre, als ein Ingrediens mehr in diesem Brei aller
Religionen. Damit aber hätte das Christentum sich selbst aufgegeben. Es ist der höchste Ruhm der Christen, daß sie auf
keinen Kompromißvorschlag, auf keinen voreiligen Friedensschluß
eingegangen sind. Gewiß, das Christentum wird einmal eine
andere Stellung zum römischen Reiche einnehmen, und die ersten
Symptome davon zeigen sich gerade jetzt. Es ist nicht zufällig,
daß eben unter Marc Aurel der Bischof Melito den Gedanken
eines Zusammengeborenseins beider ausspricht, den wir zum Ausgang unserer Betrachtung machten. Die Zeit wird kommen, in
der die beiden kämpfenden Mächte sich zusammenschließen. Aber
jetzt liegt diese Zeit noch fern, für jetzt können die Christen
nur dulden. Sie verwerfen jeden Kompromißvorschlag, sie ver-
schmähen es, sich durch Nachgiebigkeit Gnade zu erkaufen, lieber
wollen sie im ehrlichen Kampfe, des endlichen Sieges gewiß,
fallen. Nirgends ist das bestimmter und ergreifender ausgesprochen als in der Akte der Scillitanischen Märtyrer, deren
Martyrium wahrscheinlich in das Todesjahr Marc Aurels fällt.

In der numidischen Stadt Scillita wurden eine Anzahl
Christen und Christinnen vor das Tribunal des Prokonsuls
geführt. Er bot ihnen Gnade an, wenn sie sich zu den Göttern
bekehren und beim Genius des Kaisers schwören wollten. „Ich
weiß von keinem Genius des Beherrschers dieser Erde," antwortete einer von ihnen, Speratus, „aber ich diene meinem
Gott im Himmel, den kein Mensch je gesehen hat, noch sehen
kann. Ich entrichte meine Abgaben, denn ich erkenne den Kaiser
als meinen Herrn; aber anbeten kann ich nur meinen Herrn,
den König aller Könige, den Herrn aller Völker." Der Prokonsul ließ sie ins Gefängnis führen und versuchte am andern
Tage nochmals, sie umzustimmen. Sie blieben aber fest bei
ihrem Bekenntnis: „Wir sind Christen!" und auf die Frage
des Prokonsuls: „So wollt ihr keine Gnade, keine Verzeihung?"
erwiderte einer im Namen aller: „In einem ehrlichen Kampfe

giebt es keine Gnade. Thue was du willst. Wir sterben mit
Freuden für unsern Herrn Christum." Auf dem Richtplatz
beugten sie nochmals ihre Kniee, beteten mit einander und
wurden dann enthauptet.

Für jetzt erlosch die Verfolgung noch wieder. Commodus,
ein ganz anderer als Marc Aurel, setzte sie nicht fort. Aber
das hatte sie doch klar gemacht, daß die Christen sich getäuscht,
wenn sie von der persönlichen Milde und Gerechtigkeit eines
Kaisers Frieden hofften. Selbst wenn der einzelne Kaiser dafür gewonnen wäre, die Zeit war dafür noch nicht reif. Das
Heidentum mußte erst noch andere Entwicklungen durchmachen,
ehe es sich vor dem Kreuze beugte, und das Christentum mußte
erst noch durch andere Kämpfe hindurch, ehe ihm der Sieg zu
teil werden konnte. Alle bisherigen Kämpfe sind nur Einzel-
kämpfe, die genügen nicht, die große Feldschlacht muß noch geschlagen werden. Die Kirche muß hinein in die Schrecken und
Nöte einer allgemeinen Verfolgung.

Es kann uns das wehmütig stimmen, wenn wir an die
Ströme von Blut denken, die noch fließen sollen. Aber es ist
so Gottes Rat, und ist auch gut so. Das Christentum soll den
Kampf ganz durchkämpfen, es soll den Sieg nicht irgend einem
zufälligen Umstande, auch nicht dem persönlichen Wohlwollen
eines Kaisers danken, sondern den in ihm wohnenden Kräften.
So erst ist der Sieg wirklich ein Sieg, so allein kann die Kirche
auch für alle Zeiten den vollen Segen dieses Kampfes und
Sieges davonbringen. Ein vorzeitiges Kompromiß hätte das
Heidentum in die Kirche getragen. Das ist selbst noch unter
Konstantin geschehen. Wie viel mehr würde es der Fall gewesen
sein, wenn schon unter Marc Aurel Frieden geschlossen wäre!

Aber auch die große Feldschlacht, wie ich sie nannte, wird
noch nicht gleich geschlagen. Zunächst folgt auf den Sturm
unter Marc Aurel eine verhältnismäßige Ruhezeit. In dieser
vollzieht sich die bereits begonnene innere Entwicklung des
Heidentums wie des Christentums, und erst diese Entwicklung
bringt die beiden kämpfenden Teile in die Lage, sich unter
Aufbietung aller Kräfte mit einander zu messen.

Drittes Kapitel.

Der Umschwung.

Röm. 1, 22: Da sie sich für weise
hielten, sind sie zu Narren geworden.
Joh. 16, 13: Der Geist der Wahrheit wird euch in alle Wahrheit leiten.

1. Der Umschwung innerhalb des Heidentums.

Es würde eine ganz falsche Vorstellung sein, wollten wir
uns in dem Riesenkampfe zwischen Christentum und Heidentum
die beiden Gegner beständig in derselben Stellung verharrend
denken. Dazu währt der Kampf viel zu lange. Zieht er sich
doch durch drei Jahrhunderte hindurch. In dieser Zeit haben
beide, das Heidentum wie das Christentum, eine große Entwicklung durchgemacht, und als die letzte Entscheidungsschlacht
geschlagen wird, sind sie beide ganz andere geworden, als sie
waren, da der Kampf begann. Nur wenn man das beachtet,
kann man den Sieg des Christentums verstehen und würdigen.
Denn dieser Sieg ist keineswegs eine bloß äußerliche Verdräng-
ung des Heidentums, sondern eine innerliche Überwindung. Ehe
wir daher weitergehen, wird es nötig sein, daß wir zunächst
ein Bild des großen Umschwungs zu gewinnen suchen, der sowohl innerhalb des Heidentums als des Christentums im
zweiten Jahrhundert sich vorbereitet, im dritten offen zu Tage
tritt, und der die Gegner erst in diejenige Stellung zu einander bringt, welche die Entscheidung des Kampfes herbeiführt.

Auf Seiten des Heidentums läßt sich der Umschwung kurz-
weg als Restauration bezeichnen. Denken wir dabei aber nur

nicht an eine Restauration, die durch irgend welche Macht von
außen hervorgerufen wird. Nein, das Heidentum erlebt wirk=
lich eine religiöse Erweckung. Heutiges Tages meinen manche,
die Religion könne als ein Überflüssiges aus der Welt geschafft
werden. Die so denken, können am dritten Jahrhundert lernen,
daß jeder Zeit der religiösen Dürre, eben weil die Religion
einem unaustilgbaren Bedürfnis entspricht, eine Zeit neuer Er=
weckung des religiösen Lebens folgt. Auf die religiöse Aus=
hungerung des Volks folgt mit Notwendigkeit ein religiöser
Heißhunger, der gierig nach allem hascht, was ihn nur irgend
zu befriedigen verspricht. Damit ist schon angedeutet, daß nicht
der alte einfältige Glaube der früheren Zeit wiederkehrt, sondern
die Wendung, die sich jetzt vollzieht, besteht darin, daß an die
Stelle des Unglaubens der Aberglaube tritt. Der Unglaube
ruft den Aberglauben als seine Kehrseite hervor. Weder der
einzelne Mensch, noch ein Volk kann die Leere des Unglaubens
auf die Dauer ertragen. Im luftleeren Raume ist nun einmal
nicht zu leben. So wird die Stelle, die der Unglaube leer
gemacht hat, mit Aberglauben ausgefüllt. Die falsche Ver=
neinung treibt mit innerer Konsequenz zur falschen Bejahung.

Was im Gange der Entwickelung lag, wurde durch die
Weltlage mächtig gefördert. Als Marc Aurel, von der Pest
ergriffen, auf dem Totenbette lag, und seine Freunde weinend
umherstanden, sprach der Kaiser: „Weinet nicht über mich, weinet
über die Pest und das allgemeine Elend.“ Mit Commodus
kommt das nur kümmerlich noch verdeckte, aber auch von den
besten Kaisern nicht geheilte Verderben des Reiches plötzlich desto
furchtbarer zu Tage. Schreckliche Zeiten beginnen. Die Republik
ist bis auf wenige Reste, die noch ein Scheinleben fristen, be=
graben, aber es ist keine wahre Monarchie an die Stelle ge=
treten, sondern ein Cäsarentum der schlimmsten Art. Es fehlt
nicht bloß an einer Dynastie, in der der Thron vererbt, was
noch schlimmer ist, es fehlt auch jede Bestimmung darüber,
wer das Recht hat, den Kaiser zu ernennen. Der Senat hatte
in gewissem Sinne das historische Recht auf seiner Seite; aber
dazwischen drängen sich die Prätorianer, deren Macht um so
größer war, je schlechter die Kaiser, denn um so mehr bedurften

sie des Schutzes ihrer Leibwache, und um so mehr wurde dieser geschmeichelt. Dann fangen auch die Legionen in den Provinzen an, Kaiser zu erheben, und da jeder neu Erhobene durch noch größere Geschenke die Soldaten an sich zu fesseln sucht, finden diese bald ihren Vorteil in möglichst kurzen Regierungen, bis zuletzt die Kaiserwürde in öffentlicher Auktion an den Meist= bietenden verkauft wird.

„Macht die Soldaten reich, und verachtet den Rest!" lautet das Testament des Septimius Severus. Mit ihm beginnt die Militärmonarchie, die nach einigen Unterbrechungen, in denen zeitweilig der alte Kaiserwahnsinn wieder auftaucht, von einer Reihe großer Soldatenkaiser repräsentiert wird, die das Reich noch einmal retten. Aber es sind eiserne Zeiten, das ganze Reich starrt in Waffen, überall Krieg. Oft sieht es aus, als sollte alles aus den Fugen gehen; ganze Provinzen haben sich losgerissen und stehen unter eigenen Kaisern. Der Gewalthaber sind so viele, daß wir sie nicht einmal alle kennen. Die Bar= baren stürmen an die Grenzen, die Goten stehen schon in Nord= italien, Gallien ist eine Zeit lang in den Händen germanischer Stämme, bis es den großen Generalen gelingt, durch beständige Kriegszüge die Welt noch einmal wieder in die Fugen zu bringen. Solche Zeiten, in denen alles schwankt, alles unsicher ist, wo was heute oben steht, morgen unterliegt, wo die ganze Welt zum Feldlager wird, und kraftvolle Naturen sich von unten auf zum Kaiserthron emporschwingen, aber nur, um nach kurzer Zeit einem Glücklicheren zu weichen, solche Zeiten sind recht dazu angethan, den Aberglauben zu nähren und groß zu ziehen. Ist es doch eine allgemeine Regel, daß Zeiten des Glücks mit ihrer Üppigkeit und Schwelgerei am meisten den Zweifel und Unglauben ausbrüten, Zeiten der Not dagegen wie den Glauben so auch den Aberglauben wachrufen, denn je unsicherer das Irdische, desto mehr greift der Mensch nach dem Überirdischen und Wunderbaren.

Dazu kommt der steigende innere Verfall. Die Welt altert, den Eindruck bekommt man in der Zeit nach Marc Aurel immer mehr. Die Heiden selbst haben davon ein Gefühl. Sie klagen oft darüber, daß es abwärts gehe. Seit das Christentum in

die Welt gekommen, so sagen sie, sei aller Segen gewichen.
Krieg, Pestilenz, Dürre, Heuschrecken, Hungersnot überall. Ja
man wollte sogar wissen, die Flüsse seien seichter geworden und
die Berge niedriger; man sähe den Ätna nicht mehr aus so weiter
Entfernung wie früher. So seltsam das lautet, jedenfalls ist es
ein Symptom, wie stark man sich des Niedergangs bewußt war.
Das römische Reich verarmt mehr und mehr. Selbst in den
besten Zeiten war seine ökonomische Lage schlecht gewesen, wie
sich mit Sicherheit aus den beiden Thatsachen ergiebt, daß der
Zinsfuß sich nicht erniedrigte, und die Bevölkerung nicht wuchs.
Jetzt eilt der Staat vollends dem finanziellen Ruin entgegen.
Die Steuernachlässe werden periodisch. Das Volk konnte nicht
mehr zahlen; was es noch hatte, verschlang der Krieg oder
wurde von der Üppigkeit des kaiserlichen Hofes verschwendet.
Das Geld wird verschlechtert. Die Goldmünze, der Aureus,
sinkt von Cäsar bis Konstantin allmählich im Werte von $22^1/_2$.*M.*
auf $12^1/_2$.*M.* Statt des Silbergeldes prägte man Münzen,
die aus einer Mischung von Kupfer, Zinn und Blei bestanden.
Wirklich wert waren die Stücke so gut wie nichts, aber der
Staat gab ihnen Zwangskurs, während die Staatskassen diese
Münzen selbst nicht nahmen. Es war im Grunde der offen=
bare Staatsbankerott. Der Ackerbau ging zurück. Weithin lagen
die Äcker unbebaut. Schon Pertinax mußte ein Gesetz geben,
nach welchem verlassene Äcker von jedem in Besitz genommen
werden können, der sie kultivieren will. Der Handel stockte.

Der tiefste Grund dieses finanziellen Rückgangs liegt in
der antiken Verachtung der Arbeit, in der Sklavenwirtschaft
und darin, was noch schlimmer ist, daß der Müßiggang und
die Faulheit privilegiert waren. Die Städte, die nicht arbei=
teten, trugen geringe oder keine Lasten, die römischen Müßig=
gänger wurden vom Staat gefüttert. Alles ging vom Staate
aus und wurde vom Staate erwartet, Brot und Spiele. Unsere
großen Städte konsumieren auch, was das Land erarbeitet,
aber sie zahlen es in Industrieprodukten zurück. Der Handel
und die Industrie der großen Städte des Altertums ist aber
wesentlich unproduktiv. Rom zahlte mit den Steuern, die aus
den Provinzen dahin flossen, d. h. es zahlte in Wirklichkeit gar

nicht. Es lebte von den Reichtümern der Provinzen, diese mußten aber einmal aufgezehrt werden. In den ruhigen Zeiten unter den großen Kaisern des zweiten Jahrhunderts merkte man das nicht so, als aber jetzt die unruhigen Zeiten kamen, als ein Bürgerkrieg den andern ablöste, Kaiser gegen Kaiser standen, die Provinzen oft verwüstet wurden, kam das Verderben zu Tage. Die Welt war verarmt, weil sie das Einzige nicht kannte, was wahren Wohlstand schafft und erhält, die freie Arbeit.

Der Verfall ist aber nicht bloß materieller, er ist auch geistiger Art. Freiheit und Schönheit, die beiden Angeln, um die sich das Leben der alten Welt dreht, sind dahin. Hatten die Kaiser des zweiten Jahrhunderts immer noch einen Schein und Schatten der Freiheit gewahrt, so daß man zu Zeiten träumen konnte, sie sei noch da, nun schwindet auch der Schatten. Was kümmerten sich die Schandmenschen, die jetzt auf dem Throne saßen, was kümmerten sich hernach die Soldatenkaiser, die im Feldlager groß geworden, die nur ihrem Schwert vertrauten, um die Freiheit des römischen Volks. Die Schönheit welkt auch, die Kunst sinkt reißend schnell. Sie produziert nicht mehr, sie reproduziert nicht einmal, sie wiederholt höchstens das Vorhandene. Massenhaftigkeit tritt an die Stelle der Schönheit. Alexander Severus ließ in Rom eine Anzahl riesengroßer Statuen setzen, und Gallienus wollte seine eigene Statue als Sonnengott 200 Fuß hoch auf dem höchsten Punkte der Stadt aufrichten. Die Lanze in seinen Händen sollte so dick sein, daß ein Kind auf einer Wendeltreppe darin aufsteigen könnte. Die Schönheit der alten Götterbilder macht abscheulichen Mißgestalten Platz. Ephesinische Dianenbilder mit unzähligen Armen, Zerrbilder, Darstellungen des Allgotts, Pantheen genannt, treten an die Stelle der herrlichen Gebilde, welche einst die griechische Kunst geschaffen. Die Dekoration überwiegt und wird einförmig und steif. Auch die Poesie schwindet. Der Roman verdrängt das Epos und das Drama. Centonen aus Virgil, Gedichte nur aus virgilischen Versen zusammengesetzt, figurierte Gedichte, z. B. ein Gedicht, das geschrieben die Gestalt einer Hirtenflöte hatte, und ähnliche Spielereien finden sich häufig. Die Sprache verwildert. Im Griechischen wie im Lateinischen nehmen Barbarismen zugleich mit Archaismen überhand. Die Philosophie weicht der Rhetorik. Seit Septimius Severus ist es mit der alten Philosophie zu Ende. Selbst physisch entartet das Geschlecht. Wenigstens will man beobachtet haben, daß die Porträtbilder und Statuen, die uns aus dieser Zeit aufbehalten sind, eine zunehmende Häßlichkeit verraten. Die Gestalten haben etwas Krankhaftes, Aufgedunsenes oder Eingefallenes.

Kurzum, die Welt altert und in ihrem Alter wird sie fromm. In dem Übersinnlichen sucht man den Trost, den man sonst nirgends zu finden weiß. Denn alles, wovon man sich früher befriedigt gefühlt hatte, hat seinen Glanz verloren. Die Illusionen sind zerronnen, den Menschen sind die Augen darüber aufgegangen, daß alles, wonach man bisher gestrebt, Ruhm, Genuß, Reichtum keine Befriedigung bietet. Mit welchem Ernste redet man nun wieder von den Göttern. Älian aus dem dritten Jahrhundert hat ein ganzes Buch voll Beispiele zusammengestellt, wie schlimm es den Götterfeinden ergangen ist, und erzählt unter anderen erbaulichen Legenden auch, daß selbst die Elefanten des Morgens ihre Kniee beugen und die Götter anbeten. Apulejus, der am meisten gelesene Romanschreiber der Zeit, ergeht sich in der schwärmerischsten Weise über göttliche Dinge und steckt voll von Aberglauben, aber daneben tragen seine Erzählungen auch einen lüsternen Charakter, und seine Frömmigkeit hat, wie die der ganzen Zeit, etwas von der Frömmigkeit eines Menschen, der jung ein Wüstling, im Alter fromm wird.

Die Tempel werden jetzt wieder fleißiger besucht, und es gehört zum guten Ton, in allem Gottesdienstlichen großen Eifer zu beweisen. Freilich gilt der Eifer mehr den fremden Göttern als den vaterländischen. Die schon begonnene Göttermischung kommt jetzt erst auf ihren Gipfel, der Synkretismus wird die allgemeine Religion eines Geschlechts, das alles nationale abgestreift hat und damit auch die nationalen Götter. Mit welcher Pracht wird das Fest der großen Mutter in Rom gefeiert; wie stolz treten ihre Priester, die Juvenal nur in der Winkelschenke zwischen Schiffern und entlaufenen Sklaven ge-

funden hatte, jetzt auf! Das Geheul um den verlorenen Attys
erschallt an der Tiber so laut, wie je am Orontes, und der
Tag der Hilarien, der Wiederauffindung des Attys, ist für
ganz Rom ein Freudentag. Hatten die Heiligtümer der ägyptischen Götter früher nur in einem Winkel außerhalb der Stadt-
mauern ihren Platz gefunden, schon Domitian baut ein prächtiges
Isium und Serapium, und auf den Straßen Roms finden sich
jetzt besondere Halteplätze (pausae) für die Prozessionen dieser
Götter. Der Kaiser Commodus geht, als Priester der Isis geschoren, selbst in der Prozession mit und trägt das Bild des
hundsköpfigen Anubis. Auch der Dienst des letzten in der
Reihe der aus Osten und aus immer fernerem Osten eingewan-
derten Götter, des persischen Mithras, verbreitet sich mit reißender
Schnelligkeit. Er ist ein Lichtgott, ein Sonnengott, als Gott
der untergehenden Sonne auch der Gott der Unterwelt, zugleich
aber als der unbesiegte Gott, der „unbesiegte Begleiter," wie
er oft heißt, der Gott der Krieger, deshalb recht für diese Zeit
gemacht, in der die ganze Welt von Krieg erfüllt ist. Sein Dienst
wird in einer Höhe vollzogen. In Rom ging die Höhle tief
in den Kapitolinischen Hügel. Auch Kaiser waren ihm zugethan,
und überall, wohin römische Heere gekommen sind, selbst am Rhein,
hat man Mithräen, Mithrashöhlen, gefunden. Auf die Höhe
kam diese Göttermischung in der Zeit, als Elagabal, der Sonnenpriester aus Syrien, als Kaiser seinen Sonnengott, von dem
er auch den Namen angenommen hatte, einen kegelförmigen
schwarzen Stein, aus Emesa nach Rom holen ließ. Dort wurde
dem Gotte ein kostbarer Tempel erbaut und große Opfer gebracht. Dann wurden das Bild und die Schätze der himmlischen
Göttin aus Karthago geholt und diese dem Elagabal feierlich ver-
mählt. Rom und Italien begingen die Vermählung der Götter aufs
festlichste. Die alten Heiligtümer Roms, das Feuer der Vesta und
das Paladium, wurden in den Tempel des neuen Gottes gebracht.

So toll die Dinge sind, die Elagabal treibt, sie haben
doch ihre Bedeutung. Auch in diesen Thorheiten spiegelt sich
etwas von dem Ringen der alten Welt, über den Polytheismus
hinaus zum Monotheismus zu kommen. Eben die Sonne, die
Elagabal verehrt, wird jetzt für viele das Symbol des höchsten

Gottes. Sind doch gerade die Götter, deren Kultus sich jetzt stark verbreitet, Sabazios, Mithras, Serapis, alle Sonnengötter; Aurelian und Konstantius Chlorus sind Sonnendiener, und Konstantin schreitet von der Verehrung des Sonnengottes zur Verehrung des Christengottes fort. Bei andern färbt sich der Monotheismus mehr pantheistisch. Jeder Gott ist ihnen Symbol der Allgottheit. Es deuten das auch Inschriften an, die wir in dieser Zeit vielfach finden: „Allen Himmlischen!" oder: „Allen Göttern und Göttinnen!" Isis heißt bei Apulejus die tausendnamige, und auf einer Inschrift wird sie angerufen: „Du Eine, die du alles bist!" Ja, es werden alle Götter in Einen zusammengefaßt, und Eine Gestalt, auf die man möglichst viele Attribute der verschiedensten Götter übertragen hat, erscheint als ›deus pantheus,‹ als „altgöttlicher Gott." Die meisten denken sich jetzt Einen höchsten Gott, der selbst unbeweglich und unzugänglich die Welt durch eine unzählige Menge von untergeordneten Mächten, Untergöttern, regiert, die seine Vermittler, seine Boten sind und ihm dann wieder die Gebete, die Danksagungen und Gelübde der Gläubigen zutragen. Bezeichnend ist es auch, daß der Glaube an Genien und Dämonen jetzt solchen Raum gewinnt. An Genien hatte man zwar immer geglaubt, der Genius des Kaisers war seit Augustus Zeiten verehrt. Jetzt hat jeder Mensch seinen Genius, jeder Ort, jedes Handwerk, jeder Verein. Wir stoßen in den Inschriften der Zeit auf Genien der Kohorten, der Legionen, der Lager, der Märkte, der Badeanstalten. Überall weiß man sich von diesen Dämonen und Genien umgeben. Man ruft sie an, man beschwört sie, man sieht sie im Traum; sie geben Orakel, sie greifen helfend aber auch Schaden bringend ins Leben ein. Man verehrt sie und fürchtet sie. Wie man sich im Mittelalter allenthalben von Engeln und Teufeln umgeben weiß, so jetzt von Genien und Dämonen. Überhaupt kann man sagen, das Heidentum dämonisiert. Es bekommt etwas Unruhiges, Finsteres, Angstliches. Die alten nationalen Götter hatte man in naivem Glauben freudig verehrt. Jetzt wird der Kultus mehr und mehr düster, ernst, ja grausig. Man hat Angst vor seinen Göttern; das kindliche Zutrauen früherer Tage ist dahin.

Damit steht das Überhandnehmen des Zauberwesens in Verbindung. Heidentum und Zauberei sind unzertrennlich verbunden. Das ganze Heidentum ist von Zauberei durchzogen. Überall finden wir den Glauben an Wettermachen, Bezaubern von Feldern, Liebeszauber, Verwandlung von Menschen in Tiere, Totenbeschwören u. dgl. m. Der Heide lebt in beständiger Angst. Er fürchtet sich vor allerlei Lauten, Vorzeichen, bösem Blick, vor Zaubermitteln und den Spukgestalten der blutsaugenden Lamien und Empusen. Dafür giebt es dann aber auch allerlei Gegenzauber, mit dem man sich schützt, ein ganzes System von Verteidigungsmitteln. Namentlich gelten die Amulette viel, mit denen sich der Heide von oben bis unten behängt.

Das alles war auch bereits früher da. Hatten doch die Kaiser des ersten Jahrhunderts schon genug mit Wahrsagern, Astrologen und Chaldäern zu thun. Hatte man doch den edlen Germanicus schon mit tödlicher Magie umgeben und zu Tode gehetzt, auch grausige Verbrechen nicht scheuend, die begangen werden mußten, um alle die Zaubermittel, Stücke von Menschenleichen und was sonst dazu gehört, zu beschaffen. Aber dies Zauberwerk nimmt jetzt in entsetzlichem Maße zu. Die Religion wird immer mehr eine Religion der Angst. Die Ursache liegt darin, daß das Heidentum keine göttliche Weltregierung kennt, sondern nur ein alles beherrschendes blindes Fatum. So lange die Zeiten kraftvoll waren, hatte man sich diesem Fatum männlich entgegengestemmt oder mit Ruhe erwartet, was unabwendbar war. Jetzt ist bei dem schwach gewordenen Geschlechte Ungewißheit und Angst die herrschende Stimmung, und in dieser Unruhe sucht man mehr als je, die dunkle Zukunft zu erforschen. Deshalb die Ausbildung der Astrologie zu einer vermeintlichen Wissenschaft. Alexander Severus förderte die Astrologie sogar von Staatswegen. Die alten Orakel, die im Anfang unserer Zeitrechnung ziemlich verstummt waren (damals war man zu rationalistisch), werden wieder laut, und neue kommen hinzu. Selbst der Antinous-Gott Hadrians hatte seine Orakel. Die Haruspizien, die Eingeweideschau, die eigentlich römische Art, die Zukunft zu erforschen, kommt wieder in Aufnahme. Alexander Severus ließ durch eigens von ihm besoldete Lehrer

Vorträge darüber halten. Man wühlte in den Eingeweiden nicht nur der Tiere, auch der Menschen, um zu erforschen, was die Zukunft bringen werde. Besonders die letzten heidnischen Kaiser sind diesem Zauberwesen leidenschaftlich ergeben. Weiber und Kinder werden im Palaste der Mitregenten Diokletians lebendig aufgeschnitten, um die Eingeweideschau zu halten. Wie sucht man sich jetzt durch zahlreiche Amulette vor dem Zauber zu schützen! Während der furchtbaren Pest, die in den Jahren 250—60 das Reich verheerte, las man fast über jeder Haus= thüre den Spruch: „Phöbus, des Haar ungeschoren, vertreibt das Gewölke der Krankheit." Der Spruch sollte das Haus vor der Pest behüten. Wie achtet man auf Omina und Vor= zeichen! Fast bei jedem Kaiser wissen die Zeitgenossen von Vorzeichen zu erzählen, die ihm den Thron weissagten. Ale= xander Severus wird unruhig, als ihm ein Mohr mit einem Cypressenkranze begegnet, und ihm bei einem Opfer lauter dunkelfarbige Tiere gebracht werden. In Diokletians Leben spielt die Weissagung einer Druidin, die ihm schon, während er noch als Unteroffizier in der Gegend von Lüttich stand, den Kaiserthron verkündete, eine große Rolle. Maximinus Daja rückt nichts von der Stelle ohne ein Omen; er geht nicht aus ohne sein chaldäisches Stundenbüchlein zu befragen. Besonders eifrig beschäftigt man sich auch mit Traumdeutung. Artemidor von Ephesus hat sein ganzes Leben daran gesetzt, alles zu er= forschen, was über Träume geschrieben ist, auch auf weiten Reisen Material und Erfahrungen gesammelt. Das Ergebnis war sein Buch Oneirocritica, Traumdeutungen. Da werden die Träume in ganz bestimmte Klassen, gleichsam wissenschaft= lich, eingeteilt, und dann die Deutung gegeben. Träumt man von einem großen Kopfe, so bedeutet das Reichtum und Ehren= stellen bei denen, die das noch nicht haben, sonst bedeutet es Sorge. Lange und glatte Haare bedeuten Glück, kurze Haare Unglück; Wolle anstatt der Haare Krankheit, Geschorensein Unheil. Wenn jemand träumt, daß ihm Ameisen ins Ohr kriechen, so bedeutet das bei einem Redner viele Zuhörer, bei andern Menschen Tod, denn die Ameisen kommen aus der Erde. Ohne Gott in der Welt sind die armen Heiden auch ohne Frieden, immer voll Angst und Unruhe.

Umherziehende Goeten nutzten das aus zu einem einträg=
lichen Geschäft. Phantastisch aufgeputzt zogen sie umher und
boten ihre Zaubermittel aus. Von ihnen kaufte man Orakel=
sprüche, Amulette, Talismane, Salben, Ketten und Schnüre,
die allerlei Unheil abwehren, diese und jene Krankheit heilen
sollten. Magier und Zauberer genossen große Verehrung. Man
drängte sich in ihre mystischen Kabinette, wo sie die Zukunft
verkündigten und die Schatten der Toten beschworen, wo auch
Tischrückerei und Tischklopferei betrieben wurde. Mag der
große Spötter Lucian in seinem Alexander von Abonoteichos
auch, um seine Zeit zu verspotten, ein Zerrbild gezeichnet haben,
indem er auf den Einen vieles zusammenhäufte, es muß doch
damals ähnliche Gestalten gegeben haben. Mit einem Komödien=
schreiber aus Byzanz zusammen kauft Alexander in Pella eine
große Schlange. Dann verstecken sie im Apollotempel zu Chal=
cedon zwei eherne Tafeln, auf denen geschrieben steht, daß As=
kulap mit seinem Vater Apollo bald in den Pontus nach Abo=
noteichos kommen werde. Die Auffindung der Tafeln macht
den gewünschten Lärm, und Alexander geht nun nach Abono=
teichos, um dem Gotte einen Tempel zu bauen und alles zu
seinem Empfange zu rüsten. Phantastisch gekleidet, in weißge=
streiftem Purpurgewand, tritt er dort auf und spannt durch
allerlei Kunststücke die Erwartungen des Volkes aufs höchste.
Unterdessen hat er in dem Fundamente des Tempels ein Ei
mit einer kleinen Schlange darin versteckt, und nun tritt er
auf dem Markte auf, um dem Volke die Ankunft des Gottes zu
verkünden. Eingemischte hebräische und chaldäische Phrasen geben
seiner Rede den rechten magischen Charakter, und als die Be=
geisterung auf dem Gipfel ist, rennt er hin, holt das Ei und
zeigt den Erstaunten den jungen Gott. Nach einigen Tagen
schon stellt Alexander dem Volke feierlich seinen Gott vor. Reich
gekleidet liegt der Prophet im halbdunklen Zimmer auf kost=
baren Polstern, und um ihn windet sich eine von ihm früher
gekaufte und dazu abgerichtete Schlange; das ist der nun schon
groß gewordene Gott. Von allen Seiten strömt das Volk zu,
der neue Gott erteilt Orakel und wird für seinen Propheten
eine Quelle des Reichtums und der Ehre. Schätze erhält Ale=

xander im Überfluß, und sogar Münzen werden ihm zur Ehre
geschlagen, ihn selbst mit seinem Gotte Glykon darstellend. Das
ist nicht etwa alles nur Roman. Der wirkliche Alexander hatte
Verehrer genug, selbst in den höheren Ständen. In Rom war
der Konsular Publius Rutilianus sein glühender Apostel. Marc
Aurel fragte ihn um Rat, als der Krieg an der Donau schlecht
stand, und ließ nach seiner Anweisung eine große Sühnung
vornehmen. Bei Karlsburg hat man in neuerer Zeit eine In=
schrift gefunden, die ihn mit seinem Schlangengott neben Ju=
piter und Juno nennt. Noch als Athanagoras seine Apologie
schrieb, waren die Statuen des Alexander Gegenstand öffent=
licher Verehrung. Auch sonst kommt es vor, daß Menschen
vom Volk als Götter verehrt werden. In der Ebene von
Marathon trieb sich ein halbwilder Mensch herum, den die Nach=
barn als Halbgott unter dem Namen Agathion verehrten. In
Troas galt ein gewisser Neryllis als Prophet und Wunder=
thäter. Er hatte in Troas eine Statue, die oft mit Blumen
bekränzt war, vor der man opferte, und der man Heilkräfte
zuschrieb. Wir sehen aus dem allem, in welcher heillosen Ver=
wirrung sich das religiöse Bewußtsein befand.

Charakteristisch für die Zeit ist auch ihre Vorliebe für
allerlei Spuk= und Gespenstergeschichten. Phlegon hat ganze
Bücher geschrieben, in denen es von Ungeheuern und Gespen=
stern wimmelt. Auch der vielgelesene Roman des Apulejus
von Madaura, die Metamorphosen, ist eigentlich nichts als eine
Reihe von Spuk= und Zaubergeschichten, eine Ausgeburt der
zügellosesten und dabei oft schmutzigen Phantasie. Daran hatte
die Zeit mit geheimem Grauen ihre Lust. Daß die Toten be=
schworen werden können und erscheinen, ist allgemeiner Glaube,
und solche, die sich auf diese Kunst verstehen, sind gesuchte Leute.
Als Caracalla seinen Bruder Geta ermordet hat, und in seiner
Gewissensangst sich fortwährend von seinem toten Bruder mit
dem Schwert verfolgt glaubt, treibt ihn die Angst zu Be=
schwörungen. Commodus und Severus erscheinen ihm, aber
der letztere in Begleitung des nicht gerufenen Geta, der wilde
Drohungen ausstößt. Apulejus in dem oben erwähnten Romane
schildert uns eine solche Beschwörung. Auf dem Markte in

Larissa beschwört ein Ägypter eine Leiche. Im linnenen Kleide steht er vor ihr, legt ihr dreimal Kräuter auf Mund und Brust und murmelt, nach der aufgehenden Sonne hingewendet, Gebete. Und das alles wird mit einem Eifer betrieben, einem Fanatismus, der der früheren Zeit auch ganz fremd ist. Das dämonisierende Heidentum (achten wir darauf wohl, es ist der Schlüssel zu mancher Erscheinung, auf die wir stoßen werden) wird fanatisch, und dieses fanatische Heidentum, das wird den Kampf gegen das Christentum noch ganz anders, ungleich blutiger, ungleich grausamer führen, als das frühere mehr naive Heidentum gethan hat.

Auch der Zug auf das Jenseits, den wir schon in der ersten Kaiserzeit beobachteten, ist stärker geworden. Werfen wir einen Blick auf die Grabschriften des dritten Jahrhunderts, so haben wir einen förmlichen Heidenhimmel vor uns. Da heißt es: „Ihr unglücklichen Überlebenden beweint diesen Todesfall, ihr Götter und Göttinnen freuet euch über den neuen Mitbürger," oder: „Jetzt erst lebst du deine selige Zeit, fern von allem Erdengeschick; hoch im Himmel genießest du mit den seligen Göttern Ambrosia und Nektar," oder: „Götter der Unterwelt, eröffnet meinem Vater die Haine, wo purpurn ein ewiger Tag leuchtet." Um in diesen Himmel zu kommen, bedarf es der Weihen. Man muß einen Gott zum Führer haben und den erlangt man durch die Weihen. „Unter den Toten," lautet eine Grabschrift, „sind zwei Scharen; die einen irren auf Erden umher, die andern tanzen mit den ätherischen Gestirnen; zu den letzteren gehöre ich, da ich einen Gott zum Führer erhalten," und ein römischer Stadtpräfekt dankt, nachdem er die Weihe des Tauroboliums empfangen, dafür, „daß die Götter jetzt seine Seele hüten wollen." Es bedarf, drücken wir es so aus, der Erlösung, das wissen jetzt auch die Heiden, nur daß sie keinen Erlöser kennen, sondern jeder muß sein eigener Erlöser sein und die Erlösung durch allerlei Prüfungen und Leiden selbst vollbringen.

Hier wurzelt der starke Zug auf Askese, der der alten Welt so fremd jetzt spürbar hervortritt. Der Taumel der Lust ist vorüber, die Schätze der eroberten Welt sind verpraßt;

ernüchtert fühlt die Welt ihr Elend und sucht durch allerlei
Selbstpeinigungen, Büßungen und Kasteiungen Frieden und
Heil zu gewinnen. Man legt Gewicht auf Enthaltsamkeit,
freiwillige Verstümmelungen, Fernhaltung unreiner Gegen=
stände. Philostrat ist des Lobes voll für die Brahmanen, die
er als eine Art von Mönchen schildert; Plotin enthält sich aller
tierischen Nahrung und überhäuft seinen Freund Rogatianus
mit Lobsprüchen, weil er mit Verzicht auf alle seine Würden
sein Leben in Beschaulichkeit zubringt und alle zwei Tage
fastet. Seltsam! in derselben Zeit, da sich in der Thebais die
ersten christlichen Mönche zeigen, weht auch in der Heidenwelt
mönchische Luft.

Hier hat auch die große Verbreitung von allerlei Mysterien
ihre Ursache. Die früheren Mysterien hatten einen lokalen
Charakter. Wer nach Eleusis kam, ließ sich wohl aus alter
Ehrfurcht in die Eleusinischen Mysterien einweihen, allgemein
verbreitet waren sie nicht. Erst in dieser Zeit kommt eine ganz
neue Art von Mysterien auf, die durch das ganze Reich ver=
breitet, alle auf Entsühnung, Wiedergeburt, Unsterblichkeit und
Seligkeit abzielen und, so verschieden sie sind, alle im Grunde
dieselbe Methode befolgen, durch sinnliche Mittel religiöse Be=
friedigung zu bringen. Von manchen wissen wir, eben weil
sie Geheimdienste waren, nur wenig, von anderen ist uns
Genaueres aufbehalten. Da ist z. B. das schauerliche Tauro=
bolium und Kriobolium. Der Einzuweihende wurde um Mitter=
nacht mit symbolischen Kleidern angethan, in eine mit Brettern
bedeckte Grube gestellt. Über ihm wurde dann ein Stier oder
Widder geopfert, und von dem durch die Spalten und Löcher
der Bretter herabfließenden Blute mußte er so viel als möglich
mit dem Gesicht und den Händen auffangen, denn dies waren
die vires aeternae, das ewige Weiheblut. Dann mußte er
in den blutigen Kleidern eine Zeit lang umhergehen und hielt
sich nun, wie Weihe=Inschriften bezeugen, für in aeternum
renatus, auf ewig wiedergeboren. Da sind die hochangesehenen
Isismysterien, noch viel komplizierterer Art. Eine lange Vor=
bereitung ging voraus, Enthaltung von Fleischspeisen, Bäder,
Besprengung mit Weihwasser. Freunde und Miteingeweihte

brachten Patengeschenke. In der durch einen Traum bestimmten Weihenacht verharrt der Einzuweihende im Tempel, zuerst im harten linnenen Kleide, dann die Kleider, die alle symbolische Bedeutung hatten, zwölfmal wechselnd, geht er durch eine Reihe von Aufzügen und Erscheinungen hindurch, die symbolisch das Sterben und Wiederaufstehen durch die Gnade der Isis bedeuten.

„Ich durchschritt," erzählt uns ein gewisser Lucius von diesen Weihen, „die Pforten des Todes, ich betrat die Schwelle der Proserpina und, nachdem ich durch alle Elemente gefahren, kehrte ich wieder zurück. In der Mitte der Nacht sah ich die Sonne in ihrem hellen Schein. Vor die untern und oberen Götter trat ich hin und betete sie in der Nähe an." Gegen Morgen steht Lucius im geblümten Kleide, eine Fackel in der Hand, einen Strahlenkranz von Palmblättern auf dem Haupte, auf einer Estrade vor dem Bilde der Göttin Isis. Plötzlich öffnet sich ein Vorhang, und die im Schiff des Tempels versammelte Menge erblickt ihn als lebendiges Bild der Sonne. Allerlei Apparate, um die hier erwähnten Erscheinungen hervorzubringen, gehörten zu den notwendigsten Requisiten des Tempels, namentlich dienten auch Spiegel diesem Zwecke. In dem Thorwege, der zu dem inneren Tempel der Demeter in Eleusis führte, sieht man noch heute Rillen in den Steinen, die es wahrscheinlich machen, daß die Mysten mittels einer kunstvollen Maschinerie in den inneren Tempelhof gebracht wurden, wodurch bei ihnen die Vorstellung entstand, als ginge es in das Reich der Schatten hinunter. Hippolyt führt eine ganze Liste von solchen Künsten auf, wie die Priester es bewirkten, daß die Thüren der Tempel sich von selbst öffneten, daß in dem Augenblick, wenn die Opferflamme emporschlug, eine geheimnisvolle Musik ertönte, daß majestätätische Gestalten in den Flammen des Altars erschienen u. dgl. m. So glaubten denn die Einzuweihenden sich wirklich überall von Wundern umgeben.

Schrecklicher sind die Mysterien des Mithras, und sie vor allen zeigen uns, was sich die Heiden kosten ließen, um eine Entsühnung zu erlangen. Die Weihen hatten verschiedene Grade, Rabengrad, Kriegergrad, Löwengrad u. s. w. Die Einzuweihenden mußten viele Prüfungen durchmachen, Züchtigungen genannt.

Es gab solcher Züchtigungen achtzig: Fasten, Stehen und Liegen in Schnee und Eis bis auf einen Zeitraum von zwanzig Tagen, das Marterbett, Ängstigungen, Geißelungen u. s. w. Sie waren so hart, daß viele ihr Leben darüber einbüßten. Dennoch drängten sich ganze Scharen, auch Vornehme, selbst Kaiser dazu, Krieger des Mithras zu werden.

Ein seltsames Bild, das diese Zeit uns entrollt. Man könnte auf den ersten Blick geneigt sein, darüber zu lachen und zu spotten, und doch wieder kann man es nicht ohne Wehmut ansehen. Also in einen solchen Hexensabbath läuft die Herrlichkeit der alten Welt aus! Die Welt, die einen Sokrates gehört und einen Plato, die einen Sophokles hervorgebracht und so viel schönes gesehen, die einst so licht und hell dalag mit ihren Kunstwerken, deren Heldengestalten noch unsere Jugend begeistern, die endet damit, daß sie tausend wunderliche Götter anbetet, Götter mit Hundsköpfen und kegelförmige Steine, die kriecht in die Mithrashöhlen und sucht im Sühnblut der Taurobolien eine Wiedergeburt, die ängstigt sich vor magischen Künsten und Spukgestalten und wird das Opfer jedes Betrügers, der ihr Mirakel vorspiegelt! Das versteht man wenigstens, wie in dieser Zeit der größte Spötter geboren werden konnte, der je gelebt. Für Lucian von Samosata ist das alles nur eine lustige Komödie, die ihm unendlichen Stoff zum Lachen giebt. „Sei nüchtern und hartgläubig!" mit dem Wahlspruch steht er seiner Zeit gegenüber wie ein vereinzelter Nüchterner einer trunkenen Gesellschaft. Er spottet über alles, über Götter und Menschen. So redet er einmal selbst Jupiter höhnisch an: „Wie oft haben Diebe deinen Tempel geplündert! Sie haben selbst in Olympia ihre Hand an dich gelegt, und du, der du da oben so viel Lärm machst und polterst, hast dir nicht die Mühe gegeben, die Hunde zu wecken oder die Nachbarn herbeizurufen, welche die Diebe hätten aufhalten können, als sie ihr Bündel zur Flucht schnürten. Aber es ist brav von dir, du, der Austilger der Riesen, der Überwinder der Titanen, du bist sitzen geblieben und hast dir deine goldenen Haare von den Räubern abscheren lassen, und das, während du doch einen Blitz mit zehn Strahlen in deiner Hand hast." In seinen

Göttergesprächen erleben wir bald einen häuslichen Streit
zwischen Jupiter und Juno; bald sehen wir den ganzen Olymp
in Angst darüber, daß bei einer Disputation zwischen stoischen
und epikuräischen Philosophen die Sache der Götter schlecht
steht; bald hören wir, wie über alle die seltsamen neuen Götter
verhandelt wird, die sich in den Olymp eindrängen. Mit der
beißendsten Satyre geißelt er den Aberglauben, das Zauberwesen und die umherziehenden Gaukler, aber dann verfallen auch
Sokrates und Plato seinem Spotte, und in dem Christentum
sieht er nur eine der vielen Zeitthorheiten. Die Anbeter „des
gekreuzigten Sophisten" sind ihm eben solche abergläubische
Narren wie die, die dem Schlangengott des Alexander zulaufen.
Er kennt wohl ihre Liebesthätigkeit; eine unerreichbare Schnelligkeit legen sie an den Tag, sagt er selbst, wenn es gilt, einen
aus ihrer Mitte zu unterstützen, zu verteidigen und zu trösten,
und in Gemeindesachen sehen sie über alle Kosten hinweg;
aber er lacht nur darüber, daß ihr erster Gesetzgeber ihnen
weiß gemacht hat, sie seien alle Brüder. Er sieht, wie sie den
Tod verachten, aber auch das ist ihm lächerlich, denn die Un-
glückseligen haben sich überredet, daß sie mit Haut und Haar
unsterblich sind und für alle Zeit leben werden. Eigentlich
giebt es nichts Schrecklicheres, als einen solchen Menschen, dem
alles lächerlich ist, denn darin liegt der Beweis, daß ihm auch
nichts mehr heilig ist. So scharf Lucian seine Zeit zeichnet,
verstanden hat er sie doch nicht. Er sieht nur die Seltsam-
keiten und Ungeheuerlichkeiten, aber von dem tiefem Ringen,
das sie bewegt, von der Sehnsucht, das zu so wunderlichen
Dingen treibt, hat er keine Ahnung. Einem Materialisten, wie
Lucian durch und durch ist, ist keine Zeit so unverständlich, wie
die jetzt angebrochene.

Nach den Orgien der ersten Kaiserzeit ist eine Bußtags-
stimmung über die Welt gekommen, in weiten Kreisen bewegt
die Frage alle Herzen: „Was muß ich thun, daß ich selig
werde?" Solche Zeiten haben immer eine große Bedeutung
für das Reich Gottes. Was die Menschen in die Mysterien
trieb, die Angst um ihr Seelenheil, das konnte sie dem rechten
einigen Mysterium von der Erlösung zugänglich machen; was

sie die schweren Kasteiungen und Büßungen nicht scheuen ließ, das Verlangen nach Vergebung, das sollte ihre Herzen der Predigt erschließen von der Vergebung, die umsonst und aus Gnaden jedermann angeboten wird.

Zunächst freilich sucht das Heidentum noch, sich selbst zu helfen, die nicht mehr verkannten Bedürfnisse aus eigener Kraft zu befriedigen. Noch einmal rafft sich der griechische Geist auf und schafft ein neues philosophisches System, den Neuplatonismus.

Der Neuplatonismus, als dessen Vater der Sackträger Ammonius in Alexandrien gilt, den aber erst dessen Schüler Plotin (205—270) zu einem wirklichen System ausgebildet hat, ist nach allen Seiten hin eine Mischgestalt, wie sie solche gärende Zeiten hervorzubringen pflegen. Er ist Philosophie, eine Wiedererweckung des Platonismus, aber so, daß diesem viele andere Bildungselemente eingefügt werden. Plotin will gerade zeigen, daß alle philosophischen Systeme dasselbe gewollt haben, und sucht mit Plato Aristoteles und die Stoa zu vereinigen. Der Neuplatonismus ist aber zugleich Theologie, oder richtiger Theosophie. Dem starken religiösen Zuge der Zeit entsprechend ist das ganze System von einer ethisch-religiösen Stimmung durchzogen. Es entspricht dem starken religiösen Zuge der Zeit, daß nicht durch philosophisches Denken, sondern durch Anschauen, durch unmittelbare Intuition die Erkenntnis des Höchsten gewonnen werden soll. Ja, der Neuplatonismus tritt eigentlich als neue Offenbarung auf. Ammonius heißt: „Der Inspirierte Gottes," und Plotin glaubt nicht einen Dämon bloß, sondern einen Gott höherer Ordnung zum Begleiter zu haben. Zu einem Opfer eingeladen, antwortet er: „Es ist an den Göttern, zu mir zu kommen, nicht an mir, sie aufzusuchen."

Plotin bezeichnet es als die Aufgabe seiner Lehre, „die Seele aus dem Zustande der Entwürdigung, in welchem sie, ihrem Vater und ihrem Ursprung entfremdet, sich selbst verkennt und unter die vergänglichen Dinge herabsetzt, zu dem Entgegengesetzten, dem Höchsten und Besten empor zu führen." Das Höchste, das Urwesen, der Urgrund aller Dinge ist nach Plotin das Eine, das Gute, das so hoch über allem erhaben ist, daß jede nähere Bestimmtheit und Unterscheidung, auch jede Beziehung auf etwas anderes von ihm ausgeschlossen ist. Ob= wohl aber das Eine in absoluter Höhe schwebt, so vollzieht sich doch von ihm aus ein stufenweise fortschreitender Prozeß der Kraftmitteilung. Diese Stufen sind der denkende Geist, die weltgestaltende Seele und die Materie. Die Materie ist das letzte Erzeugnis in der abwärts gehenden Stufenreihe der Hervorgänge aus dem Ersten. Sie ist das Nichtseiende, und während das Eine und Erste das Gute und die Ursache des Guten ist, ist die Materie das Letzte, in dem nichts Gutes mehr ist, die Ursache des Schlechten. Sie ist die Finsternis gegen= über dem Licht. Das Werk der Seele ist es nun, da sie an der Grenze der Materie steht, die Materie zu erleuchten. Das übt aber eine Rückwirkung auf die Seele selbst. Durch die Mischung mit dem Dunkel wird das Licht der Seele schwächer. Dies ist der Fall der Seele. Allerdings bleibt die Seele an sich rein, gut und vernünftig, aber ihr Wesen wird durch die Materie verdeckt, wie wenn jemand in den Kot getaucht wird. Der Mensch hat deshalb die Aufgabe, sich von der Materie zu reinigen, aus der materiellen Welt in die höhere zurück= zukehren. Dieses geschieht durch Tugend, indem die Seele sich durch Askese von dem Materiellen befreit, sich sammelt und auf das Eine hinrichtet. In Augenblicken der Ekstase, wenn das Göttliche plötzlich die unbewegte Seele erfüllt, kommt sie zum Anschauen des Höchsten, aber diese Momente der mystischen Einigung mit dem Höchsten sind während des Erdenlebens nur vereinzelte Lichtblicke (selbst Plotin ist nur einige wenige Male zu diesem Anschauen gelangt). Erst wenn die Seele von den Fesseln des Leibes gelöst ist, kommt sie zum ununterbrochenen Anschauen.

Die Verwandtschaft dieses Systems mit dem Christentum ist ebenso leicht zu erkennen, wie seine Grundverschiedenheit. Auch hier ist es auf Erlösung abgesehen, aber Plotin erkennt weder die Tiefe des Verderbens, noch die Höhe der Gnade. Sein Höchstes ist nicht der lebendige Gott, der die Liebe ist, der Vater und Schöpfer aller Dinge, sondern ein abstrakt Eines. Es ist doch nur der „unbekannte Gott", von dem Plotin weiß. Deshalb ist auch das Materielle an sich das Böse, und die Erlösung besteht in der Zurückziehung der Seele aus der materiellen Welt. Diese Erlösung vollbringt der Mensch selbst durch Askese und Tugendübung. Bewegt sich so Plotin noch ganz in heidnischen Gedankenkreisen, so zieht er auch die heidnische Mythologie in sein System hinein. Die Mythen sind für ihn lauter Hüllen spekulativer Ideen. Überhaupt hat das System für den ganzen heidnischen Volksglauben bequeme Anknüpfungspunkte, und was Plotin schon andeutet, das haben seine Schüler weiter ausgeführt. Die Idee, daß das Göttliche in verschiedenen Abstufungen sich offenbart und wirkt, bildet sich zur Annahme einer förmlichen Hierarchie von höheren und niederen Göttern aus; an die überweltlichen Götter reihen sich die weltbewohnenden, und unter diesen stehen die Dämonen, gute und böse. Auf diesem Wege ließ sich der ganze Volksglaube philosophisch rechtfertigen. Das Volk betet die weltbewohnenden Götter als seine Götter an, während sich der Weise zu dem Einen Höchsten aufschwingt. Der Gedanke, daß die Seele die ganze Welt durchdringt, daher auch alles in ihr, auch das scheinbar Leblose und Unbeseelte, belebt und beseelt ist, der Gedanke, daß das Ganze Ein Leben durchdringt, und deshalb eine Sympathie des Ganzen vorhanden ist, gab eine philosophische Grundlage für Magie und Mantik, und das ganze Zauberwesen konnte nun beibehalten, ja besonders gepflegt werden. So gestaltete sich der Neuplatonismus zur Theologie des restaurierten Heidentums aus, dem hier seine wissenschaftliche Begründung für die Gebildeten gegeben wurde. Aber die Neuplatoniker wollten nicht bloß restaurieren, sie wollten reformieren. Indem sie dem heidnischen Kult eine neue Grundlage gaben, wollten sie ihn zugleich von den gröbsten Anstößen säubern und ihm etwas von dem mitteilen, was das Christentum voraus hatte. Namentlich sollten die blutigen Opfer abgeschafft werden, und an ihre Stelle nur unblutige Opfer und Gebete treten; auch sollte der Kultus nicht mehr bloß aus toten Zeremonien bestehen, sondern nach dem Vorbilde der christlichen Gemeinden auch Lehre und Predigt in den Gottesdienst eingeschoben werden.

An diesem Punkte läßt sich deutlich erkennen, daß das Christentum, obwohl der Zahl seiner Anhänger nach noch be-

deutend in der Minorität, doch bereits die weltbeherrschende
Macht geworden ist. Wie fremd war anfangs den Heiden der
geistige Gottesdienst der Christen gewesen, wie hatten sie darüber
gespottet, daß bei ihnen Handwerker und alte Weiber in reli=
giösen Dingen unterrichtet würden. Jetzt erkennt man bereits,
was man früher verspottet, als Bedürfnis an, und sucht es
auf dem Boden des Heidentums selbst zu befriedigen. Auch der
heidnische Kultus soll vergeistigt, das Grobmaterielle der Tier=
opfer beseitigt, auch da soll Fürsorge für die Unterweisung des
Volks getroffen werden. Man sieht, die Restauration des Heiden=
tums steht bewußt oder unbewußt selbst unter dem Einflusse
des Christentums. Auch in dieser Bewegung ist das Christen=
tum bereits so sehr die treibende Macht, daß das restaurierte
Heidentum dem Christentum entlehnte Züge annimmt, ja geradezu
ein Gegenbild des Christentums wird.

Ich redete oben, einen von andern ausgeprägten Ausdruck
mir aneignend, von einem Heidenhimmel, um anzudeuten, daß
die Anschauung des Heidentums vom Jenseits eine frappante
Ähnlichkeit mit der christlichen bekommt. Man könnte ebenso
gut von einer Heidenbibel reden. Einer der Häupter der neu=
platonischen Schule, Porphyrius, veranstaltete eine Sammlung
von heidnischen Orakeln und Göttersprüchen, und in der Vor=
rede zu dem Werke sagt er: „Welchen Nutzen diese Sammlung
hat, werden diejenigen am besten wissen, welche, nach Wahr=
heit sich sehnend, einst baten, daß ihnen eine Göttererscheinung
zu teil werden möchte, damit sie durch einen mit glaubwürdiger
Autorität begabten Unterricht Ruhe in ihren Zweifeln erlangen
möchten." Was ist das anders als eine Heidenbibel? Alle
die christlichen Begriffe, Sühne, Reinigung von Sünden, Wieder=
geburt, begegnen uns jetzt auch bei den Heiden. Wie ganz
anders stehen jetzt auch die heidnischen Priesterkollegien da;
namentlich zu Diokletians Zeit bilden sie förmlich eine Art
Hierarchie, eine Art Lehrstand. Auch hier ist die Annäherung
an die christliche Kirche spürbar genug. Der christlichen Kirche
steht jetzt eine Heidenkirche gegenüber. Und um die Parallele
bis zum Höchsten durchzuführen: Es giebt jetzt auch einen Heiden=
christus, oder richtiger gesagt, ihrer mehrere.

Man muß einen Führer haben, um zum Frieden zu kommen, hatte schon Seneca gesagt, und diese Sehnsucht nach einem Führer der Seele ist immer stärker geworden. Die einen suchen diesen Führer unter den Göttern. Mithras, „der unbesiegte Begleiter", ist ein solcher Führer. Die andern suchen ihn unter den Weisen der Vorzeit. Aber dann ist es nicht das historische Bild des Weisen, sondern ein idealisiertes, das man aufstellt. So wird Plato, so wird Pythagoras idealisiert. Am berühmtesten ist in dieser Hinsicht Apollonius von Thana geworden, in dem wir in der That einen förmlichen Heidenchristus vor uns haben. Der geschichtliche Apollonius war ein Magier und Goet des ersten Jahrhunderts, der viel umherziehend seine magischen Künste trieb, auch Visionen zu haben vorgab. Unter Septimius Severus nun schrieb Flavius Philostratus eine Biographie dieses Apollonius, in der sein Bild, auf die allerphantastischste Weise idealisiert, zu einem Gegenbild Christi wird. Als Kind des Gottes Proteus gebiert ihn seine Mutter; Schwäne singen süße Melodien an der Wiege des neugeborenen Kindes. Schon als Kind giebt er Zeichen eines wunderbaren Geistes, zieht sich früh in die Einsamkeit zurück und macht dann weite Reisen. In Indien erlernt er indische Weisheit und beginnt nun seinen Zug durch die Welt, um das Heidentum zu reformieren. Er sammelt Schüler um sich, predigt in den Hauptstädten des römischen Reichs und wirkt zahlreiche Wunder. „Sein Mund war eine volle Schale, und frei durfte man kommen, seinen Durst zu löschen." Die Wunder, welche Philostrat erzählt, sind oft den Wundern des Herrn ganz ähnlich. In Rom z. B. begegnet Apollonius einem Leichenzuge; ein junges Mädchen liegt auf der Totenbahre; der Bräutigam folgt weinend; viele Freunde begleiten ihn. Apollonius läßt den Zug halten, fragt nach dem Namen der Toten, dann rührt er den Leichnam an und spricht wenige Worte. Alsbald erhebt sich das junge Mädchen, als ob es vom Schlaf erwachte. Seine Predigt beabsichtigte eine Reform des Heidentums. Blutige Opfer verwirft er und streut dagegen nur Weihrauch. Wohl sollen den Göttern Tempel und Altäre errichtet werden, aber keine Statuen; jedem soll es vielmehr freistehen, sich ein Bild der Götter so oder anders innerlich zu entwerfen. Besonders charakteristisch ist es auch, daß Apollonius zur Liebe gegen den Nächsten und zum Wohlthun ermahnt. Auf den Stufen des Tempels zu Ephesus stehend, so schildert ihn uns Philostrat, predigt er und ermahnt seine Zuhörer in lebhaften Bildern zu gegenseitiger Unterstützung. Auf einem Baume ihm gegenüber sitzen Sperlinge stille. Da kommt ein anderer Sperling und stößt einen Schrei aus, als wollte er sie von irgend einer Sache unterrichten. Alle fliegen sie nun davon und folgen ihm. Als Apollonius das sieht, unterbricht er seine Rede und sagt: „Ein Kind trug Korn in seinem Korbe; es ist gefallen und davon gegangen, nachdem es die Körner unvollständig wieder zusammengerafft und manches Korn auf der Straße zerstreut hat liegen lassen. Der Sperling hat das gesehen und nun die andern aufgesucht, um sie alle an seinem Funde teilnehmen zu lassen." Gleich laufen etliche hin und finden es in der That so. Da spricht Apollonius zu dem Volk: „Ihr sehet, wie sich die Sperlinge um einander kümmern, und wie gern sie ihre Güter mit einander teilen, ihr dagegen, wenn ihr sehet, daß ein Mensch seine Güter mit andern teilt, gebt ihm den Namen eines Verschwenders." Um dieser seiner reformatorischen Thätigkeit willen leidet Apollonius dann auch Verfolgungen. Vergebens suchen ihn seine Freunde zurückzuhalten, nicht nach Rom zu gehen, wo Domitian wütet. „Ich darf meinen Feinden nicht entfliehen," antwortete Apollonius, „ich muß kämpfen für meine Freunde." Domitian wirft ihn ins Gefängnis, aber plötzlich entschwindet Apollonius seinen Richtern und erscheint seinen Freunden am Abend in Puteoli. Diese wollen nicht glauben, daß er es selbst ist, aber er läßt sich von ihnen anrühren, um sie zu überführen, daß sie kein Phantom sehen. Auf der Insel Rhodus entschwindet er dann, während man den Ruf hört: Verlaß die Erde und gehe zum Himmel!

Daß hier ein mit voller Absichtlichkeit entworfenes heidnisches Gegenbild Christi vor uns steht, kann gar nicht zweifelhaft sein. Philostrat schreibt nicht etwa eine Satyre wie Lucian, sondern in vollem Ernste will er dem Christus der Christen einen Christus der Heiden entgegensetzen. Das ist um so be=

deutsamer, als wir es hier nicht bloß mit den persönlichen
Ansichten und Absichten des Philostrat zu thun haben. Dieser
war ein angesehenes Glied des Gelehrtenkreises, der sich um
die geistreichen Damen am Hofe des Kaisers Septimius Severus,
dessen Gemahlin Julia Domna, deren Schwester und ihre Nichte,
Julia Mammäa, sammelte. In diesem Kreise wurden auch die
religiösen Fragen viel verhandelt. Eine Neigung zur römischen
Staatsreligion hatte man dort nicht. War doch Julia Domna
die Tochter eines Sonnenpriesters in Emesa. Der Zug, der
hier herrscht, ist vielmehr echt synkretistisch, und in diesem
Synkretismus steht man auch dem Christentum nicht fern. Hatte
dieses doch auch schon am Hofe seine Vertreter. Ein Kammer=
herr des Commodus war Christ, ein Christ Namens Proculus
gehörte nach Tertullian zum Hause des Severus. Man fühlte,
daß an der neuen Religion etwas war. Der sittliche Wandel
der Christen, die Standhaftigkeit der Märtyrer machte Eindruck.
Man verschloß sich dem nicht mehr, daß die Christen vieles
hatten, was den Heiden fehlte. Sollte sich das nicht für das
Heidentum gewinnen lassen? Könnte man nicht dem Christus
der Christen einen Heiden=Christus entgegenstellen, in dessen
Bilde das Gute, was im Christentum war, mit dem Heiden=
tum verbunden würde? Das ist der Gedankenkreis, aus dem
das Buch des Philostrat hervorgegangen ist.

Überhaupt spürt man jetzt etwas wie Konkordiengeist in
der heidnischen Welt. Schon Celsus hatte den Christen eine
Art Bündnis vorgeschlagen. Deutlicher noch laufen jetzt die
Gedanken auf ein solches hinaus. Will doch Elagabal auch dem
Christentum eine Kapelle in seinem allgemeinen Tempel einräumen,
hat doch Alexander Severus offenbar christliche Sympathien.
Auch das Christentum soll aufgenommen werden unter die
Religionen des römischen Reiches. Aber freilich unter der
Einen Voraussetzung, daß es auch nichts anderes sein will als
eine Religion neben den anderen Religionen, daß es seinerseits
auch die heidnischen Religionen anerkennt. Das ist aber un=
möglich. Deshalb bleibt nichts übrig als die Wiederaufnahme
des Kampfes, ja eben diese Gedanken an eine Konkordie, die
auch Christo seinen Platz im römischen Pantheon neben Jupiter,

Isis und Mithras anweisen sollte, mußten, als solche Pläne sich unausführbar zeigten, vorwärts treiben zum eigentlichen Entscheidungskampfe.

Es würde wenig Kenntnis der menschlichen Natur verraten, wollten wir auf die Thatsache, daß das Heidentum sich dem Christentum bedeutend genähert hat, die Hoffnung gründen, es werde sich jetzt freundlicher zu demselben stellen. Für manche Einzelne mag diese Annäherung die Brücke geworden sein, über die ihr Weg in die Kirche führte, aber im ganzen und großen mußte die Annäherung, sobald man einsah, daß das Christentum sich auf ein Kompromiß nicht einlassen werde, den Gegensatz nur verschärfen. Denn nun glaubte man auf heidnischer Seite das Gute, welches man dem Christentum nicht mehr absprach, selbst auch zu haben und in viel reinerer Gestalt. Zwar der Synkretist ist tolerant, er ist tolerant aus Prinzip, er betet alle möglichen Götter an, er läßt sich in die verschiedensten Mysterien einweihen, er läßt sich in mehr als eine religiöse Gemeinschaft aufnehmen, nichts liegt ihm ferner als der Gedanke an eine allein berechtigte, darum exklusive Religion, als die Vorstellung eines Gottes, der eifrig darüber hält, das Herz der Menschen nicht mit einem andern zu teilen. Aber eben deshalb hört die Toleranz auf, wenn er auf eine solche exklusive Religion stößt, dann wird der gegen alle Kulte tolerante Synkretist aus Toleranz intolerant, ja fanatisch. Für ihn hat das Christentum, von dem er sonst gern dieses und das aufnimmt, eben deshalb kein Recht zu existieren, weil es in den Verschmelzungsprozeß, der dem Synkretisten das Höchste ist, nicht eingehen will.

Das frühere Heidentum hätte im Grunde gar nicht die Kraft gehabt, einen entscheidenden Kampf gegen das Christentum zu führen. Die Restauration hat dem Heidentum wieder neue Kraft verliehen, das ist nicht zu leugnen, wenn die Kraft auch nicht die rechte ist. Deshalb kann man jetzt auf den Gedanken kommen, in dem restaurierten Heidentum die religiöse Grundlage für die Restauration des Staats- und Volkslebens zu suchen, und so zu einer Restauration der alten Welt überhaupt zu gelangen. Dafür war aber die Vorbedingung die

Vernichtung des Christentums. Das restaurierte Heidentum,
das erst beginnt mit der ganzen Glut des Fanatismus den
Kampf der Vernichtung gegen das Christentum. Die Kämpfer
sind einander näher getreten, aber nicht um einander die Hand
zu reichen, sondern nur einander um so fester zu fassen zum
letzten verzweifelten Ringen.

2. Der Umschwung innerhalb des Christentums.

In gewissem Sinne kann man nämlich jetzt auch vom
Christentum sagen, daß es dem Heidentum näher getreten ist.
Es hat ebenfalls eine tiefgehende Entwickelung durchgemacht,
und soll ich diese auch zunächst in ein Wort zusammenzufassen
suchen, so will ich sagen, es hat sich in die Welt eingelebt.

Das junge Christentum trug in mancher Beziehung die
Charakterzüge eines Neuerweckten an sich. Sich lebhaft bewußt,
zu einem ganz neuen Leben durchgedrungen zu sein, ist ein
solcher sich auch der Scheidung von seinem früheren Leben, und
daher ebenso scharf auch der Scheidung von allen denen be=
wußt, die noch in dem alten Leben stehen. Die frische jugend=
liche Begeisterung macht opferwillig und freudig zu leiden, aber
noch ist die Weltentsagung stärker als die Weltüberwindung.
Er fürchtet für den neuerworbenen Schatz und hütet sich ängst=
lich, ihn durch irgend welche Annäherung an die Welt aufs
Spiel zu setzen. Er kann sich noch nicht entschließen, den
Versuch zu machen, auch die ihn umgebende Welt mit dem
neuen Leben zu durchdringen, sondern hat eine Neigung, sich
in die Stille zurückzuziehen, um in der Stille sich der er=
fahrenen Gnade zu freuen, mehr sie zu genießen, als damit
zu arbeiten und zu wuchern. Leicht schließt er sich an Gleich=
gesinnte an, aber nur, um sich mit ihnen desto bestimmter
gegen den großen Haufen abzuschließen. Er ist ängstlich,
dieses oder das zu thun, aus Furcht sich zu versündigen, und
in den großen Ernst und Eifer der Heiligung mischt sich leicht
etwas von gesetzlichem Wesen. Der ganze Horizont des Lebens
ist noch enge, und am liebsten wäre der Mensch möglichst bald
heraus aus dieser Welt, daheim bei dem Herrn. Deshalb auch

die für diese Periode des Christenlebens so charakteristische
Neigung, sich viel mit dem Jenseits, weniger mit den Aufgaben
des Christen im Diesseits zu befassen, die Vorliebe, mit der
man sich mit der Wiederkunft des Herrn und den letzten Dingen
beschäftigt. Von dem allem hat das älteste Christentum etwas,
ich möchte, ohne heutige Parteibezeichnungen auf jene Zeit an=
zuwenden, fast sagen, es hat etwas Pietistisches an sich, und
die Kirche noch etwas vom Konventikel. Steht doch nach der
Meinung der Gläubigen die Wiederkunft des Herrn ganz nahe
bevor. Diese Hoffnung beherrscht das ganze Leben. Auf einen
längeren Bestand der Kirche auf Erden ist man nicht gerüstet,
und das Streben richtet sich einseitig nur darauf, sich in der
Welt auf den Tag der Zukunft Christi unbefleckt zu erhalten.
Die Aufgabe der Weltüberwindung, die Aufgabe, die Welt mit
christlichem Geiste zu durchdringen und aus diesem Geiste heraus
neu zu gestalten, ist dagegen kaum noch ins Auge gefaßt.

So konnte das Christentum die Welt nicht erobern. Es
mußte weitherziger werden, der Welt in rechtem Sinne einen
Schritt entgegenthun, sich zu ihr herablassen, um sie auf diesem
Wege zu überwinden. So durfte die Kirche nicht bleiben, sie
mußte das Konventikelhafte abstreifen und Volkskirche werden.

Freilich, jeder Schritt dahin war mit den größten Ge=
fahren verbunden. Gab man die schroffe Abschließung gegen
die Welt auf, wie leicht konnte man dann dahin kommen, sich
der Welt gleichzustellen, und damit zu ihrer Überwindung völlig
unfähig zu werden. Denn wer sich der Welt gleichstellt, kann
sie so wenig überwinden, daß er vielmehr von ihr überwunden
wird. Statt im wahren Sinne Volkskirche zu werden, konnte
die Kirche auch eine Allerweltskirche werden, und damit ihr
eigentümliches Wesen an die Welt preisgeben. Blieb man nicht
in der Enge und Stille, die Gefahr lag nahe genug, nun so
weitherzig zu werden, daß die Grenze zwischen Christentum
und Heidentum sich ganz verwischte, und das Christentum sich
ganz in das Heidentum auflöste.

Unter der Leitung ihres Herrn hat die Kirche diese Ge=
fahren überwunden, und zwar sind es die großen Kämpfe gegen
den Montanismus und den Gnostizismus, in denen das ge=

schieht. Durch diese hindurch hat die Kirche sich zur Volks=
kirche ausgestaltet, und sich so auch ihrerseits gerüstet zu dem
entscheidenden Kampfe gegen das Heidentum.

Zwar die Enge, von der vorhin die Rede war, schien sich
von selbst verlieren zu sollen. Der furchtbare Sturm unter
Marc Aurel hatte das Gegenteil von dem gewirkt, was er
wirken sollte. Statt die Kirche zu vernichten, förderte er ihr
Wachstum. Gerade in den verhältnismäßig ruhigeren Zeiten,
die zunächst folgten, nahm die Zahl der Christen rasch zu,
und namentlich hören wir von auffallend vielen Bekehrungen
in den höheren Ständen. „Wir sind von gestern," kann schon
Tertullian sagen, „und erfüllen alles, Städte, Inseln, Kastelle,
Munizipien, Lager, Tribus, den Palast, den Senat und das
Forum," und Eusebius macht die Bemerkung, daß seit Commo=
dus „das heilsame Wort viele Seelen aus jedem Geschlechte
der Menschen der frommen Verehrung des Schöpfers aller
Dinge geneigt gemacht habe, so daß nun auch schon zu Rom
mehrere der durch Reichtum und Adel Ausgezeichneten mit
ihrem ganzen Hause und Geschlechte dem Heile sich zuwandten."
Davon war die natürliche Folge, daß die bisherige Schroffheit
bei vielen sichtlich nachließ. Christen aus den höheren Ständen,
die zahlreiche heidnische Familienverbindungen hatten, nahmen
keinen Anstand, auch Familienfesten in heidnischen Häusern und
dann auch den dabei üblichen heidnischen Kultushandlungen
beizuwohnen, sich zu bekränzen und an Gastmählern teilzu=
nehmen. Dabei machte man zwar immer die Restriktion, an
dem Heidentum selbst sich nicht zu beteiligen, aber unmerklich
rückte doch die Grenze des für erlaubt Gehaltenen Schritt um
Schritt weiter. Einzelne wagten es schon, in Begleitung ihrer
heidnischen Verwandten den Zirkus zu besuchen und ins Theater
zu gehen. Auf die Dauer konnten sich die Christen unmöglich
dem Kriegsdienst und den öffentlichen Ämtern entziehen, und auch
da knüpften sich, wenngleich gegen ihren Willen, doch notwendig
neue Bande mit der Welt. Es fand doch in Karthago schon
sehr verschiedene Beurteilung, als ein christlicher Soldat am
Geburtstage des Kaisers den Kranz in der Hand behalten
und sich geweigert hatte, ihn aufzusetzen. Darüber zum Tode

verurteilt, galt er den einen als Märtyrer, als mutiger Zeuge, während ihn die andern als einen Hitzkopf ansahen, der mit seinem Verhalten unnötigerweise Anstoß gegeben. Von vielen Seiten wurde es jetzt offen ausgesprochen, es sei christlich weise, sich der Welt nicht zu schroff entgegenzustellen. Man dürfe die Heiden auch nicht reizen, hieß es, und gern führte man, um dieses und das zu entschuldigen, den Spruch Tit. 2, 5 im Munde und sagte, man thue das, damit nicht der Name Gottes und Christi von den Heiden verlästert werde. Unter diesem Vorwande gab man es sogar für erlaubt aus, in der Verfolgung nicht bloß zu fliehen, sondern auch die Verfolgung durch Bestechung der Beamten und Soldaten abzuwenden. Man gebe ja nur, hieß es, dem Kaiser, was des Kaisers ist, das Geld, und sorge durch ein Opfer an Geld dafür, daß die Gemeinde sich ruhig versammeln und den Tag des HErrn ungestört feiern könne. Auch die Zucht in den Gemeinden fing an laxer zu werden. Leichter als früher erlangten auch wirklich Abgefallene die Wiederaufnahme in die Gemeinde. Mochte sie ihnen selbst durch die regelmäßigen Organe verweigert werden, so griffen vielfach die Bekenner in die Übung der Zucht ein. Was anfangs solchen, die um des Bekenntnisses willen im Gefängnis gewesen waren oder Marter erduldet hatten, aus Ehrfurcht zugestanden war, das nahmen diese bald als ein Recht in Anspruch, nämlich daß jeder, den sie zu ihrer Gemeinschaft zuließen, auch als in die Gemeinschaft der Gemeinde wieder zugelassen angesehen werden müsse. Dieses Recht handhabten sie aber höchst willkürlich, und die Kirchenzucht wurde dadurch an manchen Orten völlig zerrüttet.

Man kann zugeben, daß diesem Nachlassen der ursprünglichen Strenge n i c h t b l o ß Schwachheit zu Grunde lag, daß in den oft gehörten Reden von christlicher Weisheit und Vorsicht etwas Wahres lag. In der That, was möglich war, so lange die Gemeinden noch klein waren, und die Christen noch fast alle den niederen Ständen angehörten, das war nicht mehr möglich, als die Gemeinden anwuchsen, und die Kirche ihre Glieder auch unter den Vornehmen zählte. Ein Handwerker konnte leicht sich von allem zurückziehen, sollte aber

auch ein Ritter, ein Senator, das Glied einer angeſehenen
Familie, alle ſeine bisherigen Verbindungen abbrechen, wenn
er Chriſt wurde? ja war das wirklich für die Kirche heilſam?
Beruhte denn nicht auf dieſen Verbindungen zum großen Teile
die Hoffnung ihres weiteren Vordringens auch in den ge=
bildeten Kreiſen? Weiter, war es denn auf die Dauer mög=
lich, ſich dem Soldatenſtande zu entziehen? Wenn nun ein
Soldat ſich bekehrte, Soldat mußte er doch bleiben? Rom war
doch das irdiſche Vaterland auch der Chriſten, forderte nicht
ihre Bürgerpflicht, es auch mit zu verteidigen? War es richtig,
daß die Chriſten keine öffentlichen Ämter annahmen? Konnten
ſie nicht in dieſen Ämtern ganz beſonders für ihren HErrn
wirken? Waren ſie aber Soldaten, ſtanden ſie in öffentlichen
Ämtern, ſo mußte man ihnen auch manches geſtatten, was die
frühere Zeit als Berührung mit dem Heidentum zu meiden für
Pflicht gehalten hatte. Und ließ ſich denn die ältere, ſtrengere
Zucht noch durchführen, als die Gemeinden keine kleinen Kon=
ventikel mehr waren, ſondern zum Teil große Gemeinden in
den Weltſtädten? Wollte man wirklich das Volk haben, ſo
durfte man die Anforderungen an die Heiligkeit des Wandels
nicht zu hoch ſpannen; oder richtiger, da dieſe Forderungen
nicht in der Macht der Kirche ſtehen, mußte man den Schwachen
inſoweit zu Hülfe kommen, daß man denen, die ſtrauchelten
und fielen, den Weg zur Ausſöhnung mit der Kirche nicht zu
ſchwer machte.

Aber ebenſo wenig läßt ſich leugnen, daß in dem Nach=
laſſen der Strenge auch viel Schwachheit war, die ſich nur
hinter dem Gerede von chriſtlicher Weisheit und Vorſicht ver=
ſteckte; und auf dieſe Weiſe durfte die ſchwierige Frage nach
der Stellung der Gemeinde zur Welt nicht gelöſt werden, daß
man die alte Strenge zwar in der Theorie feſthielt, aber der
Schwachheit einzelner Glieder dieſes oder jenes, und dann auch
alle Tage mehr nachſah. Damit wäre man auf eine ſchiefe
Ebene gekommen und auf dieſer ſicher bis zur völligen Ver=
weltlichung hinabgeglitten. Darum war es der Kirche heilſam,
daß ſich gegen die einreißende Nachgiebigkeit eine energiſche
Reaktion erhob, die dann freilich, wie es allen Reaktionen zu

ergehen pflegt, nicht bloß die bisherige Stellung zu behaupten strebte, sondern diese noch überbot und so der Kirche den Anstoß gab, in ihrer Überwindung mit klarem Bewußtsein die richtige Stellung zu suchen.

Diese Reaktion vertritt der Montanismus. Etwa um 156 war in Phrygien ein Christ gewordener ehemaliger Kybelepriester Montanus mit der Verkündigung aufgetreten, jetzt sei erfüllt, was der Herr Joh. 15, 26 vom Tröster (Paraklet) geweißsagt, eine neue Zeit, die des Parakleten, sei angebrochen, der rede durch ihn und die Prophetinnen Prisca und Maximilla. Bald werde das Ende kommen und das himmlische Jerusalem in Pepuza, einer südphrygischen Stadt, herabsteigen. Dahin müsse die ganze Christenheit gesammelt werden. Für diese letzte Zeit werde das Gesetz durch den Parakleten verschärft. Von allen Christen werde jetzt Enthaltung von der Ehe, von Wein und Fleisch gefordert und die Pflicht des Martyriums gelte allen. In dieser schroffen Gestalt fand der Montanismus allerdings keinen Eingang in weiteren Kreisen. Aber in einzelnen Stücken abgemildert verbreitete er sich zu Anfang des 3. Jahrhunderts weithin in der Christenheit, namentlich in Kleinasien und Norbafrika, wo Tertullian ihn vertritt. In manchen Gemeinden hatte er die Überhand, ja der Bischof Eleutherus von Rom war nahe daran, ihn ausdrücklich anzuerkennen. So aber gemildert geht der Montanismus zunächst darauf hinaus, die alte Sittenstrenge und scharfe Zucht zu bewahren und, wo sie hinfällig geworden ist, herzustellen. Dabei bleibt er aber nicht stehen, sondern will auch darüber hinaus die Strenge noch verschärfen. Zu diesem Zweck erweckt er durch seine Propheten und Prophetinnen die schon nachlassende Erwartung einer baldigen Wiederkunft Christi. Das Weltende, so predigen die Montanisten, ist vor der Thür, die Kirche ist in ihre letzte Periode eingetreten. Das ist die Periode des Paraklet, des heiligen Geistes, der durch seine Propheten der Kirche ein neuestes Gesetz giebt, neue Vorschriften über Sitte und Zucht. Diese Vorschriften sind überall verschärfende. Hat bisher als Regel gegolten: Was nicht verboten ist, das ist erlaubt! so heißt es jetzt: Was nicht ausdrücklich erlaubt ist, das ist verboten! Schroffer noch soll sich die Kirche von der sie umgebenden Welt sondern. Gegen weltliche Bildung, Kunst, Wissenschaft, Vergnügungen nimmt der Montanismus eine durch= aus ablehnende Stellung ein. Das alles ist Sünde; mit dem allem soll der Christ unverworren bleiben. Die Pflicht des Märtyrertums wird stark betont; jede Umgehung desselben, auch das Ausweichen durch die Flucht als Verleugnung gestraft. Die Fasten werden verschärft und streng gesetzlich vorgeschrieben. Auf manche Kleinigkeiten, z. B. daß die Jungfrauen nur ver= schleiert zur Kirche kommen dürfen, wird großes Gewicht gelegt. Namentlich aber, und hier tritt das Wesen des Montanismus am deutlichsten zu Tage, soll die Kirchenzucht viel strenger werden. Der Montanismus verweigert allen, die in Todsünden gefallen sind, schlechtweg und für immer, selbst wenn sie Buße thun, die Wiederaufnahme in die Gemeinde. Gott mag sie wieder aufnehmen (die Möglichkeit wird nicht geleugnet), aber die Kirche nicht.

Machen wir uns zunächst einmal klar, wie viel darauf ankam, daß die Kirche in dieser entscheidenden Krisis die richtige Lösung fand. Hätte die zuerst beschriebene Richtung gesiegt, dann hätte die Kirche nicht die Kraft besessen, den Kampf mit dem Heidentum bis zum Siege durchzuführen; hätte dagegen der Mon= tanismus gesiegt, so hätte sie den Sieg nicht ausnützen können. Ein Opportunitätschristentum, um es so zu nennen, würde sich in immer steigendem Maße auf Kompromisse mit dem Heiden= tum eingelassen und die Kleinodien der Kirche dem Frieden geopfert haben. Ein montanistisches Christentum würde zwar den Kampf mit Heldenmut und Todesverachtung aufgenommen oder sogar rücksichtslos provoziert haben, aber eine unter der Herrschaft dieser Richtung stehende Kirche hätte nie eine welt= geschichtliche Macht werden können. Sie wäre zu einem Kon= ventikel zusammengeschrumpft, zur Stabilität verurteilt, ohne Einfluß auf das Volksleben geblieben. Sich abschließend gegen die Welt, wäre sie trotz allem Mute und trotz aller Opfer= freudigkeit unfähig geworden, die Welt zu überwinden. Gegen Wissenschaft und Kunst nur negativ sich verhaltend, hätte sie niemals vermocht, eine christliche Wissenschaft, eine christliche Kunst hervorzubringen. Sie hätte vielleicht in ihrer Mitte eine

heroische Weltentsagung erzeugt, ernste Gestalten, Heilige und
Dulder, erzogen, aber Erzieherin des Volks hätte sie nicht werden
können, denn Vorbedingung des Erziehens ist, daß der Er=
ziehende zu denen, die erzogen werden sollen, sich herablassen
kann, und das kann eine solche Gemeinde von Heiligen nicht.
Bei ihr ist nur Zucht, die ausschließt, nicht Erziehung, die
gewinnt und einschließt. So hätte die Kirche auch nie die
Grundlage bilden können, um auf derselben den Staat neu zu
gestalten. Auch ein christlicher Staat ist vom montanistischen
Standpunkt nicht denkbar. Aber es gelang der Kirche, wenn
auch erst nach schwerem Kampfe, den Montanismus zu über=
winden, und zwar, was dieser Überwindung erst den rechten
Wert giebt, ohne ihrerseits in das entgegengesetzte Extrem zu
verfallen. Sie hat die Warnung vor sittlicher Laxheit, die im
Montanismus lag, nicht überhört, aber auch die Notwendigkeit
erkannt, sich in die Welt einzuleben. Ohne die Hoffnung auf
die endliche Wiederkunft des Herrn fahren zu lassen, ist sie
doch in die geschichtliche Entwickelung eingegangen und hat sich
eingebürgert auf Erden. Ohne die hohen Forderungen an die
Heiligung ihrer Glieder aufzugeben, hat sie doch gelernt, sich
zu den Schwachen herabzulassen. Mit allem Ernste Zucht übend,
hält sie doch auch den Gefallenen den Weg der Rückkehr offen.
Sich wohl bewußt, daß sie nicht von dieser Welt ist, macht
sie doch allem menschlich Großen und Schönen in sich Raum
nach dem Worte des Apostels: Es ist alles Euer! An die
Stelle einer bloß negativen Weltentsagung tritt die Weltüber=
windung, die doch zuletzt der Zweck ist, dem die Weltentsagung
als Mittel dient, und als ihre Aufgabe betrachtet sie es jetzt
mehr und mehr, alles, auch Wissenschaft, Kunst, Volksleben mit
christlichem Geiste zu durchdringen.

Der Antipode des Montanismus ist der Gnostizismus.
Es ist schwer, diese Richtung, die in ihren ersten Keimen schon
zu der Apostel Zeit bemerkbar, im zweiten Jahrhundert zu
einer großen Gefahr für die Kirche heranwuchs, mit wenigen
Zügen zu charakterisieren. Gnosis heißt Erkenntnis, und wie
diese Richtung daher ihren Namen hat, so liegt darin auch ihr
eigentliches Wesen, daß sie an die Stelle des Glaubens die

Gnosis, die Erkenntnis, setzt. Die Hauptfrage für den Gnostiker ist nicht die Heilsfrage: Wie werde ich selig? sondern er fragt nach der Entstehung und Entwickelung der Welt, nach dem Ursprunge des Bösen und der Herstellung der ursprünglichen Weltordnung. Darin gerade, diese zu erkennen, liegt ihm die Erlösung. So werden denn, unter Heranziehung der mannigfaltigsten Elemente neben den dem Christentum entstammenden Gedanken, griechischer Philosophie, jüdischer Theologie, altorientalischer Theosophie, große spekulative Systeme aufgeführt, die alle darauf abzielen, den Prozeß der Weltentwickelung darzustellen. Aus einem pantheistisch gedachten Urgrunde strömen, so denkt man sich diese Entwickelung, eine Reihe von Wesen aus, Aonen genannt, Lichtwesen, von denen jedes folgende dem Urgrunde entfernter, unvollkommener ist als das vorhergehende, bis das letzte mit der Materie zusammenstößt, die von Ewigkeit her dem göttlichen Lichtwesen als das Ungöttliche, das Dunkle, das eigentlich Nichtseiende entgegensteht. Aus diesem Zusammenstoß, aus der Mischung des Lichtwesens mit der Materie, entsteht dann die sichtbare Welt, in der nun ein Teil des Lichtwesens, des Geistes von der Materie gefangen gehalten wird, mit der Materie gemischt ist. Daß dieses gefangene Lichtwesen aus den Banden der Materie befreit, die Mischung aufgehoben, und die ursprüngliche Ordnung hergestellt wird, darin besteht die Erlösung. Geschehen ist diese durch Christum. Darin, daß sie das festhalten, bezeugen die Gnostiker ihren noch immer christlichen Charakter im Unterschiede von heidnischen Systemen, aber freilich, was sie Erlösung nennen, ist etwas ganz anderes, als was die Schrift unter Erlösung versteht. Für sie ist Erlösung nicht Erlösung von der Sünde, sondern Herstellung der Weltordnung, und so ist ihnen Christus auch nicht der Heiland, der das Heil, die Vergebung der Sünden bringt, nicht Heilsprinzip, sondern nur Weltprinzip. Weder die Schöpfung, noch die Menschwerdung Gottes findet in den gnostischen Systemen Raum. Die Anschauung, daß die Materie an sich das Böse ist, läßt es nicht zu, daß Christus wirklich in die Menschheit eingeht; er wird nur zum Schein Mensch, und sein ganzes Leben auf Erden, namentlich sein Leiden und Sterben, ist alles nur Schein. Die Gnostiker sind durchweg Doketen, d. h. sie lösen die ganze Erscheinung des Herrn in einen bloßen Schein auf. Die Heilsthatsachen sind ihnen nicht Thatsachen, sondern nur noch Symbole, und der positive Inhalt des Christentums verflüchtigt sich in spekulative Ideen.

Vorhin nannte ich den Gnostizismus den Antipoden des Montanismus. Das ist er in der That. Leidet dieser an zu großer Enge, nun hier ist die Weite nach allen Seiten. Es ist die jene Zeit beherrschende synkretistische Strömung, die auch hier zu Tage tritt, der Gnostizismus ist nichts andres als der Versuch, auch das Christentum in diese Strömung hinein zu ziehen. Den ganzen Bildungsstoff der Zeit weiß der Gnostizismus zu verwerten. Orientalisches und Occidentalisches in buntem Gemisch, Philosophie und Volksaberglauben, alles holt er heran und verwendet es zu Bausteinen für seine Systeme. Da stehen die Mythen des Heidentums neben den Erzählungen der Evangelien, die ihm ja auch nur Mythen sind; da wird jetzt eine Beweisstelle aus den biblischen Büchern, jetzt eine aus Homer oder Hesiod entnommen, und jene wie diese in allegorischer Auslegung benutzt, um die selbstgeschaffenen Phantasiegebilde nachträglich zu begründen. Da ist auch Weite genug im Sittlichen, keine ängstliche Scheu, sich zu beflecken, keine peinliche Sorge, sich gegen das Heidentum abzuschließen. Es ist keine bloß vom Ketzerhaß erfundene Sage, daß die Gnostiker es mit der Befolgung der Sittengesetze recht lax nahmen. Ausdrücklich haben viele von ihnen die Verleugnung in der Verfolgung gestattet.

Im zweiten Jahrhundert gewann der Gnostizismus weiten Raum. Die stolzen Himmel und Erde umfassenden Systeme hatten etwas gewaltig Imponierendes. Wie dürftig und nüchtern erschien dagegen das einfache Christentum! Diese Weitherzigkeit hatte etwas ungemein Verlockendes. Bei den Gnostikern schien das Christentum mit der Kultur gänzlich ausgesöhnt. Wie engherzig stand das kirchliche Christentum da! Auch edlere Seelen konnte der Gedanke gefangen nehmen, auf diesem Wege die Welt für das Christentum zu gewinnen. Die große Menge wurde durch die Geheimniskrämerei angelockt, mit der die gnostischen Sekten sich umgaben, dadurch daß sie, ganz dem

Geschmacke der Zeit huldigend, kräftige Zauberformeln und
Amulette ausboten, einzelne auch wohl dadurch, daß es hier
weniger streng genommen wurde mit der Sitte, daß sie hier
Christen sein konnten, ohne Märtyrer zu werden. Aber der
Sieg der Gnosis wäre der Untergang des Christentums ge=
worden. Es wäre in hundert Sekten zersplittert, der Unter=
schied zwischen ihm und dem Heidentum wäre verwischt, sein
eigenstes Wesen hätte sich verloren, und statt wirklich ein Neues
zu schaffen, wäre es nur ein Element in der sich auflösenden
Masse, eine Zuthat mehr in dem gärenden Religionsmischmasch
der Zeit geworden.

Als einen Kampf um ihre Existenz hat denn auch die
Kirche den Kampf gegen alle Gestalten der falschen Gnosis
geführt. Den stolzen Systemen der Gnostiker gegenüber be=
wahrte sie in praktischer Nüchternheit und in einfältigem Glauben
das einfache apostolische Christentum. Dieses ist aber bei den
von den Aposteln selbst gegründeten Kirchen zu finden, in
denen sie durch mündliche Predigt den Glauben niedergelegt
haben. Auf die Tradition greift man den Häretikern gegenüber
zurück, aber man thut es in Wahrheit in demselben Streben,
in dem die Reformatoren einer verunreinigten Tradition gegen=
über auf die Schrift zurückgriffen. Stand man doch damals
in unmittelbarer Berührung mit einer noch unverfälschten
Tradition, aus der mit Sicherheit zu erkennen war, was die
Apostel gepredigt hatten. Dann aber fing man jetzt auch an,
eine sichere Sammlung der apostolischen Schriften zu veran=
stalten, und auf Grund beider, der apostolischen Tradition und
der apostolischen Schriften, hielt dann die Kirche mit der größten
Entschiedenheit an den geschichtlichen Thatsachen als der Grund=
lage des wahren Christentums fest, und wehrte jeder Umsetzung
derselben in einem symbolischen Schein. Diese Thatsachen faßte
sie weiter auf Grund der Schrift in eine kurze Glaubensregel
zusammen, und diese Glaubensregel, deren vollendetster Aus=
druck im apostolischen Symbolum auch uns noch immer Glaubens=
regel ist, warf sie wie einen festen Damm dem Anfluten gnostischer
Spekulation entgegen. Da bekannte sie gegenüber den gnostischen
Phantasien von der Emanation der Äonen aus dem Urgrunde

einfach und schlicht Gott den Vater, den Schöpfer Himmels und der Erde. Da bekannte sie dem gnostischen Idealismus gegenüber einfach die realen geschichtlichen Thatsachen, daß der Sohn Gottes wahrhaftig Mensch geworden ist, geboren von der Jungfrau Maria, wahrhaftig gekreuzigt und gestorben, wahr= haftig auferstanden. Damit rettete sie das Christentum, damit begann sie aber auch die Bekenntnisbildung, damit schuf sie, könnte ich auch sagen, die Anfänge eines Katechismus, und eben darin wieder eine notwendige Grundlage der Volkskirche. Weder Montanismus noch Gnostizismus hätten eine Volkskirche schaffen können. Jener hätte nur einen Konventikel von aus= erlesenen Heiligen gesammelt, dieser zwar eine große Menge zusammengebracht, aber mit verschwimmenden Grenzen gegen das Heidentum, so daß man nicht gewußt hätte, ob die Glieder seiner Kirche Christen oder Heiden wären. Indem die Kirche aber Montanismus und Gnostizismus glücklich überwand, ge= staltete sie sich wirklich zur Volkskirche aus.

In diesen Kämpfen entwickelte sich endlich auch, und das ist für die Ausgestaltung der Kirche nicht minder wichtig, ihre Verfassung.

Eine Verfassung hat die Kirche von Anfang an gehabt; von Anfang an ist ein Amt da. Ganz ungeschichtlich wäre es, sich die Gemeinden in irgend einer Zeit ohne Amt zu denken, als unorganisierte Haufen. Wo die Apostel Gemein= den stiften, da setzen sie auch Gemeindebeamten ein. Diese heißen Presbyter, d. h. Älteste, oder was damals noch ganz gleichbedeutend ist, Bischöfe, d. h. Aufseher. Jede Gemeinde hat deren eine Mehrzahl. Nicht eine einzelne Persönlichkeit steht an der Spitze der Gemeinde, sondern ein Kollegium gleich= berechtigter Ältesten. Das Amt derselben ist aber nicht in erster Linie Lehramt. Das Lehren war Sache der Apostel, und in weiterem Sinne konnte jeder in der Gemeinde lehrend auftreten, der eine Gabe dazu hatte. Nur die Weiber schließt Paulus aus. Die Aufgabe der Ältesten war vielmehr, der Gemeinde vorzustehen, sie zu leiten und zu regieren; ihr Amt ist vor allem Regieramt. Aber allerdings macht es sich von selbst, daß ihnen meist auch die lehrhafte Erbauung der Ge=

meinde zufiel, weil sie als die hervorragendsten Persönlichkeiten
dazu auch am meisten geschickt waren. Daneben bestand in
untergeordneter Stellung das Amt der Diakonen, d. h. Diener,
nicht eigentlich oder gar ausschließlich als Amt der Barm=
herzigkeit, wie es heute manche darstellen, sondern überhaupt
als Amt des Dienstes zur Hülfeleistung für die Presbyter,
und so allerdings auch wesentlich für die Ausübung der Liebes=
thätigkeit in der Gemeinde. Das Amt der Ältesten war übrigens
bloß ein Gemeinbeamt, kein Kirchenamt, das will sagen, es
bezog sich lediglich auf die Einzelgemeinde, nicht auf die Ge=
samtkirche. Die einzelnen Gemeinden standen, abgesehen von
der Verbindung, die in dem Wirken der keiner Einzelgemeinde
angehörenden Apostel lag, nur in dem Zusammenhange mit
einander, der durch den gemeinsamen Glauben und das alle
verknüpfende Band der Liebe gegeben war. Ein verfassungs=
mäßiger Zusammenhang durch ein eine Mehrzahl von Einzel=
gemeinden umfassendes Kirchenamt war noch nicht vorhanden.

In dieser Einfachheit blieb die Verfassung bis über die
Zeit der Apostel hinaus, bis ins zweite Jahrhundert hinein.
Es bedurfte eben nicht vieler Formen, weil der Geist noch sehr
lebendig und kräftig war, auch die Gemeinden noch klein und
alle Verhältnisse wenig entwickelt. Seit den ersten Jahrzehnten
des zweiten Jahrhunderts tritt dann aber eine bedeutsame
Änderung ein. Nicht auf einmal in allen Gemeinden, noch
weniger durch einen allgemeinen Beschluß, sondern durch einen
gleichzeitig hier und dort sich geltend machenden inneren Trieb
erhebt sich über dem Kollegium gleichberechtigter Presbyter=
Bischöfe Einer als die leitende Persönlichkeit, und diesem fällt
nun unter dem für ihn allein beibehaltenen Titel Bischof die
Gemeindeleitung zu, so daß wir jetzt ein dreifach abgestuftes
Amt haben: einen Bischof und eine Mehrzahl von Ältesten und
Diakonen.

Auch in dieser neuen Gestalt ist das bischöfliche Amt an=
fangs bloß Gemeindeamt, und der Unterschied zwischen den
Amtsträgern und der Gemeinde wird nur als der Unterschied
des Amtes, dagegen noch nicht als der eines zweifachen Standes
angesehen. Bischöfe und Älteste stellt man noch nicht als Priester

ben Laien gegenüber, sondern Priester sind alle. Erst in den Kämpfen gegen den Montanismus und Gnostizismus vollzieht sich dann eine weitere Entwickelung. Aus einem bloßen Gemeinbeamte wird das bischöfliche Amt ein Kirchenamt. Kam es im Kampfe gegen die falsche Gnosis darauf an, die Reinheit des Glaubens zu sichern, so knüpft sich die Überlieferung der Glaubensregel an das bischöfliche Amt; der Bischof hat die überlieferte Lehre rein zu bewahren. Kam es im Kampfe gegen den Montanismus darauf an, die sittliche Zucht in den Gemeinden zu ordnen, so ist es wieder der Bischof, dem die Übung der Zucht zusteht. Wer mit dem Bischofe in Gemeinschaft steht, der steht mit der Gemeinde, der steht mit der ganzen Kirche in Gemeinschaft. In dem Bischofe ist die Gemeinde repräsentiert, und in der Gesamtheit der Bischöfe die gesamte Kirche. Schärfer sondert sich jetzt auch der Klerus von dem Laos, dem Volke, den Laien. Auf den Klerus wird die priesterliche Eigenschaft allein übertragen, und auf Grund des Namens Priester gewinnt auch die Vergleichung mit dem alttestamentlichen Priestertum Raum und Macht. Wir haben jetzt bereits eine festgegründete, wohlgeordnete und, je mehr die Kirche in den großen inneren und äußeren Kämpfen einer kräftigen Führung bedurfte, in steigendem Maße auch kräftiger sich ausgestaltende Hierarchie vor uns.

Vergleichen wir jetzt einmal die Kirche bald nach dem Heimgange der Apostel, etwa auf dem Übergange vom ersten zum zweiten Jahrhundert, mit der Kirche in der Mitte des dritten Jahrhunderts, etwa zur Zeit Cyprians, des Bischofs von Karthago, in dem zuerst das bischöfliche Amt in seiner vollen Ausgestaltung als Kirchenamt uns entgegentritt, — welche Entwickelung hat auch die Kirche durchgemacht! Sie ist nach außen gewachsen, das ganze Reich ist von ihr erfüllt; es sind auch nicht mehr bloß Handwerker und Weiber, die Christum bekennen, in allen Ständen zählen die Gemeinden ihre Glieder. Sie ist auch nach innen erstarkt und hat sich in die Welt eingelebt. Zwar der erste frische Schimmer, oder besser gesagt, der überirdische Glanz, der den Eintritt der Kirche in die Welt bezeichnet, ist im Schwinden; das Leben läßt sich

ſchon nüchterner und ruhiger an. Die Hoffnung auf eine
baldige Wiederkunft des Herrn, die in der erſten Zeit ſo hoch
aufflammt, iſt gedämpfter geworden; die Kirche findet ſich da=
rein, daß ſie einen längeren Beſtand haben ſoll in dieſer Welt,
einen längeren Weg durch die Geſchichte machen. Aber ſie hat
ſich auch dazu gerüſtet. Ein klares Bekenntnis der Thatſachen,
auf denen die Kirche ruht, iſt gewonnen. Feſt gefugt ſteht
die Verfaſſung da, die ganze Menge der Gemeinden iſt wie
im Glauben eins, ſo auch ein geſchloſſener Organismus mit
beſtimmt gegliederten Ämtern. Der Blick hat ſich erweitert,
der Sinn iſt aufgegangen auch für alles menſchlich Schöne
und Große, auch für Kunſt und Wiſſenſchaft. Schon hat man
auch auf chriſtlicher Seite Männer aufzuweiſen, die ihren
Glauben in Schriften verteidigen; ſchon haben Männer wie
Irenäus und Origenes die erſten Grundlinien einer chriſtlichen
Theologie gezogen; ſchon ſind die erſten Anfänge einer chriſt=
lichen Kunſt vorhanden, die wie ein junges Reis auf altem
Stamm neue Blüten treiben wird. Die Kirche iſt kein Kon=
ventikel ſich ſtill zurückziehender, die Welt meidender Leute
mehr, offen tritt ſie auf als Volkskirche, fähig und eifrig das
Volk zu erziehen durch Unterweiſung und Lehre und ebenſo
ſtrenge wie weiſe Zucht.

Eine ſolche Kirche muß auch anders in die Welt hinaus=
ſchauen und ihre Aufgaben anders faſſen. Die heidniſche Welt
altert und, wie es dem Alter eigen iſt, ſieht ſie rückwärts;
da liegt verſunken und verloren das goldene Zeitalter. Die
Gegenwart iſt eiſern, und mehr und mehr beſchleicht das Heiden=
tum ein Gefühl davon, daß es die ſinkende Macht iſt. Das
Chriſtentum iſt die aufſteigende Macht; jugendfriſch ſieht es in
die Zukunft, da winkt ihm der Sieg. Und wie anders geſtalten
ſich ſchon die Gedanken an den Sieg. Die frühere Zeit dachte
an keinen andern Sieg als an den, den der wiederkommende
Chriſtus bringt. Der römiſche Staat und die heidniſche Welt
werden bleiben, bis der HErr kommt. „Die Verfolgungen,“
ſagt Juſtin einmal, „werden bleiben, bis der HErr kommt und
alle befreit.“ Noch für Tertullian fällt der Beſtand dieſer
Welt ganz mit dem Beſtande des römiſchen Reiches zuſammen.

Der Augenblick, in dem das römische Reich zusammenbrechen wird, ist ihm auch der Augenblick der Wiederkunft Christi. Darum beten die Christen für das Reich und sorgen mit für seinen Bestand, weil sie damit zugleich um eine mora finis, einen Verzug des Endes, beten und sorgen. Daß einmal römische Kaiser Christen werden sollten, dünkt Tertullian ganz thöricht und ungereimt. Von jetzt an dagegen richten sich die Hoffnungen der Christen schon auf einen anderen Sieg; schon fängt man an, den Gedanken zu fassen, daß das Christentum von innen heraus das Heidentum überwinden und die herrschende Religion im römischen Reiche werden wird. Wenn es alle so machten, wie die Christen, hatte Celsus gesagt, dann würde das Reich den Barbaren preisgegeben werden, und alle Bildung untergehen. Origenes antwortet: „Wenn es alle so machen wie ich, so werden dann auch die Barbaren das göttliche Wort annehmen und die Gesittetsten und Mildesten werden. Alle anderen Religionen werden dann untergehen, und nur die christliche wird herrschen, welche auch einst allein herrschen wird, da die göttliche Wahrheit immer mehr Seelen gewinnt."

Das ist Siegesahnung, mehr noch, das ist Siegesgewißheit. Aber freilich, den Sieg wirklich zu erringen, muß noch viel Blut fließen, viel mehr noch als schon geflossen ist. Die schwersten Perioden des Kampfes hat die Kirche noch vor sich.

Jetzt erst kann es, jetzt aber muß es auch zu einem Kampfe auf Leben und Tod zwischen der Kirche und dem römischen Staate kommen. Die so erstarkte und ausgestaltete Kirche war in Wirklichkeit eine Gefahr für den römischen Staat. So lange das kleine Häuflein Christen sich gegen den Staat und das Volksleben rein negativ verhielt, konnte der Staat sie gewähren lassen, das konnte er aber nicht mehr, als dieses Häuflein zu einer festgegliederten, hierarchisch verfaßten Kirche geworden war, die wie ein Staat im Staate bestand und das Volksleben mehr und mehr in einer dem altrömischen Sinne und Geiste entgegengesetzten Weise beeinflußte. Er hätte sonst auf seine eigene Existenz verzichtet. Das Heidentum des 1. Jahrhunderts, bei den Massen naiv, bei dem Gebildeten stark mit Unglauben durchsetzt, konnte das Christentum gewähren lassen, das restaurierte Heidentum des 3. Jahrhunderts kann das nicht mehr. Es muß seine eigene Berechtigung im Kampf mit dem Christentum darthun. Im Bunde mit ihm macht der Staat den Versuch, durch systematische allgemeine Verfolgungen das Christentum zu vernichten. Aber eben dann wird sichs auch zeigen, daß das restaurierte Heidentum nur eine galvanisierte Leiche ist, unfähig, dem sinkenden Staate neues Leben einzuhauchen; und dem Christentum, das auch in den schwersten Verfolgungen Treue gehalten, wird der Sieg nicht durch Gunst oder Laune eines Herrschers, sondern mit innerer Notwendigkeit zufallen.

Viertes Kapitel.

Die allgemeinen Verfolgungen.

Röm. 8, 36: Wir sind geachtet für Schlachtschafe.

1. Von Marc Aurel bis Decius.

Auf den furchtbaren Sturm unter Marc Aurel folgte zunächst eine verhältnismäßig ruhige Zeit. „Die Welt hat durch die Römer Frieden," konnte Irenäus schreiben, „und wir Christen wandeln ohne Furcht auf den Straßen und fahren zur See, wohin wir wollen." Es ist, als sollte der Kirche zuvor noch eine Frist geschenkt werden, sich in Frieden zu bauen und zu kräftigen, ehe die schwersten Stürme kamen. Im Anfang der Regierung des Commodus fallen noch einzelne Opfer der Verfolgung, dann hört sie ganz auf. Seine Geliebte, Marcia, wußte den Kaiser sogar günstig für die Christen zu stimmen. Sie ließ sich von dem römischen Bischof ein Verzeichnis der in den Bergwerken Sardiniens schmachtenden Bekenner geben und bewirkte bei Commodus deren Freilassung. Mehr als die römische Staatsreligion lagen dem Commodus seine Fremdgötter, namentlich die ägyptischen, am Herzen, und förderte er deren Kult, so konnte er auch einen anderen orientalischen Fremdkult, das Christentum, gewähren lassen. Doch blieben die bisherigen Gesetze bestehen, nur thatsächlich wurden die Christen geduldet.

Diese Duldung währte bis in die ersten Regierungsjahre des Septimius Severus fort. Der Kaiser selbst schien anfangs dem Christentum günstig gestimmt zu sein. Von Ergebenheit gegen die altrömische Religion ist bei ihm, einem Punier, der eine Syrerin zur Frau hatte, nicht mehr die Rede. Vielleicht fühlte er sogar etwas wie Dankbarkeit gegen die Christen, denn ein christlicher Sklave, Proculus, soll ihn in einer schweren Krankheit durch Salbung mit Öl geheilt haben. Aber die Erbitterung des heidnischen Volkes gegen die Christen blieb, und da dem Kaiser auf seinen Kriegszügen im Orient die gerade in dieser Ruhezeit starke Verbreitung des christlichen Glaubens entgegengetreten war, hielt er Maßregeln zur Einschränkung desselben für nötig und erließ deshalb ein strenges Verbot des Übertritts zum Christentum.

So begann eine neue Verfolgung, die besonders die Katechumenen traf.

In Ägypten und Afrika wurde die Verfolgung eine Zeit lang sehr heftig, in Ägypten in solchem Maße, daß die Christen das Ende der Welt nahe glaubten. „Täglich," schreibt Klemens von Alexandrien, „sehen wir viele Märtyrer vor unseren Augen verbrennen, kreuzigen, enthaupten." In Alexandrien starb Leonides, der Vater des großen Kirchenlehrers Origenes, der selbst, damals noch jung, von seiner Mutter nur mit Mühe zurückgehalten werden konnte, dem Vater zu folgen. Dann werden eine Reihe von Schülern des Origenes genannt, welche ebenfalls die Märtyrerkrone erlangten. Auch Frauen starben viele für den HErrn. Unter ihnen die Jungfrau Pontomiäna, die mit ihrer Mutter Marcella zusammen verbrannt wurde. Einer der Liktoren, Basilides, der sie zur Richtstatt führte, schützte die Jungfrau gegen die Verhöhnungen und Mißhandlungen des Pöbels. Sie dankte ihm und verhieß ihm zum Lohn, daß auch er bald die Krone erlangen werde. Was er gesehen und gehört, wurde dem Basilides in der That ein Ruf zu Christo. Er bekehrte sich auf der Stelle, bekannte offen seinen Glauben und folgte denen, die er zum Tode geleitet, bald im Tode nach.

In Afrika starben eine Anzahl Märtyrer, unter ihnen zwei junge Frauen, Perpetua und Felicitas, die, noch Katechumenen, erst im Kerker getauft waren. Perpetua war erst kürz

lich Mutter geworden, aber weder die Liebe zu ihrem Kinde,
das sie mit ins Gefängnis nahm, noch die Bitten ihres greisen
Vaters machten sie wankend. „Du siehst hier," antwortete sie
dem Vater, als dieser in sie drang, nicht solche Schande über
die Familie zu bringen, „ein Gefäß, einen Krug, kann man
es mit einem anderen Namen nennen, als was es ist?" Und
als der Vater das verneinte, fuhr sie fort: „So kann auch
ich mich nicht anders nennen, als was ich bin, eine Christin."
Im Gefängnis, dessen Dunkel sie, die nie so etwas erfahren,
zuerst erschreckte, hatte sie ein Gesicht. Sie sah eine goldene
Leiter in den Himmel ragen, zu beiden Seiten Schwerter,
Lanzen und Messer, und am Fuß der Leiter lag ein Drache.
Aufgefordert, die Leiter hinanzusteigen, setzte sie mutig dem
Drachen den Fuß auf den Kopf mit den Worten: „Er wird
mir nicht schaden im Namen Jesu Christi," und stieg empor.
Oben angelangt, kam sie in einen großen Garten und fand
hier den guten Hirten, der sie erquickte. Jetzt wußten die Ein-
gekerkerten, was ihrer harrte, und rüsteten sich auf den Abschied
aus der Welt. Bei dem letzten öffentlichen Verhör machte der
Prokurator noch einen Versuch, Perpetua zum Abfall zu bewegen.
In Gegenwart ihres Vaters rief er ihr zu: „Schone deines
greisen Vaters, opfere für das Wohl des Kaisers." Der
Vater selbst stürzte auf sie zu, und erinnerte sie an ihr Kind:
„Erbarme dich deines Kindes." Aber Perpetua antwortete
ruhig: „Ich kann nicht, ich bin eine Christin." Alle wurden
verurteilt, am Geburtstage des Cäsars Geta mit den wilden
Tieren zu kämpfen. Am Abend vor dem Tage des Schau-
spiels hielten sie noch ein gemeinsames Mahl, das unter Gebet
und Lobgesängen sich zur Agape gestaltete. Wie es häufig
vorkam, sollten sie noch im Tode dem Volk zum Schauspiel
dienen. Man wollte die Männer als Priester des Saturn,
die Weiber als Dienerinnen der Ceres ankleiden. Da weigerten
sie sich. „Freiwillig," sagten sie, „sind wir hierhergekommen,
uns unsere Freiheit nicht nehmen zu lassen. Unser Leben
haben wir preisgegeben, um dergleichen nicht thun zu müssen."
Selbst die Heiden erkannten die Billigkeit der Forderung an
und gaben nach. Einer der Blutzeugen, Saturus, fand ein

schnelles Ende. Ein Leopard tötete ihn mit einem Biß. Per=
petua wurde mit Felicitas, in ein Netz gehüllt, einer wilden
Kuh vorgeworfen. Als dabei ihr Kleid und Haar in Unordnung
geriet, ordnete sie es noch sorgsam wieder, auch da weiblicher
Zucht eingedenk. Endlich sollten sie alle den Gnadenstoß er=
halten. Dem Soldaten Pudens rief Perpetua noch zu: „Sei
stark und denke an meinen Glauben, und laß dich dies alles
nicht irre machen, sondern stärken.“ Dann gaben sie sich gegen=
seitig den Friedenskuß und wurden mit Dolchstößen getötet.
Der Gladiatorenschüler, der Perpetua zu töten hatte, zitterte
mit der Hand. Da griff sie selbst zu und führte ihm die
Hand zum Todesstoße an ihren Hals.

So heftig die Verfolgung war, sie währte nur kurze Zeit.
Schon unter Caracalla hörte sie auf, und die Kirche erfreute
sich eines Friedens, den auch der Sonnenpriester Elagabal nicht
störte. Alexander Severus und seine Mutter Julia Mammäa
gaben der Kirche selbst Zeichen des Wohlwollens. In der
Hauskapelle des Kaisers stand neben den Bildern anderer großer
Männer auch das Bild Christi. Gern führte er den Ausspruch
des HErrn im Munde: „Was ihr nicht wollt, daß euch die
Leute thun sollen, das thut ihr ihnen auch nicht“ und ließ
ihn an öffentlichen Gebäuden anbringen. Als in der Stadt
Rom die Zunft der Garköche mit der christlichen Gemeinde
eines Bauplatzes wegen in Streit geriet, entschied der Kaiser
zu gunsten der Christen, denn, meinte er, es sei besser, daß
dort, auf welche Weise auch immer, Gott verehrt, als daß der
Platz den Garköchen eingeräumt werde. Was von massenhaften
Hinrichtungen unter ihm erzählt wird, ist jedenfalls ungeschicht=
lich, auch die Legende der heiligen Cäcilia hat wohl kaum einen
geschichtlichen Kern. Mehr als eine thatsächliche Duldung war
das freilich nicht, wie denn auch sogleich die folgende Regierung
sich den Christen wieder ungünstig erwies. Der Thracier
Maximinus, der erste Barbar auf dem Throne der Cäsaren,
barbarisch auch in seinem ganzen Wesen, der selbst die heid=
nischen Tempel plünderte, erließ ein Gesetz, wonach die Vor=
steher der christlichen Gemeinden hingerichtet werden sollten.
Streng ausgeführt wurde der Befehl zwar nicht, aber wohl

hatten die Christen mancherorten zu leiden. In Rom wurde der Bischof Portianus nach Sardinien verbannt und erlag dort den Mißhandlungen in den Bergwerken. Origenes mußte sich eine Zeit lang bei einer christlichen Jungfrau Juliana verborgen halten. Schlimmer erging es dem Presbyter Protoktet in Cäsarea mit seinem Diener Ambrosius. Von Gefängnis zu Gefängnis geschleppt, hatten sie viel zu leiden, kamen aber mit dem Leben davon. Doch wurde Ambrosius seines Vermögens beraubt. Die Habsucht der Richter spielte mit. Am schlimmsten stand es in Kappadocien, wo zugleich der Fanatismus des Pöbels aufwachte. Hier besiegelten mehrere Christen ihren Glauben mit dem Tode.

War die Verfolgung thatsächlich auch nur unbedeutend, insofern kommt ihr doch eine Bedeutung zu, als sie der erste Anlauf zu einer systematischen Verfolgung ist, wie sie nachher Decius ins Werk setzte. Maximinus ist der erste Kaiser, der die Bedeutung der christlichen Hierarchie erkannte und den Versuch machte, durch Ausrottung derselben die Kirche zu ver=nichten. Wenn seine Bestrebungen ohne Erfolg blieben, so trug dazu ohne Zweifel auch der Umstand bei, daß er als Barbar, der auch die heidnischen Tempel plünderte, so ziemlich alle sonst christenfeindlich gesinnten Elemente gegen sich hatte. So wird denn dieser Anlauf auch nicht fortgesetzt. Die Nach=folger Maximinus hatten ohnehin genug mit der steigenden Verwirrung im Reiche zu thun; sie dachten an keine Verfolgung. Philippus Arabs soll sich den Christen sogar so günstig gezeigt haben, daß die Sage aufkam, er sei heimlich selbst ein Christ gewesen.

Sieht man von dem Angriffe des Thracters Maximinus ab, so kann man sagen, daß die Christen 30 Jahre Ruhe hatten. Doch diese Ruhe war nur Vorbereitung um so schwererer Kämpfe. Sie beginnen mit Decius, dessen Regierung den Anfang einer Reaktionsperiode bezeichnet, die eigentlich erst mit Konstantin abschließt. Kräftig erhebt sich noch einmal der altrömische Geist und macht den Versuch einer Restauration des verfallenden Reichs. Mit diesem Restaurationsversuche hängen auch die all=gemeinen Christenverfolgungen zusammen, die jetzt erst beginnen, ja sie wurzeln darin. Vergegenwärtigen wir uns, um das zu verstehen, die Lage des Reiches.

Der Kaiserwahnsinn hat es an den Rand des Abgrunds gebracht. In vollständiger Zügellosigkeit droht es unterzugehen. Die grenzenloseste Verwirrung herrscht überall. In Rom selbst stehen Senat, Volk, Soldaten wider einander. Tage lang liefert man sich in den Straßen förmliche Schlachten, wobei ein Teil der Stadt in Feuer aufgeht. In den Provinzen sieht es ähnlich aus. Nirgends mehr Achtung vor dem Gesetz, weil keiner sich innerlich an das Gesetz gebunden fühlt. Bald hier, bald dort erheben sich Usurpatoren und greifen nach der Krone, oder werden von ihrer Umgebung gezwungen, darnach zu greifen. Dabei stürmen die Barbaren an die Grenzen; im Norden die germanischen Stämme, im Südosten die Neuperser drohen schon jetzt das Reich zu überfluten. Franken streifen bereits über die Pyrenäen, Alemannen stehen bei Mailand, Goten zerstören den berühmten Tempel der Diana in Ephesus, die Perser bringen bis Antiochien in Syrien vor. In dieser allgemeinen Not erhebt sich von da, wo er allein noch zu finden ist, aus dem Heere heraus, noch einmal der Genius Roms. Eine Reihe von Soldatenkaisern rettet das Reich von fast gewissem Untergange. Es lag in Gottes Plane, daß das Reich nicht eher in die Hände der Germanen fallen sollte, als bis es christlich geworden und so im stande war, die Eroberer selbst in die christliche Bildung hereinzuziehen.

Diese Kaiser sind zwar längst keine Stadtrömer mehr, sie sind Provinzialen, meist Illyrier, aber die Stadt Rom fängt jetzt auch an, ihre Bedeutung als Mittelpunkt zu verlieren. Der Mittelpunkt ist verfault, während die Peripherie noch gesunderes Leben enthält. In den Feldlagern der Legionen, wo noch altrömische Tapferkeit, Strenge und Zucht zu finden war, groß geworden, in römischen Traditionen aufgewachsen, sind diese Kaiser dennoch mehr Römer, als die Stadtrömer selbst. Während man in Rom schwelgte, hatten die Heere mit saurer Arbeit die Grenzen geschirmt, und in den ununterbrochenen Kriegszügen hatte sich ein Stamm von tüchtigen Generalen herausgebildet. Diese ergreifen jetzt das Regiment und be=

stimmen meist aus ihrer eigenen Mitte den Tapfersten und
Tüchtigsten für den Thron. Es sind das Leute, die von der
Pike auf gedient haben, ohne große Bildung, aber sittlich ernst
und strenge in der Zucht, das gerade Gegenteil der aus=
schweifenden Wüstlinge, die so oft den Kaiserthron befleckt hatten.
Sie sind Soldaten durch und durch; dabei haben sie aber fast
alle einen stark idealistischen Zug, man kann geradezu sagen
etwas Schwärmerisches. Im Kriege aufgewachsen, beständig im
Lager, sehnen sie sich doch nach Frieden. Davon reden sie
gern, daß der Krieg nur um des Friedens willen geführt werde;
davon träumen sie, daß bald eine Friedenszeit anbrechen werde,
in der man keiner Soldaten mehr bedarf; ja sie suchen schon
wie Probus, einer der gewaltigsten unter diesen Soldatenkaisern,
die Heere an die Arbeiten des Friedens zu gewöhnen. So=
bald nur eine kleine Pause zwischen den Feldzügen es gestattet,
läßt Probus seine Legionen Kanäle graben und Weinberge
pflanzen. Das ihnen vorschwebende Friedensideal suchen sie zu
verwirklichen durch eine Restauration des römischen Wesens.
Römische Sitte, römische Art soll wiedererweckt werden, das
ist jetzt die Losung. Diese Soldatenkaiser schreiben zum Teil
so ehrerbietig an den Senat und das Volk von Rom, als ob
das noch der Senat und das Volk aus den Zeiten der Republik
wäre; sie reden von der ewigen Roma und ihrer Macht, wie
ein schwärmerischer Republikaner aus den großen Tagen der
alten Stadt es je gethan.

Zur Herstellung des römischen Wesens gehört aber natür=
lich auch Herstellung der römischen Staatsreligion. Alle diese
Kaiser (das ist auch ein ihnen gemeinsamer Grundzug) sind
heidnisch fromm, mehr als das, sie sind im höchsten Grade
abergläubisch. In ihrem unsteten wechselvollen Leben, stets in
Gefahr, haben sie gelernt, auf Weissagungen zu achten und
auf Vorzeichen. Auf die Gunst der Götter legen sie den größten
Wert und, sich wohl bewußt, wie unsicher ein Thron ist, wenn
er sich ausschließlich auf die Macht stützt, suchen sie auch ihre
Unterthanen durch allerlei Superstitionen zu binden und an
sich zu fesseln. Es ist das restaurierte Heidentum, das dämo=
nisierende und fanatische, welches jetzt Macht gewinnt und auch

in diesen Kaisern vertreten ist. Beachten wir das, so ist leicht einzusehen, weshalb gerade diese Kaiser Christenverfolger werden, wie keine vor ihnen.

Sie mußten es werden. In der That wäre nichts falscher, als wollten wir uns diese Verfolgungen aus bloßer Willkür, aus persönlicher Feindschaft und Grausamkeit hervorgegangen denken. Vielmehr sind sie das Ergebnis der ganzen Lage des Staats und gehen aus dieser mit Notwendigkeit hervor. Den Restaurationsplänen, welche die Zeit beherrschen, steht nichts so sehr entgegen wie das Christentum. Sollte das alte Rom in neuem Glanze erstehen, so mußte das dem altrömischen Wesen schnurstracks widerstreitende Christentum beseitigt werden. In Rom haben immer Religion und Krieg miteinander in einem engen Verhältnis gestanden. Die römische Religion ist in der That eine Religion der Waffen. Hätten die friedlichen Zeiten des zweiten Jahrhunderts fortgedauert, so wäre es vielleicht möglich gewesen, zu einem friedlichen Abkommen mit den Christen zu gelangen. Als aber das ganze Reich wieder auf den Waffen beruhte, mußten auch die alten Götter wieder an Macht gewinnen. Sie hatten das Reich groß gemacht, bei ihnen allein hoffte man noch Hülfe und Rettung zu finden in der Not. Dann aber mußten die Verächter dieser Götter als Staatsfeinde erscheinen, und eine Wiederaufrichtung des Reichs war nur möglich, wenn man das ganze Volk zur Verehrung der Götter zurückbrachte. Nun war aber die Kirche so erstarkt, daß Maßregeln, wie sie Trajan vor hundert Jahren angewendet hatte, nicht mehr genügten. Das Christentum, wie Trajan noch hoffte, allmählich und langsam zurückzudrängen, daran war nicht mehr zu denken; man hatte nur die Wahl, es anzuerkennen oder zu vernichten. Das erstere konnte man nicht, ohne den ganzen Gedanken der Restauration von vornherein aufzugeben. So entschloß man sich zu dem letzteren. Damit gewinnt die Verfolgung aber auch einen völlig anderen Charakter. Sie ist jetzt nicht mehr ein Ausbruch der Volkswut, dem die Behörden hier und da nachgeben, auch nicht mehr ein Gerichtsverfahren gegen einzelne ausdrücklich Angeklagte in den gewöhnlichen Formen des römischen Rechts, sondern ein aus Staatsmaximen hervorgegangene allgemeine, alle Christen gleichmäßig treffende Verfolgung, die den bestimmten Zweck hat, die Kirche zu vernichten.

2. Von Decius bis Gallienus.

Der erste, der eine solche allgemeine Verfolgung anordnete, war Decius. Sein Beweggrund war gewiß nicht, wie man wohl hier und da liest, ein persönlicher, etwa nur der Gegensatz gegen den von ihm besiegten christenfreundlichen Philippus Arabs, es sind vielmehr die oben dargelegten Restaurationsgedanken, die sich in Decius verkörpern. Decius ist eine harte enge Natur und dabei doch ein Schwärmer. Er träumt von der Herstellung der alten Herrlichkeit des römischen Reichs, als ob er die Macht hätte, einen Toten wieder lebendig zu machen. Altrömische Institutionen werden wieder aufgeweckt, der Senat geehrt, das Zensorenamt hergestellt, Rom aufs neue befestigt und mit Bauten geschmückt. Auf derselben Linie liegen seine Maßregeln gegen das Christentum. Unmöglich konnte ein solcher Kaiser es ruhig ansehen, daß eine nach römischen Begriffen unerlaubte Religion um sich griff, daß die alten Volksheiligtümer veröbeten, und die Tempel leer standen. Bald nach seiner Thronbesteigung (249), schon im Jahre 250 erließ Decius den Befehl, daß alle Christen ohne Ausnahme aufgefordert werden sollten, die Zeremonien der römischen Staatsreligion zu vollziehen. Falls sie sich dessen weigerten, sollten sie mit Drohungen und Martern dazu gezwungen werden. Zur Ausführung dieses Edikts wurde, da man den Ortsbehörden nicht traute, an jedem Orte eine besondere Kommission niedergesetzt, die dann einen Termin bestimmte, bis zu welchem jeder vor ihr zu erscheinen und den Göttern zu opfern hätte. Diejenigen, welche vor diesem Termine ihr Vaterland verließen, wurden nicht weiter behelligt, nur wurde ihr Vermögen eingezogen, und ihnen die Rückkehr bei Todesstrafe verboten. Wer opferte, erhielt einen Schein (libellus) darüber. Die, welche bis zu dem bestimmten Termin nicht nachwiesen, daß sie geopfert hatten, wurden vor die Untersuchungskommission geladen, und hier ein Verfahren gegen sie eröffnet, welches nicht wie das frühere Gerichtsverfahren auf Feststellung ihrer Schuld und Bestimmung der Strafe, sondern vielmehr darauf hinauslief, sie zum Abfall zu zwingen. Zuerst wurde ihnen nur gedroht und noch eine Frist gesetzt. Half das nicht, so schritt man zu Martern, und, falls auch diese den gewünschten Erfolg nicht hatten, warf man die sich beharrlich Weigernden in den Kerker, um sie dort durch fortgesetzte Marter, auch durch Hunger und Durst wankend zu machen. Todesstrafe wurde anfangs nur selten, meist nur gegen Bischöfe angewendet, aber viele erlagen unter den Martern oder starben in den Kerkern. Die Verfolgung wurde nach und nach noch strenger. Die Standhaftigkeit der Christen reizte zu größerer Heftigkeit. Weil die Ortsbehörden hier und da Rücksichten nahmen und die Sache nach Ansicht des Kaisers zu lässig betrieben, wurden die Statthalter an= gewiesen, selbst einzugreifen, und, wo auch diese noch zu milde schienen, andere strengere an ihre Stelle gesetzt.

Ein glückliches Geschick hat uns zwei der oben erwähnten Opferscheine aufbewahrt, die mit andern Papyrus in einem ägyptischen Grabe 1893 gefunden sind. Obwohl aus ver= schiedenen Orten Ägyptens stammend, lauten sie fast ganz gleich, ein Zeichen, daß sie nach einem vorgeschriebenen Formular auf= gesetzt sind. Die Form ist die, daß die betreffenden Personen in dem Schriftstück vor der Kommission bezeugen, sie hätten immer den Göttern Opfer gebracht und auch jetzt den ergangenen Vorschriften gemäß geopfert, eine Spende ausgegossen und am Opfermahl teilgenommen, und die Kommission bitten, ihnen das zu bestätigen. Dann folgt diese Bestätigung mit der Unter= schrift des Beamten. In dem einen Scheine ist es ein gewisser Diogenes, des Satabus Sohn, 72 Jahre alt, aus dem Dorf Alexanders=Insel, der um die Bestätigung seiner heidnischen Frömmigkeit bittet; in dem andern sind es zwei Brüder aus Philadelphia, die mit ihren Frauen vor der Kommission er= scheinen. Man sieht, daß das Edikt des Kaisers selbst in den kleinsten und entlegensten Orten ausgeführt ist, und die ver= gilbten Papyrusblätter gewähren uns unmittelbarer noch als die Schilderungen der Zeitgenossen einen Einblick in jene schwere Zeit.

Schärfer blickende Männer hatten den Sturm wohl geahnt. Origenes hatte ihn vorausgesagt, und Cyprian ihn in einem Gesicht vorhergesehen. Er sah einen Familienvater inmitten zweier Söhne. Der zur Rechten saß traurig da und tief betrübt, der zur Linken trug ein Netz, bereit, das umstehende Volk damit zu fangen. Als Cyprian sich darüber verwunderte und fragte, was das wäre? wurde ihm die Deutung: der zur Rechten (Christus) sei betrübt, weil seine Gebote nicht befolgt würden; der zur Linken (der Teufel) freue sich, daß ihm bald vom Familienvater zugelassen werden würde, gegen das Volk zu wüten. Also ganz bestimmt als ein Gericht über die eingerissene Schlaffheit des christlichen Lebens ahnte Cyprian die Verfolgung. Den meisten Christen dagegen kam diese ganz überraschend. Manche Gemeinden hatten seit 30 Jahren ununterbrochene Ruhe gehabt, und viele glaubten ohne Zweifel schon, der Friede werde ein dauernder sein. Um so größer war jetzt die Bestürzung. In den Zeiten der Ruhe hatten auch manche unlautere Elemente Eingang in die Kirche gefunden, und selbst die besseren waren des Kampfes entwöhnt. So darf es nicht wundernehmen, daß viel Schwachheit zu Tage kam; in einzelnen Gemeinden fiel der größere Teil der Gemeindeglieder vom Glauben ab. Manche warteten den Termin gar nicht ab. Solche, die ein öffentliches Amt bekleideten, angesehene Bürger, die für ihre Geschäfte fürchteten, eilten sich durch Opfern vom Christentum loszusagen. „Vor der Schlacht schon," klagt Cyprian, „wurden viele besiegt und, ohne nur mit dem Feinde zusammengetroffen zu sein, niedergestreckt; nicht einmal das suchten sie zu erlangen, daß sie wenigstens doch als wider Willen Opfernde erschienen." Bei manchen sah es aus, als hätten sie nur die Gelegenheit abgewartet, vom Christentum loszukommen. Wenn die Kommission an einem Tage nicht fertig werden konnte und den Rest auf den folgenden Tag verwies, baten sie noch vorgelassen zu werden, als ob sie nicht schnell genug sich sicher stellen könnten. Selbst Kinder schleppte man herzu und ließ sie mit ihren Händchen Weihrauch streuen. Andere wurden von ihren Ver=

wandten überredet, von ihren heidnischen Freunden herbeige=
zogen. Bleich und zitternd traten sie an den Altar, als wenn
sie nicht opfern, sondern geopfert werden sollten. Das um=
stehende Volk spottete über sie, daß sie zu beidem, zum Opfern
und zum Sterben, zu feige seien. Es kamen furchtbare Szenen
vor. Solche, die verleugnet hatten, ergriff plötzlich Angst bis
zum Wahnsinn. Eine Christin in Karthago wurde, nachdem
sie das Wort gesprochen, mit dem sie sich von Christo lossagte,
stumm und konnte kein Wort mehr hervorbringen. Eine andere
ging unmittelbar von dem Opfer ins Bad und kehrte von da
wahnsinnig geworden zurück. Vielerwärts ermöglichte die Be=
stechlichkeit der Behörden die Umgehung des Gesetzes. Gegen
Geld stellten sie den Christen einen Schein aus, als ob sie ge=
opfert hätten, oder auch ohne selbst zu kommen und sich einen
solchen Schein ausstellen zu lassen, konnten sie es erlangen,
daß ihre Namen in das Protokoll unter die Zahl derer auf=
genommen wurden, die dem Edikte genügt hatten. Ihr Ge=
wissen beruhigten sie dann damit, daß sie ja selbst nichts gethan
hätten, was dem Glauben zuwider wäre. Die Kirche hat sich
dadurch nicht täuschen lassen. Sie erklärte mit voller Ent=
schiedenheit eine solche Art, der Verfolgung zu entgehen, für
Verleugnung des Glaubens.

So fehlte es leider nicht an Schwachheit, und die Verfol=
gung wurde zur Sichtung, welche die Spreu aus den Gemeinden
beseitigte. Aber es fehlte auch nicht an christlichem Helbenmut.
Allen voran ging die Gemeinde in Rom. Zuerst starb ihr Bischof
Fabianus den Märtyrertod. Unter Lebensgefahr folgte ihm auf
dem Bischofssitze Kornelius, um ihm bald auch im Tode zu
folgen. Er wurde zuerst verbannt, dann hingerichtet. Lucius,
der den Mut hatte, in die Reihe einzutreten, wurde ebenso in
kurzer Zeit der Krone teilhaftig. In den Katakomben sieht man
noch heute die einfachen Grabsteine der Märtyrerbischöfe, nur
mit ihren Namen bezeichnet, neben einander. Seinen Bischof
Fabianus begleitete im Tode der Presbyter Moses. Dann
starben unter furchtbaren Martern die Jungfrauen Viktoria,
Anatolia, Agatha und eine große Menge anderer Blutzeugen.
In Alexandrien waren die Opfer nicht minder zahlreich. Schon

ehe das eigentliche Verfahren begann, überfiel der Pöbel ein=
zelne Christen. Einen Greis, Metras, wollte man zwingen,
gottlose Worte auszusprechen. Als er sich dessen weigerte,
wurde er gesteinigt. Eine Frau, Quinta, schleppte man in
einen Tempel und forderte, daß sie die Götzen anbeten solle.
Als sie treu blieb, schleifte man sie an den Füßen durch die
Stadt und tötete sie. Einer Jungfrau, Apollonia, zerschlug
man die Zähne, als sie die ihr vorgesagten gottlosen Worte
nicht nachsprechen wollte, und verbrannte sie zuletzt auf einem
Scheiterhaufen. Dann erst begann das eigentliche Verfahren,
und noch viele andere erlitten für ihre Standhaftigkeit den
Tod. Namentlich rühmte man einen Knaben Dioskuros, der
erst 15 Jahre alt durch seine treffenden Antworten und seine
Festigkeit bei allen Martern selbst dem Statthalter Bewunde=
rung abnötigte, so daß dieser ihn zuletzt entließ, um sich, wie
er sagte, eines Besseren zu besinnen. Auch in den kleineren
Städten und Dörfern Ägyptens zählte man der Opfer viele.
In der Thebais ließ der Präfekt ein christliches Ehepaar neben
einander ans Kreuz schlagen. Tage lang lebten sie noch am
Kreuz und sprachen sich gegenseitig Mut zu. In Jerusalem
starb der Bischof Alexander, in Antiochien der Bischof Baby=
las unter standhaft ertragenen Martern. In Tolosa wurde
der Bischof Saturninus an einen wilden Ochsen gebunden zu
Tod geschleift.

Der Bischof von Karthago, Cyprian, hatte sich beim Be=
ginn der Verfolgung an einen sicheren Ort zurückgezogen.
Wurde ihm das von manchen Seiten verdacht, so hat er durch
seinen späteren Märtyrertod bewiesen, daß es nicht Feigheit
war, was ihn dazu bewog. Von seinem Exil aus tröstete und
ermutigte er die Gemeinde und traf Anordnungen, wie sie sich
in der Verfolgung verhalten sollte. Die Armengelder, die für
gewöhnlich von Einem verwaltet wurden, sollen unter die Pres=
byter und Diakonen verteilt werden, damit wenn einer von
ihnen gefangen genommen würde, die andern doch noch zu
helfen im stande wären, auch die Armen um so leichter ver=
sorgt werden könnten. Die Presbyter sollen sich der Gefangenen
im Kerker fleißig seelsorgerisch annehmen und ihnen die heilige

Kommunion hintragen, dabei aber doch auch vorsichtig zu Werke
gehen, um die Heiden nicht zu reizen. Die Armen sollen um
so sorgsamer unterstützt werden, aber man soll sich auch vor
solchen hüten, die sich vordrängen, wohl gar, wie es auch vor=
kam, den Versuch machen, ein schändliches Leben durch einen
scheinbaren Märtyrertod zuzudecken. Auch der Karthaginien=
sischen Gemeinde fehlte es nicht an Bekennern und Märtyrern.
Es lagen ihrer viele im Kerker, die man durch Hunger und
Durst zur Verleugnung zu bewegen suchte. Ihrer 15 werden
genannt, die den Hungertod im Gefängnis starben. Andere
erlagen den Folterqualen, noch andere wurden hingerichtet.
Besonders that sich ein Glied der Gemeinde Namens Numidikus
hervor. Er hatte viele zum Zeugnis ermuntert und seine
eigene Frau auf dem Scheiterhaufen sterben sehen. Da wurde
er selbst verurteilt. Halb verbrannt, mit Steinen überschüttet,
ließ man ihn liegen. Seine Tochter suchte des Vaters Leiche
hervor, um sie zu bestatten. Wie froh war sie, als sie noch
Zeichen des Lebens fand. Eilends trug sie ihn ins Haus,
und wirklich gelang es ihrer sorgsamen Pflege, ihn herzustellen.
Cyprian machte ihn später zum Presbyter.

Das Schrecklichste an dieser Verfolgung war, daß die
Heiden es gar nicht auf den Tod der Christen abgesehen
hatten, sondern darauf, sie durch Martern zur Verleugnung zu
zwingen. „Es wurden Martern angewendet," so schildert Cyprian
dies Verfahren, „Martern ohne Ende der Qual, ohne den Aus=
gang einer Verurteilung, ohne den Trost des Todes; Martern,
die nicht leicht die Gequälten zur Krone entsenden, sondern sie
so lange quälen, bis sie schwach werden, wenn nicht vielleicht
die göttliche Barmherzigkeit giebt, daß einer unter den Martern
stirbt und die Glorie erlangt, nicht weil die Martern ihr Ende
erreicht hätten, sondern weil der Tod schnell herbeigekommen."
Man warf sie nicht nur ins Gefängnis, beschwerte sie mit
Ketten, spannte ihre Arme und Beine in den Block, man
wendete nicht nur die gewöhnlichen Foltern an, das Zer=
quetschen der Finger, das Ausrecken der Glieder, das Zerreißen
des Leibes mit Nägeln und Haken, man ersann auch die
raffiniertesten neuen Martern. Man setzte die Gefangenen der

furchtbarsten Hitze aus, um sie dann Tage lang bürsten zu
lassen; man brannte sie mit Feuer, mit Kohlen und glühen=
dem Eisen. Es wird sogar erzählt, daß einzelne nackt, am
ganzen Leibe mit Honig bestrichen, den Stichen der Insekten
preisgegeben wurden. Dabei wachte mehr als je die Wut
des fanatisierten heidnischen Pöbels auf. Wie jubelte der auf,
wenn es gelungen war, einen Christen so lange zu martern,
daß er endlich die Hand ausstreckte, den Weihrauch auf den
Götzenaltar zu streuen! Wie weidete man sich an den Qualen
der armen Opfer! Die Christen waren jetzt vogelfrei. Man
überfiel sie in ihren Häusern, raubte, was des Raubens wert
schien, und zertrümmerte oder verbrannte den Rest des Haus=
rats. Kein Christ durfte es wagen, sich öffentlich zu zeigen.
Auf der Straße wurden sie verhöhnt, mit Steinen geworfen
und geschlagen, oder ein sich ansammelnder Haufe machte auch
den Versuch, sie zum Aussprechen von Fluchworten zu bringen.

Das waren die Zeiten, in denen die Christen überall um=
stellt, oft verraten und in ihren Versammlungen überfallen, in
die Wüsten flüchteten und in die Wälder, oder in die Kata=
komben hinabstiegen zu den Toten, um da in kleinen Häuflein
beim Lichte der Thonlampen, wie deren heute noch oft aufgefunden
werden, Gottesdienst zu halten, das Wort zu hören und das
Sakrament zu feiern. Die da zusammenkamen, wußten nicht,
ob sie nicht bald ein ähnliches Geschick erwartete wie die, deren
Namen als Märtyrer und Bekenner beim Abendmahl genannt
wurden, oder deren schlichte Gräber mit einfachen Inschriften
sie da umgaben. Wie feierlich erst mag ein solcher Gottesdienst
gewesen sein, wahrlich dazu angethan, den Glauben zu stärken
zu einem freudigen Bekenntnis. Waren manche abgefallen, die
treu bleibenden schlossen sich in der Not der Zeit desto enger
aneinander. Wie trugen sie einander im Gebet! Unzählige
Male ermahnt Cyprian die Gemeinde zum Gebet für die An=
gefochtenen und Verfolgten, und aus dem Gefängnis heraus
bitten diese um die Fürbitte der Gemeinde. Wie diente einer
dem andern, obwohl er oft genug den Dienst mit dem Leben
bezahlen mußte. Wie wurden die Märtyrer und Bekenner ge=
ehrt! Auf dem Wege zur Richtstatt umarmte man sie, und in

den Gefängniſſen küßte man ihre Ketten. So viel irgend
möglich wurde für ihre ehrenvolle Beſtattung geſorgt, und
ihnen eine ſolche zu verſchaffen, achtete man auch die Gefahr
nicht, der man ſich dabei ausſetzte. Sorgſam wurden ihre
Namen und die Geſchichte ihres Martyriums zum Gedächtnis
aufgezeichnet. Und wenn einmal in der Verfolgung eine Pauſe
eintrat, und einige aus den Gefängniſſen oder der Verbannung
zurückkehrten, mit welchem Jubel wurden ſie begrüßt! Man
eilte ihnen entgegen, man umbrängte ſie, man umfing ſie mit
herzlichem Verlangen und hing mit Küſſen an ihrem Halſe.

Einem Sturme gleich, der wohl auf eine Zeit lang nach=
läßt, um dann aber mit verdoppelter Stärke wieder einzuſetzen,
währt die Verfolgung ein Jahrzehend hindurch. Die Geduld
der Chriſten macht die Heiden müde, oder der Eifer der Kaiſer
wird durch Kriegszüge und Empörungen abgelenkt. So kommen
Zeiten der Ruhe, in denen die Chriſten wieder aufatmen und
ſich ſammeln können. Dann aber bricht die Verfolgung von
neuem aus, und mit doppeltem Eifer und neuen Mitteln arbeitet
man an der Vernichtung der Kirche.

Als Decius 251 im Kriege gegen die Goten gefallen war,
brachte der Regierungswechſel eine kurze Pauſe, aber ſchon im
folgenden Jahre 252, in dem das Reich von mancherlei Plagen,
Dürre und Hungersnot heimgeſucht wurde, gab das Fehlen
der Chriſten bei den zur Verſöhnung der Götter allgemein
angeordneten großen Opfern Anlaß zu neuen Verfolgungen.
Damals wurden viele Chriſten zur Strafe in die Bergwerke
geſchickt. Ein überaus hartes Los, denn ſchlimmer als Galeeren=
ſklaven wurden die Chriſten dort gehalten.

Mit der Ermordung des Gallus durch ſeine eigenen Sol=
daten tritt wieder eine kurze Ruhepauſe ein; dann nimmt Kaiſer
Valerian das unterbrochene Werk von neuem auf. Er wendet
eine abweichende Taktik an. Hatte das furchtbare Blutvergießen
unter Decius nicht geholfen, ſo hofft Valerian ohne Blut=
vergießen zum Ziele zu kommen. Den Gemeinden ſollen ihre
Hirten und die Möglichkeit der Erbauung genommen werden.
Zu dieſem Zwecke befiehlt der Kaiſer, die Biſchöfe von ihren
Gemeinden zu trennen, und verbietet alle Zuſammenkünfte der

Christen, alle gottesdienstlichen Versammlungen und den Besuch
der Kirchhöfe, wo die Christen an den Gräbern der Märtyrer
zu beten pflegten.

Die Maßregel erwies sich bald als gänzlich wirkungslos.
Die Bischöfe wurden verbannt, so z. B. Cyprian nach Curubis,
Dionys von Alexandrien nach Kephos, aber in der Verbannung
blieben sie dennoch mit ihren Gemeinden verbunden. Auch von
ihrem Exil aus leiteten sie dieselben durch Briefe und durch
hin= und herreisende Geistliche. Sie wurden den Gemeinden
nur noch teurer, innerlich nur noch enger mit ihnen verbunden,
und kräftiger noch wirkte das Wort des um seines Glaubens
willen verbannten, als das Wort des gegenwärtigen Bischofs.
An ihrem Verbannungsorte sammelten sich neue Gemeinden um
sie, und an manche Orte wurde so der Same des Evangeliums
getragen, wohin er früher noch nicht gekommen war.

Daher schritt der Kaiser zu härteren Maßregeln fort. Im
Jahre 258 erließ er ein Edikt, welches befahl: Die Bischöfe,
Presbyter und Diakonen sollen sofort mit dem Schwert hin=
gerichtet werden; Senatoren und Ritter sollen ihre Güter ver=
lieren und, wenn sie dann noch Christen bleiben, ebenfalls
hingerichtet werden. Frauen vom Stande sollen nach Ein=
ziehung ihres Vermögens verbannt, Christen im kaiserlichen
Hofdienst in Ketten gelegt und zur Arbeit auf die kaiserlichen
Güter verteilt werden.

So begann denn die Blutarbeit aufs neue. Jetzt waren
es besonders die Hirten der Gemeinden, welche die Verfolgung
mit ganzer Schärfe traf, und ihrer eine große Zahl hat den
Glauben mit dem Tode besiegelt. In Rom starb am 6. August
258 der Bischof Sixtus. Er wurde in den Katakomben er=
griffen, als er dort Gottesdienst hielt. Nachdem das Urteil
über ihn gesprochen war, führten ihn die Henker dahin zurück
und enthaupteten ihn an derselben Stelle, wo er eben noch
Abendmahl gehalten. Sein bischöflicher Sitz wurde mit seinem
Blute besprißt. Auf dem Wege zum Tode begleitete ihn sein
Diakon Laurentius. „Wohin, Vater, gehst du ohne den Sohn?
wohin, Priester, ohne deinen Diakon?" redete ihn dieser an.
„Du wirst mir bald folgen, hör auf zu weinen!" antwortete

der Bischof. Und nach drei Tagen, am 10. August, folgte ihm sein Diakon in den Tod. Laurentius soll auf einem eisernen Stuhle geröstet worden sein. In Karthago erlangte Cyprian die Märtyrerkrone. Einige angesehene Gemeindeglieder wollten ihm zur Flucht verhelfen, aber hatte er früher seiner Gemeinde sich erhalten zu müssen geglaubt, jetzt weigerte er sich. Nur kurze Zeit hielt er sich verborgen, um nicht nach Utika, wo der Prokonsul sich augenblicklich aufhielt, gebracht zu werden, denn dem Hirten zieme es, im Angesicht der Gemeinde zu sterben. Sobald der Prokonsul nach Karthago zurückgekehrt war, wurde Cyprian gefangen genommen und vor den Prokonsul gebracht. Eine ungeheure Menschenmenge hatte sich im Prätorium versammelt. Das Verhör war kurz. „Du bist Thascius Cyprianus?" — „Ich bin es." — „Du hast dich zum Vorsteher einer sakrilegischen Sekte hergegeben?" — „Ja." — „Die heiligen Kaiser haben dir befohlen zu opfern." — „Das thue ich nicht." — „Überlege es dir wohl." — „Thue was dir geboten ist; in einer so gerechten Sache bedarf es keiner Überlegung." Der Prokonsul besprach sich mit seinen Räten und verkündete sofort das Urteil: „Thascius Cyprianus soll mit dem Schwert hingerichtet werden." Cyprian antwortete nur: „Gott sei gedankt!" und die Exekution des Urteils folgte sogleich. Der Bischof entkleidete sich selbst, kniete nieder und betete. Mit zitternden Händen führte der Scharfrichter den Todesstreich (14. Sept. 258). Cyprian war nicht der einzige Märtyrer in Karthago. Außer ihm starben mehrere Presbyter und Diakonen. Als einer von ihnen, Namens Montanus, zum Tode geführt wurde, riß er das Tuch, mit dem ihm die Augen verbunden werden sollten, mitten durch und bat, die Hälfte für seinen Freund und Mitpresbyter Flavianus aufzuheben, der ihm bald folgen werde. Wenige Tage nachher verbanden sie an derselben Stelle dem Flavianus mit der andern Hälfte des Tuches die Augen, und auch er empfing den tödlichen Streich.

Aus Ägypten, aus Spanien und andern Gegenden des Reichs werden uns ebenfalls eine große Reihe von Märtyrern genannt, meist Bischöfe und Presbyter. Aber auch die Ge-

meinden blieben nicht verschont. Ihre gottesdienstlichen Ver=
sammlungen wurden überfallen, die Kirchen und Kirchhöfe ihnen
genommen. In Rom überfielen die Heiden eine Christenschar,
die in einer Katakombe Gottesdienst hielt, und mauerten den
Eingang derselben zu, so daß die Christen in der Katakombe
umkamen. In Afrika wurde ein ganzer Haufen von Christen
in einen Kalkofen geworfen und verbrannt.

Erreicht wurde durch diese Verfolgung so wenig, wie
durch die früheren. Valerian geriet im Jahre 260 auf einem
Kriegszuge gegen die Perser in Gefangenschaft, und mit dem
Ende seiner Regierung endete auch die Verfolgung. Sein Nach=
folger Gallienus ließ den Christen die ihnen genommenen Ge=
bäude und Grundstücke, die Kirchhöfe und heiligen Stätten
zurückgeben. Ja er schrieb sogar an mehrere Bischöfe freund=
liche Briefe und erklärte ausdrücklich, es sei sein Wille, daß
sie hinfort im Frieden ihres Amtes warten sollten. Ob das
Christentum dadurch eine gesetzlich anerkannte Religion wurde,
ist zweifelhaft. Ein dauernder Friede wurde damit jedenfalls
nicht geschaffen. Der war erst möglich, als der Staat selbst
christlich wurde. Doch genossen die Christen von nun an
40 Jahre eine ununterbrochene Ruhe, denn die Verfolgung,
die der Kaiser Aurelian kurz vor seinem Tode anordnete, kam
nicht zur Ausführung. Es gehört zu den Fügungen Gottes,
daß das römische Reich gerade jetzt seiner Feinde nicht Herr
wird und alle seine Macht aufbieten muß, um nur seine
Existenz gegenüber den feindlichen Nachbarn nach außen und
gegenüber der Verwirrung im Innern zu retten. Wäre Valerian
siegreich aus dem Perserkriege zurückgekehrt, wäre Aurelian,
der Sieger über Zenobia, nicht seinen eigenen Truppen erlegen,
dann hätten beide Kaiser zweifellos ihre ganze Macht gegen
die Christen gekehrt. Das sollte nach Gottes Rat nicht sein,
die Kirche sollte zuvor noch eine Zeit der Ruhe haben, um
noch mehr innerlich zu erstarken, ehe der letzte Kampf begann.

Die Kirche bedurfte in der That der Ruhe. Sie glich
einer Festung, die einen mit allen Mitteln unternommenen
Angriff des Feindes abgeschlagen hat. Erobern hat sie der
Feind nicht können, aber es liegen doch hier und dort die

Mauern und die Türme in Trümmern, und man sieht es der
Stadt an, was sie gelitten hat. Es gilt das Gefallene wieder
aufzurichten und die Schäden auszubessern. Ohne Schädigung
war die Kirche in der Verfolgungszeit nicht geblieben, und die
Nachwehen waren oft noch schlimmer als der Sturm. Solche
Zeiten wecken die Kräfte in der Kirche, aber sie bringen auch
große Gefahren mit sich. Das Leben der Gemeinden kommt
aus dem ruhigen Geleise, und mit einer gewissen Einseitigkeit
richten sich alle Kräfte auf Einen Punkt. Die in der Ver=
folgung heldenmütig ausgeharrt hatten, die Konfessoren, die im
Gefängnis gelegen hatten, die noch die Wunden und Striemen
von ihren Martern aufzeigen konnten, galten jetzt alles. Aus
ihnen bildete sich eine kirchliche Aristokratie eigentümlicher Art.
So ernstlich und eindringlich treue Lehrer vor Hochmut warnten,
es war zu natürlich, daß manche der hochgeehrten Konfessoren
der Versuchung nicht widerstehen konnten, ihr Ansehen in der
Gemeinde zu allerlei willkürlichen Eingriffen in die bestehenden
Ordnungen zu mißbrauchen. Das war um so gefährlicher, als
mancher Orten diese Ordnungen so schon unter der Not der
Zeit gelitten hatten, und die Kirche jetzt vor der überaus
schwierigen Frage stand, wie sie die in der Verfolgung Ge=
fallenen behandeln sollte. Deren waren viele und verschiedener
Art: solche die freiwillig geopfert, solche die es durch Marter
gezwungen gethan, solche die einen Schein gekauft oder auch
nur ihre Namen in die Listen hatten eintragen lassen. Die
Konfessoren griffen hier sofort willkürlich ein. Sie gaben
vielen Gefallenen, die darum baten, einen Friedensschein, auf
Grund dessen diese nun ihre Wiederaufnahme in die Gemeinde
forderten, und an manchen Orten auch ohne Buße und ohne
Bekenntnis zum Abendmahl wieder zugelassen wurden. Manche
beschränkten sich nicht einmal darauf, einzelnen bestimmten
Personen Scheine zu geben, sondern stellten diese ganz un=
bestimmt auf eine Menge von Personen aus. Sie mischten
sich sogar in die Angelegenheiten fremder Gemeinden. Ein
Römer Celerinus bittet einen Karthaginiensischen Konfessor um
einen Schein für seine beiden abgefallenen Schwestern. Ja,
es traten einzelne mit der Behauptung auf, von diesem oder

jenem Märtyrer vor seinem Tode den Auftrag erhalten zu
haben, allen, die darum bitten würden, Frieden zu schenken.
Diesem Treiben gegenüber forderten andererseits ernste Christen
die größte Strenge. Es schien ihnen unbillig, daß die Ge=
fallenen so leicht wieder Aufnahme finden und also denen
ganz gleichgestellt werden sollten, die standhaft geblieben waren.
Sie wollten von einer Wiederaufnahme der Gefallenen über=
haupt nichts wissen. Man solle die, welche ihren Herrn ver=
leugnet, der Gnade Gottes befehlen, aber die Kirche nicht
durch die Wiederaufnahme beflecken. An manchen Orten kam
es darüber nicht bloß zu ärgerlichen Auftritten, sondern auch
zu dauernden Spaltungen. Die Strengeren schieden sich von
den Milden, und bildeten mit dem Anspruch, die eigentlich
Reinen zu sein, abgesonderte Gemeinschaften.

Die Kirche strebte in dieser schwierigen Lage einen gesunden
Mittelweg zu gehen. Unmöglich konnte sie allen Gefallenen
den Weg der Rückkehr verschließen. Sie betrachtete diese auch
nicht als solche, welche sie gar nichts mehr angingen, sondern
nahm sich ihrer sorgsam an, um sie zu aufrichtiger Reue
zurückzuführen. Sehr weise verschob sie aber die Wiederauf=
nahme bis in die Zeit nach der Verfolgung. Wer so lange
nicht warten konnte, dem stand ja der Weg offen, noch nach=
träglich sein Christentum zu bekennen und dafür zu leiden;
denn immer hat die Kirche solche, die das thaten, als völlig
in ihre Gemeinschaft wieder aufgenommen betrachtet. Nicht
in der Unruhe einer Verfolgungszeit konnte diese Sache er=
ledigt werden. Bedurfte es doch (und das war wiederum ein
weiser Grundsatz) einer ins einzelnste eingehenden Prüfung,
um jeden Fall nach seiner besonderen Belegenheit zu ent=
scheiden. Anders offenbar mußten die behandelt werden, welche
vielleicht nur den schwersten Martern erlegen waren, als die=
jenigen, die ganz freiwillig geopfert hatten; anders diejenigen,
welche wirklich geopfert, als diejenigen, welche, wenn auch in
bösem Irrtum befangen, geglaubt hatten, sich gegen die Ver=
folgung durch Kauf eines Opferscheins sicher stellen zu dürfen.
So wurde denn jedem einzelnen nach dem Maße seiner Ver=
schuldung eine Prüfungszeit gesetzt, während der er die Auf=

richtigkeit seiner Reue beweisen sollte, und erst nach Ablauf
derselben wurden die einen früher, die andern später, die,
welche sich am schwersten versündigt hatten, erst auf ihrem
Totenbette wieder aufgenommen. Strenge und Milde wirkten
zusammen, die Schäden der Verfolgungszeit wieder auszubessern
und die Ordnung in den Gemeinden allmählich herzustellen.

Man könnte auf die Kirche nach der Verfolgung noch ein
anderes Bild anwenden. Sie glich dem Felde nach einem Ge=
wittersturm. Da ist wohl mancher Halm geknickt und mancher
Zweig abgeschlagen, das Wasser hat hie und da tiefe Furchen
gerissen, aber der Sturm hat auch die Luft gereinigt, und der
Regen das Land befruchtet, und wenn es nun wieder still wird,
und die Sonne wieder durchbricht, wächst alles um so fröh=
licher und frischer. So folgt nun auch in der Kirche auf die
Verfolgung eine Zeit neuen, um so gedeihlicheren Wachstums.
Viel unlautere Elemente sind ausgeschieden, das Wort Gottes
hat seine Kraft erwiesen, das Zeugnis der Blutzeugen hat
manches Herz getroffen. Überall nimmt die Zahl der Gläu=
bigen zu. Die Versammlungshäuser der Christen müssen er=
weitert, neue gebaut werden. In den Städten erheben sich
schon große Kirchen. Christen giebt es jetzt überall, in den
Städten und auf dem Lande, unter Armen und Reichen, im
Heere christliche Offiziere, in der Verwaltung christliche Beamte
bis zu den Statthaltern hinauf, in der Umgebung des Kaisers
christliche Kammerherren und Hofbeamte. Es mochte manchem
scheinen, als wäre der Sieg schon errungen. Und doch war
er es noch nicht. Die Duldung war nur eine thatsächliche,
noch nicht eine wirklich zu Recht bestehende. Kaiser und Reich
waren noch heidnisch. Noch war nicht entschieden, auf welcher
Grundlage der Gedanke einer Herstellung des Reichs, der alle
tüchtigen Kaiser beschäftigte, verwirklicht werden sollte, auf der
Grundlage des restaurierten Heidentums und der neuplatoni=
schen Philosophie, oder auf Grundlage des Christentums und
des göttlichen Wortes. In Wirklichkeit hat die Ruhe doch nur
darin ihren Grund, daß keiner der nachfolgenden Kaiser der
im Reiche herrschenden Verwirrung auch nur so weit Herr
wird, daß er mit der Herstellung des Reiches einen Anfang

machen könnte. Der erste Kaiser, dem es wirklich gelingt,
den von allen verfolgten Plan weiter zu führen, wird auch
zum letztenmale den Versuch machen, das Christentum zu
vernichten.

Die Zeit der Ruhe war doch noch nicht der ersehnte
Sieg, sondern nur eine Zeit der Erquickung vor dem Ent=
scheidungskampf.

Drittes Buch.

Der Sieg.

1 Joh. 5, 4: Unser Glaube ist der Sieg, der die Welt überwunden hat.

Erstes Kapitel.

Der Entscheidungskampf.

Luk. 21, 28: Sehet auf und hebet eure Häupter auf, darum daß sich eure Erlösung nahet.

1. Die Arbeit der Kirche an den Heiden.

Die Kirche dankt ihren Sieg nicht bloß der Standhaftigkeit ihrer Märtyrer in den Zeiten der Verfolgung, sie dankt ihn mindestens ebenso sehr ihrer treuen Arbeit in den Zeiten der Ruhe. Ist doch der Sieg nicht bloß ein äußerlicher gewesen, sondern eine innerliche Überwindung des Heidentums. Die Herzen mußten gewonnen, die Gewissen überführt, die Heiden ihrer Gesinnung nach zu Christen gemacht, Weltanschauung, Leben, Wandel und Sitte des Volks von innen heraus umgewandelt werden. Dieser ganze großartige Umbildungsprozeß entzieht sich zwar als ein tief innerlicher insoweit unsern Augen, als wir nicht im stande sind, ihn Schritt für Schritt zu verfolgen, seine Wege aufzudecken und zu bestimmen, wie weit er in jeder Zeit vorgeschritten ist; aber in die großartige Erziehungsarbeit der Kirche, die seine Voraussetzung bildet, können wir doch einen Blick thun, und es ist an dieser Stelle um so mehr der Ort dazu, als wir den Sieg der Kirche im letzten Entscheidungskampfe nur aus dieser voraufgehenden Arbeit heraus recht würdigen und einsehen werden, daß er mehr ist als ein bloßer Glückszufall, und tiefere Gründe hat als eine augenblickliche günstige Kombination der Verhältnisse. Eben deshalb ließ Gott auch der Kirche vor dem letzten heißesten Kampfe noch eine längere Zeit der Ruhe zu teil werden. Ihre Arbeit an den Heiden sollte so weit fortgeschritten sein, daß auch die äußerste Anstrengung der Feinde sie nicht mehr zu zerstören vermochte.

Besondere Veranstaltungen, um die Heiden in die Kirche einzuführen, kennt die älteste Kirche nicht. Ihre Gottesdienste, soweit sie Predigt= und Gebetsgottesdienste waren, standen auch den Heiden offen, nur die davon getrennte, mit den Liebes= mahlen verbundene Abendmahlsfeier war diesen verschlossen. Zu ihr als dem innersten Heiligtum hatten nur diejenigen Zugang, die getauft und der Gemeinde eingefügt waren. So wirkten die Gottesdienste selbst neben der eigentlichen Missions= predigt missionierend auf die Heidenwelt, und wenn dann einzelne dadurch eine Anregung empfangen hatten, wandten sie sich an einen der Vorsteher oder sonst an ein angesehenes Glied der Gemeinde um weiteren Unterricht. Auf diese Weise erlangten sie genauere Kenntnis vom Christentum und traten meist bald durch die Taufe in die wirkliche Mitgliedschaft der Gemeinde ein. Alles das war mehr privater Natur. Wo ein Christ besondere Gaben für den Unterricht besaß, sammelte er wohl die Proselyten um sich, aber ein eigentliches geordnetes Katechumenat gab es noch nicht.

Das wurde anders in den Zeiten der Verfolgung. Die bisher von dem Predigtgottesdienste getrennte und auf den Abend gelegte Abendmahlsfeier wurde, um auch den Schein einer Übertretung der Gesetze gegen geheime Zusammenkünfte zu vermeiden, mit dem übrigen Gottesdienste verbunden; dann aber drängte die Not der Zeit dazu, diesen überhaupt gegen die Heiden mehr abzuschließen. Die Kirche mußte sich, um ungestört ihrem Gotte dienen zu können, in die Verborgenheit zurückziehen. Nur so waren Störungen des Gottesdienstes fern zu halten, nur so dem Spott und der Lästerung etwa in die Gemeindeversammlungen eindringender Heiden zu entgehen. Zugleich wurde damit, soweit möglich, der Anlaß zu Ver= folgungen aus dem Wege geräumt. In diese Zeit fallen nun auch die ersten Anfänge eines geordneten Katechumenats. Die

Lage der Christen drängte dazu. Mußte man sich doch jetzt auch mit denen, die sich zum Eintritte in die Gemeinde meldeten, doppelt vorsehen. Man konnte ja nicht wissen, ob ihnen zu trauen war, ob nicht unter dem Vorwande, Christ werden zu wollen, ein Feind und Verräter sich einschlich. Andererseits mangelte jetzt die Vorbereitung, welche für diejenigen, die sich der Kirche näherten, früher in der Teilnahme an den Predigtgottesdiensten gelegen hatte, denn diese waren nun allen, außer den eigentlichen Gemeindegliedern, verschlossen. Das Bedürfnis machte sich geltend, den Übergang von dem ganz Draußenstehen zur vollen Mitgliedschaft zu vermitteln. Dies geschah dadurch, daß die Katechumenen, zuerst noch ohne am Gemeindegottesdienst teilzunehmen, einen geordneten Unterricht empfingen und dann erst, nachdem sie eine Entsagung und ein Gelübde ausgesprochen hatten, zum Gemeindegottesdienste, d. h. soweit er Predigt und Gebet umschloß, zugelassen wurden. So ergänzte die Predigt den bereits empfangenen Unterricht, und von hier ging es dann verhältnismäßig schnell zur Taufe.

Eine neue Gefahr brachte die Zeit der Ruhe nach der Verfolgung, eine Gefahr, die in gewissem Sinne für das Leben der Kirche noch größer war als die der Verfolgung. Große Mengen von Heiden drängten sich zur Kirche. Wie leicht konnten diese Massen der Kirche auch viele unlautere Elemente zuführen. Hatte doch an sich schon das Aufhören des Kriegszustandes etwas Entnervendes. Unmöglich durfte die Kirche jetzt ihr Heiligtum allen ohne Prüfung öffnen. Andererseits mußte sie sich ja dessen freuen, daß die Heiden kamen, und durfte den Zugang auch keinem wehren. In großer pädagogischer Weisheit hat die Kirche beides mit einander verbunden. Das Heiligtum des Sakraments zog sie in noch tiefere Verborgenheit zurück und, während sie ihre Thore allen weit aufthat, baute sie gleichsam eine lange enge Straße vom Vorhof bis ins innerste Heiligtum. Diese Straße ist der jetzt ganz ausgebildete Katechumenat. Der Predigtgottesdienst stand wieder allen, auch den Heiden offen, aber ehe diese die Sakramente empfangen konnten, mußten sie eine lange, sorgsam gegliederte, in mehrere Stufen zerfallende Vorbereitungszeit

durchmachen. Überblicken wir den Weg von der ersten An=
regung bis zur vollen Aufnahme.

War in einem Heiden der Wunsch erwacht, Christ zu
werden, so offenbarte er sein Begehren etwa einem, der schon
zur Gemeinde gehörte, und dieser brachte ihn zum Bischof
oder zu einem Presbyter oder Diakon, um seinen Sinn zu
prüfen. Hier empfing er einen ganz kurzen zusammengefaßten
Unterricht, und blieb er dann bei seinem Wunsche, so wurde
er durch eine einfache Feierlichkeit in die Zahl der Katechu=
menen aufgenommen. Damit empfing er das Recht, aber auch
die Pflicht, dem Predigtgottesdienste beizuwohnen. „Geh in
den Tempel Gottes, verlaß die Götzen!" wurde ihm zugerufen.
Deshalb hießen die auf dieser Stufe stehenden die „Hörer".
Benutzte er nun die Gelegenheit, aus der Predigt das Christen=
tum kennen zu lernen, treulich, so wurde er nach einiger Zeit
zu der zweiten Klasse der Katechumenen zugelassen, zu den
„Betenden" oder den „Kniebeugenden". Das Kennzeichen dieser
Stufe ist die Teilnahme am Gemeindegebet. Während nach
der Predigt die Hörer mit den Ungläubigen entlassen wurden,
durften die Betenden das Gebet selbst mitbeten, welches die
Gemeinde für ihre Entwicklung und Befestigung im Christen=
stande sonntäglich zu Gott schickte. Diejenigen, welche der Zeit
ihrer Vorbereitung nach und sonst dazu geeignet waren, mußten
dann das Begehren nach der Taufe noch einmal ausdrücklich
aussprechen und ihre Namen abgeben. Dadurch traten sie auf
die höchste Stufe des Katechumenats, sie wurden „Begehrende",
wirkliche Taufkandidaten. Hiermit begann der förmliche Kate=
chumenen=Unterricht, der, da Ostern der gewöhnliche Tauftag
war, in die Fastenzeit fiel. Jetzt erst wurden sie auch in die
eigentlichen Geheimnisse des christlichen Glaubens, namentlich
in das Geheimnis der Sakramente, das ihnen bisher sorgsam
verhüllt war, eingeführt, und den Schluß machte die Über=
lieferung des Glaubensbekenntnisses, des eigentlichen Sym=
bolums, des Erkennungszeichens der Christen, und des Vater=
unsers, des Gebets der Gotteskinder. Dann ging's mit der
Lektion des 42. Psalm: „Wie der Hirsch schreiet nach frischem
Wasser, so schreiet meine Seele, Gott, nach dir!" zur Taufe.

Zweierlei war es, was die Kirche durch diese lange Vor=
bereitungszeit erstrebte und erreichte. Einmal für sich selbst
die möglichst gründliche Prüfung derer, die sich zum Eintritt
in die Kirche meldeten; sodann (und das ist nicht minder
wichtig) für diese selbst die volle Freiheit des Entschlusses. Wer
kam, sollte ganz frei kommen, sollte den Schritt mit vollem Be=
wußtsein thun. Hier ist nichts von Überredung, auch nicht
eine Spur von Proselytenmacherei und aller der Künste, die
damit verbunden zu sein pflegen. Die erste Willenserklärung,
die dem Heiden das Recht erwarb, der Predigt beizuwohnen,
war nur eine vorläufige. Immer noch stand ihm der Rücktritt
frei, noch banden ihn keine so festen Bande an die Kirche,
daß er sie nicht in jedem Augenblicke hätte lösen können.
Nur die Möglichkeit war ihm gegeben, die Kirche, ihren
Glauben, ihr Leben näher kennen zu lernen, und dann erst,
wenn er so weit in der Erkenntnis vorgeschritten war, daß
er wußte was er that, dann erst gab er seinen Namen ab
und traf damit seine Wahl. Obwohl ihm die Kirche aber
völlig freie Hand ließ, stand er doch schon unter ihrer Leitung,
in ihrer Pflege, namentlich unter ihrem Gebetseinfluß und
ihrer Seelsorge, die in jener Zeit mehr als der eigentliche
Unterricht hervortritt.

In dem ganzen Thun der Kirche zeigt sich eine bewun=
dernswerte Pädagogik. Mit großer Besonnenheit und Weisheit
löste sie ihre Erziehungsaufgabe an den Heiden, und dieser
Weisheit dankte sie es, daß ihr die Zeiten der Ruhe nicht ge=
fährlicher wurden als die Zeiten der Verfolgung, der Welt
Freundlichkeit ihr nicht mehr schadete als die Feindschaft der
Welt. Konnte sie auch nicht völlig hindern, daß unlautere
Elemente den Eingang in die Kirche fanden, daß diese, je
mehr sie Volkskirche zu werden anfing, desto mehr auch dem
Acker glich, auf dem Weizen und Unkraut durcheinander wächst,
sie hat es doch erreicht, daß der Massenzudrang ihr nicht
das Maß von Lauterkeit und Kraft raubte, dessen sie be=
durfte, um den letzten schweren Kampf zu bestehen.

Ein anderes Stück der Erziehungsarbeit der Kirche tritt
uns in der apologetischen Litteratur entgegen. Die Anfänge

derselben haben wir oben schon kennen gelernt. Unter den Kämpfen des dritten Jahrhunderts entwickelt sie sich noch reicher. Jetzt auch litterarisch angegriffen, von Rhetoren und Philosophen befeindet, mußte die Kirche sich auch litterarisch verteidigen, und sie hat es gethan. Mehrere der größten Apologeten fallen in diese Epoche, vor allen Origenes und Tertullian. Mit überlegener Ruhe, mit ausgebreiteter Gelehrsamkeit weist Origenes die Schmähungen der Heiden zurück, legt die Nichtigkeit des Heidentums dar und sucht doch überall zugleich nach Fäden, um Anknüpfungen für das Christentum zu gewinnen. Mit schneidender Schärfe, mit beißendem Witze tritt Tertullian für die Sache der Christen auf, oft etwas advokatisch, auch Scheinbeweise nicht verschmähend, aber immer mit glühendem Eifer, mit voller Überzeugungstreue; und wenn kaum ein anderer so wie er die Schwäche des Heidentums aufgedeckt, oft auch verspottet und verhöhnt hat, so hat er doch auch das schöne Büchlein geschrieben das den Titel führt: „Die Seele von Natur eine Christin", und den Heiden gezeigt, daß sie alle zum Christentum geschaffen sind, daß ihnen allen ob auch unbewußt ein Zug zu Christo, ein Verlangen nach ihm eingepflanzt ist.

Hatten die älteren Apologeten nur Duldung begehrt, nur Gerechtigkeit auch für die Christen, die Apologeten dieser Periode thun einen Schritt weiter, sie fordern Freiheit. Das große Wort „Religionsfreiheit", jetzt wurde es zum erstenmale offen ausgesprochen. Wie stark betont es Origenes, daß der Glaube eine Sache völliger Freiheit ist. „Jesus Christus," sagt Origenes, „hat die Menschen nicht wie ein Tyrann gewinnen wollen, der sie in seine Rebellion mit hineinzieht, noch wie ein Räuber, der seinen Genossen die Waffen in die Hand drückt, noch wie ein Reicher, der durch seine Freigebigkeit Anhänger sich erkauft, noch durch irgend ein tadelnswertes Mittel, sondern durch seine Weisheit, die so geeignet war, in Gottesfurcht und Heiligkeit die mit Gott zu vereinigen, die sich unter seine Gesetze beugen." „Es ist irreligiös, in der Religion Zwang anzuwenden," ruft Tertullian. „Menschenrecht ist es doch, und gehört zur natürlichen Gewalt eines jeden,

zu verehren was er für gut hält; auch schadet oder nützt die
Religion des einen dem andern nicht." „Gestattet dem einen,"
fordert er, „den wahren Gott anzubeten, dem andern Jupiter;
dem einen die betenden Hände zum Himmel, dem andern sie
zum Altare der Treue zu erheben; diesem, wie ihr sagt, die
Wolken zu zählen, jenem die Felder eines Täfelwerks; dem
einen das eigene Leben, dem andern einen Bock Gott zum
Opfer zu bringen. Hütet euch, dadurch die Irreligiosität zu
fördern, daß ihr die Freiheit der Religion und die
Wahl der Gottheit nehmet, mir nicht erlaubt, anzubeten wen
ich will, um mich zu zwingen anzubeten, den ich nicht will.
Wo ist der Gott, der erzwungene Huldigungen liebt? Sollte
wohl ein Mensch selbst sie begehren? Alle Völker haben ihre
verschiedenen Kulte, uns allein verweigert man die eigene
Wahl unserer Religion." „Freiheit der Religion," Tertullian
hat für den neuen Begriff das neue Wort geschaffen, das hier
zum erstenmale gehört wird. Die Kirche hat dieses Kleinod
in späteren Zeiten selbst weggeworfen und an die Stelle der
Freiheit wieder den Zwang gesetzt, sie ist fortgeschritten bis
zur blutigen Unterbrückung Andersgläubiger, aber die Ehre
wird man ihr lassen müssen, daß sie zuerst inmitten einer
heidnischen Welt, die keine wahre Religionsfreiheit kannte,
diese geltend gemacht hat, daß sie selbst ihren Sieg nicht irgend
welchen äußeren Mitteln, sondern lediglich der Macht der
Wahrheit hat danken wollen. Ihn zu erringen mußte sie freilich noch einmal hinein in den Feuerofen der Verfolgung.
Noch hatte das Heidentum seine Kräfte nicht erschöpft, noch
hatte es seine Mittel nicht alle aufgeboten. Es war noch
eine Steigerung der Verfolgung möglich, und alles muß erst
erschöpft sein, ehe der Siegesmorgen tagt.

2. Die Restauration des Reichs.

Da, wo unser Herr seinen Jüngern die Verfolgungen vorhersagt, stellt er diese als etwas Notwendiges hin. „Ihr müsset
gehasset werden von jedermann um meines Namens willen,"
sagt er Matth. 10, 22, und Joh. 15, 19 deckt er den innersten

Grund des Hasses auf: „Wäret ihr von der Welt, so hätte
die Welt das Ihre lieb; dieweil ihr aber nicht von der Welt
seid, sondern ich habe euch von der Welt erwählet, darum
hasset euch die Welt." So steigert sich denn auch die Ver=
folgung mit innerer Notwendigkeit, bis sie in der letzten, der
Diokletianischen, ihre Höhe erreicht und damit ihr Ende. Deutlich
genug läßt sich dieser stufenweis aufsteigende Gang der Ver=
folgung erkennen. In der Neronischen Verfolgung ist es der
allgemeine blinde Haß, der, ohne die Christen einmal zu
kennen, gegen sie wütet. Seit Trajans Zeit kleidet sich der
Haß in die Formen des Rechts. Non licet esse vos! ihr
habt kein Recht zu existieren! ist die Losung. Seit Decius
wird die Verfolgung Staatsmaxime. Es gehört zum politischen
System der Kaiser, die das alte Rom wieder aufrichten wollen,
die Kirche zu vernichten. Während darin aber noch die poli=
tischen Motive die überwiegenden sind, treten bei Diokletian
die religiösen Motive stark in den Vordergrund. Es sind die
heidnischen Priester und die heidnischen Philosophen, welche die
Verfolgung betreiben, und es ist der Aberglaube des Kaisers,
der ihnen dabei zur Handhabe dient. Der heidnische Fanatis=
mus tritt jetzt unverhüllt und nackt gegen das Christentum
auf, und das Wort des Herrn, womit er die höchste Höhe der
Verfolgung charakterisiert: „Wer euch tötet, wird meinen, er
thue Gott einen Dienst daran," erfüllt sich wie früher bei den
Juden so jetzt auch bei den Heiden. Darum ist diese Ver=
folgung die grausamste aller. Aber damit erschöpft auch das
Heidentum seine Kräfte, um dann in sich selbst zusammen=
zusinken. Es hat nichts mehr gegen das Christentum aufzu=
bieten, und nachdem dieses alles geduldet, bleibt es als Sieger
auf dem Platze, um nun auch bald die Stelle des Heiden=
tums als Staatsreligion einzunehmen.

Damit habe ich es schon ausgesprochen, daß ich die Dio=
kletianische Verfolgung nicht so rätselhaft und unbegreiflich
finden kann, wie manche in der neueren Zeit sie gefunden
haben. Hat man doch sogar, um dieses vermeintliche Rätsel
zu lösen, seine Zuflucht zu allerlei Vermutungen nehmen zu
müssen geglaubt. Die Christen sollen mit Empörung um=

gegangen sein, sie sollen den Plan gehegt haben, sich des
Thrones zu bemächtigen, und somit selbst die Schuld der
Verfolgung tragen. Wie für derartige Vermutungen keinerlei
Halt in den Geschichtsquellen zu finden ist, so bedarf es ihrer
auch nicht. Man braucht nur die Entwickelung der Geschichte
zu beachten und sich die Stellung Diokletians zu vergegen=
wärtigen, so schwindet nicht bloß das Rätselhafte, sondern es
zeigt sich auch, daß die Wege, die Diokletian einschlug, not=
wendig und selbst gegen seinen Willen zur Christenverfolgung
führen mußten.

Auf Valerians Gefangennehmung war zunächst eine Zeit
unsäglicher Verwirrung gefolgt. Die sich immer erneuernde
Vielheit von Imperatoren (die sog. 30 Tyrannen) läßt das
Reich nicht zum Frieden und zur Eintracht kommen. Die
Zeit liefert den Beweis, daß der Versuch, den altrömischen
Geist wieder zu erwecken und das Reich auf der alten Grund=
lage der römischen Verfassung mit Senat, Konsuln und Zen=
soren zu restaurieren, ein vergeblicher war. Der Idealismus
des Römertums, der die zum Teil trefflichen Kaiser beseelte,
zeigt sich der schweren Aufgabe nicht gewachsen, und seit
Diokletian im Jahre 284 durch die Wahl der Generale auf
den Thron gelangt ist, weht uns eine ganz andere Luft an.

Hatten die Vorgänger Diokletians, so viele ihrer an der
Herstellung des römischen Reichs gearbeitet, rückwärts geblickt
und versucht durch den Senat, durch das Zensoramt, durch
Wiedererweckung altrömischen Sinnes dem verfallenen Reiche
aufzuhelfen, Diokletian blickt vorwärts auf ein Neues. In
der That, das noch immer so genannte römische Reich war
gar nicht mehr römisch, und es ist mehr als Spott, wenn
Galerius in seiner groben Weise behauptet, das Reich müsse
nicht mehr das römische, sondern das dacische heißen. Die
Armee war nicht mehr römisch, sie bestand aus allerlei Na=
tionen unter dem Himmel in buntem Gemisch. Probus hatte
an einem Tage 16000 Germanen in das römische Heer auf=
genommen. Perser und Goten fochten unter den römischen
Adlern. Rom selbst war nur noch nominell die Hauptstadt
und der Mittelpunkt der Regierung. Dieser war da, wo der

Kaiser sein Feldlager hatte. Selten noch wohnte ein Kaiser längere Zeit in Rom, wie Aurelian. Zwar in den Kaiserpalästen, an deren Wänden so viel Blut klebte, war es ihm unheimlich. Er hatte eine schlichte Gartenwohnung bezogen. Da konnte man ihn im Hofe turnen sehen und seine Rosse tummeln. Das war noch altrömische Art. Seit Diokletian hört Rom ganz auf, Residenz zu sein. Der Kaiser wohnt im Orient, in Nikomedien. Dort hat er einen prächtigen Palast und ist von zahlreich abgestuften Hofchargen umgeben. Er läßt sich, was bis dahin kein Kaiser gethan, Dominus nennen, Herr. Selten nur zeigt er sich öffentlich und dann in pomphaft orientalischem Kostüm. Ein peinliches kompliziertes Hofzeremoniell schließt ihn nach außen ab. Es ist schwer, ihm zu nahen, und dann nur unter endlosen Förmlichkeiten. Das war nicht etwa persönliche Eitelkeit, Diokletian wußte, welche Macht darin lag, und wie nötig es war, dem Kaisertum diese Würde zu geben, nachdem dessen Ansehen durch so viel Aufstände und Empörungen, durch das Verkaufen und Kaufen des Thrones gelitten hatte. Aber römisch war das allerdings nicht mehr, sondern schon der Anfang dessen, was man später byzantinisch nennt.

Auch die alten Formen des Staatswesens wirft Diokletian wie unnützen Ballast beiseite und setzt eine ganz neue, eigenartige Schöpfung an die Stelle. Die größte Gefahr für das Reich bestand darin, daß beim Mangel einer Dynastie immer wieder Ehrgeizige nach der Krone trachteten, und ein Usurpator den andern verdrängte. Diokletian sah das ein, aber ebenso erkannte er auch, daß eine Dynastie zu schaffen nicht möglich war. Er sah sich deshalb nach andern Mitteln um, dieser Gefahr zu begegnen. Er gesellte sich Mitregenten zu, und erhob dieses Verhältnis zu einer festen Ordnung. Immer sollten jetzt zwei Augusti und zwei Cäsaren zugleich da sein, die ohne das Reich selbst zu teilen, doch die Mühe der Regierung teilten, während dem einen der Augusti als Oberkaiser die höchste Gesamtleitung zufiel. Damit war in der That die Gefahr der Empörung schon erheblich vermindert. Ein einzelner Kaiser war zu sehr exponiert. Erhob sich dagegen jetzt gegen

einen der Fürsten eine Empörung, so waren die andern da,
ihn zu retten, und selbst ein für den Anfang glücklicher Usur=
pator hatte doch wenig Hoffnung, den Thron zu behaupten.
Was aber noch wichtiger war, dem Ehrgeiz und der Tüchtig=
keit war durch diese Ordnung die Möglichkeit gewährt, ohne
Usurpation zum Throne zu gelangen. Die Wahl der Cäsaren
sollte nämlich ohne Berücksichtigung der Verwandtschaft nur
auf die Tüchtigsten gerichtet sein, die dann, von den Kaisern
adoptiert, in ein künstliches Sohnesverhältnis zu diesen traten.
Endlich waltete, wie es scheint, von Anfang an die Absicht ob,
daß die Regierung der einzelnen nur eine bestimmte Zeit, zwei
Jahrzehnte währen sollte. Nach Ablauf derselben sollten die
Kaiser sich ins Privatleben zurückziehen und den Cäsaren Platz
machen, an deren Stelle dann neue Cäsaren zu wählen waren.
Damit hoffte Diokletian ein Doppeltes zu erreichen, einmal
daß, wie es wirklich die Lage des Reiches forderte, nur Männer
in voller Kraft die Regierung führten, und sodann daß auch
ein vorzeitiges Usurpieren des Thrones seitens der Cäsaren
abgeschnitten wurde. Die Cäsaren wußten ja nun vorher, daß
die Zeit ihnen von selbst zur Kaiserwürde verhelfen werde.

Ein seltsames Gebäude diese Diokletianische Verfassung,
so seltsam, daß man seinesgleichen wohl schwerlich in der Ge=
schichte irgendwo wiederfinden möchte. Eine Monarchie aber
ohne Dynastie, die Dynastie vielmehr durch Wahl und Adop=
tion ersetzt; eine absolute unumschränkte Herrschermacht, aber
nicht für die Lebensdauer, sondern nur auf bestimmte Zeit;
vier Regenten, und doch keine Teilung des Reichs, sondern die
Reichs=Einheit streng bewahrt, indem von den vieren zwei den
anderen zweien, und von diesen wieder einer dem andern unter=
geordnet ist. Auf diese Unterordnung, das ist klar, kam hier
aber auch alles an, auf den willigen Gehorsam, den die Cäsaren
den Kaisern und alle dem Oberkaiser leisten. Ohne diese Unter=
ordnung, ohne diesen Gehorsam ist es mit der erstrebten Reichs=
einheit nichts. Womit hoffte denn Diokletian diese Unterordnung
und damit die Eintracht unter den Regierenden zu erreichen
und sicher zu stellen? Diese Frage führt uns auf die religiöse
Seite des Systems und damit auf dessen tiefere Grundlage.

Diokletian ist recht eigentlich ein Vertreter des restaurierten Heidentums. Sein ganzes Leben ist von Superstition, von Aberglauben durchzogen. Seine Thronbesteigung selbst stand damit im Zusammenhange. Eine Druidin hatte ihm vor Jahren schon die Kaiserwürde geweißagt. Der Sohn eines dalmatini= schen Sklaven, diente er im Heere von unten auf. Als Unter= offizier im Lager von Lüttich stehend, verspottete ihn eine Druidin einst im Scherz wegen seiner Kargheit. „Ich will freigebiger werden, wenn ich einmal Kaiser bin," scherzte Diokletian dagegen. Da erwiderte das Weib mit feierlich er= hobener Stimme: „Spotte nicht, du wirst Kaiser werden, wenn du den Eber getötet haben wirst." Manches Jahr verfloß darüber, manchen Eber hatte der ehemalige Unteroffizier, der indes von einer militärischen Würde zur andern aufstieg, auf der Jagd getötet. Es mußte wohl noch nicht der rechte sein; aber die Weißagung der Druidin kam ihm nicht aus dem Sinn. Nach dem Tode des Kaisers Numerianus sollte der Gardepräfekt Aper, unter der Anklage ihn getötet zu haben, vor ein Kriegsgericht gestellt werden. Zu den Generalen, die das Gericht zu halten zusammenkamen, gehörte auch Diokletian, und kaum wurde Aper vorgeführt, da stürzte Diokletian auf ihn zu und stieß ihn nieder. Er hatte den rechten Eber (Aper heißt Eber) gefunden. Unmittelbar darnach wurde er zum Kaiser gewählt. So auf den Thron gelangt, ist Diokletian auch als Kaiser beständig von heidnischer Superstition umgeben. Er ist „den heiligen Bräuchen stets zugewandt," „ein Forscher künftiger Dinge." Bei jeder wichtigen Staatsaktion fragt er nach Zeichen und Orakeln. Die Haruspices gehen im Palaste aus und ein; täglich wird in den Eingeweiden der Opfer ge= wühlt, Blitze und Träume setzen den Kaiser in die höchste Erregung. Darnach wählt er auch seine Mitregenten und sieht sie dann als von den Göttern selbst ihm bezeichnete Personen an. Durch Opfer und Weihen, durch religiöse Bande sucht er sie mit sich zu verbinden. Die Kaiserherrschaft wird überall in der bewußtesten Weise an die Götter und deren Walten angeknüpft. Diokletian achtet sich als ganz besonders unter der göttlichen Vorsehung stehend. Sich selbst legt er den Bei=

namen Jovius zu, seinen Mitregenten Maximian nennt er
Herculius. Jupiter ist in besonderem Sinne sein Schutzgott.
Von dem glaubt er die Regentschaft empfangen zu haben, in
dessen Hände legt er sie, als er vom Thron Abschied nimmt,
wieder nieder. In seinem Palaste zu Salona überragt der
Jupitertempel alle anderen Gebäude, und sein kaiserlicher Mantel
ist der Mantel des Jupiter selber. Als Stellvertreter der Götter,
als Ausrichter ihres Willens, als zugleich mit der Macht der
Götter ausgerüstet und von ihnen getragen, sollen die Kaiser
bastehen. Auf diese Weise hofft Diokletian, der sich wohl be=
wußt ist, daß nur die Religion die Gewissen bindet, wieder
ein Gewissensband zwischen Herrscher und Unterthanen zu
knüpfen, einen Gehorsam gegen die Obrigkeit um des Gewissens
willen und darin den eigentlichen festen Halt für seine Herr=
schaft zu schaffen.

Hier stoßen wir aber auf den schwachen Punkt des Systems,
dem man nicht absprechen kann, daß es sonst mit großer staats=
männischer Weisheit geplant und durchgeführt ist. Es lag ein
verhängnisvoller Widerspruch darin. Auf der einen Seite hatte
Diokletian das altrömische Wesen als Ballast beiseite geworfen,
auf der andern sollte aber Ein Stück von dem Alten beibehalten
werden, ja die Grundlage des ganzen Baues bilden, die alte
Religion. Die war aber doch nicht etwa ausgenommen von
dem allgemeinen Verfall, nicht etwa ein allein gesund ge=
bliebenes Stück des Lebens, während alles andere krankte?
Im Gegenteil, die war auch am Absterben, ja ihr Absterben
in gewissem Sinne die tiefste Ursache des ganzen Verfalles.
Und nun sollte sie die Grundlage des Neubaues werden? Zwar
seine Priester und die neuplatonischen Philosophen werden ihm
viel vorgeredet haben von einer Wiederbelebung der alten Re=
ligion; aber darin gerade besteht die Täuschung des sonst so
scharfsichtigen Staatsmannes, daß er das restaurierte Heiden=
tum seiner fanatischen Priester und Neuplatoniker für ein neu
belebtes hält und meint, darauf seinen Neubau gründen zu
können, während es doch nur eine zum Scheinleben wieder=
erweckte Spukgestalt ist, und, selbst dem unabwendbaren Tode
verfallen, das ganze klug ausgedachte System des Kaisers mit

sich ins Verderben reißen muß, bis dann Konstantin den Fehler
wieder gut macht. Er vollendet in gewissem Sinne erst Dio=
kletians Werk, indem er das Letzte aufgiebt, was Diokletian
noch von dem alten römischen Staate beibehalten hatte, die
alte Religion, und dem neuen Reiche, das politisch schon mit
Diokletian anhebt, im Christentum auch eine neue religiöse
Grundlage unterschiebt.

Hier liegt nun auch der Punkt, von wo aus der Kaiser,
er mochte wollen oder nicht, zur Verfolgung des Christentums
getrieben werden mußte. Ließ sich denn sein Plan wirklich
durchführen, so lange das Christentum und die Kirche bestand?
Das war die Frage, die Diokletian sich anfangs gar nicht
vorgelegt, oder doch nicht klar beantwortet zu haben scheint,
die aber damit nicht aus der Welt geschafft war, und die sich
um so unabweisbarer aufdrängen mußte, je weiter die Ver=
wirklichung der Pläne des Kaisers vorschritt. Die Reichseinheit
soll neu gesichert werden, das ist das Ziel. Die Christen waren
aber ein Element, das sich diesem Reiche, wie es Diokletian
vorschwebte, nun einmal schlechthin nicht einfügen ließ, das
wie ein stets größer werdender und tiefer eindringender Keil
die Einheit zu sprengen drohte. Neben einander konnten doch
Christentum und Heidentum nicht bestehen. Die Götter, denen
Diokletian den Schutz des Reiches anvertraute, galten den
Christen ja als böse Geister. Durfte man wirklich auf den
Schutz der Götter rechnen, wenn man diese Lästerer der Götter
ruhig gewähren ließ? Das restaurierte Heidentum sollte den
eigentlichen Kitt abgeben, der das Reich zusammenhielt, aber
konnte dieses restaurierte Heidentum zu neuer Kraft kommen,
so lange das Christentum lebte?

Es wird uns erzählt, daß eines Tages in Gegenwart
des Kaisers ein feierliches Opfer gebracht werden sollte, um
vermittelst der Eingeweideschau die Zukunft zu erforschen.
Rings im Kreise umher standen die Hofbeamten, unter ihnen
auch Christen. Als das Opfer gebracht wurde, bezeichneten
sich diese, wie sie es gewohnt waren, mit dem Zeichen des
Kreuzes, um sich dadurch von der Teilnahme an dem Götzen=
dienste loszusagen. Zum Schrecken des Oberpriesters Tagis

zeigten sich aber die erhofften Zeichen in den Eingeweiden des
Opfertieres nicht. Er befahl das Opfer zu wiederholen, und
als auch dann die Zeichen fehlten, rief er: „Die Götter weigern
sich beim Opfer zu erscheinen, weil profane Menschen gegen=
wärtig sind und durch das den Göttern verhaßte Zeichen die
Offenbarung hindern." Darauf soll sich Diokletian zur Ver=
folgung entschlossen haben. Mag diese Anekdote wahr sein
oder nicht, jedenfalls zeichnet sie überaus zutreffend die Lage
der Dinge. Ja es war wirklich so, wie Tagis annahm, das
Christentum, das Kreuz lag wie ein Bann auf dem Heidentum.

Zwar der Zahl nach waren die Christen noch immer stark
in der Minorität. Gewöhnlich nimmt man an, daß die Christen
im Orient etwa $\frac{1}{12}$, im Occident etwa $\frac{1}{15}$ der Gesamt=
bevölkerung ausmachen mochten. Vielleicht ist auch das noch
zu hoch gegriffen. Aber kein einzelner Kult des vielgespaltenen
Heidentums zählte so viele Anhänger, wie der Kult des Christen=
gottes. Dem zerrissenen Heidentum gegenüber bildeten die Christen
eine festgeschlossene Masse; die Kirche war ein kompakter, stark
gefügter Bau, mit ihrer Hierarchie bildeten sie bereits einen
Staat im Staate. Sodann drängten sich die Christen in den
Städten zusammen. Während die Landbevölkerung noch fast
ganz dem Heidentum anhing, bestand z. B. in Antiochien eine
Christengemeinde von 50 000 Seelen. Die Hauptsache endlich,
sie waren bereits die innerlich herrschende Macht. Bei ihnen
war das Wort des lebendigen Gottes, bei ihnen walteten neue
Lebenskräfte, und wenn auch bei dem raschen Wachsen der
Gemeinden schon allerlei unreine Elemente sich eingedrängt
hatten, welch ein Gegensatz bestand doch zwischen diesen Ge=
meinden mit ihrer Glaubensgewißheit, ihrem Liebeseifer, ihrem
Schmucke christlicher Tugenden, ihrer ernsten Sittenzucht, und
der Heidenwelt in ihrer Finsternis, ihrem Aberglauben, ihrem
rettungslosen Verfall. Unmöglich konnten die Heiden sich dem
Eindrucke des Zeugnisses, das darin lag, entziehen. Die Sicher=
heit des Glaubens an ihre eigenen Götter war durch die Ver=
kündigung des wahren Gottes bis ins Herz hinein tödlich getroffen,
und eine neue Kräftigung des Heidentums war nicht möglich, so
lange nicht dieser Bann des Christentums von ihm genommen war.

Diokletians Stellung zum Christentum war offenbar an=
fangs eine unklare und schwankende. Er duldete die Christen
nicht bloß im Heere und in Verwaltungsämtern, er selbst war
von Christen umgeben, die an seinem Hofe hohe Stellungen
bekleideten. Auch in sein eigenes Haus, in seine eigene Familie
war der neue Glaube schon eingedrungen. Sein Weib Prisca,
und seine Tochter Valeria, die unglückliche Frau des Galerius,
standen der Kirche mindestens sehr nahe. Dennoch würden wir
ganz irre gehen, wenn wir uns dächten, Diokletian habe das
Christentum damit anerkannt und sei erst später unter irgend
welchen Einflüssen zu der entgegengesetzten Beurteilung gekommen.
Deutlich zeigt das ein schon früh, wahrscheinlich 287 erlassenes
Edikt gegen die Manichäer, in dem der Kaiser es als seine
Überzeugung ausspricht, „daß die Götter ein für allemal eine
heilsame Ordnung der Dinge hergestellt haben, daß es ein
großes Verbrechen ist, sich dieser Ordnung zu widersetzen und
deshalb alle zurückzuweisen sind, die den alten Religionen neue
und unerhörte Sekten entgegenstellen." Nur für jetzt noch läßt
Diokletian die Christen gewähren, aber zweifellos ist, daß auch
schon vor der systematischen Verfolgung, die erst 303 beginnt,
einzelne Verurteilungen und Hinrichtungen von Christen vor=
kommen. Dahin gehören nicht bloß die Prozesse gegen christ=
liche Soldaten, die im Zusammenhange stehen mit der seit
295 erstrebten Reinigung der Armee von Christen, auf die wir
nachher noch eingehen müssen, sondern es begegnen uns auch
vor 303 schon Fälle, in denen andere Christen ihres Glaubens
wegen verurteilt wurden. Schon 302 finden sich in den Stein=
brüchen von Pannonien verurteilte Christen, unter ihnen den
Bischof Cyrillus von Antiochien, der oft geschlagen und miß=
handelt, dort im Jahre 302 seinen Leiden erlag. In dieses
Jahr fällt auch das Martyrium der sogenannten „vier Gekrönten".
Es sind vier christliche Steinmetzen, die in den Steinbrüchen
arbeiten und verschiedene Aufträge des Kaisers zu dessen be=
sonderen Befriedigung ausführen, da sie alles, was sie thun,
im Namen Christi thun und unter seiner Anrufung. Dadurch
erwecken sie den Neid der leitenden Techniker, und als sie
sich weigern, ein Götzenbild, eine Statue des Äskulap, zu ver=

fertigen, wird das von den Heiden benützt, sie zu verklagen. Offen bekennen sie ihren Glauben und weigern sich zu opfern. So werden sie verurteilt. Mag an den Bericht, wie er uns überliefert ist, sich auch manches Legendenhafte angesetzt haben, der Kern ist gewiß geschichtlich und nicht zu bezweifeln, daß auch schon vor der allgemeinen Verfolgung von 303 einzelne Christen verurteilt sind, und daß Diokletian dieses nicht nur nicht gehindert hat, sondern daß es mit seiner Billigung geschah, wenn es nicht geradezu durch ihn veranlaßt wurde.

Andererseits ist aber ebenso gewiß, daß Diokletian eine allgemeine Verfolgung nicht gewünscht hat. Es war das Verhängnis seines Lebens, daß er, sonst ein so scharfsichtiger Staatsmann, in diesem Stücke nicht klar sah. Entweder er mußte auch das letzte und stärkste Band zerschneiden, welches die neue Ordnung der Dinge, die er erstrebte, mit der alten verband, und wie die alten Formen des Staatslebens so auch die alte Religion aufgeben, oder er mußte die Kirche vernichten. Sah das Diokletian nicht, so gab es doch an seinem Hofe eine Partei, die das klar genug sah und mit voller Konsequenz auf ihr Ziel hinarbeitete: Vernichtung des Christentums. Ihr gehörten zunächst die heidnischen Priester an, die im Palaste des Kaisers täglich ein- und ausgingen. Sie kämpften für ihren Einfluß. Gelang es, das Diokletianische Regierungssystem für die Dauer zu befestigen, so war damit auch ihre Herrschaft befestigt; denn wurden bei jeder Regierungshandlung die Entschlüsse nach Vorzeichen und Orakeln gefaßt, so lag in der That die Regierung in den Händen derer, die die Vorzeichen deuteten und die Orakel gaben. Auch angesehene Staatsmänner, Gelehrte und Philosophen zählten zu dieser Partei. Der Neuplatonismus war jetzt die herrschende Philosophie, und während bei Plotin der Gegensatz gegen das Christentum noch mehr ein stillschweigender war, so tritt bei seinen Nachfolgern die unversöhnliche Feindschaft offen hervor. Die Verehrung des höchsten Gottes will man den Christen wohl zugestehen, aber nur unter der Bedingung, daß sie die niederen Götter auch verehren. Es ist Hartnäckigkeit und Eigensinn, wenn sie das nicht thun, und diese Hartnäckig-

keit muß gebrochen werden. Damit gab man vor, im Grunde
nichts anderes zu thun, als daß man das Christentum zu
seiner ursprünglichen Reinheit zurückführte. Denn das Christen=
tum Christi, sagten die Neuplatoniker, ist ein ganz anderes
gewesen, als das gegenwärtige. Christus hat sich nicht für
einen Gott ausgegeben, er ist nur als weiser Lehrer auf=
getreten, auch durchaus nicht im Gegensatz gegen die Volks=
religionen. Erst die Apostel haben ihn zum Gott gemacht.
Werden die heidnischen Volksreligionen nach neuplatonischen
Ideen reformiert, und das Christentum auf seinen ursprüng=
lichen Bestand zurückgeführt, so ist eigentlich gar kein Gegen=
satz mehr vorhanden. In harmonischer Einheit verehren alle
Völker im Reiche den Einen höchsten Gott und unter diesem
die Volksgötter. Die für die Staatseinheit so nötige Glaubens=
einheit läßt sich auf diesem Wege leicht herstellen. Man braucht
nur gegen die Häupter der Kirche Ernst zu zeigen, dann wird
die bloß verführte Menge sich fügen, und die Masse wird fried=
lich in die neuplatonische Staatskirche übertreten. Besonders
war es der Statthalter von Bithynien, Hierokles, der am Hofe
des Kaisers diese Ansichten vertrat und zugleich litterarisch da=
für wirkte, indem er ein „wahrheitsliebendes Wort" an die
Christen richtete, das scheinbar im Interesse des Friedens diese
zu gewinnen suchte, während doch im Hintergrunde die blutige
Verfolgung stand. Hörten sie auf solche Friedensworte nicht,
so konnte man sie desto nachdrücklicher dem Kaiser als hart=
näckige Friedensstörer benunzieren.

Ihr Haupt fand diese Partei in dem Cäsar Galerius.
Durch seine militärischen Talente war derselbe vom Hirten=
stande zum Thron aufgestiegen; aber eine rohe Natur, in
blindem heidnischem Aberglauben aufgewachsen, fehlte ihm,
verglichen mit Diokletian, der feine staatsmännische Blick, der
den Kaiser auszeichnet, und was man von Diokletian nicht
sagen kann, das gilt von Galerius im höchsten Maße, er ist
geradezu ein Fanatiker des Heidentums.

Anfangs hielt Diokletian noch an der Scheu vor einer
Christenverfolgung fest. Er fürchtete offenbar die Gefahr,
welche seiner Schöpfung von einem solchen Schritte drohte.

Denen, die zu Gewaltmaßregeln drängten, hielt er entgegen, daß schon so oft die gewaltsame Unterbrückung der Kirche ohne Erfolg versucht und viel Blut unnütz geflossen sei. Man werde auch jetzt nichts ausrichten und nur das Reich in Unruhe und Verwirrung stürzen. Vielleicht mochte er auch hoffen, das unrömische Christentum werde bei einer neuen Erstarkung des Reiches allmählich auch ohne Gewaltmaßregeln von selbst absterben. Nur eine Purifikation der Armee schien unumgänglich nötig. Der Armee mußte man in jedem Falle sicher sein, hier konnte man ein fremdes Element wie die Christen am wenigsten dulden. Im Jahre 295 wurde ein Befehl erlassen, daß alle Soldaten an den Opfern teilnehmen sollten. Viele gaben lieber ihre militärischen Würden hin; Hohe und Niedere verließen den Kriegsdienst, um ihrem Glauben treu bleiben zu können. Hie und da kam es sogar zu Verurteilungen und Hinrichtungen. In Tanger wurde ein Centurio, Marcellus, zum Tode verurteilt, weil er, als der Befehl zum Opfern erging, Stab und Gürtel, die Zeichen seines militärischen Ranges, hingeworfen und ausgerufen hatte: „Von diesem Augenblicke an höre ich auf, euren Imperatoren zu dienen. Ich verachte es, eure hölzernen und steinernen Götter, die nur stumme Götzen sind, anzubeten. Wenn der Soldatenstand das mit sich bringt, daß man den Göttern und dem Kaiser opfern soll, so werfe ich Stab und Gürtel hin, so entsage ich den Fahnen und bin kein Soldat mehr."

Weiter ging Diokletian für jetzt nicht. Aber die heidnische Partei trieb unaufhörlich, und sie hatte die Konsequenz des Systems für sich. Gewiß, aus sich selbst und ohne die Anstachelung durch Galerius wäre Diokletian nie zum Christenverfolger geworden; aber nie wäre es auch dem Galerius gelungen, ihn dahin zu drängen, wenn nicht in dem politischen System und in der persönlichen religiösen Stellung des Diokletian Anknüpfungspunkte für sein Drängen vorhanden gewesen wären. Der Kaiser alterte bereits; sollte sein Gebäude unvollendet bleiben? und doch blieb es unvollendet, solange die Macht des Christentums ungebrochen war.

3. Die Diokletianische Verfolgung.

Der Zeitpunkt nahte heran, an welchem Diokletian abzu=
danken entschlossen war. Alles drängte zur Entscheidung. Der
Winter von 302 auf 303 brachte sie und damit den letzten
blutigen Kampf. Diesen Winter über verweilte Diokletian in
Nikomedien, Galerius war auch dort. Diokletian kränkelte,
seine Kräfte waren im Abnehmen. Eine gewisse Unentschlossen=
heit, die man sonst an ihm nicht kannte, machte sich bemerklich.
Jetzt oder nie mußte die heidnische Partei ihre Pläne durch=
setzen. Ganz in der Stille, in geheimen Versammlungen, deren
Zweck keiner ahnte, wurde an dem Kaiser gearbeitet. So weit
gab dieser nach, daß die Frage einem Rate von höheren Offi=
zieren und Staatsbeamten vorgelegt werden sollte. Damit
hatte die heidnische Partei gewonnenes Spiel. In dem Rate
saß neben Galerius, hinter dem hetzend und schürend seine
Mutter Romula, eine fanatische Heidin, stand, auch Hierokles,
der Präses von Bithynien, der Hauptvertreter der Neuplato=
niker, ein religiöser Eiferer, der seinem Gotte einen Dienst zu
thun glaubte, wenn er die hartnäckigen Friedensstörer, die
Christen, mit Gewalt zur Vernunft brachte. Diokletian wurde
immer schwankender. Das von dem Kaiser befragte Orakel
des Milesischen Apoll riet auch zu. So entschloß sich der Kaiser;
nur das Eine bedang er sich aus, Blut solle nicht fließen.
Natürlich mußte die heidnische Partei ihn darüber vollständig
zu beruhigen. Blutvergießen, hieß es, werde auch gar nicht
nötig sein. Sobald man nur Ernst gegen die Christen mache,
werde es mit der Kirche, die nur durch Nachgiebigkeit groß
geworden, zu Ende sein. Märtyrer würden die Christen nicht
werden wollen, sondern in Menge übertreten. Die Heiden
wußten recht gut, was sie thaten. Hatten sie den Kaiser nur
erst dahin gebracht, den Anfang zu machen, dann mußte er
auch weiter, er mochte wollen oder nicht, dann brauchten sie
ihn nicht mehr zu treiben, dafür sorgte dann die Hartnäckig=
keit der Christen selbst. So wurde denn der verhängnisvolle
Beschluß gefaßt. An einem der Hauptfeste der Heiden, den

Terminalien, die am 23. Februar gefeiert wurden, sollte die Losung zu der letzten furchtbarsten Verfolgung gegeben werden.

In der Frühe des Morgens, noch im Halbdunkel, rückte der Gardepräfekt mit einer Abteilung Soldaten vor die große stattliche Kirche der Residenzstadt. Die Thüren wurden eingeschlagen, die vorgefundenen heiligen Bücher verbrannt, die Kirche geplündert und dem Erdboden gleich gemacht. An den Mauern las man ein kaiserliches Edikt angeschlagen: Alle christlichen Kirchen sollen niedergerissen, alle heiligen Bücher verbrannt werden. Den Christen wurde jede Versammlung verboten; falls sie nicht dem Christentum entsagen, sollen die Vornehmen unter ihnen ihres Ranges und ihrer Würden verlustig gehen, ehr- und rechtlos (infames) sein; christlichen Sklaven, die Christen bleiben, soll für immer die Freiheit versagt sein. Die Absicht dieses Edikts war offenbar die, dem Christentum seine Lebensquellen abzugraben. Deshalb hatte man es darauf abgesehen, durch Zerstörung der Kirchen den Gottesdienst zu verhindern und den Christen die Schrift zu nehmen. So hoffte man die Kirche ohne Blutvergießen zu unterdrücken; der Kaiser wollte ja kein Blutvergießen. Bald genug sollte es dennoch dazu kommen. Ein Christ wagte es, in allerdings nicht reinem Eifer, das Edikt mit der spöttischen Bemerkung abzureißen, da seien wohl wieder Siege des Kaisers über die Sarmaten angeschlagen. Er wurde grausam gefoltert und hingerichtet. In den Ostprovinzen brachen mehrere an sich unbedeutende Emeuten aus. Dem schon ängstlichen Kaiser war leicht der Glaube beizubringen, der Orient stehe in Flammen und die Christen hätten die Aufstände erregt. Im kaiserlichen Palaste zu Nikomedien entstand zweimal kurz nach einander ein Schadenfeuer. Wer es angelegt, wird nie klar zu machen sein. Die Christen sagten, Galerius habe es anlegen lassen, um dann den Christen die Schuld zuzuschieben. Jedenfalls geschah das letztere. Mit solchen Mitteln wurde der Kaiser weiter gehetzt, ihm das Reich als gefährdet vorgestellt, ihm das Schreckbild einer Christenverschwörung vorgemalt, einer Verschwörung, die schon in seinem eigenen Palaste Mithelfer habe, schon sein Leben bedrohe. Des Kaisers Zorn flammte

auf. Ohne Zweifel glaubte er jetzt wirklich an eine Ver=
schwörung der Christen. Er forderte seine eigene Hausgenossen=
schaft vor, alle sollten sie durch Teilnahme an einem Opfer
sich von dem auf ihnen lastenden Verdachte reinigen. Seine
Gemahlin und seine Tochter, die, wenn sie vielleicht auch noch
nicht förmlich zum Christentum übergetreten waren, diesem
doch im Herzen zuneigten, wurden schwach und opferten. Die
christlichen Hofbeamten widerstanden. Nun wurde die Folter
angewandt. Ein hoher Beamter Petrus wurde gepeitscht, die
Wunden mit Essig und Salz eingerieben, dann die Glieder
stückweise verbrannt. Er bekannte dennoch freudig seinen
Glauben. Zuletzt wurden alle, die nicht opferten, stranguliert.

Auch in den Provinzen wurde jetzt das Edikt, milder
oder strenger, je nachdem die Statthalter gesinnt waren, durch=
geführt, die Kirchen niedergerissen, die heiligen Bücher, wo sie
nicht aus freien Stücken ausgeliefert wurden, was leider auch
oft genug vorkam, mit Gewalt weggenommen und öffentlich ver=
brannt, die Gottesdienste der Christen verhindert, Christen zu
Sklaven gemacht und bei den öffentlichen Arbeiten verwendet.
An manchen Orten kam es auch schon zur Tortur und zu
Hinrichtungen. Davon enthielt das Edikt zwar nichts, aber
es gebot doch, die heiligen Bücher auszuliefern, und verhinderte
den Gottesdienst, und Christen, die sich weigerten, die Bücher
auszuliefern, die dem Gesetz zum Trotz doch Gottesdienst hielten,
wurden je nach der Willkür der Statthalter dafür gestraft.
So wurden z. B. in Abitina im prokonsularischen Afrika
49 Christen, die zum Lesen des Wortes und zur Kommunion
zusammengekommen waren, gefangen genommen und, als sie
nicht verleugnen wollten, in Karthago hingerichtet. Unter ihnen
war ein Knabe Hilarianus. Der Prokonsul dachte ihn leicht
zu schrecken. „Ich schneide dir all dein langes Haar ab,“ rief
er ihm zu, „und deine Nase und deine Ohren.“ Aber der
Knabe erwiderte: „Thu, was du willst, ich bin ein Christ!“
und als auch über ihn das Urteil gesprochen wurde, lautete
seine Antwort: „Dank sei Gott!“

Unterdessen hatte der Kaiser ein zweites Edikt erlassen,
welches alle Geistlichen gefangen zu nehmen befahl, und dem

zweiten folgte dann nach wenigen Monaten ein drittes, in dem angeordnet wurde, alle die durch Opfern verleugneten, sollten frei gelassen, die andern durch Marter zum Opfern gezwungen werden. Viele verleugneten, aber viele blieben auch standhaft. Jahre lang ertrugen sie die Kerkerhaft und die von Zeit zu Zeit wiederholte Tortur, ohne zu wanken, und in den Jahren nach der Verfolgung sah man noch an manchem Diener der Kirche die Spuren der damals erlittenen Qualen.

Aber auch dabei konnte man nicht stehen bleiben. Was man einmal begonnen hatte, mußte man weiterführen, wollte man nicht den Staat aufs höchste gefährden. Möglich auch, daß die allerdings zahlreich vorkommenden Verleugnungen, die Schwachheit, die sich namentlich anfangs vielfach in den Gemeinden zeigte, bei den Machthabern die Meinung hervorrief, sie hätten eigentlich die Kirche schon besiegt, und es bedürfe nur noch eines letzten entschiedenen Durchgreifens, um den Sieg vollständig zu machen. So erschien denn am 30. April 304 das vierte Edikt, das die Verfolgung auf alle Christen ausdehnte. Alle ohne Unterschied sollten sie gezwungen werden, den Götzen zu opfern.

Nun begann eine Verfolgung, welche selbst die unter Decius noch an Allgemeinheit und Grausamkeit übertraf. An allen Orten wurden die Christen auf einen bestimmten Tag vorgeladen. Die Ortschaften waren mit Wachen umstellt, damit niemand entrinnen könne. Dann wurden die Vorgeladenen namentlich aufgerufen und von ihnen verlangt, daß sie opferten. Die sich Weigernden wanderten ins Gefängnis, und mit den raffiniertesten Martern trachtete man sie zur Verleugnung zu bewegen. Den Nachgiebigen bahnte man mit aller Zuvorkommenheit die Wege; jeden Schein, mit dem sie ihre Verleugnung vor sich und andern zu verdecken suchten, ließ man sich gefallen, wenn sie nur verleugneten. Ein Körnchen Salz, ein Körnchen Weihrauch genügte, wenn sie nur am Opfer sich beteiligten. Die, welche standhaft blieben, erlagen zum Teil den Martern, andere wurden hingerichtet. Das Blut floß in Strömen durch das Reich.

Wie weit Diokletian bei diesem vierten Edikte noch mitgewirkt hat, ist nicht klar. Es ist zwar auch in seinem Namen erlassen, aber als es ausging, lag er schon krank. Krank an Leib und Seele, beständig voll Angst, von bösen Zeichen erschreckt, vor jedem Blitzstrahl erzitternd, hielt er sich scheu in seinem Palaste verborgen. Seine Zeit war um. Frühzeitig gealtert, müde und matt, vollzog er am 1. Mai 305 bei Nikomedien in Gegenwart der Armee vor einem Bilde des Jupiter seine Abdankung und ging nach Salona, wo er sich einen Palast erbaut hatte in der Hoffnung, dort seine letzten Jahre in Frieden zu verleben. Die Hoffnung erfüllte sich nicht. Zwar seine heidnischen Ratgeber werden ihm gewiß eingeredet haben, das Christentum sei besiegt und damit sein Lebenswerk vollendet; möglich auch, daß es Diokletian wirklich glaubte. Er sollte aber bitter enttäuscht werden. Mit eigenen Augen mußte er noch den völligen Zusammensturz des von ihm errichteten Staatsgebäudes sehen, und was dieses Gebäude zertrümmerte, das war im Grunde genommen doch die Christenverfolgung.

Mit Diokletian zugleich legte sein Mitkaiser, Maximian, die Kaiserwürde nieder, und konnte man nun auch den Konstantius Chlorus, obwohl sich schon gezeigt hatte, daß dieser andere Wege einzuschlagen geneigt war, nicht umgehen, mußte man diesen vom Cäsar zum Augustus aufrücken lassen, so wurden doch weder Konstantin, der Sohn des Konstantius Chlorus, noch Maxentius, der Sohn des Maximian, zu Cäsaren erhoben, sondern zwei Leute, die den Christenhaß des Galerius entschieden teilten, Severus und Maximinus Daja. Jetzt entfloh Konstantin von Nikomedien, wo er sich nicht mehr sicher glaubte, zu seinem Vater, und als dieser nicht lange hernach starb, rief das Heer den Sohn zum Nachfolger aus. Galerius, der wohl einsah, daß der von dem Heere getragene und in dem Reiche seines Vaters ungemein beliebte Konstantin nicht zu beseitigen war, gab so weit nach, daß er ihn als zweiten Cäsar anerkannte, während Severus zum Augustus, Maximinus Daja zum ersten Cäsar erhoben wurde. Damit hatte das Gebäude Diokletians einen gefährlichen Stoß erhalten. Es ruhte auf dem Gedanken der Adoption, aber die Adoption

wurde hier zunächst an einer Stelle vom Erbrecht durchbrochen.
Die Folgen davon zeigten sich bald. Als der mit Konstantin
zugleich zurückgesetzte Sohn des Maximian, Maxentius, hörte,
daß Konstantin auf Grund seines Erbrechts die Cäsarenwürde
erlangt habe, zögerte er nicht, auch sein Erbrecht geltend zu
machen, warf sich ebenfalls zum Cäsar auf, und wurde von
dem über des Severus Willkürregiment mißvergnügten Italien
sofort anerkannt. Ja um die Verwirrung auf den höchsten
Gipfel zu bringen, widerrief jetzt Maximian seine widerwillige
Abdankung und nahm den kaiserlichen Purpur aufs neue an.
Mit dem tiefsten Schmerze mußte Diokletian in seiner Zurück-
gezogenheit es mit ansehen, wie das von ihm so mühsam errichtete Gebäude aus den Fugen ging und Stück um Stück
zerbröckelte. Umsonst trat er selbst noch einmal auf den Schau-
platz und versuchte, die gestörte Einigung herzustellen; er mußte
sich bald überzeugen, daß nichts mehr zu retten war; ja er
sah sein eigenes Leben bedroht und dem zuvorkommend, was
er fürchtete, nahm er Gift und machte seinem Leben selbst
ein Ende.

Doch kehren wir zu Galerius zurück. Seine Cäsaren
hatte dieser sich so ausgewählt, daß sie ihm für seine Hauptaufgabe, die Vernichtung des Christentums, Stützen und Mithelfer werden sollten. Namentlich Maximinus Daja war ein
durch und durch abergläubischer, fanatischer Heide, voll roher
Kraft, aber ohne jede Bildung. So loderte denn jetzt die
Verfolgung, die namentlich auch so lange Konstantius als
Augustus Einfluß übte, schon etwas nachgelassen hatte, von
neuem heftiger wieder auf. Zwar der Westen des Reiches
hatte völligen Frieden. Konstantius Chlorus brauchte als
Augustus auch nicht einmal mehr, wie er als Cäsar gethan
hat, zum Schein Kirchen zu zerstören, und nachdem Severus
in Italien noch in solchem Maße gegen die Christen gewütet,
daß selbst die Heiden darüber unwillig wurden, gehörte es zu
den Mitteln, mit denen Maxentius das Volk gewann, daß
auch er die Christen in Ruhe ließ. Im Osten dagegen währte
die Verfolgung noch sechs Jahre, und jetzt erst nimmt sie hier
einen wahrhaft fanatischen Charakter an. Massenhaft wird

jetzt der Mord. Es kam vor, daß 10, 20, ja 100 an einem
Tage getötet wurden. Hie und da ging man summarisch vor
und verbrannte die ganze Gemeinde mit ihrem Versammlungs=
hause. In Phrygien wurde eine ganze Stadt von Soldaten
umstellt und wie eine Stadt in Feindeslande mit ihren Ein=
wohnern, die alle Christen waren, verbrannt. Noch charak=
teristischer für den heidnischen Fanatismus, der jetzt den
Siedepunkt erreicht, ist die raffinierte Grausamkeit, mit der
gemordet wird. Galerius erließ eine Verfügung, in der er
befahl, die Christen mit langsamem Feuer zu töten. Zuerst
wurde eine kleine Flamme unter die Füße des Opfers gestellt,
bis das Fleisch nach und nach verkohlend von den Knochen
abfiel, dann die andern Glieder eins nach dem andern mit
Fackeln verbrannt. Dazwischen goß man dem Gemarterten von
Zeit zu Zeit kaltes Wasser ins Gesicht, damit der Tod nicht
zu früh eintrete. Zuletzt wurde der ganze Körper auf dem
Scheiterhaufen verbrannt, und die Asche ins Meer oder in
einen Fluß geschüttet, um auch die Asche des Märtyrers der
Verehrung zu entziehen. Wenn so etwas auf ausdrücklichen
Befehl des Kaisers geschah, darf es nicht wunder nehmen, daß
auch die Statthalter in Erfindung neuer Qualen wetteiferten.
Man hing die Christen bei den Beinen auf und zündete unter
ihnen ein Feuer an, man schnitt ihnen Nasen und Ohren ab,
man riß ihnen die Zunge aus, stach ihnen die Augen aus,
und lähmte sie an Händen und Füßen, indem man die Sehnen
durchschnitt. Eine Zeit lang scheint die Zerstümmelung syste=
matisch betrieben zu sein und galt noch als eine Milderung
gegenüber der Todesstrafe. Man übergoß die Christen mit
flüssigem Blei und hieb sie in Stücke. Die Leichen der Hin=
gerichteten durften nicht begraben werden, man ließ sie liegen,
bis die Hunde und Geier sie verzehrten. Dieses war auch die
Zeit, wo römische Statthalter christliche Jungfrauen noch mit
dem Zeichen ihrer Würde, der Kopfbinde, geschmückt, halb
nackt mit Ruten die Straßen auf und ab peitschen ließen;
wo es sogar vorkam, daß edle Frauen und Jungfrauen ver=
urteilt wurden, ins Bordell geführt und der heidnischen
Fleischeslust preisgegeben zu werden. Gerade die philosophisch

gebildeten Beamten, die wissens= und tugendstolzen Neuplato=
niker waren es, die sich darin traurigerweise auszeichneten. Mehr
als einmal zogen Frauen und Jungfrauen den Tod der
Schande vor und legten Hand an ihr eigenes Leben, um
dem Äußersten zu entrinnen. Die ältere Zeit hat auch solche
als Märtyrerinnen angesehen, die für den Glauben starben. Erst
eine spätere kühlere Zeit hat ihr Märtyrertum in Zweifel gezogen.

Übrigens hielt die Verfolgung während der sechs Jahre,
die sie noch dauerte, nicht immer gleichmäßig an, sondern einem
Sturme gleich läßt sie zeitweilig nach, um dann wieder heftiger
auszubrechen. Die Geduld der Christen ermüdete die Heiden,
aber wenn dann in Zeiten der Ruhe die Christen sich wieder
sammelten, wenn dann die Heiden sehen mußten, daß all ihr
Wüten doch das Christentum und die Kirche nicht vernichtet
hatte, so entbrannte ihr Grimm von neuem, und die Verfolgung
begann abermals, oft noch heftiger als zuvor, bis dem neuen
Sturm neue Ermattung folgte. Gegen das sechste Jahr der
Verfolgung im Jahre 308 schien überall Ruhe einzutreten;
die Gefangenen in den Bergwerken, deren eine große Zahl
war, wurden milder behandelt, die Christen atmeten schon auf
und gaben sich der Hoffnung hin, der Sturm sei vorüber.
Da brach er heftiger als zuvor wieder aus. Es erschien ein
kaiserliches Edikt an alle Militär= und Zivilbehörden, welches
diesen gebot, die Verfolgung mit aller Macht wieder aufzu=
nehmen. Die verfallenen Tempel sollten wieder aufgebaut; alle,
Männer und Weiber, Freie und Sklaven, selbst die kleinsten
Kinder sollten zum Opfern und zum Essen des Opferfleisches
gezwungen werden. Das Blutvergießen begann aufs neue, ja
man ging jetzt so weit, alle Nahrungsmittel auf den Märkten
mit Opferwein oder mit dem bei den Götzenopfern gebrauchten
Wasser zu begießen, um die Christen, die nicht freiwillig opfern
wollten, auf diese Weise wider ihren Willen in Berührung
mit dem Götzenopfer zu bringen. Nachdem auch dieser Sturm
sich gelegt, folgte noch einmal im Jahre 310 in Veranlassung
des Umstands, daß die Gefangenen in den Bergwerken Gottes=
dienst gehalten hatten, ein kurzer Wutausbruch, der aber noch
rascher vorüberging.

Das Feuer der Verfolgung brannte in sich selbst nieder. Gegenüber dem stillen Dulden der Christen vermochte die rohe Gewalt und der wütende Fanatismus, der diese letzten Ausbrüche charakterisiert, nichts auszurichten. Das Heidentum hatte alle seine Kräfte erschöpft. Selbst die Henker waren ermüdet. Auch Heiden fingen an, das unnütze Blutvergießen zu tadeln und sich der verfolgten Christen anzunehmen. Man vernahm sogar von Heiden den Ruf: „Fluch dem Diokletian und seinen Göttern!" Was für den Staat noch verderblicher war, die Verfolgung bot den Statthaltern die Möglichkeit zu jeder Ausschreitung. Bei der Ausführung derartiger politischer Maßnahmen wie diese Verfolgung ist es eben unvermeidlich, daß der Willkür der Ausführenden, der Verwaltungsbeamten und der Richter, ein weiter Spielraum gelassen wird, und immer deutlicher ließ sich wahrnehmen, wie bedenklich die Unterordnung der Beamten unter den kaiserlichen Willen Schaden litt, und das ganze Staatsgefüge gelockert wurde. Aber auch auf christlicher Seite kamen bedenkliche Erscheinungen zu Tage. Es zeigen sich Spuren eines Fanatismus, wie wir ihnen sonst nicht begegnen. Ein christlicher Soldat, Theodorus, der 306 als Christ vor Gericht geladen, dann aber nach dem ersten Verhör auf einige Tage freigelassen war, zündete indessen den Tempel der Göttermutter in Amasia an. Auch für die Kirche lagen in einer längeren Dauer der Verfolgung große Gefahren. Größere freilich noch für den Staat. Diesem drohte durch den Kampf wie durch einen Bürgerkrieg völlige Zerrüttung. Selbst die Herrscher konnten sich dem nicht mehr verschließen. Sollte das Reich nicht untergehen, so mußte der Verfolgung ein Ende gemacht werden.

Galerius lag auf dem Totenbette. Eine furchtbare Krankheit, die Folge seiner Ausschweifungen, hatte ihn ergriffen; bei lebendigem Leibe verfaulend litt er die größten Schmerzen. Von seinem Totenbette erließ er 311 das merkwürdige Edikt, welches die Verfolgung aufhob. In Gemeinschaft mit seinem Mitregenten erklärt da der Kaiser, es sei seine Absicht gewesen, alles nach den alten Gesetzen und der Staatsordnung der Römer herzustellen und dafür Sorge zu tragen, daß auch

die Christen, welche die Religion ihrer Voreltern verlassen, zu
guten Gesinnungen zurückkehrten. Da aber die meisten hartnäckig
bei ihrem Vorhaben beharrt hätten, und er gesehen, daß sie
weder den heidnischen Göttern den schuldigen Dienst leisteten,
noch auch den Christengott verehrten, so wolle er ihnen in
seiner Gnade gestatten, wieder Christen zu sein und ihre Ver=
sammlungen zu halten, unter der Bedingung, daß sie der be=
stehenden Ordnung nicht zuwider handelten. So möchten sie
denn nun ihren Gott für des Kaisers und des Staates Wohl
anrufen, damit der Staat allenthalben unversehrt bleibe, und
sie selbst sicher leben könnten.

Das Edikt enthält die offene Erklärung der Ohnmacht
des Heidentums. Zwar von Anerkennung, von Begünstigung des
Christentums ist keine Rede. Der Kaiser betrachtet es auch
jetzt noch nur als Abfall von der väterlichen Religion, er ver=
hehlt seinen Wunsch nicht, daß die Christen zu derselben zurück=
kehren möchten. Aber er verzichtet darauf, diesen Wunsch mit
Gewalt zu verwirklichen, weil er eingesehen hat, daß das un=
möglich ist, und was er dem Christentum nicht mehr verweigern
kann, das läßt er, um die Ohnmacht doch etwas zu verdecken,
als ein Geschenk seiner Gnade erscheinen. Ob auch Gewissens=
angst mitredete? ob auch ihm wie dem Diokletian die Ströme
von Blut, die er vergossen, keine Ruhe ließen auf seinem
Schmerzenslager? Der so angelegentlich am Schlusse des Edikts
ausgesprochene Wunsch, die Christen möchten für ihn beten,
läßt vielleicht etwas davon durchblicken. Auch des Galerius
Hoffnungen waren zertrümmert, auch an ihm rächte sich der
Frevel. Bald nachher starb er unter unsäglichen Qualen.

Der eigentliche Kampf war damit zu Ende. Zwar er=
kannte Maximinus das Edikt nicht an oder führte es doch in
sehr zweideutiger Weise durch. Bald nach dem Erlaß desselben
fing er bereits wieder an, die Christen in ihrer Freiheit zu be=
schränken, die Zusammenkünfte auf den Kirchhöfen zu verbieten.
Er suchte daneben das Heidentum durch mancherlei Maßregeln
zu kräftigen, ja begann sogar schon wieder mit Verfolgungen.
Aber das sind doch nur die letzten Zuckungen des erliegenden
Heidentums. In Wahrheit hat dieses die Waffen gestreckt.

Aber freilich, was das Christentum erkämpft, war nur erst noch widerwillige Duldung. Um seine Aufgabe in der Welt zu erfüllen, bedurfte es mehr als das, es bedurfte der Anerkennung, es mußte mit dem Staat in Verbindung treten, es mußte, wenn auch in anderer Weise, die Stelle des Heidentums einnehmen und, wie dieses es bisher gewesen war, die Grundlage des Volkslebens werden. Das alles fehlt noch; das Edikt des Galerius ist noch nicht der volle Sieg. Aber der volle Sieg steht schon vor der Thür. Der Mann ist schon da, dem die weltgeschichtliche Aufgabe zufällt, die Zeit des Kampfes abzuschließen und, indem er die Bande knüpft, die für die Zukunft Staat und Kirche miteinander verbinden, eine neue Zeit über die Völker heraufzuführen, Konstantin der Große.

Zweites Kapitel.

Der Sieg.

In dieſem Zeichen wirſt du ſiegen!

Selten iſt ein Mann ſo verſchieden beurteilt wie Kon=
ſtantin der Große. Noch immer will das Urteil über ihn nicht
zur Ruhe kommen. Unſere Zeit iſt ihm im ganzen wenig
günſtig. Arbeiten doch eben heute manche Kräfte an der Zer=
ſtörung ſeines Werks. Ja, es meinen viele gerade darin eine
Hauptaufgabe der Gegenwart zu ſehen, die That Konſtantins,
die Verbindung von Staat und Kirche, wieder rückgängig zu
machen. Aber nicht bloß ſolchen, deren ausgeſprochenes oder
unausgeſprochenes Ziel die Beſeitigung des Chriſtentums aus
Staat und Volksleben iſt, ſelbſt ſolchen, die wohl wiſſen, was
ſie am Chriſtentum haben, erſcheint ſeine That verdächtig,
mindeſtens von zweifelhaftem Werte, und nur zu leicht über=
trägt ſich das Urteil von der That auf die Perſon.

Um Konſtantin gerecht und billig zu beurteilen, muß
man ſich vor zwei Vorurteilen hüten. Einmal vor dem Ge=
danken, als ob ein Mann, dem das Chriſtentum eine ſo völlig
veränderte Stellung in der Welt dankt, auch für ſeine Perſon
ein beſonders lauterer, inniger und lebendiger Chriſt geweſen
ſein müßte. Weil man dann, was man zu finden hofft, nicht
findet, ſo fühlt man ſich zurückgeſtoßen und hat nun auch
keine Augen für das, was wirklich vorhanden iſt. Gewiß,
wo es ſich um eine innere Entwickelung der Kirche, einen

Fortschritt ihres inneren Lebens handelt, bedarf es solcher
Personen, die diesen Fortschritt selbst in sich durchlebt haben.
Wo es sich aber um eine Veränderung in der Stellung der
Kirche nach außen handelt, und eine derartige Umwälzung ist
es doch zunächst, die uns hier beschäftigt, da kann diese recht
wohl durch eine Persönlichkeit veranlaßt werden, die selbst
innerlich am Christentum wenig oder keinen Teil hat. Es
dienen dem Christentum und der Kirche manche, die nicht von
Herzen darin stehen, aber man wird auch oft die Bemerkung
zu machen im stande sein, wie dieser Dienst dann solchen
Menschen den Segen bringt, daß sie, zunächst nur äußerlich
für die Kirche arbeitend, ihr nach und nach auch innerlich
näher kommen. So denke ich mir auch Konstantin. Als er
die ersten Schritte thut, das Christentum zur herrschenden
Religion zu machen, ist sein Verhältnis zu ihm noch ein ziem=
lich äußerliches, mehr Aberglaube als Glaube. Aber er kommt
ihm dann näher und näher, und es läßt sich nicht verkennen,
daß er später die Wahrheit des Christentums auch innerlich
erkannt und erfaßt hat.

Sodann muß man nicht überall da, wo der Wandel
nicht mit dem Bekenntnis stimmt, gleich von Heuchelei reden.
Es ist eine falsche Alternative, die aber bei der Beurteilung
Konstantins oft genug als die Entscheidung gebend hingestellt
ist: Entweder ein voller Christ oder gar keiner, und dann ein
Lügner und Heuchler; entweder Konstantin hat aus rein christ=
lichen Motiven gehandelt, oder aus rein politischen, und sein
Christentum ist nur Maske. Konstantin ist kein Heiliger ge=
wesen, und es ist nicht meine Absicht, ihn dazu zu stempeln,
aber die ihn deshalb gleich zum bewußten Heuchler machen,
die wissen nicht, was in einem Menschenherzen alles beisammen
sein kann. Selbst die Blutschulden, die er auf sich geladen,
und die ich weder entschuldigen noch verkleinern will, beweisen
noch nicht, daß, was in seinem Leben als christliche Frömmig=
keit zu Tage kommt, bloß erheuchelt war. Man erweist auch
Konstantin einen Dienst von nur sehr zweifelhaftem Werte, wenn
man ihn dann, gleichsam zum Ersatz, um so höher als Staats=
mann stellt, je niedriger man ihn als Christ gestellt hat;

denn eine Staatsweisheit, die zuletzt in Heuchelei wurzelt,
dürfte doch kaum auf den Namen echter Staatsweisheit An=
spruch haben. Schon daß Konstantin doch unleugbar Großes
und Dauerhaftes geschaffen, sollte davor warnen, in ihm einen
bloßen Heuchler zu sehen. Oder wo wäre in der Welt je
Großes gethan ohne innere Teilnahme daran? Die eine solche
bei Konstantin leugnen, die ihn als einen kalt berechnenden
Politiker ansehen, ohne Herz für die Sache, die er vertritt,
ohne inneren Zug zu dem Christentum, welches er zur Grund=
lage seiner Politik macht, die verkennen ihn selbst gründlich
und sein Werk dazu.

Die Zeit unmittelbar nach dem Tode des Galerius ist
einer von den Augenblicken höchster Spannung, wie sie in
der Weltgeschichte hier und da eintreten. Es ist alles für
eine große Umwälzung bereit, die Personen, die dabei mitzu=
handeln berufen sind, stehen bereits auf der Bühne, aber noch
ahnt niemand, wie das Drama sich entwickeln wird. Nur das
Bewußtsein hat jeder, so kann es nicht bleiben; aber dieses
Bewußtsein ist es gerade, welches alle Beteiligten zurückhält,
den ersten Schritt zu thun. So tritt ein Augenblick der Ruhe
ein, aber es ist die Ruhe vor dem Sturm. Lange kann sie
nicht währen, und ist sie einmal gebrochen, so vollzieht die
auf allen Punkten vorbereitete Umwälzung sich dann auch über=
raschend schnell.

Im Morgenlande hatten Maximinus Daja und der in
die Stelle des Galerius eingetretene Licinius, nachdem sie
schon gerüstet einander gegenüber standen, noch einmal Frieden
gemacht und den Orient unter sich geteilt. Das Abendland
beherrschten Konstantin und Maxentius. So war ein Zustand
eingetreten ähnlich wie der, den Diokletian erstrebt hatte. Und
doch welch ein Unterschied gegen die Zeit vor der Verfolgung!
Von einer gemeinsamen Herrschaft, wie sie Diokletian sich ge=
dacht, ja auch nur von Eintracht war unter den vieren keine
Rede. Jeder herrschte unabhängig von den andern in seinem
Gebiete und rüstete sich im stillen schon für den Krieg, der
über kurz oder lang jedenfalls kommen mußte; keiner traute
dem andern, jeder war sich dessen bewußt, daß es galt, die

andern zu überwältigen oder unterzugehen. In der That, der Krieg war unvermeidlich, ein Reich mit vier unabhängigen Herrschern war eine Unmöglichkeit. Was aber zum Kriege trieb, war nicht bloß die Machtfrage, es war im tieferen Grunde die noch immer ungelöste Frage nach der Stellung des Staates zum Christentum. Auch in dieser Beziehung war der augenblickliche Zustand nicht haltbar. Der Staat duldete jetzt das Christentum, aber nur, weil er nicht anders konnte. Er verfolgte die Kirche nicht mehr, suchte aber ihrer Ausbreitung durch lästige Bedingungen Schranken zu setzen. So hatte es das Toleranz-Edikt von 311 und der damit verbundene Ausführungserlaß an die Statthalter bestimmt, und wenigstens Maximinus Daja und Maxentius thaten, so viel sie konnten, das Ihrige, damit die Ausführung des Edikts den Christen möglichst wenig zu gute komme. Daß diese Schranken nicht lange bestehen konnten, war vorauszusehen; denn die Kirche war bereits zu mächtig, und schon die bloße, wenn auch widerwillige Duldung reichte aus, um zahlreiche Heiden anzuziehen. Von allen Seiten drängten sich Massen zum Übertritt. Und welch ein Widerspruch lag in jener Duldung! War das Heidentum noch Staatsreligion, so war schon Duldung zu viel. Konnte denn der Staat auf die Dauer zwei so entgegengesetzte Religionen in sich beherbergen, ohne selbst zersprengt zu werden? Für einen Augenblick mochte die Wage im Gleichgewicht stehen bleiben, sie mußte sich in kurzem zu gunsten des einen oder des andern Teiles senken. Naturgemäß kombinieren sich dann beide Fragen, die Machtfrage und die Religionsfrage; der Kampf um die Oberherrschaft nimmt, wie er im tiefsten Grunde aus der Diokletianischen Verfolgung erwachsen ist, mehr und mehr den Charakter eines Kampfes zwischen Heidentum und Christentum an, und der Sieg Konstantins über seine Mitregenten schlägt zugleich zum vollen Siege des Christentums über das Heidentum aus.

Schon der erste Akt des großen Krieges, der Kampf zwischen Konstantin und Maxentius brachte die Entscheidung. Maxentius, der Italien und Afrika beherrschte, ein wüster und tyrannischer Mensch, hatte sich mehr und mehr feindselig gegen Konstantin gestellt. Sein Befehl, alle Bildsäulen Konstantins in Italien umzustürzen, zeigte, was von ihm zu erwarten war. So beschloß Konstantin, ihm zuvorzukommen. Ehe sein Gegner ernstlich an Krieg dachte, überstieg er mit seinem Heere die Alpen und stand in Oberitalien. Der Angriff Konstantins war im höchsten Maße gewagt. Sein Heer zählte etwa 40 000 Mann, das des Maxentius war mindestens dreifach so stark, darunter der Kern der römischen Heere, die Prätorianer, und 18 000 Mann Reiterei, für die Ebenen Oberitaliens besonders wichtig. Daneben boten die dortigen Festungen eine überaus starke Stellung, und die großen Hülfsmittel Italiens und Afrikas standen dem Maxentius zur Verfügung. Im Heere des Konstantin erhoben sich wirklich Stimmen, die das Unternehmen als ein tollkühnes bezeichneten. Konstantin selbst wußte recht gut, was er aufs Spiel setzte, welches Wagnis es war, mit einem verhältnismäßig kleinen Heere diesen Feldzug zu beginnen, und zwar, was schwer ins Gewicht fällt, gegen Rom selbst; denn immer noch war Rom, wenigstens dem Namen nach, der Mittelpunkt des Reiches, immer noch umgab die weltbeherrschende Stadt ein heiliger Nimbus, und nichts Geringes war es, römische Truppen gegen dasselbe Rom in den Kampf zu führen, in dessen Namen sie im Felde standen, und dessen Zeichen ihre Standarten trugen. Wir begreifen es, wenn Konstantin in dieser Lage noch nach anderer höherer Hülfe ausschaute. Er selbst erzählt, daß er damals viel überlegt, bei welchem Gott er Beistand suchen solle, und den höchsten Gott, den sein Vater als Sonnengott verehrt, gebeten habe, ihm zu sagen, wer er sei? Da sei ihm eines Tages ein wunderbares Zeichen erschienen. Als die Sonne sich schon zum Untergange neigte, sah er nämlich ein lichtes Kreuz, auf der Sonne stehend, und daneben aus Lichtglanz gebildet die Worte: Τούτῳ νίκα (durch dieses, in diesem Zeichen siege)! Dadurch beunruhigt und noch nicht klar über die Bedeutung des Zeichens, sei ihm in der Nacht Christus erschienen und habe ihm befohlen, dieses Kreuzeszeichen zum Feldzeichen zu machen und dann, des Sieges gewiß, in den Kampf zu ziehen. Dieser Weisung entsprechend ließ Konstantin

ein Feldzeichen mit dem Kreuz und dem Namenszuge Christi
(das Labarum) anfertigen; er selbst setzte das Kreuz auf den
Helm, und seine Soldaten malten es auf ihre Schilde. Unter
dem Kreuzeszeichen schritt sein Heer dann von Sieg zu Sieg,
bis in der blutigen Schlacht an der Milvischen Brücke die
Macht des Maxentius gänzlich gebrochen wurde. Triumphierend
zog Konstantin in Rom ein, und bald war das ganze Abend=
land in seiner Gewalt. Zum Dank für diese Erfolge ließ der
Kaiser dann in Rom seine Statue aufrichten, mit einem Kreuzes=
zeichen in der Hand und mit der Inschrift: „In diesem heil=
bringenden Zeichen, welches der wahre Beweis der Tapferkeit
ist, habe ich eure Stadt vom Joche der Thrannenherrschaft
befreit und gerettet."

Ich kann und will die Frage nicht abweisen, was von
dieser vielbesprochenen Erzählung zu halten ist? Treten wir
nur ohne Vorurteil an die Prüfung derselben heran, auch ohne
das Vorurteil (denn weiter ist es doch nichts), daß es keine
Wunder giebt, und deshalb die Erzählung, wie auch immer
beglaubigt, nicht wahr sein kann. Gewiß werden wir über
die. Grenzen des Neuen Testaments hinaus sehr vorsichtig sein
müssen, wenn uns Wunder erzählt werden, aber die Möglich=
keit werden wir doch nicht leugnen können und wollen, daß
der HErr bei besonders entscheidenden Wendungen in der Ge=
schichte seiner Kirche auch durch Wunder in dieselbe eingreifen
kann. Es ist uns die Geschichte in ihrer ausgebildetsten Ge=
stalt von Eusebius überliefert, der sie aus dem eigenen Munde
des Kaisers haben will. Erst in seinem Alter hat dieser sie
ihm erzählt und mit einem Eide verbürgt. Gänzlich verwerfen,
als pure Erdichtung, kann man also die Geschichte nur, wenn
man entweder Eusebius oder Konstantin für einen bewußten
Lügner erklärt. Nun ist Eusebius zwar kein unparteiischer
Geschichtschreiber, am wenigsten in der Geschichte Konstantins,
aber es ist doch noch ein weiter Weg von einer parteiischen
Auffassung oder auch Färbung der Thatsachen bis zu einer
lügenhaften Erfindung von Thatsachen selbst. Eusebius würde
es auch schwerlich gewagt haben, dem Kaiser so etwas geradezu
anzudichten. Läge hier eine Lüge vor, so fiele die Schuld

ohne Frage auf Konstantin. Nun halte ich Konstantin wohl
einer Lüge für fähig, selbst seinen Eid würde ich nicht ohne
weiteres respektieren, da er ihn selbst nicht respektiert hat, wo
es ihm politischen Nutzen brachte; aber ich sehe durchaus nicht
ein, was den Kaiser zu dieser seltsamen Lüge hätte bewegen
sollen, was ihn hätte dazu bringen sollen, in seinem Alter
noch eine solche Geschichte sich auszudenken und in einem ver=
trauten Augenblicke dem Eusebius zu erzählen. Ihr Bekannt=
werden hätte ihm vielleicht früher Vorteil bringen können, aber
damals, als er sie erzählte, waren das alles ja längst ver=
gangene Dinge, gehörte das alles bereits der Geschichte an
und hatte für die Gegenwart keine Bedeutung mehr.

Die Erzählung völlig in das Gebiet der Erdichtung zu
verweisen, ist aber auch aus andern Gründen unmöglich.
Thatsache ist, daß in Konstantins Stellung zum Christentum
zwischen 311 und 313 eine gänzliche Veränderung, und zwar
plötzlich, eingetreten ist. Im Anfange des Jahres 312 steht
er ihm, um nicht mehr zu sagen, noch kühl und zurückhaltend
gegenüber. Hat er doch das Edikt des Galerius mit erlassen
und ebenso dessen Ausführungsverordnung, die, wie wir sahen,
dem Christentum noch wenig günstig war. Monotheist war er
gewiß auch damals schon, aber der Eine Gott, dem er dient,
ist doch mehr der Sonnengott, die „unbesiegte Sonne", als
der Vater unsers Herrn Jesu Christi. Im Anfange des
Jahres 313 erläßt er dagegen schon das den Christen so
ungemein günstige Edikt von Mailand und thut bereits die
ersten entscheidenden Schritte, das Christentum zur herrschenden
Religion zu erheben. Nun liebt man es neuerdings, diese Ver=
änderung als lediglich durch politische Erwägungen hervorgerufen
darzustellen. Der Kaiser soll, überzeugt von der Ohnmacht des
Heidentums und der Macht des Christentums, den großen poli=
tischen Gedanken gefaßt haben, das letztere auf seine Seite
und dadurch dessen Macht in seinen Dienst zu ziehen; er soll
mit staatsmännischem Blick erkannt haben, welcher Religion
die Zukunft gehöre, und daß nur auf der Grundlage des
jugendlichen Christentums der Staat sich neu errichten lasse.
Nach meiner Meinung entspricht diese Motivierung weder der

damaligen Lage, noch hat sie einen Halt in den unzweifelhaft
feststehenden Thatsachen und den eigenen Zeugnissen Konstantins.
Die Christen brauchte Konstantin nicht erst zu gewinnen, die
standen schon von den Zeiten seines Vaters her auf seiner
Seite, soweit sich überhaupt von einem Parteinehmen der Christen
in diesen Kämpfen reden läßt. Sein eigenes Heer bestand meist
aus Barbaren, und unter diesen werden die Christen gewiß
nicht die Mehrzahl gebildet haben. Überhaupt waren die
Christen im Abendlande noch stark in der Minorität; Rom
war noch eine ganz überwiegend heidnische Stadt, in welcher
wohl am wenigsten durch Begünstigung des Christentums Popu-
larität zu gewinnen war. Bloß politische Erwägungen hätten
Konstantin den Schritt, den er that, eher abraten müssen; denn
während er nichts damit gewann, was er nicht schon hatte,
konnte er höchstens die Heiden dadurch gegen sich feindselig
stimmen. Der Erlaß von Mailand, hier unzweifelhaft die
zunächst zu befragende Quelle, weist auf ganz andere Gedanken
als die, welche moderne Geschichtschreiber aus ihrem eigenen
Gedankenkreise heraus dem Kaiser unterschieben. Hier giebt er
selbst als Beweggrund seiner den Christen zugewandten Gunst
die erfahrene Gunst des höchsten Gottes und den Wunsch an,
daß ihm diese göttliche Gunst ferner bewahrt bleiben möge.
Konstantin selbst glaubte also den glänzenden Sieg, den er
mit seinem viel schwächeren Heere erfochten hatte, einer besonderen Mitwirkung des höchsten Gottes zu danken; und
wohin wir auch sehen, bei Christen und Heiden, stoßen wir
auf eben diese Anschauung, überall wird der unerwartete Sieg
der besonderen Huld des höchsten Gottes zugeschrieben. Ja
noch mehr, diese Huld knüpft sich bestimmt an das Kreuzeszeichen. So sehr man sich daran abgemüht hat, die Thatsachen sind nicht wegzuschaffen, daß zuerst im Kriege gegen
Maxentius und dann in immer steigendem Maße das Kreuzeszeichen das Zeichen ist, unter dem Konstantin kämpft und siegt.
Auf den Feldzeichen, auf den Helmen, auf den Schilden, auf
den Münzen begegnet uns seitdem das Kreuz und das Mono-
gramm, die zwei heiligen Buchstaben $X\ P$, die Anfangsbuch-
staben des Namens Christi; und wenn wir noch irgendwie

darüber im Zweifel sein könnten, was das bedeutet, so würde
die ebenfalls unbezweifelt feststehende, oben schon erwähnte
Thatsache, daß sich Konstantin mit dem Kreuze in der Hand
abbilden läßt, und dieses Zeichen ausdrücklich für das Zeichen
erklärt, in dem er gesiegt hat, jeden Zweifel beseitigen.

So viel ist also gewiß, Konstantin selbst glaubte den
Sieg dem Kreuze zu danken. Diese Thatsache aber würde
völlig in der Luft stehen, wenn man jene Erzählung von
dem Gesicht als bloße Erfindung wegstreichen wollte. Man
fragt doch, was hat denn diese plötzliche Veränderung in den
Gesinnungen des Kaisers hervorgebracht? Irgend etwas muß
hier vorgefallen sein, was den Kaiser veranlaßte, das Kreuz
zu seinem Feldzeichen zu machen. Man kann wohl einräumen,
daß Eusebius die Geschichte etwas, vielleicht stark, ausgeschmückt
hat, oder, was noch wahrscheinlicher sein möchte, daß sie, wie
es gerade mit solchen Geschichten, die hernach eine über alle
Erwartung hinausgehende Bedeutung und Erfüllung gefunden
haben, wohl zu gehen pflegt, in der Erinnerung des Kaisers
sich bestimmter ausgestaltet hat; aber daß sie rein erdichtet
sein sollte, ist den Thatsachen gegenüber doch wohl nicht
möglich. Dann aber hat man auch kein Recht, sie sich in
rationalistischer Weise umzudeuten, also etwa anzunehmen, Konstantin habe nur eine zufällige Wolkenbildung in Gestalt eines
Kreuzes gesehen und diese, seiner inneren Gemütsverfassung
entsprechend, für ein Zeichen gehalten; denn damit schiebt
man dem, was die Quellen erzählen, etwas ganz Anderes,
Selbstgemachtes unter, was in den Quellen gar keinen Halt
hat. Es würde so auch die ganze große weltgeschichtliche
Wendung auf einem Zufall und auf einer abergläubischen
Einbildung Konstantins beruhen. Das vermag ich wenigstens
nicht anzunehmen. Die Geschichte der Kirche Christi ist mir
etwas anderes als ein Aggregat von Zufälligkeiten und menschlichen Einbildungen. Ich halte daran fest, daß der erhöhte
Herr seine Kirche, wie er verheißen hat, leitet und regiert.
Auch in diesem entscheidenden Wendepunkte hat er eingegriffen.
Es hat ihm gefallen, sich zu Konstantin herabzulassen und ihm
in irgend einer Weise ein Zeichen zu geben, an dem er erkennen

sollte, daß der Gott, der sich in dem Gekreuzigten geoffenbart
hat, der höchste Gott ist. Von nun an ist es dieses Zeichen,
unter dem Konstantin mit seinem Heere kämpft, und die Siege,
die ihm zu teil werden, bestärken ihn in dem Glauben, daß
der Gott, von dem ihm dieses Zeichen gegeben ist, der höchste
Gott ist. Dabei denke ich mir aber keineswegs, daß Kon=
stantin, durch diese Erscheinung vollständig bekehrt, nun sofort
ein gläubiger Christ im vollen Sinne des Wortes geworden
ist. Das Zeichen des Kreuzes war für ihn zunächst mehr ein
Gegenstand abergläubischer Verehrung, als ein Zeichen des
Heils. Erst später ist es ihm mehr geworden. Für jetzt
glaubte er nur, den höchsten Gott sich günstig zu stimmen,
wenn er das Christentum begünstigte, während er selbst inner=
lich noch nicht mit dem Heidentum gebrochen hatte, seine
persönliche Überzeugung noch eine aus heidnischen und christ=
lichen Elementen gemischte war. Erst dadurch, daß der Kampf
selbst mehr und mehr den Charakter eines Kampfes zwischen
Heidentum und Christentum annimmt, wird Konstantin auch
in steigendem Maße auf die christliche Seite hinübergedrängt,
und erst, als der Kampf durch den Sieg über Licinius ab=
geschlossen ist, bekennt sich der Kaiser auch persönlich rück=
haltslos zum Christentum.

Der Umschwung vollzog sich jetzt mit überraschender
Schnelligkeit. Am 27. Oktober 312 hatte Maxentius mit
seinem Heere an der Milvischen Brücke seinen Untergang
gefunden. Mit altbewährter Tapferkeit hatten seine Präto=
rianer gestritten, keiner war einen Fuß breit gewichen; in den
Reihen, wie sie gestanden, lagen sie auf dem Schlachtfelde.
Den Rest des Heeres und den Tyrannen mit hatten die
Wellen des Tiber verschlungen. Rom, Italien, die Inseln,
Afrika fielen dem Sieger augenblicklich zu. Konstantin sah
darin ein Gnadengeschenk des Christengottes und beeilte sich,
ihm seinen Dank abzutragen. Bereits im Anfange des Jahres
313 kam er mit Licinius in Mailand zusammen und erließ
von dort das Toleranzedikt. Gleich darauf entbrannte auch
der schon drohende Krieg zwischen Licinius und Maximin. Auch
hier war der Sieg des damals christenfreundlichen Licinius

über den Christenverfolger Maximin ein wunderbar schneller.
Am 13. Juni wurde das Mailänder Edikt in Nikomedien, der
Stadt, von wo vor zehn Jahren die Verfolgung ausgegangen
war, angeschlagen. Es galt jetzt im ganzen Reiche.

In diesem Edikte, das den Anfang eines neuen Zeitab=
schnittes bezeichnet, wurde zunächst volle Religionsfreiheit gegeben.
Jeder im Reiche soll künftig die Freiheit haben, derjenigen
Religion zu folgen, die er für die beste erkennt. Zum ersten=
male wird damit der große Grundsatz ausgesprochen, daß die
Religion die eigenste Sache des Menschen ist, über die kein
anderer zu verfügen das Recht hat; daß es der weltlichen
Macht nicht zusteht, irgend jemanden zu einer Religion zu
nötigen und zu zwingen. Endlich war also erreicht, was
die Christen so lange gefordert, wofür sie gekämpft und ge=
blutet hatten. Das Edikt von Mailand bezeichnet den großen
Augenblick, wo die Erkenntnis durchbricht, daß niemand ge=
zwungen werden darf zur Religion, weil erzwungene Religion
keine Religion mehr ist. Diese Grundsätze der Religions=
freiheit sind nachher noch oft wieder verdunkelt, auf lange
Zeit, auf Jahrhunderte, fast wieder verschwunden, aber sie
haben sich immer wieder durchgearbeitet, und wer sie leugnet,
der leugnet im tiefsten Grunde das Christentum selbst, dem sie
angehören.

Es war auch zunächst nur eine Konsequenz dieses Grund=
satzes, wenn Konstantin verfügte, daß den Christen alle ihnen
während der Verfolgungszeit konfiszierten Güter zurückgegeben
werden sollten. Wurde damit doch nur wieder gut gemacht,
was die frühere Zeit gegen jenen Grundsatz gesündigt hatte.
Sehr weise fügte der Kaiser aber hinzu, daß diejenigen, welche
konfiszierte Kirchengüter gekauft hatten, zwar gehalten sein sollten,
auch diese zurückzugeben, aber aus seiner Kasse dafür entschädigt
werden sollten. So wurde den Christen ihr Recht, und doch
zugleich Härte und Mißstimmung verhütet.

Weiter geht das Edikt selbst nicht, aber die Angelegent=
lichkeit, mit der er den Statthaltern die ungesäumte und
pünktliche Ausführung dieser Verfügungen anbefiehlt, läßt schon
vermuten, daß Konstantin dabei nicht stehen zu bleiben die

Absicht hat. Seine Stellung ist schon jetzt nicht mehr eine
lediglich neutrale, sondern bereits eine dem Christentum positiv
freundliche und günstige. Es konnte nicht anders sein; einen
lediglich neutralen Standpunkt gegenüber den in seiner Mitte
vorhandenen Religionen einzunehmen, ist für den Staat nicht
möglich. Ein religionsloser Staat ist ein bloßes Phantasie=
gebilde, das jemand nur hegen kann, wenn er gar nicht weiß,
was Religion ist. Als ob die Religion nicht das ganze Leben
des Menschen bestimmte! Als ob es so nicht auch bei denen
stehen müßte, die den Staat leiten! Sobald Konstantin dem
Christentum günstig gesinnt geworden war, mußte das auch
Einfluß auf die Staatsleitung haben und, je näher er persönlich
dem Christentum trat, desto mehr. Schon jetzt steht ihm das
Christentum höher als das Heidentum, wie er es denn auch
gern die „frömmste Religion" nennt. Es wird ihm klar,
daß das verfallende Heidentum den Staat mit in seinen Verfall
hineinzieht, daß wenn der Staat wirklich erneuert werden soll,
er auch einer neuen religiösen Grundlage bedarf, und daß nur
das Christentum diese bieten kann; und in dem Maße, als
ihm dieses klar wird, sucht er dem Christentum Raum zu
machen, und ein Band zwischen Staat und Kirche zu knüpfen.
Das Christentum soll das Salz werden, den Staat vor der
Fäulnis des Heidentums zu bewahren.

Eine Reihe von Verfügungen ist diesem Streben ent=
sprungen. Schon im März 313 werden die Geistlichen von
der Verpflichtung, Munizipalämter, damals eine schwere und
kostspielige Last, zu übernehmen, befreit. Damit wird ein
Vorrecht der heidnischen Priester auf sie übertragen und sie
diesen gleichgestellt. Um dieselbe Zeit schenkt der Kaiser zur
Unterhaltung der Geistlichkeit ansehnliche Summen. Die Kirche
erhält auch das Recht, daß zu ihren Gunsten testiert werden
kann. Dann wird aus den staatlichen Ordnungen manches
beseitigt, was dem Christentum und seinen Ordnungen wider=
spricht. Die Strafen der Kreuzigung und des Zerbrechens der
Beine werden abgeschafft. Das Kreuz, jetzt das Zeichen des
Heils, jetzt das hochgeehrte Symbol des Christentums selbst,
darf nicht mehr als entehrende Strafe angewendet werden.

Die Verbrecher sollen auch nicht mehr auf der Stirne gebrandmarkt werden, damit die Majestät des Antlitzes, das nach dem
Bilde der himmlischen Schönheit gestaltet ist, nicht entehrt
werde, eine scheinbar unwichtige und doch überaus bedeutsame
Verfügung, denn es liegt darin die Anerkennung der Menschenwürde, von der das Heidentum nichts gewußt, die erst das
Christentum zur Geltung gebracht hat. Auch die Gladiatorenspiele werden beschränkt. Sie werden freilich nicht ausdrücklich
verboten, aber es wird bestimmt, daß keine Verbrecher mehr
zu den Spielen verurteilt werden sollen. Die es verdient
haben, sollen vielmehr zur Arbeit in die Bergwerke geschickt
werden, damit sie ihre Sünden büßen, ohne Blut zu vergießen. Also der Staat zieht sich von den Spielen zurück,
er wirkt nicht mehr mit. Für die Gefängnisse wird gesorgt,
und eine milde Behandlung der Gefangenen zur Pflicht gemacht. Dann wird die Ehegesetzgebung in manchen Stücken
den christlichen Anschauungen angepaßt. Die Gesetze gegen
die Ehelosen und Kinderlosen werden aufgehoben, dagegen
Gesetze gegeben, wonach Ehebruch und Entführung strafbar
sind. Das Aussetzen der Kinder wird verboten. Erklärt ein
Vater, daß er nicht im stande ist, sein Kind zu ernähren,
so soll für das Kind gesorgt werden. Als in Anlaß einer
schweren Hungersnot im Jahre 321 öfter Eltern ihre Kinder
verkauften, wurde auch das verboten. Sind Eltern in Not,
so soll ihnen der Fiskus zu Hülfe kommen. „Denn es wider-
streitet unseren Sitten, daß unter unserer Regierung irgend
jemand durch Hunger gezwungen werde, ein Verbrechen zu
begehen." Die Freilassung der Sklaven wird erleichtert, und
gleichzeitig angeordnet, daß sie in der Kirche vor dem Priester
geschehen soll. Ganz besonders wichtig sind endlich die Gesetze,
welche die allgemeine Feier des Sonntags anordnen. An
„dem ehrwürdigen Tage der Sonne" sollen keine Arbeiten
gethan werden außer eilige Feldarbeiten; die Gerichte und
die Bureaus der Verwaltungsbeamten sollen geschlossen bleiben,
und keine anderen Rechtsgeschäfte vorgenommen werden als
die Freilassung von Sklaven. Die Soldaten werden aufs
Feld geführt und halten dort einen Gottesdienst ab, der einen

eigentümlichen, aber dieser Zeit des Übergangs durchaus ent=
sprechenden Charakter trägt. Er ist nicht mehr heidnisch, aber
auch noch nicht voll christlich, er besteht wesentlich in der An=
rufung des Einen, jetzt auch bereits von den meisten Heiden
anerkannten, höchsten Gottes um Segen für den Kaiser und
das Reich.

Der heidnische Gottesdienst wurde nicht verboten, wohl
aber fing der Staat an, die heidnisch religiösen Formen
abzuthun. Je mehr Christen in die höheren Staatsämter
eintraten, desto mehr traten die sakralen Verrichtungen der
staatlichen und kommunalen Beamten zurück. Auspizien und
Opfer wurden seltener. Die dritte Dezennalienfeier Konstantins
im Jahre 336 sah von den alten Religionen ganz ab. Die sonst
üblichen Opferhandlungen wurden durch kirchliche Feiern ersetzt.
Einzelne Tempel, in denen der Gottesdienst mit greulicher
Unzucht verbunden war, ließ Konstantin schließen und verbot,
Opfer, die mit Eingeweideschau verbunden waren, in Privat=
häusern vorzunehmen. Wer ihrer zu bedürfen meint, soll in
die Tempel gehen. „Wir verbieten,“ sagt der Kaiser, „die
Zeremonien des alten Kults (jetzt der offizielle Ausdruck für
Heidentum) nicht, aber sie sollen am hellen Tage begangen
werden.“ Nach wie vor verwaltete der Kaiser auch das mit
der Kaiserwürde verbundene Amt eines Pontifex maximus.
Während einerseits die Bischöfe am Hof aus= und eingingen,
verkehrte der Kaiser auch noch oft mit Heiden, und hatte
deren in seiner nächsten Umgebung. An irgend welche gewalt=
same Unterdrückung des Heidentums wurde nicht gedacht. Der
Staat achtet die Religionsfreiheit seiner Bürger und sieht es
nicht als seine Aufgabe an, sie zu bekehren, aber er macht der
Kirche Raum und läßt ihr freie Bewegung; er meint nicht in
überspanntem Eifer, alles Unchristliche seinerseits ausrotten zu
können und zu müssen, aber er zieht sich zurück und wirkt
nicht mehr mit. Den christlichen Gedanken wird Einfluß auf
die Staatsgesetzgebung gewährt, und in der allgemeinen
Sonntagsfeier das festeste Band zwischen dem Volksleben und
dem Christentum geknüpft, aber dann bleibt es diesem über=
lassen, sich selbst auszuwirken.

Man hat Konstantins Verhalten namentlich in der ersten Zeit zweideutig genannt und hat gewiß ein Recht zu diesem Urteil. Hat doch der Kaiser selbst es anerkannt, wenn er auf seinem Totenbette die Taufe mit den Worten begehrt: „Nun schwinde alle Zweideutigkeit." Aber zweierlei darf man, um gegen Konstantin billig zu sein, nicht vergessen. Einmal wie schwer es war, römischer Kaiser zu sein und zugleich ein Christ. Konstantin hat das gewiß oft genug empfunden und dieser Empfindung zuletzt darin Ausdruck gegeben, daß er nach der Taufe den kaiserlichen Purpur nicht wieder an= legte. Sodann wird man auch anerkennen müssen, daß die Haltung Konstantins in seiner schwierigen Lage und der Größe seiner Aufgabe gegenüber in mancher Beziehung eine weise und besonnene war. Ohne Überstürzung näherten sich Staat und Kirche einander, Schritt um Schritt wurde das Heidentum zurückgedrängt, und wuchs der Einfluß des Christentums auf Staat und Volksleben. Noch war der Staat nicht christlich, aber er war im Begriff, es zu werden, und wurde es von Jahr zu Jahr mehr. Ohne daß das Heidentum als Staatsreligion abgeschafft und das Christentum zur Staatsreligion erhoben wurde, kann doch darüber kein Zweifel mehr sein, daß nicht mehr die heidnischen, sondern die christlichen Gedanken die staat= lichen Ordnungen in immer weiterem Kreise beeinflussen, und während man bei öffentlichen Akten, in Dokumenten, In= schriften, auf Münzen gern neutrale Formeln und Bilder wählt, z. B. den jetzt recht gebräuchlichen Ausdruck „Gottheit", ist doch leicht zu erkennen, daß diese neutralen Formeln dazu dienen sollen, den spezifisch christlichen Bahn zu machen. Es ist eben eine Übergangszeit für Konstantin selbst wie für das Reich, und statt daraus, daß in dieser Übergangszeit noch manches dem Christentum nicht Entsprechende, noch manches offenbar Heidnische sich neben dem Christlichen findet, Kon= stantin einen Vorwurf zu machen und darin den Beweis zu sehen, daß sein Christentum nur Heuchelei war, sollte man vielmehr seine staatsmännische Weisheit darin bewundern, daß er, obwohl seine Ziele damals ohne Zweifel schon fest= standen, doch nicht voreilig darnach greift, sondern ruhig wartet, bis der rechte Augenblick gekommen ist, und ihm dann, was er erstrebt, als reifgewordene Frucht von selbst in den Schoß fällt.

Dieses gilt namentlich von seinem Verhalten gegen das noch immer unter der Herrschaft des Licinius stehende Morgenland. Gewiß war von Anfang an die Vereinigung des ganzen Reiches Konstantins Ziel, aber so verführerisch es war, dieses Ziel nach den glänzenden Siegen in einem Lauf zu erjagen, mäßigt sich Konstantin und wartet die Zeit ab. Auch nachdem schon der Krieg entbrannt und die erste Schlacht gewonnen war, schließt er noch einmal Frieden mit Licinius. Von Dauer konnte der Friede freilich nicht sein. Zweigeteilt durfte das Reich nicht bleiben, weder politisch noch religiös. In der That, wie in dieser Zeit alle politischen Fragen im tiefsten Grunde religiöse sind, und in jedem Kampfe der eigentliche Kern der Kampf zwischen Christentum und Heidentum ist, so war auch die Zweiteilung des Reichs zugleich eine religiöse und wurde es in natürlicher Entwickelung der Dinge von Tag zu Tage mehr. Während Konstantin dem Christentum näher und näher kommt, treibt die Rivalität mit ihm den Licinius dem Heidentum in die Arme. Sein politischer Argwohn machte ihm das Christentum verdächtig, in jedem Christen sah er einen Anhänger, in jedem Bischofe einen versteckten Agenten seines Rivalen Konstantin. Ohne zu blutigen Maßregeln zu greifen, suchte er doch das Christentum so viel als möglich einzuengen und das Heidentum zu fördern. Zusammenkünfte der Bischöfe wurden verboten, der christliche Unterricht unter allerlei Vorwänden erschwert, hie und da die Gottesdienste der Christen aus den Kirchen in den Städten aufs freie Feld verwiesen, und Licinius fügte dem bann noch den Spott hinzu, daß er sagte, die frische Luft sei so zahlreichen Versammlungen heilsamer. Im Pontus wurde eine Anzahl Kirchen ganz geschlossen. Man warf den Christen vor, für Konstantin statt für Licinius gebetet zu haben. Aus seiner Umgebung, aus den hohen Zivil- und Militärämtern wurden alle Christen entfernt, und die ganze Verwaltung wie die Heerführung in die Hände entschiedener Heiden gelegt. Es kam noch Schlimmeres vor,

ohne daß man sieht, wie weit Licinius selbst, wie weit seine
Beamten, welche die Abneigung ihres Herrn gegen das Christen=
tum leicht zu offenbaren Verfolgungsakten reizen konnte, die
Schuld tragen. Christen wurden um der Treue ihres Glaubens
willen zur Konfiskation ihrer Güter verurteilt, ihres Rangs
und ihres freien Standes beraubt, in die Bergwerke geschickt
und sonst mißhandelt. Ja, auch in dieser Zeit haben Christen
ihren Glauben mit dem Tode besiegelt, namentlich Soldaten,
bei denen zugleich die militärische Disziplin und die harten
Kriegsgesetze in Frage kamen. So die berühmten 40 Märtyrer
von Sebaste. Der Statthalter von Kleinarmenien, so wird
uns erzählt, ließ 40 Soldaten, die sich weigerten, ihren Glauben
zu verleugnen, zuerst ins Gefängnis werfen und, als sie stand=
haft blieben, völlig nackt auf dem Eise einer grimmig kalten
Winternacht aussetzen. Für die, welche sich entschlossen, Christo
abzusagen, war am Ufer ein warmes Bad und jede Erquickung
bereit. Aber nur Einer wurde schwach und kam ans Ufer. Für
ihn trat jedoch sofort einer der wachhabenden Soldaten als
Bekenner ein, so daß doch ihrer 40 den Tod fanden. Wahr=
haft ergreifend ist das kürzlich wieder entdeckte Testament der
40, das sie noch im Gefängnis aufgesetzt haben. In einfältiger
Weise sprechen sie die Hoffnung aus, „es werde ihnen durch
die Gnade Gottes und die Gebete aller gelingen, den umgeben=
den Kampf zu vollenden und die Ehrenpreise der himmlischen
Berufung zu erlangen", und bitten dann, es möchten ihre Über=
reste in dem Orte Sarim gemeinsam bestattet werden, damit
die, welche gemeinsam den Kampf des Leidens vollendet, auch
dieselbe Beisetzung der Ruhe erlangen. Das Schriftstück schließt
dann mit Grüßen an eine Reihe von Gemeindegliedern und mit
dem Gebet: „Mit der Seele aber und göttlichem Geist bitten
wir, daß wir alle erlangen die ewigen göttlichen Güter seines
Reiches jetzt und immerdar und in Ewigkeit."

Die Folge aller dieser Maßregeln war, daß die Christen
nun wirklich anfingen, auf Konstantin als ihren Retter hinzu=
blicken, während die Heiden ihre Hoffnung auf Licinius setzten;
und als die lange Spannung endlich zum offenen Kriege führte,
mußte dieser geradezu den Charakter eines Religionskrieges an=

nehmen. Licinius seinerseits sprach das offen aus. Vor Er-
öffnung des Feldzuges versammelte er die Häupter des Heeres
und die Vornehmsten des Hofes in einem heiligen Haine. Nachdem die Opfer gebracht waren, wies er auf die Statuen der
Götter hin als auf die von den Vätern überkommenen, klagte
Konstantin an, daß er, von den väterlichen Heiligtümern abgefallen, einen fremden Gott verehre und das Heer der Römer
durch das schmachvolle Kreuzeszeichen beschimpfe. Dann forderte er ausdrücklich ein Gottesurteil heraus. „Der Ausgang
dieses Krieges," erklärte er, „muß zwischen seinem Gott und
unseren Göttern entscheiden. Wenn der fremde, den wir jetzt
verspotten, siegreich erscheint, so müssen auch wir ihn anerkennen und verehren und uns lossagen von den Göttern, denen
wir umsonst Lichter anzünden. Wenn aber unsere Götter siegen,
wie wir nicht zweifeln, so wenden wir uns nach diesem Siege
zum Kriege gegen ihre Feinde." Dagegen führte Konstantin
seinerseits die Kreuzesfahne ins Feld, und in mehr als einer
heißen und blutigen Schlacht glaubten er und die Seinigen
dieser Fahne den Sieg zu verdanken. Licinius wurde vollständig geschlagen; Konstantin stand als alleiniger Herr des
wiedervereinigten Reiches da.

Mit welcher Wucht mußte sich das von ihnen selbst pro-
vozierte Gottesurteil auf die Heiden legen! Mit Einem Schlage
schien das Heidentum vernichtet, und massenhaft strömten jetzt
die Heiden in die Kirche. Überall in Städten und Dörfern
sah man die weißen Kleider der Getauften; die Tempel der
alten Götter standen öde; die Kirchen des sieghaften Christengottes konnten die Scharen seiner Bekenner nicht fassen. Wie
mußten die Ereignisse aber auch Konstantin vorwärts treiben!
Ganz anders redet er jetzt, als nach dem Siege über Maxentius.
Offen bekennt er den Glauben an den wahrhaften Gott und
verurteilt das Heidentum als Irrtum und Sünde. Ganz bestimmt erklärt er sich jetzt dazu berufen, als Diener Gottes die
ganze Welt, vom Aufgang der Sonne bis zum Untergang, aus
der Finsternis zum Licht, zum schuldigen Dienst des wahren
Gottes zu führen. Zwar verwahrt er sich ausdrücklich gegen
die Absicht, das Heidentum mit Gewalt unterdrücken zu wollen;

auch die Irrenden sollen dieselbe Ruhe genießen, wie die Gläu=
bigen, obwohl er allen Menschen den Übergang zum Christen=
tum raten würde. „Jeder thue, was seine Seele wünscht. Die,
welche sich absondern, sollen nach ihrem Willen die Tempel der
Lügen behalten; wir aber freuen uns des hellglänzenden Hauses
der göttlichen Wahrheit und wünschen auch ihnen, daß sie durch
den allgemeinen Frieden, durch die glückliche Weltruhe selbst
auch den rechten Weg gewinnen.“

In rascher Folge erscheinen jetzt eine Reihe von Gesetzen,
alle darauf berechnet, das Heidentum allmählich absterben zu
lassen und dagegen das Christentum zu fördern und zur
alleinigen Religion des Reiches zu machen. Alte und verfallene
Tempel sollen nicht wieder hergestellt werden. Den Staats=
beamten wird die Teilnahme an Opfern verboten, wie es
scheint, später auch der Versuch gemacht, sie allgemein zu unter=
drücken. Hie und da ging das Volk selbst noch weiter. Hab=
sucht mischte sich mit ein, Tempel wurden geplündert, ihrer
Statuen beraubt, Säulen, Holz und Steine anderweitig ver=
wendet. Dagegen wurde eine allgemeine Erweiterung der
Kirchen angeordnet, und Konstantin selbst ließ eine Reihe von
prächtigen Basiliken in den großen Städten, in Antiochien und
Nikomedien erbauen. In Jerusalem erhob sich an der Stätte,
wo der Herr gestorben und auferstanden war, die herrliche
Kirche des hl. Grabes und der Auferstehung; auch den Öl=
berg und Bethlehem schmückte Helena, die Mutter des Kaisers,
mit Heiligtümern. Endlich gab er dem Reiche eine neue, von
Anfang an christlich Hauptstadt. Da das alte Rom zähe am
heidnischen Kultus festhielt, schuf er am Bosporus ein neues
Rom. Hier erhoben sich christliche Kirchen, vor allen die große
und stattliche Apostelkirche aus Marmor und bunten Steinen
erbaut; hier war alles voll christlicher Symbole und Bilder.
Da sah man nicht mehr wie auf den Plätzen der alten Städte
die Statuen der Götter; da stand auf dem Marktplatze das
Bild des guten Hirten, und zu Eingang des kaiserlichen
Palastes fiel denen, die da aus= und eingingen, sofort ein
großes Gemälde in die Augen, Konstantin selbst darstellend,
das Labarum, die Kreuzesfahne in der Hand, und unter seinen

Füßen, von Pfeilen durchbohrt, ein Drache, der Drache des Heidentums.

In der That, er war besiegt, der Drache des Heiden=
tums, nachdem er fast dreihundert Jahre gegen das Christen=
tum gewütet. Der Sieg war ein vollständiger und dauernder,
denn auch der nachher von dem Kaiser Julian gemachte letzte
Versuch, dem Heidentum die Herrschaft zurückzugeben, konnte
nur dahin ausschlagen, dessen Ohnmacht völlig zu offenbaren
und seinen gänzlichen Untergang zu beschleunigen. Konstantins
Werk war nicht ohne große und schwere Mängel (wir werden
nachher sie noch genauer kennen lernen); aus der neuen Stel=
lung erwuchsen der Kirche auch neue Gefahren und neue Schäden;
aber „eintägige Adonisgärtchen,“ wie sein Neffe Julian spottete,
waren es nicht, die der große Kaiser gepflanzt, sondern seine
Pflanzung war für Jahrhunderte bestimmt, und wir selbst ge=
nießen noch alle Tage ihre Früchte. Freilich, das römische
Reich konnte auch Konstantin nicht retten. Sein Zeit lief ab,
denn es hatte seine Aufgabe, für Christum zu sammeln, erfüllt.
Es mußte am Christentum sterben, weil seine Hauptbestimmung
war, dem Christentum seine erste Stätte in der Welt zu be=
reiten, dann aber sollte die christliche Zeit auch neue Gebilde
des Staats= und Volkslebens bringen. Auf Konstantin d. Gr.
folgt, wenn auch erst Jahrhunderte später, Karl d. Gr.; auf
den Trümmern des christlich gewordenen Römerreiches erhebt
sich das römische Reich deutscher Nation, und in ihm erst wirkt
sich die That Konstantins aus. Die ganze folgende Geschichte
der germanischen Völker ist durch Konstantins That bedingt und
bestimmt, und ich brauche nur daran zu erinnern, was für die
Reformation die „christliche Obrigkeit“ bedeutet, um zu zeigen,
wie durch die Reformation hindurch der Segen dieser That des
ersten christlichen Kaisers auch zu uns herüberfließt. Seit Kon=
stantin giebt es eine christliche Obrigkeit, mit dem Einen Worte
ist für jeden, der es versteht, der ganze Segen ausgesprochen.

Unsere Zeit ist die erste, die wieder ernstlich an dem
Werke Konstantins zu rütteln beginnt, und viele meinen, als
Vorbedingung eines weiteren Fortschritts der Kulturentwick=
lung fordern zu müssen, daß es geradezu rückgängig gemacht

werbe. Die daran arbeiten, mögen wohl bedenken, daß es der Staat gewesen ist, der in seiner Not die Verbindung mit dem Christentum gesucht hat, weil er eines neuen Gewissensbandes bedurfte für seine Bürger, nachdem das von dem alten Glauben geschlungene Band sich gelöst hatte, weil er eines neuen sittlichen Salzes bedurfte, sollte das Volksleben nicht völlig verfaulen. Käme es wirklich dahin, daß das Band, welches Konstantin zwischen dem Christentum und dem Staats- und Volksleben geknüpft hat, wieder zerrissen würde, so würde sich auch bald genug zeigen, daß der Staat das Christentum nicht entbehren kann, und das Volksleben ohne das Salz des Christentums in rettungslose Fäulnis geraten muß. Hinter Konstantin zurückgehend, würde man zu Diokletian kommen, man würde den Versuch abermals machen müssen, das Christentum mit Gewalt zu unterdrücken, und dabei würde entweder unser ganzes Volksleben und unser ganzes Kulturleben untergehen, wie Diokletians Schöpfung und das ganze antike Kulturleben untergegangen ist, oder man würde sich bald entschließen müssen, wenn es anders dann noch möglich ist, die That Konstantins zum zweitenmale zu thun.

Eines soll damit freilich nicht gesagt sein; es soll nicht behauptet werden, daß die Art, wie Konstantin das Band zwischen Christentum und Volksleben knüpfte, in allen Stücken die richtige war, auch nicht daß die Stellung, welche Staat und Kirche heute zu einander einnehmen, schon die ihrem beiderseitigen Wesen und ihren Aufgaben wahrhaft entsprechende ist. Sollten, was Gott geben wolle, die heutigen Kämpfe dahin führen, daß das Band, welches Konstantin geknüpft, bewahrt würde, aber vollkommener geschlungen, daß Staat und Kirche ihren Bund aufrecht erhielten, aber ihn reiner ausgestalteten, dann würden die Segnungen der That Konstantins uns und unseren Kindern in noch reicherem Maße zu teil werden, und auf allen Lebensgebieten die dem Konstantin gegebene Verheißung sich aufs neue bewahrheiten: „In diesem Zeichen wirst du siegen!"

Drittes Kapitel.

Die letzte Reaktion des Heidentums.

Nubicula est, transibit!
Es ist nur ein Wölkchen, das wird
vorübergehen.

Athanasius.

Unter Decius, so erzählt die Sage, hatten in Ephesus sieben Jünglinge ihren christlichen Glauben in der Verfolgung bekannt, waren dann aber ihren Verfolgern entronnen und in einer Höhle, wo sie Zuflucht suchten, eingeschlafen. Als sie, ihrer Meinung nach am andern Morgen, wieder erwachten, schickten sie einen aus ihrer Mitte in die Stadt, um Speise zu holen, und wie verwundert war dieser, als er dort alles gänzlich verändert fand. Nirgends mehr Heidentum, keine Götzenbilder, keine Tempel mehr, dagegen prächtige Kirchen, und über den Stadtthoren, an den Häusern, auf den Kirchen, überall prangt siegreich das Kreuzeszeichen, um deswillen sie, gestern noch, wie sie wähnten, verfolgt waren. Sie hatten 200 Jahre in der Höhle geschlafen. Diese Sage von den sogenannten Siebenschläfern spiegelt schön den Eindruck ab, welchen der großartige Umschwung, den sie erlebt hatten, auf die Zeitgenossen Konstantins machen mußte. Die Weltgeschichte hatte, wie sie es selten so plötzlich thut, einen ungeheuren Ruck vorwärts gethan. Auf dem Kaiserthrone saß ein Christ; statt von da verfolgt zu werden, wurde die Kirche von da begünstigt; die Macht des Kaisers selbst, sein persönlicher Einfluß, die Mittel, über die er verfügte, standen ihr zu Gebote. Zum erstenmale erfuhr die Kirche, was das sagen will, die Mächtigen der Erde zu Freunden zu haben, welche Förderungsmittel, aber auch welche Gefahren darin liegen.

Und wie plötzlich war das gekommen! Zwar wenn wir den Kampf verfolgen, den das Christentum seit drei Jahrhunderten geführt hat, so erscheint uns der Sieg lange vorbereitet. Wir sehen, je mehr das Christentum innerlich die herrschende Macht wird, den Augenblick näher und näher rücken, wo es das auch äußerlich werden muß. Und doch der Augenblick, da es nun durch den Entschluß eines Kaisers zur Herrschaft gelangt, mußte wie ein gewaltiger Ruck das ganze Reich durchzucken, und deutlich genug ist seine Nachwirkung auch in der Erschütterung einzelner Gemüter zu spüren.

Stellen wir uns nur ja nicht vor, als ob das ganze große Reich, das ganze Leben des Volks auf einmal damit christlich geworden wäre, daß der Kaiser das Kreuz aufpflanzte. Die Sitten und Ordnungen eines mehr als tausendjährigen Reiches kann auch der Mächtigste nicht von heute auf morgen ändern. Der Kaiser hieß noch immer Pontifex maximus, ja die folgenden Kaiser, die bereits den Kultus der alten Religion verboten, führten trotzdem noch diesen Titel. Im Senat zu Rom stand noch immer die Statue der Viktoria, und vor jeder Senatssitzung wurden da Libationen und Opfer gebracht. Zu derselben Zeit, als Konstantin in seinem Palaste förmliche christliche Predigten hielt, um die Heiden seiner Umgebung zu bekehren, rauchten in den Städten noch die Altäre der gens Flavia, der kaiserlichen gens, und er selbst hieß noch offiziell Divus, d. h. er war eigentlich selbst noch ein heidnischer Gott. 70— 80 Millionen Menschen, so viel mochten der Heiden im ganzen Reiche noch sein, kann auch ein Kaiser ihren alten Glauben und ihren gewohnten Gottesdienst nicht durch ein Dekret nehmen, wenn er auch sein Bildnis aus den Tempeln wegzunehmen befahl und der Provinz Umbrien die Errichtung eines Tempels zu seiner Ehre nur unter der Bedingung gestattete, „daß das unserm Namen geweihte Haus nicht vom Trug des Aberglaubens befleckt werde". Namentlich im Westen des Reichs waren die Heiden noch durchweg der Zahl nach in der Majorität, und wie tief wurzelte der alte Glaube noch in der Sitte, im häuslichen und öffentlichen Leben! Besiegt war das Heidentum, aber wirklich überwunden oder gar ausgerottet noch lange nicht. In seiner neuen Stadt am Bosporus ließ sich Konstantin eine Kolossalstatue setzen. Es war eine alte Statue des Apollo; der schlug man den Kopf ab und setzte ihr den Kopf Konstantins auf. Außerdem wurde in das Innere der Statue ein Stück des von der Kaiserin Helena angeblich wieder aufgefunden heiligen Kreuzes gelegt. Das ist so etwa das Bild der Zeit. Ein heidnischer Rumpf mit einem christlichen Kopfe; im Innern christliches Leben, denn das Christentum war in Wirklichkeit die innerlich herrschende Macht, aber nach außen noch überall Heidentum, das erst von innen heraus allmählich überwunden werden mußte. Diesen einzigartigen Charakter der Zeit gilt es wohl zu beachten, um die in ihr handelnden Persönlichkeiten recht zu würdigen. Nur so kann man Konstantin auch in seinen Fehlern billig beurteilen, nur so auch verstehen, wie Julian auf den Gedanken einer Herstellung des Heidentums kommen konnte, und zugleich, warum er damit scheitern mußte.

Plötzliche und unerwartet große Siege bringen die Gefahr mit sich, daß der Sieger die Kraft des Gegners unterschätzt und, seinen Sieg zu stark ausnutzend, eine Reaktion der noch vorhandenen Kräfte gegen sich hervorruft. Auch Konstantin hat sich davon nicht freigehalten. Nach dem Siege über Licinius sah es aus, als wäre das Heidentum für immer zusammengebrochen, und lasse sich nun leicht ganz damit aufräumen. Wollte der Kaiser das Heidentum auch nicht mit Gewalt unterdrücken, so ließ er es doch geschehen, daß der Fanatismus und die Habsucht schon hie und da die Tempel verwüsteten. Wollte er die Heiden auch nicht zum Übertritt zwingen, so suchte er sie sonst doch mit allerlei Mitteln dazu zu bewegen. Reiche Geldgeschenke wurden ausgeteilt, um die Kirche in den Stand zu setzen, große Unterstützungen zu reichen, denn, meinte Konstantin, die Lehrvorträge allein genügten nicht, andere würden dadurch gewonnen, daß man ihnen zur rechten Zeit Lebensunterhalt darreiche, andere dadurch, daß sie

Schutz und Verwendung fänden, wieder andere durch freund=
liche Aufnahme oder Ehrengeschenke. Auch an persönlichem
Werben für die Kirche ließ es der Kaiser nicht fehlen; durch
förmliche Predigten suchte er seine Umgebung von der Wahrheit
des Christentums zu überzeugen, und hatte eine große Freude
daran, wenn dann dieser oder jener erklärte, von ihm gewonnen
zu sein. Die Kirche wuchs und zwar so rasch wie nie zuvor,
aber was waren das auch für Glieder, die ihr, von dem
Sonnenschein der kaiserlichen Huld angezogen, jetzt zuströmten!

Schlimmer noch war es, daß der Kaiser selbst in das
innere Leben der Kirche einzugreifen anfing. Die Lage war
auch zu versuchlich. Er sah, welche Macht in der Kirche
und in ihrer Hierarchie lag. Der Gedanke der Reichseinheit, der
ihn beherrschte, mußte ihm den Gedanken nahe legen, diese
kompakte Einheit der Kirche der Reichseinheit dienstbar zu
machen. Nachklänge heidnischer Gedanken wirkten mit. War
der Kaiser das Haupt des heidnischen Kultus gewesen, konnte
er, wenn das Reich christlich wurde, einer ähnlichen Stellung
entbehren, ohne die Herrschaft über das Reich zu gefährden?
Durfte er es ruhig mit ansehen, als im arianischen Streite
die Einheit der Kirche sich aufzulösen drohte? So fängt Kon=
stantin an, in das Innere der Kirche einzugreifen. Er beruft
das Konzil von Nicäa, er nimmt dessen Beschlüsse entgegen,
er sorgt für deren Durchführung auch mit staatlichen Mitteln.
Der Kaiser dekretiert, welche Richtung in der Kirche herrschen
soll, verbannt heute den Arius, morgen den Athanasius. Und
es gab Bischöfe genug, die sich das gefallen ließen, die den
Kaiser als eine Art von Pontifex maximus der Kirche (als
einen „Bischof für das Auswärtige", sagte Konstantin be=
scheiden) anerkannten. Wurde doch die Kirche mit Gütern
und Privilegien überschüttet. Der Kaiser, ein schlechter Finanz=
mann, machte das Reich arm, um die Kirche reich zu machen.
Während die Provinzen unter dem Steuerdruck seufzten, war
doch immer Geld da, um hier eine prächtige Kirche zu bauen,
dort für einen Bischof kostbare Gewänder oder heilige Gefäße
und reich geschmückte Exemplare der h. Schrift anzuschaffen.
Im kaiserlichen Palaste gingen die Bischöfe ein und aus, sie

begleiteten den Kriegsherrn ins Lager und in die Schlacht;
Gold und Ehre wurden ihnen reichlich zu teil, und wenigstens
manche schämten sich nicht, daß dem „frommen Kaiser", jetzt
sein fast stehender Beiname, mit Schmeicheleien zu vergelten.
Der Byzantinismus ist schon mächtig im Keimen. Mit der
Reinheit der Kirche droht auch ihre Freiheit verloren zu gehen.
Staat und Kirche fangen in bedrohlicher Weise an, sich mit-
einander zu vermischen. Der Staat wird eine Art Kirche und
die Kirche eine Art Staat. Der Kaiser predigt, er beruft
Konzilien, nennt sich selbst, wenn auch halb im Scherz, einen
Bischof; und die Bischöfe werden zu Staatsbeamten, die wie
die hohen Reichswürdenträger mit der kaiserlichen Post reisen
und in den Palästen von Konstantinopel antichambrieren. Die
Macht des Staates wird ausgenutzt, um für die Kirche Propaganda zu machen, und dafür die Kirche in den Dienst des
Staates gezogen. Finden wir doch jetzt schon Konzilienbeschlüsse,
welche bürgerliche Vergehen mit kirchlichen Strafen bedrohen;
wird doch andererseits bereits den Bischöfen ein nicht uner-
hebliches Stück bürgerlicher Gerichtsbarkeit beigelegt.

Es wäre, glaube ich, irrig, wollten wir um dieser Fehl-
griffe willen das ganze Werk Konstantins als ein verfehltes
ansehen. Es ist doch, von allem übrigen auch abgesehen, zu
viel verlangt, daß Staat und Kirche in dem Augenblicke, als
sie zum erstenmale mit einander in Verbindung treten, auch
sogleich die rechte Stellung zu einander finden sollen. Arbeiten
wir doch heute noch daran, dieses größte Problem der Weltgeschichte zu lösen. Aber die Anerkennung der That Konstantins darf uns auch nicht hindern zuzugestehen, welche Fehler
dabei gemacht wurden, und welche verderbliche Folgen daraus
für die Kirche erwachsen mußten. Hier bahnt sich die Reaktion
an, die Julian versuchte, und was der Kirche unter dem abtrünnigen Kaiser widerfuhr, das, es sei gleich hier ausgesprochen, war auch eine wohlverdiente Züchtigung für sie.

Weit schlimmer wurde das alles unter den Söhnen Konstantins, die weniger seine guten Eigenschaften, namentlich seine
staatsmännische Weisheit, als seine schlechten, seine Herrsch-
sucht und Härte geerbt hatten. Alle Zeiten, in denen sich

ein großer Umschwung vollzieht, bringen viel unlautere Ele=
mente an die Oberfläche; damals war es nicht anders. An
den kaiserlichen Höfen wurde es jetzt Mode, eifriger Christ
zu sein. Wer es zu etwas bringen wollte, mußte sich vor
allem nach dieser Seite hin als korrekt dokumentieren. Jeder
Schein der Lauheit oder gar der Hinneigung zum Heidentum
machte auch politisch verdächtig. Zahlreiche Neubekehrte, die
gestern noch Heiden gewesen waren, glaubten den Ernst ihrer
Bekehrung nicht besser beweisen zu können, als durch fana=
tischen Haß gegen die Religion, der sie ohne Zweifel selbst
noch angehören würden, wäre ihr kaiserlicher Gebieter nicht
Christ geworden. Ehrgeizige Priester drängten sich an die
Herrscher heran und suchten sich hervorzuthun, um durch den
Einfluß des Kaisers Rang und Geld zu gewinnen. Unbe=
sonnener, wenn vielleicht auch gut gemeinter, Eifer glaubte der
Kirche zu dienen, indem er zu Gewaltthaten gegen das Heiden=
tum anstachelte, ohne zu begreifen, daß die weltliche Macht,
welche die Kirche feindselig bekämpft, ihr nicht so viel schaden
kann, als diejenigen ihr schaden, welche ihr mit weltlichen
Mitteln aufhelfen wollen. Vergessen schien auf einmal, wie
lange und wie bringlich die Christen Religionsfreiheit gefordert
hatten. Nun sie die Herrschaft erlangt, sollte die erkämpfte
Freiheit den Gegnern nicht zu gute kommen. Die eben noch
Verfolgte gewesen waren, wurden zu Verfolgern. „Abgebrochen,
ihr Kaiser,“ ruft einer ihrer Stimmführer den Söhnen Kon=
stantins zu, „gänzlich zerstört werden müssen die Tempel, da=
mit nicht länger der verderbliche Irrtum den römischen Erd=
kreis beflecke. Dazu hat der höchste Gott euch die Herrschaft
übertragen, damit durch euch jener Krebsschaden geheilt werde.
Nach Zerstörung der Tempel, und wenn keine Spur des Heiden=
tums mehr übrig ist, habt ihr die Feinde besiegt und das
Reich erweitert.“

Zunächst freilich hatten die drei Brüder, unter welche
Konstantin das Reich geteilt, zu viel mit ihrem Bruderzwist
zu thun, als aber Konstantin II. gefallen, und die beiden an=
dern, Konstans und Konstantius, unbeschränkte Herren, jener
des Abend=, dieser des Morgenlandes geworden waren, schritten

sie wirklich zu Gewaltmaßregeln gegen das Heidentum. Ein im Jahre 341 erlassenes Gesetz verkündete: „Aufhören soll die heidnische Superstition, vertilgt werden der Wahnsinn der Opfer, wer immer diesem Gesetz zuwider es wagt, Opfer zu bringen, soll unnachsichtlich der Strafe verfallen." Noch schärfer schritt nach Konstans' Tode Konstantius, jetzt Alleinherrscher, ein: allerorten sollen die Tempel geschlossen werden, um den Heiden die Gelegenheit, sich zu versündigen, zu nehmen. Wer Opfer bringt, soll durch das rächende Schwert niedergeschlagen werden, sein Vermögen verfällt dem Fiskus. Ließ sich dieses Gesetz auch nicht strenge durchführen, so wurden doch vieler Orten die Götzenbilder zerschlagen, die Tempel geschlossen, ganz abgebrochen oder in christliche Kirchen verwandelt. Niedrige Leidenschaften mischten sich auch ein. Die Tempelgüter wurden zum Teil geraubt, zum Teil fielen sie den Kirchen zu, und vielfach sah man in christlichen Gotteshäusern jetzt Gold und Edelsteine funkeln, die früher heidnische Götzen geziert hatten. Wer noch dem Heidentum anhing, mußte sich verbergen. Aller Orten spürten Polizeiagenten nach, und die Teilnahme an einem im Geheimen gebrachten Opfer oder auch nur das Tragen eines heidnischen Amuletts konnte den Tod bringen.

Es ging mit diesen Maßregeln, wie es immer zu gehen pflegt, wenn im Kampfe geistiger Mächte die augenblicklich herrschende Partei zur Gewalt ihre Zuflucht nimmt. Anfangs weicht alles zurück, und es sieht aus, als würde das erstrebte Ziel leicht und ohne Mühe erreicht werden. Aber ist bei dem Gegner wirklich noch eine Widerstandskraft vorhanden, so wird diese durch den Angriff allmählich verdichtet; die derselben Richtung Angehörenden lernen sich kennen, verbinden sich unter einander, und kommen ihnen günstige Umstände zu Hülfe, finden sie namentlich den rechten Führer, so kann es geschehen, daß die Situation plötzlich umschlägt, denen zum Gericht, die einen Kampf des Geistes mit fleischlichen Waffen ausfechten wollten.

Das Heidentum barg doch noch größere Kräfte in sich, als diejenigen meinten, die den Kaisern einredeten, es lasse sich jetzt leicht damit aufräumen. Anders stand es in dieser Beziehung im Abend=, anders im Morgenlande. Im Abend=

lande war es besonders die römische Aristokratie, die, mit
geringen Ausnahmen, noch dem alten Glauben anhing, und
neben ihr die große Masse des Volks. Im Morgenlande hatte
sich das Christentum dagegen schon viel mehr der Massen
bemächtigt, und eine eigentliche Aristokratie fehlte so gut
wie ganz. Dafür gab es hier eine Aristokratie der Bildung,
deren Feindschaft dem Christentum ungleich gefährlicher
war als die Abneigung der römischen Geburtsaristokratie.
Noch immer strömte die Jugend den altberühmten Schulen
von Milet, Ephesus, Nikomedien, Antiochien und vor allen
Athen zu, und die Lehrer an diesen Schulen waren so ziemlich ausnahmslos Heiden. Dort studierte man die alten Klassiker und ergötzte sich an der Redekunst eines Libanius und
der andern feingebildeten Rhetoren der Gegenwart. Dort sog
man den antiken heidnischen Geist ein und zugleich die Verachtung gegen das barbarische Christentum. Man spottete über
das Dogmengezänk in der christlichen Kirche und hatte leider
nur zu viel Recht dazu. Galt doch je nach kaiserlicher Gunst
und Laune heute diese, morgen jene Lehre als die rechtgläubige.
Heute wurde dekretiert, Christus sei wesensgleich mit dem
Vater, und alle, die das zu bekennen sich weigerten, wurden
vertrieben und verbannt; morgen schlug die Hoftheologie um,
dekretierte, Christus sei ein Geschöpf, und nun mußten die
Gegner in die Verbannung wandern. Wie hoch dünkte man
sich in seiner klassischen Bildung darüber erhaben! Mit welchem
inneren Grimm sah man es mit an, wie die Tempel zerstört,
die Kunstwerke zerschlagen, die Erinnerungen einer großen
Zeit vertilgt wurden, und das alles zu gunsten einer barbarischen Religion ohne Bildung! Zwar das alte rohe Heidentum wollte man selbst nicht mehr, aber das verfeinerte Heidentum des Neuplatonismus schien nicht bloß dem Christentum
ebenbürtig, sondern ihm überlegen. Denn was das Christentum Wahres in sich trug, das glaubte man da selbst zu haben,
nur in viel feinerer Gestalt, verbunden mit der Kultur, erfüllt von klassischem Geiste. So schwärmte man in Reminis-
cenzen an die alte Herrlichkeit von Hellas und Rom und erging sich in Hoffnungen, daß noch einmal bessere Zeiten kommen

würden, daß der Sieg des Christentums nur ein vorüber-
gehender sei, und die „Adonisgärtchen", die Konstantin gepflanzt,
bald wieder welken würden.   Diese Kreise sind es, aus denen
die Reaktion gegen das Christentum hervorgeht.   Ihr Geist
verkörpert sich in Julian, besteigt noch einmal den Kaiserthron
und macht den letzten Versuch, den Siegesgang des Christentums aufzuhalten, ohne etwas anderes zu erreichen, als der
Welt den unanfechtbaren Beweis zu liefern, daß die Herrschaft des antiken Geistes für immer gebrochen ist.

Flavius Claudius Julianus war der Sohn des Konstantius, eines Bruders Konstantins, also ein Neffe des großen
Kaisers.   Nachdem seine Mutter früh gestorben war, verlor
er den Vater und seine ganze Familie mit Ausnahme seines
Bruders Gallus in den blutigen Kämpfen, die nach dem Tode
Konstantins das kaiserliche Haus verwüsteten.   Ihn selbst rettete
nur seine Jugend, doch war er der herrschenden Partei immer
verdächtig, und um so mehr wurde er vom Hofe mit arg-
wöhnischen Augen angesehen, als seine nach allen Seiten ausgezeichnete Begabung von früh an unverkennbar hervortrat.
Auch der Kaiser Konstantius fing an, ihn mit Argwohn zu
betrachten.   Die Folge davon war, daß der vierzehnjährige
Julian, von Konstantinopel verbannt, nach der Burg Macella
in Kappadocien gebracht und dort streng bewacht wurde.   Für
eine edel angelegte Natur, und die ist Julian in vollem Maße,
giebt es nichts Gefährlicheres, als unter dem Drucke des Arg-
wohns und inmitten intriguierender Parteien aufzuwachsen.
Sie wird dadurch, ihrem eigenen Wesen widersprechend, zur
Unwahrheit genötigt.   Julian hat es von früh auf gelernt,
seine wahren Gedanken zu verbergen; er ist, der schlimmste
Zug seines späteren Charakters, systematisch zum Heuchler
gemacht worden.   Noch schlimmer war es, daß man in Konstantinopel glaubte, dem Neffen Konstantins jede politische Bedeutung am besten dadurch nehmen zu können, daß man ihn
für den geistlichen Stand bestimmte.   Sorgsam wurde er von
jeder Berührung mit dem Heidentum abgeschnitten; seine ganze
Erziehung wurde Geistlichen anvertraut und bekam einen streng
religiösen Charakter.   Seine Zeit war zwischen Studien und

Gottesdiensten geteilt; selbst die Erholung wurde zur An=
dachtsübung. In seinen freien Stunden mußte Julian wie
zum Spiel dem Märtyrer Mamas eine Kapelle bauen. Daß
diese Erziehung das Gegenteil von dem erreichte, was sie er=
strebte, wird uns nicht wundernehmen, zumal wenn wir be=
denken, was das für ein Christentum war, welches dem Jüng=
linge sozusagen mit Gewalt eingetrichtert wurde, mehr Dogmen=
gezänk als Herzensglaube, mehr toter Zeremoniendienst als
Leben des Geistes. Das wahre Christentum hat Julian nie
kennen gelernt, dazu war der kaiserliche Hof der denkbar
schlechteste Ort und die Erziehung in der Gefangenschaft das
denkbar schlechteste Mittel. Im Gegenteil wurde er dem Christen=
tum damals schon entfremdet; er mußte eine Religion hassen,
deren Vertreter seine Familie gemordet hatten, und deren
Priester seine Kerkermeister waren. Merken lassen durfte er
sich davon freilich nichts, sondern nach außen zeigte er sich
als eifrigen Christen, brachte es auch dahin, die erste Stufe
der geistlichen Würden zu betreten. Er wurde Vorleser in der
Kirche und erwarb sich den Ruf besonderer Frömmigkeit.

Selbst dem Kaiser Konstantius erschien er jetzt ungefähr=
lich. Er erhielt die Freiheit wieder und brachte einige Zeit
in Konstantinopel zu, wo der Sophist Hecebolius, im Grunde
ein indifferenter Mensch, der aber um der Hofgunst willen ein
eifriger Christ geworden war, dem Julian die Verachtung der
heidnischen Götter beizubringen sich bemühte und offenbar keinen
günstigen Einfluß auf ihn ausübte. Dann wurde ihm sogar
erlaubt, nach Nikomedien zu gehen, um dort Philosophie und
Rhetorik zu studieren. Nur mußte er seinem Lehrer Hecebolius
versprechen, den Libanius, den Hauptvertreter der heidnischen
Philosophen= und Rhetorenpartei, nicht zu hören. Das Ver=
botene reizte nur noch mehr. Zwar hielt Julian das Ver=
sprechen, den Libanius nicht zu hören, desto eifriger aber
studierte er dessen Schriften, und bald stand er mit den be=
deutendsten Männern jener Kreise, die ich oben beschrieb, in
persönlichem oder brieflichem Verkehr. Sie zauberten ihm die
ganze Herrlichkeit der antiken Welt vor die Augen, führten
ihn in die Klassiker ein und gewannen den Jüngling rasch

für die Ideen, in denen sie lebten. Mit welchem Eifer wurde
jetzt Plato und Aristoteles studiert, mit welcher Begeisterung
lauschte er den Offenbarungen der neuplotonischen Philosophie,
mit welch heiliger Scheu erfüllten ihn die in diesen Kreisen
mit Vorliebe getriebenen magischen Künste! Da glaubte er
gefunden zu haben, wornach seine Seele lange gelechzt. Wie
hatte man diese ganze Herrlichkeit preisgeben können um des
barbarischen Christentums willen! Es darf als feststehend an=
genommen werden, daß Julian schon damals im J. 351 zum
Heidentum zurückkehrte. Neben den Rhetoren Nikomediens ist
es besonders der greise hochangesehene Neuplatoniker Maximus
in Ephesus gewesen, der seinen Übertritt herbeigeführt hat.
Was Julian bewog, war in erster Linie die Begeisterung
für die griechische Bildung. Selbst in religiöser Beziehung
erschien ihm der Polytheismus dem Monotheismus überlegen.
Er dünkt ihm philosophischer. Der Neuplatonismus erfüllte
die ganze Seele des jugendlichen Schwärmers. Diese Philo=
sophie schien ihm nach allen Seiten hin die Bildung der
alten Welt zu einer Einheit zusammenzufassen. Aber freilich
seine Eitelkeit hatte auch starken Teil daran, denn natürlich
wurde er in den Kreisen der Hellenisten aufs höchste gefeiert,
und an Schmeicheleien ließen es seine rhetorischen Freunde
nicht fehlen. Durch die damals betriebenen Gewaltmaßregeln
des Konstantius gegen den alten Glauben innerlich verbittert,
hatte sich die heidnische Partei enger zusammengeschlossen,
und schon hegte man dort allerlei Restaurationspläne, schon
sah man auf Julian, als auf den, der sie einmal ver=
wirklichen sollte. Noch zwar mußte dieser sein Heidentum
sorgsam verbergen, äußerlich noch als eifriger Christ sich dar=
stellen und als Bewunderer des Konstantius, aber seine Freunde
hofften auf eine Zeit, in der er offen hervortreten könne, und
sie sollte rascher kommen, als auch ihre kühnsten Hoffnungen
erwarten konnten. Plötzlich und ihm selbst unerwartet wurde
Julian von seinen klassischen Studien abgerufen und ins prak=
tische politische Leben hineingestellt.

Es sah bös aus im Reiche. Von Südosten bedrängten es
die Perser, von Nordosten die Germanen, die schon einen Teil

Galliens überflutet hatten. Konstantius stand fast allein, so hatte Familienzwist mit Schwert und Gift in dem einst blühen= den Hause Konstantins aufgeräumt. Nachdem auch Julians Bruder, Gallus, ermordet war, blieb von der großen Familie Julian allein übrig. Der Kaiser entschloß sich, diesen zu Hülfe zu rufen; er wurde zum Cäsar ernannt und mit dem Ober= befehl über die Truppen in Gallien bekleidet. Während der Kaiser die Ostgrenze gegen die Perser zu schützen unternahm, sollte Julian die Germanen zurückwerfen. Wunderbar rasch entfaltete jetzt der junge Cäsar seine reichen Gaben. Er, der bisher nur den Studien gelebt hatte, zeigte sich bald als tüch= tigen Feldherrn und umsichtigen Regenten. Gewissenhaft seine Zeit einteilend zwischen seinen auch jetzt nicht vernachlässigten Studien und seinen Regentenpflichten, musterhaft einfach in seiner Lebensweise, keusch und sittenstrenge, jede Gefahr, jede Mühe mit seinen Soldaten teilend, gelang es ihm, in einer Reihe von siegreichen Schlachten die Germanen wieder über den Rhein zurückzudrängen und Gallien zu beruhigen. Von seinen Soldaten vergöttert, war er zugleich bei den Einwohnern der Provinz hochgeehrt. In Konstantinopel weckte das den alten Argwohn von neuem, so sorgfältig auch Julian alles vermied, was den Kaiser hätte reizen können, so sorgsam er namentlich sein Heidentum versteckte. Denn während im Palaste Julians schon wieder im engeren Kreise der Vertrauten den alten Göttern gedient wurde, trat er öffentlich noch immer als Christ auf. Um ihn nicht zu mächtig werden zu lassen, rief der Kaiser gegen Ende 360 die besten Legionen, die unter Julians Befehl standen, aus Gallien ab, angeblich weil er ihrer im Kriege gegen die Perser bedürfe. Die Legionen weigerten sich, zu marschieren, und riefen Julian zum Augustus aus. Auch jetzt noch suchte dieser den Konstantius zu be= schwichtigen; als das aber vergeblich war, als Julian erkannte, daß es sich für ihn um sein Leben handelte, nahm er die Kaiserwürde an und rückte an der Spitze seiner Armee vor. Schon stand er in Südgallien, da traf ihn die Nachricht, daß Konstantius am 3. November 361 auf dem Feldzuge gegen die Perser gestorben sei, und ohne mehr Widerstand zu finden

im ganzen Reiche anerkannt, eilte Julian nach Konstantinopel.
Seinen Einzug hielt er bereits als erklärter Heide. Während
er seinen Kriegszug damit begann, daß er im geheimen der
Bellona opferte, hatte er noch in Vienne die Kirche besucht. Aber
schon auf dem Marsche wurde jeder Zweideutigkeit ein Ende
gemacht und öffentlich den alten Göttern geopfert. Das römische
Reich hatte wieder einen heidnischen Kaiser.

Zunächst schwamm alles in Jubel. Denn so allgemein
verhaßt Konstantius gewesen war, so allgemein begrüßte man
Julian als Befreier. Selbst die Christen schlossen sich diesem
Jubel an. Hatten doch auch sie unter dem Willkürregimente
der letzten Jahre schwer genug zu leiden gehabt, und wenn
manchem tiefer Blickenden auch Besorgnisse aufsteigen mochten,
so sagte man sich auch wieder, daß selbst ein heidnischer Kaiser
der Kirche nicht so viel schaden könne, als der christliche Kon=
stantius ihr durch sein gewaltthätiges Eingreifen in ihr innerstes
Leben geschadet hatte. Lieber noch ein der Kirche ganz fern
stehender Kaiser, als ein christlicher, der seine Macht gebrauchte,
um in den dogmatischen Kämpfen diese oder jene ihm beliebende
Rechtgläubigkeit durchzusetzen. Proklamierte doch auch Julian
keineswegs die Unterdrückung des Christentums, sondern nur
völlige Religionsfreiheit. Er selbst wollte für seine Person
Heide sein, aber kein Christ sollte in seinem Glauben gestört
werden. Ohne allen Zweifel war es Julian damit völliger
Ernst. Er hat an nichts weniger gedacht, als daran, ein Ver=
folger der Kirche zu werden. Dazu war er viel zu fest von
der Unwahrheit des Christentums und von der Wahrheit des
Heidentums überzeugt. Julian ist ein Schwärmer, wie der
ganze Kreis von Rhetoren und Philosophen, in dem er lebte.
Es betrachtet sich als von der Gottheit selbst zu dem großen
Werke der Restauration des Heidentums berufen, und diese
Restauration ist von Anfang an sein bewußtes Ziel. Aber
er ist eben so fest überzeugt, daß sich diese Restauration ohne
jede Gewaltthat ganz von selbst machen wird. Sobald man, denkt
er, nur das Heidentum wieder freigiebt, wird es das Christentum
durch seine eigene Kraft überwinden. Wenn nur die Heiden
Ernst machen mit ihrer Religion, den Kultus mit Eifer be=

treiben, ein den Göttern wohlgefälliges Leben führen, so kann es nicht fehlen, die Christen werden sich bekehren und die Wahrheit des Heidentums anerkennen.

Er selbst, der Kaiser, machte wirklich nach allen Seiten hin Ernst mit seinem Heidentum. In diesem Punkte wenigstens war er aufrichtig und kein Heuchler. Der ungeheure bei Hofe eingerissene Luxus wurde beseitigt, unnütze Beamte in großer Zahl entlassen. Einfach, streng, keusch sollte das Leben sein. Einen solchen Kaiser hatte man noch nicht gesehen, der so schlicht einherging, dessen Tafel so spärlich besetzt war, der nichts kannte, als angestrengte Arbeit und eifrigen Dienst der Götter. Im Palaste wurde ein Tempel erbaut, dort opferte Julian täglich. Oft sah man ihn selbst bei den Opfern dienen, Holz herzutragen, dem Opfertiere eigenhändig den Stahl in den Leib stoßen. Er wußte jedes Fest, das gefeiert werden mußte, er kannte das ganze schon halbvergessene Ritual. Eben so eifrig nahm er es mit seinem Amte als Pontifex maximus. Überall regte er den abgekommenen alten Kultus wieder an. Hier wurde ein verschlossener Tempel wieder geöffnet, dort ein verfallener hergestellt, Götterbilder wieder aufgerichtet, oder bereits eingegangene Feste wieder in Gang gebracht. So, dessen war Julian gewiß, mußte das Heidentum wieder aufleben. Jede Anwendung von Gewalt verwarf er dabei ausdrücklich. Er schreibt zu Anfang seiner Regierung an einen Provinzialbeamten Artabius, er wolle nicht, daß die Christen ungerechterweise geschlagen und getötet würden; er verbietet noch in einem aus Antiochien, also in der späteren Zeit, geschriebenen Briefe, die Christen mit Gewalt zu den Tempeln heranzuziehen. „Schläge und körperliche Mißhandlungen," sagte er, „sind nicht das Mittel, die Überzeugung eines Menschen zu ändern." Die christliche Religion ist ihm ein Irrtum, der keinen Haß verdient, sondern Mitleid, eine Thorheit, ein Wahnsinn, den man eigentlich gegen den Willen des Kranken heilen muß. „Wenn es möglich ist," äußerte er, „leibliche Krankheiten durch gewaltsame Operationen zu heilen, die Irrtümer über die Natur Gottes kann man nicht zerstören, weder durch Feuer noch durch Eisen. Was nützt es, daß die Hand opfert, wenn der Ge-

danke die Hand verdammt? Das ist nur eine neue äußerlich
aufgelegte Schminke, nicht ein Wechsel der Überzeugung." Wer
würde darin dem Kaiser nicht beistimmen, aber eine andere
Frage ist freilich die, ob er im stande sein wird, die richtig
und weise gezogene Schranke selbst inne zu halten.

Gewiß, zwingen wollte Julian keinen, aber er sah es doch
gern, wenn jemand sich von der Wahrheit des Heidentums
überzeugte; und wenn er jedem auch die vollste Freiheit zu lassen
willens war, er hätte von der Wahrheit seiner eigenen Stellung
nicht so völlig überzeugt sein müssen, wie er es war, wenn er
sich nicht bemüht hätte, andere zu sich herüberzuziehen. Schon
sein Benehmen bei der Beerdigung des Kaisers Konstantius war
charakteristisch. Er ließ den Christen volle Freiheit, er griff nicht
ein, obwohl in manchen Kirchen die Klage über den Tod des
christlichen Kaisers zur Anklage gegen den heidnischen wurde,
aber er selbst vollzog die Begräbniszeremonien zu Ehren des
Verstorbenen nach heidnischem Ritus. Als er die Libation
ausgegossen hatte, forderte er die Umstehenden auf, ihm zu
folgen. Die es thaten, wurden von ihm beglückwünscht, die
sich Weigernden nötigte er nicht, sie hatten ja ihre Freiheit,
aber das freundliche Lächeln, mit dem er ihre Weigerung
erwiderte, hatte doch etwas Verdächtiges. Natürlich dauerte
es auch nicht lange, da machte dieser und jener aus seiner
Umgebung, der bis dahin ein eifriger Christ gewesen war,
der vielleicht noch vor kurzem für nicänische oder arianische Recht=
gläubigkeit geeifert hatte, die Entdeckung, daß das Heidentum
doch eigentlich dem Christentum vorzuziehen sei. Die Menschen
hätten nicht Menschen sein müssen, wenn es nicht so gewesen
wäre; und selbstverständlich glaubte der Schwärmer Julian, ihre
Bekehrung sei sein Werk, zumal wenn feinere Höflinge es so
einzurichten wußten, daß sie erst eine Zeit lang zögerten, den
Kaiser erst recht viel von der Herrlichkeit der alten Religion
deklamieren ließen, ehe ihnen das neue Licht aufging. Welche
Freude hatte er jedesmal, wenn wieder irgend eine bedeutendere
Persönlichkeit für die alten Götter gewonnen war; und ent=
fernte er auch keinen Christen bloß darum, weil er ein Christ
war, aus seiner Umgebung, es war doch nur natürlich, daß

ihm seine Gesinnungsgenossen am nächsten standen. Nun gab
es bald Bekehrungen in Menge; Statthalter, Beamte, Sol=
daten suchten den alten Kult wieder hervor, sogar ein Bischof,
Tagasius von Neuilium, den Julian schon früher als einen
heimlichen Götterfreund kennen gelernt hatte, als er ihm die
klassischen Stätten von Troja zeigte, trat über und wurde
aus einem christlichen Bischof ein heidnischer Oberpriester.
Die längst geschlossenen Thüren der Tempel öffneten sich wieder
in vielen Städten, und wo sie längst erloschen waren, rauchten die
Altäre der Götter aufs neue, und nur folgerichtig war es, daß
Julian in steigendem Maße seine kaiserliche Auktorität parteiisch
für das Heidentum einsetzte. Heidnisch gesinnten Städten wandte
er seine Gunst zu, christlich gesinnten wurde sie recht ostentativ
entzogen. Weil die Stadt Cäsarea mehrere Tempel abgebrochen
hatte, wurde sie aus der Liste der Städte gestrichen; als Nisibis
um Hülfe gegen die Perser bat, erhielt die Stadt die Ant=
wort, sie solle erst den Götterdienst herstellen. „Denn,“ so
sprach es Julian ohne Scheu aus, „lieben muß man die
Götter, sowie die gottesfürchtigen Leute und Städte.“

Schon glaubte Julian, wirklich den Anfang einer Wieder=
belebung des Heidentums vor sich zu haben, und es war zu
verführerisch, nun auch mit einigen kleinen Mitteln nachzu=
helfen, die schon nicht mehr so ehrlich waren. Aber nur zu
leicht entschuldigt ein Mensch, ein Schwärmer zumal, die
schlechten Mittel mit den guten Zwecken. So stellte man
z. B. gern neben das Kaiserbild ein Götterbild. Wer nun
dem Kaiser die übliche Verehrung bezeugte, dem konnte man
diese leicht als eine Verehrung des Gottes auslegen, wer da=
gegen dem Gott die Huldigung nicht darbrachte, lud zugleich
den Schein einer Mißachtung des Kaisers auf sich. Weiter
ging man in der Armee. Militärische und religiöse Zere=
monien gingen hier von jeher durcheinander, und die Strenge
der Disziplin beschränkte von selbst die religiöse Freiheit.
Der Namenszug Christi, den die Fahnen seit Konstantin
trugen, verschwand wieder; an seine Stelle trat das alt=
römische S. P. Q. R. Als die Soldaten ihr Geldgeschenk be=
kamen, stand an der Seite des kaiserlichen Thrones ein trag=

barer Altar, und daneben auf einem Tische ein Kästchen mit
Weihrauch. Den Soldaten wurde der Befehl erteilt, einzeln
heranzutreten und ihr Congiarium zu empfangen. Jeder Her=
zutretende sollte zuvor einige Körner Weihrauch aus dem
Kästchen nehmen und in die Flammen des Altars werfen.
Die Christen unter den Soldaten stutzten und zögerten, aber
die Offiziere versicherten hoch und teuer, es sei nur eine ganz
gleichgültige Zeremonie, da ja kein Götterbild auf dem Altar
stehe. Die meisten ließen sich bereden und thaten, was be=
fohlen war; einzelne verzichteten lieber auf das Congiarium.
Nachher bei der festlichen Mahlzeit bezeichneten sich die christ=
lichen Soldaten, wie sie es gewohnt waren, mit dem Kreuz.
Ihre heidnischen Kameraden lachten, und um den Grund des
Lachens befragt, erwiderten sie spöttisch: „Wir lachen, daß
ihr noch Jesum Christum anbetet, in dem Augenblicke, da ihr
ihn eben verleugnet habt." Entsetzt sprangen die Christen
auf, sie sahen, welch Schlinge man ihnen gelegt. Viele zer=
rissen ihre Kleider, liefen in die Stadt und riefen: „Wir
sind Christen! Jeder mag es hören! wenn unsre Hand ver=
leugnet hat, unser Herz ist ihr nicht gefolgt!" Vor dem Palaste
des Kaisers entstand ein Zusammenlauf. Einzelne gingen so
weit, daß sie dem Kaiser das Geld, das mit Verleugnung
erkauft sein sollte, vor die Füße warfen. Des Kaisers Lage
war mißlich. Seine Absicht war nicht gerade gewesen, die
Soldaten zu offenbarer Verleugnung zu verleiten; er hielt die
Zeremonie wohl für unschuldiger Art, aber zweideutig war
sie und darauf berechnet, die Soldaten allmählich an derartige
Zeremonien zu gewöhnen. Strafte der Kaiser jetzt die Tu=
multuanten, so konnte das wie eine Verfolgung aussehen, und
die wollte er ja nicht; ließ er sie ungestraft, so stand die Dis=
ziplin auf dem Spiele. Er ließ einige Soldaten verhaften
und verurteilen, erklärte aber dabei ausdrücklich, es geschehe
das nicht, weil sie Christen wären, sondern weil sie unter
den Fahnen rebelliert hätten. Trotzdem geriet ganz Konstan=
tinopel in Aufruhr. Große Menschenmassen begleiteten die
Soldaten zum Richtplatz; schon feierte man sie als Märtyrer.
Da hielt es Julian doch für das Beste, ihnen Pardon zu

geben. Aber die Folgen des Ereignisses waren damit nicht
beseitigt. Das Mißtrauen der Christen war erwacht und
ließ sich nicht wieder beschwichtigen. Julian selbst wurde vor=
wärts getrieben. Was er bis dahin nicht gewollt, geschah; alle
höheren Offiziere, die Christen waren, wurden entlassen oder
entfernt, auch aus dem Hofdienst alle Christen beseitigt. Die
Kluft, die den heidnischen Kaiser von seinen christlichen Unter=
thanen schied, war offenbar geworden.

Schlimmer noch wirkten einige Gesetze, die der Kaiser
gab, um Ungerechtigkeiten seines Vorgängers wieder gut zu
machen, aber Gesetze, von denen er ganz gut wußte, daß sie in
erster Linie die Christen treffen würden. Unter dem Schein der
unparteilichen Gerechtigkeit bargen diese Gesetze eine Schädi=
gung der Kirche in sich, und Julian freute sich im Stillen darüber,
daß es so war. Unter Konstantius war vielfach Kommunal=
eigentum den Kommunen entfremdet und willkürlich zu andern
Zwecken verwandt. Jetzt sollte alles restituiert werden und
zwar ohne Entschädigung derer, die sich im Besitz befanden.
Die Güter, um die es sich handelte, waren teils gebraucht,
um den Aufwand des Kaisers zu bestreiten, zum großen Teile
aber auch um Kirchen zu bauen. Tempel waren in Kirchen
verwandelt und sollten nun wieder dem heidnischen Kult zurück=
gegeben werden. Zerstörte Tempel sollten auf Kosten der
Kirchenkassen wieder aufgebaut, oder der Schätzungswert erstattet
werden. Selbst Private, die Tempelgrundstücke in gutem
Glauben gekauft, sollten sie restituieren. Gold und Edelsteine,
die früher an irgend einem Götterbilde geprangt, jetzt aber
Kelche, Kreuze und Evangelienbücher in den Kirchen zierten,
sollten ausgebrochen und zurückgegeben werden. Und das
alles wurde mit rücksichtsloser Strenge durchgeführt. Denn
die Statthalter wußten recht gut, daß sie sich dadurch beim
Kaiser beliebt machten. Schon kam auch hie und da der
heidnische Pöbel hoch. Julian hatte daran nicht nur seine
Freude und that nichts, die Härten zu mildern, er billigte sie
ausdrücklich und spottete: „Nun gut! die Galiläer sollten sich
freuen. Befiehlt ihnen denen nicht das Gesetz des Evangeliums,
das Übel zu leiden?" Auch auf christlicher Seite loberte

der Fanatismus auf, schon floß das erste Blut. In Dori=
stera in Thracien war eine christliche Kirche in einen heid=
nischen Tempel zurückverwandelt; Götzenbilder standen wieder
da, wo das Kreuz gestanden. Am Vorabend des Tages, an
welchem der Tempel mit einem großen Heidenfeste eingeweiht
werden sollte, brach ein Christ in demselben ein und zerstörte
die Götzenbilder. Dann gab er sich selbst an und wurde
hingerichtet. Die Christen verehrten ihn alle als einen neuen
Märtyrer.

Der Traum einer Restauration des Heidentums fing bei
alledem bald genug an, sich als Traum zu erweisen. Jetzt
nur noch von Heiden umgeben, konnte sich Julian bennoch dem
Gefühl nicht entziehen, daß er unter diesen eigentlich isoliert
stand. Er selbst war eine mystische Natur, die in Idealen
lebte. Sein Heidentum war ein poetisch verklärtes. Davon
war aber in der Wirklichkeit wenig oder nichts zu finden.
Seine heidnischen Freunde waren Höflinge, die ihm zustimmten
ohne innere Überzeugung, eitle Rhetoren, denen es nur um
den Ruhm der Schönrednerei zu thun war, blasierte Menschen
ohne jede Religion, oder lustige Gesellen, die sich vor allem
amüsieren wollten, und denen es schon recht war, von den
Schranken des Christentums loszukommen, aber doch nicht um
den Preis, daß ihnen das Heidentum ihres Gebieters noch
engere zog. Der Kaiser war mit ihnen durchaus nicht zu=
frieden. Oft hielt er ihnen Strafpredigten, warf ihnen Kälte
und Lauheit vor und rügte ihr freies Wesen. Ebensowenig
waren sie mit ihm zufrieden. Er war ihnen viel zu ernst
und zu sittenstrenge. Sie gingen lieber ins Theater als in
den Tempel, sie amüsierten sich lieber, und fanden den täg=
lichen Tempelbesuch, die eintönigen Zeremonien und Opfer
herzlich langweilig. Ihnen wäre ein einigermaßen toleranter
christlicher Kaiser ohne Frage viel lieber gewesen als dieser
schwärmerisch fromme Heide. So rosig Julian alles ansah,
der Erkenntnis konnte er sich bald nicht mehr entziehen, daß
es so nicht ging. Das Heidentum mußte, sollte es wieder
aufkommen, innerlich belebt werden. Die Restauration mußte
zugleich Reformation sein.

Aber seltsam, die Mittel und Kräfte für eine solche
Reformation weiß Julian nur dem Christentum selbst zu
entlehnen. Wie die christlichen Priester sollen auch die heid=
nischen das Volk belehren und auf ein heiliges Leben bringen.
Wie die Christen sollen auch die Heiden sich der Armen an=
nehmen. „Wenn unsere Religion,“ schreibt er an einen Ober=
priester in Galatien, „nicht so, wie wir wünschen, fortschreitet,
so liegt die Schuld an denen, die sie bekennen. Die Götter
haben für uns große Dinge gethan über unser Bitten und
Hoffen. Aber ist es recht, daß wir uns an ihren Gutthaten
genügen lassen, und nicht an das denken, was die Gottlosigkeit
der Christen hat wachsen lassen, ihre Humanität gegen Fremde,
ihre Sorge für die Gräber, die Heiligkeit ihres Lebens? Alle
diese Dinge müssen uns am Herzen liegen.“ So erhält denn
der Oberpriester Anweisungen, er soll das Volk belehren, er
soll die Priesterschaft von unwürdigen Gliedern säubern, er
soll nicht dulden, daß die Priester das Theater besuchen und
in den Kneipen liegen. Ganz besonders aber soll er dafür
Sorge tragen, daß auch unter den Heiden Liebesthätigkeit
geübt werde, wie unter den Christen. Armen= und Kranken=
häuser sollen erbaut und die Bedürftigen unterstützt werden.
Der Kaiser selbst weist dafür reiche Mittel an, aber auch die
Dorfschaften sollen zu Beisteuern aufgefordert werden. „Wir
dürfen es doch nicht leiden,“ schließt der Kaiser, „daß andere
sich unserer Tugenden bemächtigen, und uns die Schande der
Trägheit treffe. Das hieße den Kult der Götter verachten.“

Sollten damit dem Heidentum neue Kräfte zugeführt, so
sollten dagegen dem Christentum die seinen entzogen werden. Ein
kaiserliches Edikt vom 17. Juni 362 verbot den Christen,
ferner als Lehrer der Nationallitteratur, der alten Klassiker
aufzutreten. Es sei, führte der Kaiser aus, ein Widerspruch,
wenn die Christen den Homer, den Thukydides oder Demosthenes
auslegten, und doch diese Männer als Gottlose und Feinde
behandelten. Er wolle sie nicht zwingen, ihre Überzeugung zu
ändern, aber er könne es auch nicht dulden, daß die alten
Schriftsteller von Menschen ausgelegt würden, die sie der Gott=
losigkeit bezüchtigten. „Wenn ihr,“ fährt er fort, „bei den

Alten irgend welche Weisheit anerkennt, so beweist das dadurch,
daß ihr ihre Frömmigkeit gegen die Götter nachahmt. Wenn
ihr aber im Gegenteil denkt, daß alle ihre Meinungen falsch
sind, dann geht doch in die Kirchen der Galiläer und inter=
pretiert Matthäus und Lukas." Allerdings verbot das Edikt
den Christen nur, als Lehrer der Nationallitteratur aufzutreten,
nicht auch als Schüler die heidnischen Lehrer zu hören. Aber
dieses mußte die unmittelbare Folge sein. Denn indem die
Christen vom Lehren zurückgehalten wurden, kam der Unter=
richt ganz in die Hände der Heiden und gewann dadurch einen
so spezifisch heidnischen Charakter, trat dadurch so bewußt in
Gegensatz gegen das Christentum, daß nun die Christen auch
nicht mehr Zuhörer bei solchen Vorlesungen sein konnten. So
griff denn das Edikt in seinen Folgen viel weiter. Die
Christen wurden dadurch von aller Bildung abgeschnitten. Das
Edikt wurde für sie geradezu ein Verbot der Bildung. Damit
wurde ihnen aber zugleich auch der Zugang zu allen höheren
Ämtern, die Bildung erforderten, verwehrt; sie wurden aus
der Gemeinschaft der gebildeten Menschen ausgestoßen. Gerade
das wollte Julian. Auf die erhobenen Klagen erwiderte er:
„Behaltet ihr eure Ignoranz; die Beredsamkeit ist unser. Eure
Lehre hat nur das eine Wort: Glaubt! so seid denn mit dem
Glauben zufrieden." Er erklärte geradezu, die Anbeter des
Zimmermanns, die Schüler der Fischer hätten kein Recht auf
Bildung.

Eine Verfolgung war das nun freilich nicht, wenn man
unter Verfolgung nur die Anwendung von Gewalt versteht,
und doch war es eine Verfolgung und in gewissem Sinne
eine schlimmere als alle früheren. Julian suchte den Christen
zu nehmen, was doch allen Menschen gemein sein soll, die Bil=
dung, er machte ihnen die geistigen Güter ihres Volkes streitig.
Sie sollten im Grunde nicht mehr als Menschen behandelt wer=
den. So weit war Julian also schon gekommen. Und bei
alledem mußte er sich gestehen, daß die Restauration keine
nennenswerten Fortschritte machte, daß im Gegenteil die Miß=
stimmung gegen ihn in stetem Wachsen war. Nun war er
zwar stolz genug, darauf nicht viel zu geben, aber seine eigene

Stimmung wurde doch dabei von Tag zu Tag bitterer und gereizter. Er fand sich mehr und mehr isoliert in einer Welt, der er doch das Beste geben wollte, was er kannte, das klassische Griechentum, und die dafür keinen Sinn hatte. Er mühte sich ab, er opferte sich selbst auf, er lebte nur für das Reich, über das ihn die Vorsehung zum Herrn gesetzt, und fand sich doch mit seinem Streben vereinsamt. Ja selbst seine heidnischen Freunde, die Philosophen und Rhetoren hielten sich fern. Er hatte sie zu sich geladen; die wenigsten kamen; die meisten, die bedeutendsten entschuldigten sich. Hatten die auch kein Herz mehr für die Sache, für die er einst in Nikomedien und Athen mit ihnen geschwärmt? oder verzagten sie schon daran, daß sein Werk gelingen werde?

In solcher Stimmung begab sich Julian nach Antiochien in Syrien, um in dieser Stadt die Vorbereitungen zu dem beabsichtigten großen Feldzug gegen die Perser zu treffen. Dort warteten seiner neue Enttäuschungen. Die Heiligtümer seiner Götter fand er verlassen und verödet. Der Hain der Daphne in der Nähe der Stadt, einst ein berühmtes Heiligtum des Apollo, wo an einer heiligen Quelle Orakel erteilt wurden, war in einem traurigen Zustande. Die Quelle war verschüttet, der Tempel verfallen. In dem Haine selbst erhob sich eine christliche Kapelle, in der die Gebeine des Märtyrers Babylas ruhten. Julian befahl, den Tempel sofort herzustellen; die Gebeine des Märtyrers mußten ausgegraben werden. Die Christen gehorchten, aber als sie in feierlichem Zug den Leichnam in eine andere Kirche überführten, mußte Julian es mit anhören, wie sie in lautem Chore die Worte des Psalms sangen: „Schämen müssen sich alle, die den Bildern dienen, die sich der Götzen rühmen." Aufbrausend im Zorn ließ der Kaiser die Prozession von Soldaten angreifen und einige Personen ver=haften. Er wollte sie hinrichten lassen, besann sich dann aber wieder und ließ sie frei. Seine edle Natur schlug noch einmal wieder durch; er wollte keine Verfolgung.

Der Tempel des Apollo war aufs prächtigste restauriert; Julian ging, dem Gotte zu opfern. Er hoffte eine feiernde Menge zu finden, aber keiner brachte Öl, dem Gott eine Lampe

anzuzünden, keiner Weihrauch. Nur ein alter Mann kam, eine
Gans zu opfern. Was half es, daß Julian den Antiochenern
über diese Nachlässigkeit eine lange Strafpredigt hielt. Er selbst
verfiel nur um so mehr ihrem beißenden Spotte. Sie nannten
ihn seines langen Bartes wegen „den Bären", sie spotteten
mit Anspielung auf sein vieles Opfern: „Es sei kein Wunder,
daß das Fleisch teuer werde, wenn der Kaiser selbst Schlachter
sei." Kurz darauf brannte der eben restaurierte Tempel des
Apollo in der Nacht nieder. Nun kannte des Kaisers Zorn
keine Grenzen mehr. Er schob die Schuld auf die Christen,
und obwohl der Tempel, wie sehr wahrscheinlich ist, durch die
Schuld eines heidnischen Philosophen, der unvorsichtig mit einer
Weihelampe umging, in Brand geraten war, wurden doch viele
Christen eingezogen und gefoltert. Die Kirche hatte wieder
Märtyrer; und Julian, mit sich selbst und mit der ganzen
Welt unzufrieden, ging nun noch weiter. Die Kathedrale von
Antiochien wurde geschlossen, ihre Güter wurden konfisziert.
Julian dekretierte, daß den Christen, denen Gott ja verboten
habe, zu töten, kein Amt anvertraut werden dürfe, mit dem
richterliche Funktionen verbunden wären. Er erklärte, man solle
die Galiläer zwar nicht verfolgen, aber fügte hinzu „daß die
Götterfreunde ihnen vorgezogen werden sollen, sage ich ohne Hehl".
Das genügte, um die Christen von allen Ämtern auszuschließen.
Tag und Nacht rauchten die Opfer, das Opferfleisch wurde
an die Soldaten ausgeteilt. Einzelne von diesen murrten
darüber. Julian ließ sie verhaften und hinrichten. Vor der
großen Fontäne auf dem Markte von Antiochien wurde ein
Altar errichtet, und die Quelle feierlich allen Göttern geweiht.
Mit dem Wasser besprengte man dann den Markt, die Lebens=
mittel, die auf den Markt kamen, das Gemüse, das Fleisch,
und Julian weidete sich an dem Gedanken, daß die Christen
nun nichts essen und trinken könnten, ohne sich mit dem den
Götzen geweihten Wasser zu beflecken. Die Zeiten des Galerius
schienen wiedergekehrt zu sein. Schlimmeres noch geschah in
den Provinzen. An manchen Orten erhoben sich die Heiden,
plünderten und erschlugen die Christen. Julian stellte sich über=
all auf die Seite der Heiden. „Was thut das," war seine

Antwort, „ist es denn ein Verbrechen, wenn ein Grieche zehn Galiläer tötet?“ Natürlich war ein solches kaiserliches Wort das Signal zu neuen Verfolgungen; und Julian ließ das geschehen.

Immer drückender wurde die Luft in Antiochien. Was geschah, wurde durch das Gerücht noch vergrößert. Jede Nacht, erzählte man sich, lasse der Kaiser Christen hinrichten, und am Morgen schwämmen die Leichen den Orontes hinab. Julian selbst wurde immer unruhiger. Er lief von Tempel zu Tempel, brachte Opfer über Opfer; stundenlang kniete er vor seinen Göttern und bedeckte ihre Statuen mit Küssen. Dann nachts in der Stille saß er an seinem Schreibtisch und ließ seiner Bitterkeit, seinem Unmut über alles freien Lauf. Da schrieb er seine Schriften voll glänzenden Witzes, mit griechischer Fein= heit gedacht und ausgeführt, aber voll bitteren Hasses, vor allem gegen die Galiläer und ihren Zimmermannssohn. Innerlich ruhiger wurde er dadurch nicht, sondern nur noch unruhiger noch bitterer.

Endlich waren die großartigen Rüstungen zum Feldzuge gegen die Perser beendet. Julian brach auf, nachdem er zuletzt noch den verhaßten Antiochenern einen elenden Menschen zum Stadthalter gesetzt hatte mit der Bemerkung, der Mensch verdiene es nicht, Statthalter zu werden, aber sie verdienten es, von einem solchen Menschen regiert zu werden. Der Feldzug sollte ein zweiter Alexanderzug werden. Auf immer gedachte Julian das Reich von seinem gefährlichen Feinde zu befreien. Die Heiden setzten auf diesen Feldzug alle ihre Hoffnungen. Kehrte der Kaiser als Sieger zurück, so war auch der Sieg des Heiden= tums entschieden. Die Christen waren still; es ging etwas wie die Ahnung eines Gottesurteils durch die Welt. Als der Rhetor Libanius einem christlichen Priester höhnisch zurief: „Was macht denn euer Zimmermannssohn?“ antwortete dieser: „Er zimmert eben einen Sarg für deinen Kaiser.“ Auch durch Julians Geist zogen trübe Ahnungen. Sein stetig zunehmender Aberglaube forschte nach Zeichen und glaubte überall Zeichen zu sehen. Bald ängstigten ihn allerlei Mißbildungen an den geopferten Tieren, bald scheute sein Pferd, bald fand er irgend ein anderes böses Omen.

Das ging vorüber, als er erst an der Spitze des Heeres
stand. Der Feldherr wachte wieder auf. Er hatte einen kühnen
Plan entworfen, und alles ging anfangs nach Wunsch. Sieg=
reich drangen die Legionen nach Osten vor bis an den Tigris;
Ktesiphon wurde nach einer glänzenden Waffenthat erobert. Be=
sonnene Männer in der Umgebung des Kaisers mahnten jetzt,
sich mit diesen Erfolgen zu begnügen; aber Julians unruhiger
Geist drängte vorwärts. Wie er, ganz in Reminiszenzen an die
Vergangenheit lebend, in den alten Helden seine Vorbilder sah,
so wollte er es jetzt auch dem großen Alexander nachthun. Um
jeden Gedanken an Umkehr abzuschneiden, ließ er die Flotte auf
dem Tigris verbrennen. Nun mußte das Heer vorwärts. Immer
weiter ging es in die unabsehbaren Ebenen hinein. Vom Feinde
war nichts zu sehen; die Perser mit ihren leichten Reiterscharen
zogen sich fort und fort zurück. Täglich wurde dadurch die Lage
der Römer bedenklicher; sie entfernten sich weiter von ihren Hülfs=
quellen; die Soldaten fingen an zu murren. Vergeblich stellte
ihnen Julian in glänzenden Reden vor, der Rückzug sei ungleich
gefährlicher als der Vormarsch, vergeblich wies er auf den nahen
Sieg hin. Ja, wenn der Feind vor ihnen gestanden hätte,
sie wären ihm gefolgt, die alten Legionen, mit denen er am
Rheine gesiegt, aber hier in den heißen, sandigen Ebenen sich
täglich vorwärts zu schleppen, ohne einen Feind zu sehen, das
ertrugen sie nicht. Gebrochenen Herzens mußte Julian den
Befehl zum Rückzug geben. Auf diesen Augenblick hatten die
Perser gewartet. Von allen Seiten fielen ihre leichten Reiter=
scharen über die Römer her. In täglichen Gefechten, nachts
ohne Ruhe, dabei schlecht verproviantiert, so mußten sich diese
ihren Rückzug bahnen.

Julian konnte sich nicht verhehlen, daß seine Lage eine
äußerst kritische war. Wie mochte ihm zu Mute sein, wenn er
nach den Anstrengungen des Tages schlaflos in seinem Zelte
lag. Was war aus seinen Träumen von der Herstellung der
alten Herrlichkeit Roms und Griechenlands geworden! Eines
Morgens ließ er die Priester rufen und teilte ihnen mit, in
der Nacht sei ihm der Genius Roms erschienen, ganz so wie
einst in Gallien in der Nacht vor dem Tage, da ihn die Sol=

daten zum Augustus ausriefen, nur nicht wie damals mit
emporgehobenem, sondern mit gesenktem Füllhorn. Er sei auf=
gesprungen ihn zu halten, aber aus dem Zelte hinausschreitend,
sei der Genius rasch verschwunden. Die Priester opferten, suchten
nach Zeichen, wußten aber zuletzt nur den Rat zu erteilen,
eine Schlacht möglichst zu vermeiden. Wie war das aber möglich,
wo man vom Feinde umringt war? Eben ertönte wieder das
Schlachtgeschrei der Perser. Julian stellte sich an die Spitze
der Legionen, und noch einmal bewährte sich die römische Tapfer=
keit, noch einmal lächelte ihm das Glück. Todesmutig drangen
die Legionen vor und erfochten einen vollständigen Sieg. Ju=
belnd begleiteten sie den Kaiser nach seinem Zelt. Kaum aber
hatte dieser zur Erholung die Rüstung abgelegt, da wurde schon
wieder ein Angriff der Perser von einer andern Seite gemeldet.
Ohne erst die Rüstung anzulegen, eilte Julian auf den Kampf=
platz. Vergebens suchten ihn die Seinigen zurückzuhalten; allen
voran stürzte er auf den Feind. Schon war dieser am Weichen,
da traf den Kaiser ein Geschoß in die Hüfte. Mit einem
lauten Schrei sank er zu Boden. In sein Zelt getragen, lebte
er noch einige Stunden, dann verschied er in der Nacht vom
26. auf den 27. Juni 363.

Eins war ihm wenigstens geworden, ein Heldentod, eines
alten Römers würdig. Ist es doch, als sollte in ihm noch
einmal die alte Welt in einer Heldengestalt erstehen, um dann
für immer zu sterben. Julians Schicksal ist im tiefsten Grunde
tragisch. Reich begabt, kühn und tapfer, ein geborener Feldherr,
gewandt in der Rede, voll Geist, eine edel angelegte Natur,
sich selbst beherrschend und bereit, alles für sein Vaterland zu
opfern, was hätte er werden, was dem Reich sein können!
Aber alle diese reichen Gaben schlugen zum Verderben aus,
zu seinem und zu des Reichs Verderben, weil er die Wege
nicht erkannte, welche Gott die Völker geführt hatte, und den
Versuch machte, den Lauf der Geschichte rückwärts zu wenden;
weil er, im Wahn des Heidentums befangen, dieses dem Reiche
wieder aufdrängen wollte, nachdem die Welt schon das Höhere,
das Christentum erlangt hatte. Der Ruf, mit dem Julian
fiel, wird verschieden berichtet. Die einen sagen, er habe ge=

lautet: „Nazarener! du hast gesiegt!" die anderen: „Sonne
(Julian verehrte besonders den Sonnengott), du hast mich be-
trogen!" Die einen wie die andern legen ihm einen Ruf der
Enttäuschung in den Mund, und mag das Wort gelautet haben
wie es will, seine Gedanken können keine anderen gewesen sein.
Fortgehende Enttäuschung, das ist die Strafe, die Julian zu
tragen hat für seine Schuld. War denn das nicht seine eigentliche Schuld, daß er getäuscht, sich selbst und andere getäuscht
hatte? Voll jugendlicher Begeisterung hofft er die Herrlichkeit
der alten Welt erstehen zu sehen, und aller seiner Arbeit, all
seinem Eifer gelingt es nicht, auch nur einen Funken wahren
Lebens in der ausgebrannten Asche wieder zu entzünden. Eine
Täuschung war es, wenn er die antike Welt, für die er schwärmte,
noch für lebensfähig hielt. Er will nicht verfolgen, er will
nur die Freiheit, und muß zuletzt zum Thrannen und zum
Verfolger der Kirche werden. Aber auch das war eine Täuschung,
wenn er meinte, die Welt wieder umkehren zu können ohne
Gewaltthat. Nachdem das Christentum einmal gesiegt hat, muß
jeder Gegensatz gegen dasselbe in seiner Konsequenz anti-
christlich werden. Julian will anfangs bloß Nichtchrist, Heide
sein, aber wider Willen wird er mehr und mehr in den antichrist-
lichen Gegensatz hineingedrängt. Sein Leben spitzt sich zu zu
einem Kampf zwischen ihm und dem Nazarener. Das fühlt
er, das ist die Ursache seiner Unruhe, seiner Verbitterung, seiner
innerlichen Angst. Er fordert ein Gottesurteil heraus, und in
den Ebenen jenseits des Tigris ist es gefällt.

Auch wenn ihn das tödliche Geschoß dort nicht getroffen
hätte, seine Rolle war doch ausgespielt. Mit einem geschlagenen
Heere zurückkehrend, hätte er nicht nur allen Restaurationsgedanken entsagen müssen, er hätte schwerlich auch nur den
Thron behauptet. Athanasius hätte so wie so Recht behalten.
Als während der Regierung Julians die Freunde des großen
Lehrers ängstlich klagten, antwortete er bloß: »Nubicula est,
transibit!« „Es ist nur eine kleine Wolke, die geht vorüber!" Das Heidentum selbst sollte den Beweis liefern, daß
sein Leben erschöpft war. Der Beweis ist jetzt geliefert. Die
Reaktion unter Julian ist die letzte geblieben; nun sinkt es

desto rascher in sich zusammen. In Julian ist das antike
Heidentum selbst gefallen mit dem Rufe: Nazarener, du hast
gesiegt! Der Sieg des Christentums über das Heidentum ist
entschieden.

Ist der Sieg ein reiner und vollkommener? Gewiß, den
ganzen Kampf überblickend, dürfen wir sagen, dieser Sieg ist
der reinste, der je errungen ist; denn er ist errungen durch
Bekennen und Dulden, durch Lieben und Leiden, durch unschul=
dig vergossenes Blut. Aber was ist rein auf dieser sündigen
Erde?! Auch die Entwicklung der Kirche ist keine fehllose, auch
da greift die Sünde ein, obwohl über seiner Kirche der HErr
waltet und sie trotz der Menschen Sünde dem Ziel ihrer Voll=
endung entgegenführt. Es ist wehmütig zu sehen, daß schon
jetzt die ersten Keime der Irrtümer sich angesetzt haben, die
im Laufe der Zeit wachsen und neue nur anders geartete
Kämpfe hervorrufen werden. Während des Kampfes mit dem
Heidentum hat in der Kirche schon ein gesetzliches Wesen
Raum gewonnen; das wird mit der Zeit die Gnadenanstalt
Christi mehr und mehr in eine Rechtsanstalt verkehren. Schon
sind die Grundlagen einer Hierarchie gelegt, die im Lauf der
Jahrhunderte zwar die Kirche mächtig und herrlich machen,
aber auch den Herrn Christum selbst in Schatten stellen wird.
Schon ist ein Stück Welt in die Kirche eingedrungen; in der
Friedenszeit, die jetzt beginnt, wird mehr und mehr davon
eindringen, und die Kirche selbst wird verweltlichen. Haben
auch Staat und Kirche durch Konstantins weltgeschichtliche
That sich einander die Hände gereicht zu gemeinsamer Arbeit,
welche Reihe von Kämpfen wird es noch geben zwischen diesen
beiden Mächten, Kämpfe, die Jahrhunderte in Atem halten. Der
Kampf mit dem Heidentum draußen ist zu Ende, der Kampf
mit dem Heidentum inmitten der Kirche wird an seine Stelle
treten. Denn wenn auch äußerlich, so ist das Heidentum doch
noch nicht innerlich völlig überwunden, sondern wie in uns
selbst der alte Mensch beständig gegen den neuen, so reagiert
auch in der Christenheit aus der Tiefe des natürlichen Men=
schen heraus das alte Heidentum noch beständig gegen das
neue Leben des Christentums. Der Kampf ist ein unaus=

gesetzter, die Geschichte der Kirche ist nur die Geschichte dieses Kampfes. Also der Friede, den die Kirche gewonnen, ist noch kein voller Friede, er bezeichnet nur eine Epoche in dem Kampfe, der auch heute noch nicht ausgekämpft ist. Ja, wir stehen heute wieder so recht mitten darin, denn stärker fast als je reagiert der heidnische Sinn in modernem Gewande gegen die christlichen Gedanken und das christliche Leben, und fast scheint es, als sollten die Fragen der Zeit sich zu der Frage zuspitzen, ob wir Christen bleiben oder wieder Heiden werden wollen?

Möchten uns denn die Bilder aus den vergangenen Heldenzeiten der Kirche zu Spiegelbildern für die Gegenwart werden. Möchten wir vor allem daraus lernen, daß in dem Kampfe, der uns verordnet ist, nur Eines siegt, der Glaube, der lebendige Glaube, das ist der freudig bekennende, in Liebe dienende, in Hoffnung duldende. In diesem Glauben schauen wir mit den Bekennern und Märtyrern noch nach einem anderen Siege aus, als den sie errungen haben, nach dem Siege, den der HErr bringen wird an seinem großen Tage. Der Sieg wird ganz rein sein, ganz vollkommen. Auf den Sieg folgt kein Kampf mehr, sondern ewiger Friede.